现代基础教育研究 第四十四卷
RESEARCH ON MODERN BASIC EDUCATION Vol. 44. DECEMBER 2021

现代基础教育研究

2021年12月25日出版

第44卷，2021年12月

国际与比较教育

教育叙事研究

课程教材改革

学科教学策略

艺术教育

执行编辑：孙　珏，王中男，张雪梅

Research on Modern Basic Education

Vol.44 December 2021

CONTENTS

(Main Articles)

学前情境教育促进儿童创造力发展：原理、机制与路径

王灿明[1]，马　娟[2]

（1. 南通大学 情境教育研究院，江苏 南通 226019；2. 山东人民出版社，山东 济南 250001）

摘　要：学前情境教育是根据李吉林情境教育理论，通过建构人为优化的情境，促进儿童情感与认知活动相融合，全面提高儿童素质的一种学前教育新形态。它以顺应教育、共情教育、整合教育和体验教育为理论基础，以具身机制、交互机制和动力机制为心理机制，并通过情境教育活动、情境生活活动、情境区域活动和情境野外活动等路径，不断推进创新人才的早期培养。

关键词：学前情境教育；创造力；教育原理；心理机制；操作路径

近年来，我们对学前情境教育促进儿童创造力发展进行了积极探索，主要基于以下考虑：一是切实加强创新人才的早期培养；二是主动破解儿童创造力培养的现实难题；三是积极推进植根本土的学前情境教育探索。情境教育是著名教育家李吉林根据长期的小学教改实践，并从中国古代文论“意境说”中汲取理论智慧而构建的一种教育体系，是教育部向全国重点推广的教学成果。① 在此背景下，我们将情境教育引入学前教育，率先开展学前情境教育影响儿童创造力发展的教育实验，取得了重要进展。②③④ 尽管初显成效，但影响的深层原因尚未得到明确揭示，理论反思和经验整合还不到位，在一定程度上制约了实验成果的推广和运用。为此，我们依据创造学、心理学、认知科学和教育神经科学研究的前沿成果，对学前情境教育促进儿童创造力发展的基本原理、心理机制和实践路径开展深入研究，以期为推动情境教育的创新发展、加强创新人才的早期培养做出新的贡献。

一、学前情境教育促进儿童创造力发展的基本原理

学前情境教育是根据情境教育理论，通过建构人为优化的情境，促进儿童的情感与认知活动相融合，全面提高儿童素质的一种学前教育新形态。它将李吉林创立的情境教育理论积极引入健康、语言、社会、科学和艺术五大领域，并与一日生活、区域活动以及野外活动有机融通，着力构建具

基金项目：本文系国家社会科学基金教育学一般课题“情境教育与儿童创造力发展的实验与研究”（项目编号：BHA120051）和江苏省教育科学规划重点课题“儿童情境学习与创新能力发展的研究与实验”（项目编号：B-b/2018/01/50）的研究成果。

作者简介：王灿明，南通大学情境教育研究院院长，教授，主要从事情境教育与儿童创造教育研究；马娟，山东人民出版社编辑，硕士，主要从事学前情境教育与儿童创造力发展研究。

① 王灿明：《情境教育四十年的回顾与前瞻》，《南通大学学报（社会科学版）》2020 年第 2 期，第 132-140 页。

② 王灿明，孙琪：《学前情境教育影响儿童创造性思维发展的实验研究》，《教育研究与实验》2018 年第 5 期，第 41-45 页。

③ 张宏云：《美术情境教育与幼儿创造力发展的实验研究》，《幼儿教育导读》（人大复印报刊资料）2017 年第 1 期，第 23-28 页。

④ 张艳梅：《情境绘本阅读影响幼儿创造性思维发展的实验研究》，《江苏教育研究》2017 年第 11 期，第 40-45 页。

有物象性、耦合性和濡染性的幼儿教育体系。学前情境教育促进儿童创造力发展的主要原理是从理论研究和教育实验中概括出来的基本认识，在很大程度上反映出学前情境教育与儿童创造力发展之间的规律性联系。它能有效指导学前情境教育的实践，并经受实践检验。

1. 顺应教育原理

幼儿处于创造潜能发展的敏感期，他们爱玩好动，爱思考，还特别爱美，应该“顺其天性而育之”。[①]顺应教育原理强调顺应儿童的这些天性，在人为优化的情境中激发和释放其创造潜能。一要尊重儿童爱玩的天性，将游戏精神贯穿教育活动的各个环节，让儿童在娱乐消遣和生活探究中释放创造力；二要尊重儿童爱动的天性，推行项目式学习，培养其创造性解决实际问题的能力；三要尊重儿童爱思考的天性，给他们更多质疑、发问和自由表达的机会，鼓励他们进行思想碰撞和自由辩论；四要尊重儿童爱美的天性，将审美教育融入幼儿的各类活动和一日生活，满足他们对美好生活向往的需求。总之，我们不应成为儿童创造天性的压抑者与扼杀者，而应成为其创造天性的解放者与守护者。

2. 共情教育原理

共情亦称为“同理心”，可借此体察、体验并体认他人的思想、情感与行为。美国学者丹尼尔·平克提出，当今社会正在步入“创感时代”，应关注“创新”和“创感”的协同发展，其中“创新”强调以创造性思维为核心的高阶思维，而“创感”强调基于“六感”(设计感、故事感、交响感、共情感、娱乐感和意义感)的高感性培养，从而将共情能力纳入“创感时代”的培养目标。[②]共情教育原理强调通过角色扮演的情境引起儿童的观点采择、情感共鸣与行为响应。每位儿童都有很强的表演欲，无论是扮演现实生活中的角色，还是扮演自己憧憬的角色；无论是扮演教材中的角色，还是扮演童话中的角色，他们都能体验另一种生活态度，并按自己扮演的角色身份去思维。角色扮演所渲染的情绪氛围，更使儿童身临其境，文本中的抽象知识也变得生动鲜活起来。因而，共情教育所建构的情境既是“有我之境”，又是“有情之境”，具有“物我相谐、情境交融”的鲜明特征。

3. 整合教育原理

在西方教育界，整合教育已形成一股声势浩大的教育思潮，近年来在中国也得到了积极回应，人们日益认识到它对儿童创造力发展的独特价值，并开展了实验探索。有学者主张幼儿创造教育应兼顾创造能力与创造性人格培养，开展以文学作品为依托、以表演游戏为主线的“综合性创造活动”，将语言、社会、美术、音乐和游戏整合起来，取得了显著成效。[③]也有学者主张将科学与艺术整合，并通过实验证明这一模式有助于提升儿童的创造力。[④]但就整体而言，“如何整合”依然是困扰当下学前创造教育的一个难题。教育神经科学告诉我们，“将艺术与教学的内容进行整合可以改变学习的效果，同时也是一种培养儿童创造力的天然方式”。[⑤]为此，我们提出整合教育可以以艺术领域为主导，将艺术与健康、语言、社会、科学领域中相关内容进行统整，着力构建“主题性大单元情境课程”，为学前教育筑起一条通向新课改的成功之路。

4. 体验教育原理

体验教育原理是在学前情境教育过程中，精心建构人为优化的情境，并通过儿童的具体体验和观察反思，探寻其中蕴含的意义和价值，从而形成一些新发现、新思路和新观点。体验教育的理论基础有杜威的“做中学”思想、勒温的群体动力学、皮亚杰的发生认识论以及库伯的体验学习理论，强调儿童的知识对感官经验的依赖性，并透过合理的情境建构，使其身临其境地学习。[⑥]学前情境教育以体验为中心，通过建构真切、鲜活的情境，引导儿童观察反思，诱发他们的创造动机，激活他们的创造性思维。

① 李吉林:《情感:情境教育理论构建的命脉》,《教育研究》2011年第7期,第65-71页。

② 丹尼尔·平克:《全新思维》,林娜译,北京师范大学出版社2007年版,第124页。

③ 王小英:《幼儿创造力发展的特点及其教育教学对策》,《东北师大学报(哲学社会科学版)》2005年第2期,第149-154页。

④ 黄海涛:《科学与艺术整合教育中幼儿创造力培养的实验研究》,《当代教育科学》2007年第16期,第38-41页。

⑤ David A. Sousa主编:《心智、脑与教育——教育神经科学对课堂教学的启示》,周加仙等译,华东师范大学出版社2013年版,第241页。

⑥ 库伯:《体验学习——让体验成为学习与发展的源泉》,王灿明,朱水萍等译,华东师范大学出版社2007年版,第3页。

总之，学前情境教育促进儿童创造力发展，既有厚实的学理支撑，又有鲜明的实践指向。其顺应教育原理指向于学前情境教育的目标取向，共情教育原理指向于学前情境教育的主体建构，整合教育原理指向于学前情境教育的课程设计，体验教育原理指向于学前情境教育的操作要义，从而涵盖了学前情境教育的基本要素，有利于全面实现学前情境教育的目标。

二、学前情境教育促进儿童创造力发展的心理机制

心理机制是指学前情境教育影响儿童创造力发展的过程、方式和机理，它在很大程度上反映出学前情境教育的内部结构与儿童创造力之间的相互关系，主要包括具身机制、交互机制和动力机制。如果说情境教育促进儿童创造力发展的主要原理反映情境教育影响儿童创造力发展的基本规律，那么情境教育促进儿童创造力发展的心理机制就揭示出情境教育影响儿童创造力发展的深层原因，两者既有区别，又有联系，共同构成学前情境教育影响儿童创造力发展的理论框架。

1. 具身机制

"情境"不能简单等同于"环境"，唯有个体直接感受和体验到的环境才能称为"情境"。[①] 具身机制是基于生理体验和心理状态之间的关系，揭示具身体验在学前情境教育促进儿童创造力发展过程中的作用路径和运作方式，主要包括具身认知、具身情绪和具身行动。

首先是具身认知。"认知不仅是具身的，而且是发生在具体情境之中的，情境是身体的延展。"[②] 在情境与认知的相互作用中，身体发挥着纽带作用。众所周知，基本范畴是理解具身认知的一把"钥匙"。对学前儿童而言，基本范畴就是他们在各种活动中使用频率最高的知识经验，生活背景不同的儿童具有不同的基本范畴。只有准确把握儿童生活的基本范畴，开展有针对性的创造性活动，才能取得创造力发展的良好效果。

其次是具身情绪。无论是"点头道是"，还是"拍手称快"，都形象地告诉我们，适宜的身体反应会强化个体的情绪体验。研究表明，积极情绪能否促进创造性思维，与个体所处的情境有密切联系，具有"调节定向"的情境比具有"预防定向"的情境更容易引发创造性思维。[③] 这就启示我们，应着力营造富有真挚情感、艺术情调和儿童情趣的学习情境，并借助面部表情或肢体动作调节儿童的情绪体验，以更好地激活其创造性思维。

最后是具身行动。"认知在某种程度上是一种实践活动，通过这种实践活动，促使我们不断将复杂的问题简单化与系统化，以形成对事物由感性到理性的认识，并通过具身的行动过程进行意义建构与持续深化，最终形成思维。"[④] 比如，儿童有时对神话故事中的人物关系不清楚，但如果玩一次角色扮演游戏，可能就会马上明白。因而，创构人为优化的情境，让儿童的科学探究活动再现科学考察或研究过程，可以使儿童亲历"发现的过程"，感受"创造的乐趣"，进而推动其创造性思维发展。

2. 交互机制

人类对情境的认识经历了一个从反射作用到交互作用的发展历程，"情境理论中的知识来源于主体与情境间的互动，情境是维系知识和主体间的纽带和中枢"。[⑤] 学前情境教育促进儿童创造力发展的交互机制包括人与人的信息交互、人与情境的行为交互以及情感与认知的功能交互，在此基础上实现多维互动并取得最大效能。

首先是人与人之间的信息交互。社交距离理论认为，当交往双方有更多的语言或肢体交流时，心理距离就会小些；当互动方式有更多的变通性时，互动障碍也会少些。[⑥] 因而，要提高师幼之间的信息交互水平，就必须切实增进师幼之间的沟

① 王灿明：《情境：意涵、特征与建构》，《教育研究》2020 年第 9 期，第 81-89 页。

② 焦彩珍：《具身认知理论的教学论意义》，《西北师大学报（社会科学版）》2020 年第 4 期，第 36-44 页。

③ 姚海娟，王金霞，苏清丽，白学军：《具身情绪与创造性思维——情境性调节定向的调节作用》，《心理与行为研究》2018 年第 4 期，第 441-448 页。

④ 胡翰林，沈书生：《生成认知促进高阶思维的形成——从概念的发展谈起》，《电化教育研究》2021 年第 6 期，第 27-32 页。

⑤ 徐冰鸥，王婷：《基于情境的教师知识生成：实质、境遇与路径》，《现代基础教育研究》2020 年第 3 期，第 29-34 页。

⑥ M. Moore, "Towards a Theory of Independent Learning and Teaching", *Journal of Higher Education*, Vol. 44, no. 9 (November 1973). pp. 661-679.

通与交流,更多地关切儿童的兴趣与需要,从而提高创造性活动的实效性。

其次是人与情境的行为交互。人与情境交互作用理论告诉我们,人与情境构成了一个融人、物、境于一体的复杂系统,其中人占据着极其重要的地位,因为人是倾向于某种目标的能动要素。[①] 这就要求充分发挥儿童在学前情境教育中的能动性,引导他们主动参与创造性活动,积极体验生命的冲动、创造的欲望和自我实现的成就感,不断增强问题解决的创造性。

最后是情感与认知的功能交互。李吉林注重情感功能,主张情境学习以"情感与认知的结合"为核心理念。[②] 情感在认知活动中发挥着调控作用,快乐的情感体验能促进儿童主动思考,良好的认知效果也会产生积极的学习情感。学前情境教育强调"以情感为纽带",通过教师、儿童以及文本之间的各种情感传递,让儿童获得丰富的情感体验,使其思维进入最佳状态,从而提升创造性活动成效。

3. *动力机制*

动力机制是指学前情境教育促进儿童创造力发展的动力来源及其发生机制,是激发、指引和维持其创造性活动的内部力量,主要源自生命冲动之根源、生成学习之引导以及超越性发展之目标。

首先是生命冲动之根源。法国哲学家柏格森将"生命在演化动力作用下随时都有自我突破的内在要求"称为"生命冲动",它是在环境演化中逐步形成的,一旦环境遭遇重大障碍并且生命冲动不足以克服时,生命演化就会受到阻挠,甚至爆发生存危机。[③] 这就提醒我们,环境仅是生命演化的外部变量,生命冲动才是主导生命演化的根本力量,是构成创造性活动的内部动因。实施学前情境教育,只有不断激发儿童的生命冲动,外部的情境力量才能发挥作用,进而推进创造力发展。

其次是生成学习之引导。美国心理学家威特罗克认为,学习是一个主动的过程,"生成学习模式的本质不是大脑被动地学习和记录信息,而是主动地建构它对信息的解释,并从中做出推论"。[④] 他将先前的知识经验作为个体信息接收、选择和建构的关键要素,如果我们建构的情境镶嵌着个体长时记忆中的相关经验,就能有效促进生成学习的产生。为此,学前情境教育提倡"回归生活",将日常生活经验融进儿童的创造性活动。由此可见,儿童的创造性活动不是脱离生活闭门造车,而是源于真实经验的生成结果。

最后是超越性发展之目标。美国心理学家马斯洛提出比"自我实现"更高层次的"超越性需要",并将它视为"人的最高本性很可能也是我们的最深层本性"。[⑤] 每位儿童都有上进心,喜欢争强好胜,学前情境教育就要顺应这种天性,激励他们日新日进,使不会创造的儿童学会创造,学会创造的儿童还想不断创造,让创造成为他们的向往。因而,我们不应满足于开展一次活动,制作一件作品,获得一个奖项,搞一次教育,而应培养超越自我的"小小追梦人",不断增强儿童创造的内在动力。

具身机制、交互机制和动力机制分别构建了情境教育影响儿童创造力发展的主体机制、运行机制和驱动机制。正是基于具身的主体机制、基于交互的运行机制和基于超越的驱动机制的协同作用,才使儿童创造力获得了永续发展的内在逻辑。

三、学前情境教育促进儿童创造力发展的操作路径

情境教育理论植根于教育实践,又反作用于教育实践。学前情境教育促进儿童创造力发展的操作路径就是为创新人才的早期培养而制定的实践方略,它既遵循着情境教育影响儿童创造力发展的主要原理,又契合情境教育影响儿童创造力发展的心理机制,还汲取了情境教育影响儿童创造力发展的成功经验,具有很强的整合性。随着理论研究与实践探索的深入,这些路径还将得到不断的拓展和完善。

---

① 曾守锤,桑标:《人与情境交互作用理论述评》,《心理科学》2005 年第 5 期,第 1256-1258 页。

② 李吉林:《中国式儿童情境学习范式的建构》,《教育研究》2017 年第 3 期,第 91-102 页。

③ 亨利·柏格森:《创造进化论》,肖聿译,译林出版社 2011 年版,第 93 页。

④ 马向真:《论威特罗克的生成学习模式》,《华东师范大学学报(教育科学版)》1995 年第 2 期,第 73-81 页。

⑤ 于森:《现象学创造力研究的方法论解析》,东北大学出版社 2012 年版,第 106 页。

1. 情境教育活动

情境教育活动是学前情境教育的主要路径，是指以儿童、知识和社会为基本维度，创设人为优化的情境，促进幼儿全面协调发展的各种活动的总和。它主要包括健康、语言、社会、科学以及艺术五大领域的情境教育活动。尽管这些活动涉及的领域不同，但都体现于目标制订、组织实施和活动评价之中。

一是目标制订。活动目标是指期望儿童通过情境教育活动获得的发展变化的方向与结果。它既有创造力发展目标，也有领域教育目标，前者包括儿童的创造动机、创造性思维和创造性人格，后者是依据儿童领域创造力发展特点而设置的五大领域具体目标。在设置各领域目标时，我们既要考虑各自的独立性，又要考虑其关联性，从而形成一个层次分明、彼此协调的目标体系。

二是组织实施。首先是内容选择。按照学前情境教育目标，为儿童创造力发展选取一系列直接与间接经验，包括认知、能力与情感内容。其中，认知内容是指从自然、社会、人文及其相关活动中获取的生活经验；能力内容是从创造性问题解决中获取的活动经验；情感内容是从创造性活动中获取的积极态度。这些经验和态度能诱发儿童的创造动机，提升创造性活动的成效。其次是方案设计。只有实现儿童、知识与社会之间平衡和统整，才能设计出贴近儿童、贴近生活和贴近科学的活动方案。最后是活动实施。每位儿童都是独特的生命存在，有其独特的思维与行为方式，这就需要综合考虑实施活动中可能遇到的各种问题，有效运用弹性预设与体验生成策略。

三是活动评价。活动评价是指通过考察与分析情境教育活动，确定是否达成目标。首先是活动方案评价。主要评价其科学性与合理性，如活动的理论依据是否科学，活动内容是否符合儿童发展特征，活动方法是否得当。其次是活动过程评价。包括对儿童、教师以及各种互动中介因素的评价。其中，对儿童的评价重点关注其活动反应，比如，是否积极参与活动，活动中的自主创新情况，以及师生互动中的情感态度与行为变化；对教师的评价重点关注其态度与行为，比如，对活动的收放程度，与儿童的互动程度，以及面对突发事件的随机处置能力；对互动中介的评价重点关注活动的开展方式、背景环境以及工具材料。最后是活动成效评价。主要评价儿童创造力发展情况，其核心是基于真实情境的创造性表现。情境教育活动评价是学前教育评价的新探索，还有许多亟待解决的问题，需要我们开展深入研究。

2. 情境生活活动

情境生活活动是指一日生活中创设的具体、真实且儿童积极参与其中的各种情境活动。李吉林将情境建构贯穿于教学全程，将其基本流程总结为“带入情境—优化情境—凭借情境—拓展情境”，形成独树一帜的情境教学模式。[①] 据此，我们悉心设计了基于儿童创造力发展的情境生活流程，使之更契合一日生活的目标与内容。

其一是带入情境，经验铺垫。美国教育家杜威说过：“教育为实现其目的，必须从经验即始终是个人实际的生活经验出发。”[②] 我们关注儿童的生活经验，并有意识地引导他们积极开展生活情境探究，以不断扩展生活经验，为创造力发展提供丰富的经验源泉。

其二是优化情境，自由探索。生活情境五彩缤纷，蕴含着许多新颖的创意，只要教师处处留心，及时捕捉并充分利用这些创意，就能让儿童的一日生活更加精彩。

其三是凭借情境，情感升华。儿童是善良的，只要善加引导，就能发现创造的契机。如，面对新冠疫情的冲击，儿童不能直接参加抗疫斗争，却拿起画笔表达自己的心声，画出了杀死病毒的“神奇药水”、阻断按钮传染的“声控电梯”以及实施高科技封城的“防毒面罩”等，体现出丰富的想象力和创造力，彰显新时代童心抗疫的担当精神。[③]

其四是拓展情境，家庭延伸。有些儿童在幼儿园喜欢动手动脑，回家后的表现却不尽如人意，这主要是因为家庭缺乏良好的创新氛围。这就对家园共育提出了新要求，家长要重视儿童创造力的开发，用心营造美、智、趣的生活情境，着力培养儿童的创意生活能力。

① 李吉林：《李吉林文集》（卷二），人民教育出版社 2006 年版，第 341-358 页。

② 赵祥麟，王承绪：《杜威教育论著选》，华东师范大学出版社 1981 年版，第 374-375 页。

③ 程淮：《童心抗疫 创意飞扬——抗击新型冠状病毒幼儿创意作品选》，中国人口出版社 2020 年版，第 1-2 页。

3. 情境区域活动

情境区域活动是指通过创设充满生活情调和游戏氛围的活动区域,提供丰富的活动材料,引导幼儿自由选区、自主探究和自我建构,培养其自主创新能力的一种活动形式。① 情境区域活动强调科学投放材料、激励自主探究和创设支持性环境,最大限度地促进儿童创造力的发展。

首先是科学投放材料,满足儿童创造力发展的需求。科学投放活动材料,一要掌握不同年龄段儿童创造力的发展特点,有针对性地投放材料;二要投放有鲜明特征的动态活动材料,激发儿童的参与热情;三要提供丰富而有层次的活动材料,满足儿童多样而富有创意的活动。

其次是激励自主探究,搭建儿童创造力发展的舞台。情境区域活动倡导儿童自由选区和自主探究,教师要学会放手,让他们自己去发现问题、提出猜想和实践验证,不断积累自主探究的经验,进而培养其自主创新能力。

最后是创设支持性环境,营造儿童创造力发展的氛围。美国心理学家罗杰斯认为:"心理安全和心理自由的环境能最大限度地提高创造力产生的可能性。"② 心理安全意味着对儿童的独特创意和行为减少批评与挑剔,使其打消顾虑;心理自由意味着对儿童的独特创意和行为多加关注和嘉许,助其提振信心。营造安全和自由的心理环境,有助于解放儿童的大脑,使他们勇于尝试和表现,将自己的专长充分施展出来。

4. 情境野外活动

李吉林积极借鉴老子的"道法自然"和卢梭的"回归自然"思想,创造性地提出"野外情境课程",主张儿童走入大自然,使其想象力和创造力得到大自然的滋养。③ 开展野外活动,必须用心捕捉教育契机,优选自然情境。比如,在一次户外活动中,有位幼儿偶然发现了一枝金色的迎春花,并引发其他幼儿的强烈兴趣,教师就此开展"寻找春天"的科学考察活动。经过讨论,确定"幼儿园的春天""田野的春天"和"大运河的春天"三个考察点,成立考察小组,开展实地考察。通过这一活动,幼儿获得关于春天的天气、风雨以及动植物的直观认识,体验科学考察的过程与方法,助力科学探究能力发展。

当然,作为我国学前教育的新形态,学前情境教育尚在初步探索中,还需要得到专家学者和一线教师的引领与实践。学前情境教育如何促进儿童创造力发展,还有许多值得关注的问题,只有通过理论研究与实践探索的多次循环才能解决。

Pre-school Situational Education Promotes the Development of Children's Creativity: Principles, Mechanisms and Paths

WANG Canming[1], MA Juan[2]

(1. Situational Education Research Institute, Nantong University, Nantong Jiangsu, 226019; 2. Shandong People's Publishing House, Jinan Shandong, 250001)

Abstract: Based on Li Jilin's situational education theory, pre-school situational education is a new pre-school educational model that helps integrate children's cognitive activities and emotional activities through artificially optimized situations. It takes adaptation education, empathy education, integration education and experience education as the theoretical basis, treats embodied mechanism, interaction mechanism and motivation mechanism as psychological mechanism, and continuously promotes the early training of innovative talents through situational education activities, situational life activities, situational regional activities and situational field activities.

Key words: pre-school situational education, creativity, educational principle, mental mechanism, operation path

① 张艳梅:《指向创造——"情境式"区域活动的创构》,《幼儿教育导读》(人大复印报刊资料)2018年第12期,第36-38页。

② 罗杰斯:《个人形成论——我的心理治疗观》,杨广学,尤娜,潘福勤译,中国人民大学出版社2004年版,第326-327页。

③ 李吉林:《为儿童学习构建情境课程》,《中国教育学刊》2016年第10期,第4-7页。

《现代基础教育研究》
第44卷，2021年12月 (Research on Modern Basic Education) Vol.44, Dec. 2021

智能化教学之下的伦理忧思及其化解

朱 炜

（上海师范大学 教育学院，上海 200234）

摘 要：人工智能技术在教学中的应用正受到国家层面政策的大力推动。智能化教学具有促进个性化学习和丰富教学过程构成的优点，但在技术主义观念，以及全球化背景下国家间教学质量竞争加剧的影响下，其面临的伦理风险也应受到重视。这主要表现在教学的伦理形式（师生关系）与伦理实质（师生利益）两方面可能受到损害，为此提出相应的风险化解之策，包括在认识上坚守教学的伦理精神，在实践上维系师生伦理关系，基于伦理规范维护师生的相关利益等。

关键词：智能化教学；伦理风险；化解

传统教学伦理主要体现在教师与学生这两类主体的关系，以及他们所构成的直接的教学交往过程中。但是近年来，随着跨媒体、虚拟现实、大数据等智能技术在教学活动中应用的拓展与深化，出现了新的教学形态和方式。甚至有学者认为，人工智能的创新性应用，“冲击和改变了整个教育系统生态和教育秩序，尤其是教育文化、教育中的人伦关系、教育结构和教育价值等诸多方面”。[①] 显然，对这种改变的关注已不限于如何代替教师有针对性地指导学生学习的技术范畴，还包括可能影响师生生命体验、人性交融的情感与价值领域。可以说相关的伦理议题，已成为能够决定智能化教学未来走向的重要因素。

一、智能化教学及其特点

尽管科学技术是人类劳动对象化的产物，但是它的力量又常常使人类感到惊异，甚至震撼。当很多教师还在感叹于计算机、多媒体及网络技术极大丰富了教学媒介和手段的时候，基于大数据、云计算、物联网等智能技术的教育“新势力”已悄然“进场”，在线教育平台、教学机器人、专家知识系统等得到了现实应用。如在线教育，已经成为不少国家开展教育活动的重要形式。在全球化背景下，技术迭代所引发的竞争更加激烈，教育也难以置身事外。近年来各国政府纷纷出台政策以推动人工智能技术在教育中的应用，我国国务院于 2017 年 7 月发布了《新一代人工智能发展规划》，提出：“利用智能技术加快推动人才培养模式、教学方法改革，构建包含智能学习、交互式学习的新型教育体系……开发立体综合教学场、基于大数据智能的在线学习教育平台。”[②] 2019 年 5 月，习近平主席在发给国际人工智能与教育大会的贺信中也指出：“积极推动人工智能和教育深度

作者简介：朱 炜，上海师范大学教育学院副教授，博士，主要从事教育伦理与教育管理研究。

① 冯锐，孙佳晶，孙发勤：《人工智能在教育应用中的伦理风险与理性抉择》，《远程教育杂志》2020 年第 3 期，第 47-54 页。

② 中共中央国务院：《新一代人工智能发展规划》，载中华人民共和国中央人民政府官网：http://www.gov.cn/zhengce/content/2017-07/20/content_5211996.htm。最后登录日期：2021 年 7 月 6 日。

融合,促进教育变革创新,充分发挥人工智能优势,加快发展伴随每个人一生的教育、平等面向每个人的教育、适合每个人的教育、更加开放灵活的教育。”① 可以说教学的智能化,是近年来教学创新的主要特征,也是教学变革的重要趋势。

智能技术的机理在于模拟人类的逻辑思维,其功能则是代替人类从事某类活动、解决某种问题。目前应用于教学的智能技术主要是以下两类②:一是智能导学系统(Intelligent Tutoring System,缩写 ITS),代替教师对学生进行个别化指导,比如北京师范大学余胜泉教授等人开发的“AI 好老师”、美国麻省理工学院的 Tega 教育机器人等,此类系统一般分为专家知识、学生模型、导学三大模块;二是适应性学习支持系统(Adaptive Learning Support System,缩写 ALSS),能够依据课程内容为学生定制适应性的学习路径及资源,比如松鼠 AI 自适应学习系统,这一过程一般经过用户建模、学习资源配置和学习路径推荐三个阶段。

目前智能技术在教育中的应用之所以如此引人瞩目,是因为它“正带来教学环境、教学法和学科知识表示的全方位变革”。③ 其对于教学的积极意义在于以下方面:一是推动差异教学,促进个性学习开展。智能技术通过收集学生个人及学习行为的信息,运用一定的算法规则进行大数据分析,可推测出每位学生的学习需求、学习偏好以及学习风格,据此从海量的相关知识资源库中为学生定制特定的学习内容,并向其精准推送。在这种情况下,每位学生所接触的是适合自己的学习内容,这显然对提高其知识掌握效率有积极意义。二是丰富教学过程构成,增强学生学习体验。虚拟现实(VR)、增强现实(AR)及跨媒体等智能技术的应用,使得课堂环境立体化、多维化,能够在教学活动中强化学生感官的全面与深度介入及其和思维操作的融合,有利于教学生成性目标和表达性目标的实现。三是代替教师工作,简化教学流程。智能教学系统能够进行自动出题、自动批改作业、自动诊断学生学习问题等教学任务,并且能够帮助教师整理资料、备课,以及简化教学准备和总结等工作流程。④这就能促使教师在一定程度上从繁琐、机械的教学工作中解脱出来,有更多时间做更复杂、更具创造性的事情。四是改善课堂管理,提高教学效率。将人脸识别技术、镜像技术等应用于课堂教学,可即时识别、收集、分析学生的学习注意力、思维活跃程度、学习行为变化等情况,并反馈给教师,教师据此可更有效地做出课堂管理行为,给予学生适当的指导,促使学生更好地投入到教学过程中。尤其是教师能够在电子设备上观察到以往难以发现的学生的“无形”的行为,这样就能更全面、更准确地识别、分析学生在个性化学习中表现出的有意义的发展趋势。⑤

正所谓“凡事皆有利弊”,在教育这样一个人文性浓厚的“领地”,技术的“入侵”必然会引起警觉,甚至有学者认为:“人工智能的深入运用将在本体意义上动摇我们原有的对教育的理解、判断和追求,从而产生前所未有的困惑和焦虑。”⑥ 正如上文所说,人工智能给提升教育教学效能带来了许多机会,但“负面评价也会伴随着出现在人工智能的数据分析领域,这通常指向道德上的潜在危害”。⑦ 故而,我们同样需要指明并防范智能化教学之下的伦理风险。

---

① 习近平:《致“国际人工智能与教育大会”的贺信》,载新华社官网:http://www. xinhuanet. com/2019-05/16/c_1124502154. htm。最后登录日期:2021 年 7 月 6 日。

② 吴河江,涂艳国,谭轹纱:《人工智能时代的教育风险及其规避》,《现代教育技术》2020 年第 4 期,第 18-24 页。

③ 邓国民,李云春,朱永海:《“人工智能+教育”驱动下的教师知识结构重构——论融入伦理的 AIPCEK 框架及其发展模式》,《远程教育杂志》2021 年第 1 期,第 63-73 页。

④ 于英姿,胡凡刚:《隐忧与消解:智能技术之于教育的伦理省思》,《远程教育杂志》2020 年第 3 期,第 55-64 页。

⑤ Michael Feldstein, Phil Hill, “Personalized Learning: What It Really Is and Why It Really Matters”, *Educause Review*, Vol. 51, no. 2 (2016), pp. 25-35.

⑥ 唐汉卫:《人工智能时代教育将如何存在》,《教育研究》2018 年第 11 期,第 18-24 页。

⑦ Kirsty Kitto, Simon Knight, “Practical Ethics for Building Learning Analytics”, *British Journal of Educational Technology*, Vol. 50, no. 6(2019), pp. 2855-2870.

二、教学智能化可能引发的伦理风险

教师和学生在智能化教学过程中的改变是多方面的，涉及认知、情感和行为。我们在享受技术赋能教育带来各种“红利”的同时，也要具有忧患意识，做到未雨绸缪，谨防陷入“技术陷阱”而使教育受到损害。教学是以人(教师)育人(学生)的过程：一方面，其道德内涵有助于确立并实现培养学生全面和谐人格的教育目的；另一方面，一定的道德标准也是衡量教学过程正当与否的重要尺度。因此，教学的伦理之维是除了智识之外，认识、理解其存在与发展变化的基本向度。对智能教学予以伦理审视，探究其可能的伦理风险，可以从伦理形式(人伦关系)和伦理实质(相关者利益)这两个层面展开。

1. 在伦理形式上，教学智能化可能解构传统师生关系

伦理，在其现实意义上，是以人际关系为主要形式而体现出来的道德秩序，师生关系是教学过程的基本人际关系，智能技术在教学中的应用对这一关系可能带来以下风险：

一是消解教学主体的风险。传统上，师生伦理关系源于教师与学生两者都作为主体的教学关系。对教师而言，其主体性体现在具备自身的教学观念，主导教学的内容、组织、过程及评价等方面；而且教师的专业发展，是作为教育者的主体意识并在此主导下自主地提升其专业素养和能力的过程。对学生而言，其主体性体现在对自身学习需求、兴趣的觉知，积极、主动、创造性地投入学习活动，同时自主进行心理建构方面。师生良好的伦理关系，一方面，是他们各自作为主体在言语和行为的互动过程中形成的；另一方面，又促使他们在道德情感的体验中深化自身对于主体性角色的理解，从而在教学工作和学习活动中发挥主体作用，并提升师生教学关系的层次。然而，在智能化教学之下，教师和学生可能不知不觉地将这种主体权利让渡给智能机器。首先，智能技术的迅捷性和准确性让教学变得简洁高效，这就容易使教师产生对机器的依赖感，甚至丧失自己对于专业能力的自信，导致自己的专业敏感性和主观能动性的退化。其次，由于数据搜集的瞬时性，数据仅能体现某个人在特定时间、地点的表现，基于历史数据对学生或教师进行分类是不完整且容易出错的。[①] 身份特征是由学习、工作、交往等多维度构成的复合体，一种数据检测下形成的判断并不能代表完整的个体，学生和教师身份多元化的丧失使师生之间的知识教学、情感互动等多元关系局限在智能机器基于数据分析的单一引导之下。此外，学生在智能系统根据算法规则专门投其所好进行教学“投喂”之下，容易产生思维和行为的惰性，失去学习的积极性和自主权。在以上这些情形下，“师生交往看似是人与人的交往，实则是数据与数据、算法与算法之间的交往，消弭了师生交往的生命之维”。[②] 显然，智能技术对于师生主体性的冲击，也必然威胁他们伦理关系的维系。

二是弱化师生伦理性交往的风险。智能化教学之下，教师的一些工作将被智能系统或机器人所取代，比如对学生进行个别辅导、出题、批阅作业、学习诊断和评价等，教学关系在一定程度上由传统的人与人之间的师生关系，演变为“教师—智能机器—学生”的关系，至少在一些教学交往场合，学生面对的是机器，而不是教师本人。与教师具身交往的减少，势必弱化学生关于道德性、情感性和精神性的体验。顾明远先生认为：“教育的本质可以概括为：提高生命的质量和提升生命的价值。”[③] 人的生命性，不仅仅体现在其知识水平和认识能力上面，包括情感、道德、信仰、性格等亦都是构成完整生命的重要组成部分。传统上伴随教学过程，教师在和学生的直接交往中，通过言传身教，能感染学生的向善之心，培育他们的良善之情，引导他们的扬善之行。但是，由于智能技术的介入，这种基于爱和关怀的伦理关系受到侵蚀的威胁。2019 年浙江省金华市某小学给学生佩戴

① S. Slade，P. Prinsloo，“Learning Analytics：Ethical Issues and Dilemmas”，*American Behavioral Scientist*，Vol. 57，no. 10(2013)，pp. 1510-1529.

② 刘磊，刘瑞：《人工智能时代的教师角色转变：困境与突围——基于海德格尔技术哲学视角》，《开放教育研究》2020 年第 3 期，第 44-50 页。

③ 顾明远：《再论教育本质和教育价值观——纪念改革开放 40 周年》，《教育研究》2018 年第 5 期，第 4-8 页。

监测头环引发广泛关注,该头环能监测学生上课时的注意力情况,产生的数据会实时上传到教师手机,以便其迅速做出反应。显然这使得教师与学生的具身交往在一定程度上受到智能设备的阻隔。

2. 在伦理实质上,教学智能化可能损害师生利益

从辩证唯物主义观点来看,人的利益构成了伦理本质的规定性。马克思指出:"感性的印象和自私的欲望、享乐和正确理解的个人利益,是整个道德的基础。"① 我国伦理学家罗国杰也主张:"离开了利益,就无从了解道德的产生和发展,道德的性质、不同类型和社会作用。"② 据此可以认为,一定的利益格局被打破,致使其中一部分人的利益受损,则是触及伦理实质的问题。教学过程中智能技术的应用,有可能使原有的利益关系发生变化,从而动摇教学的伦理基础。

一是侵害学生和教师个人隐私的风险。智能教学系统要实现对个别学生学习资源和路径的精准推送,就必须先对该生的学习需求、学习偏好与学习风格做出准确分析和判断,这就需要以该生的个人信息为基础,包括生理特征、学籍档案、思维风格、认知能力、学习基础以及学习习惯等。这些信息被收集并贮存于联网计算机、实体服务器甚至云端服务器中。这些设施一旦管理不善或者受到黑客入侵,学生的个人信息就可能外泄,从而使得他们的隐私受到侵害。不仅如此,智能系统为与教师相协调,以便更好地做出教学决策、建构虚拟教学环境,需要收集教师的工作风格、教学行为等信息,这使教师的隐私也处于被泄露的风险之中。以开发、生产和销售智能教学系统的教育科技公司为例,它们往往把企业利润和股东回报作为首要目标。这些公司推出的用于教育和儿童服务的商业产品掌握着个人信息与技术使用。虽然商业利益和教育的公益价值可能相一致,但在利润最大化的动机驱动下,这些公司所搜集的个人信息,尤其是儿童的"心智、精神、情绪和情感状态"等数据可能被商品化,用来改善公司产品、创造竞争差异,甚至为课堂外的业务提供服务。③ 无论是科技公司出于营利目的主动泄露数据,还是由外部因素导致的被动侵害,在没有相关隐私保护政策法规出台的情况下,都导致学生和教师的私人信息很难得到有效的保护。

二是削减弱势群体受教育权益的风险。技术必须借助一定的仪器设备才能发挥作用,一般而言,越复杂高效的技术,就越需要精密高端的设备,这就使得经济条件成为开展智能化教学的重要因素。我国目前的实际情况是,地区间社会经济发展差异大,居民家庭间的收入差异也大,这就导致智能教学系统所依托的硬件难以在所有地区的学校和所有学生家庭中得到同等配置。2020年上半年,我国为做到"停课不停学",在全国范围内开展线上教学。由于网络信号和电脑设备等原因,少数学生难以获得完全或稳定的教学服务。在此期间,湖北省五峰渔洋镇一年级学生柯某"在案板下上网课"这一情景曾引发很多人的热议和感慨。由于技术设备的"准入门槛"所限,致使一部分学生无法得到同等教育资源,这势必引发新的教育不公。"教育工作中的技术运用,应该以促进平等、降低壁垒而非拉大差距、挤压弱势为出发点,不能'不知不觉地'对学习者的受教育权、成长发展权形成侵犯、剥夺。"④

公共领域中相关者的利益受损,往往会引发伦理问责。教师相对学生而言掌握着教学的主导权,这就意味着他应当承担相应的道德责任。理论和现实都可以证明,学校和课堂存在一定的负效应,而教师因举止不当、行为失范使学生受到伤害是其中不容忽视的一种表现,比如体罚、辱骂学生、对学生不公等。一旦碰到这种情况,很明显,谁有违师德,谁就背负道义责任。很多国家明确颁布了教师专业伦理规范,其实就是给教师定规矩、明责任。但是,当智能技术取代教师行使教学主导权后,一旦发生"事故",损害了学生的尊严、人格或心智发展,该由谁承担责任?比如,在识

① 《马克思恩格斯全集》(第二卷),人民出版社1957年版,第165-166页。

② 罗国杰:《以德治国与道德建设》,河南人民出版社2002年版,第32页。

③ Andrew McStay, "Emotional AI and EdTech: Serving the Public Good?", *Learning, Media and Technology*, Vol. 45, no. 3(2020), pp. 270-283.

④ 杨斌:《重器与众器:在线教育中的伦理思考》,《中国大学教学》2020年第11期,第9-10页,第58页。

别、收集信息转换成数据时出现失真甚至完全错误,那么将据此分析出来的结果作为教学决策依据显然就不可靠。再比如,在制定算法规则时,对某类学生群体的无意偏见可能导致对该类群体做出不当的教学诊断与评价。而在目前关于问责的法规体系中,还没有如何处置智能机器“行为失当”的应对措施。如果这种情况发生,该问责教师、学校,还是算法编写人员,又或是定制、提供系统的厂家和商家?

综上,无论在伦理形式还是伦理实质上,智能化教学均存在一些道德风险。教学不仅是知识授受的活动,它还是一项道德的事业,正视其在发展过程中的伦理问题并予以妥善应对,无疑有助于更好实现教学目的,促进学生全面而良好的发展。

三、智能化教学之下化解伦理风险的对策

智能技术本身无所谓善恶,在其被人为应用于教学中,改变了这一活动原有的伦理关系和利益格局,才受到道德的审视。近些年来,教学智能化越来越受青睐,其背后是有一些因素推动的,比如,技术主义“情结”使不少人认为,课堂教学的革命性进步主要取决于技术的迭代更新,而几乎所有的技术都聚焦于学生的学习能力,在这方面取得的成效又反过来强化了技术的“魅力”。此外,全球化背景下出现了衡量教学质量的通用性“标准”,最有代表性的莫过于经济发展与合作组织(OECD)主导的 PISA(国际学生评估项目),通过测试各国初中生由其规定的能力和素养,“生成比较数据来推动各国教育政策按照自己中意的方向前进”。[①] 在这种情况下,智能技术自然被看作是提高学生测试科目(数学、科学和阅读)解题能力,进而提升国家在全球基础教育中的竞争力的利器。而以人力资本理论为基础建构起来的能力框架,难以覆盖学生的全部素养,尤其是那些与“面向人性解放与生命尊严的崇高价值”[②] 有关的品质。可以说,正是智能技术应用的热潮,驱动了“教学中伦理受到遮蔽”这一忧虑的产生。智能技术在教学中的应用是目前教学改革的重点,也是教育发展的重要趋势,这是毋庸置疑的。我们要做的是正视智能化教学所面临的伦理挑战,及早提出、落实并完善应对之策,真正做到智能技术深度融合于教学之中,使其能最大限度地赋能教育。

1. 固守教学的伦理精神,明确智能技术的应用限度

对于智能技术在教学中扮演怎样的角色、发挥怎样的作用、怎样发挥作用,应该有一个基本的认识,这甚至触及教育的本质问题。教育是出于人、为了人、完善人的社会实践活动,教育的本质在于对人的生命价值的维护、彰显和提升。作为教育基本形式的教学,“是个多维存在,不仅具有科学性、艺术性,还具有伦理性,且伦理性之于教学具有首要性,教学是立于科学达于艺术之伦理性活动”。[③] 智能技术作为一种外部力量改变教学的原有形态和方式,应以不损害教学的伦理精神为限,因为“在本体论意义上,人不可按照物化的方式被对待,人的心智、心灵品质无法被数据估算,人的生命价值不应当被估算”。[④] 目前来看,智能技术对学生的心智、品质培养起到的作用的确有限,因为学生的品格与性情很难通过学习“尊重”“诚实”“优雅”等抽象的规则加以塑造,而是在运用诸如“做得很好”“太顽皮了”“他做错了”等具体切实的道德判断中形成的。[⑤] 这就需要教师融入学生的生活环境,将主流规范内化为自身的道德人格去教育和影响学生。在现有弱人工智能状况下,智能教学系统无法建立起众多与人类相似的真实情境,进而介入学生情感和价值观领域发挥教育作用。在秉承这一基本认识的前提下,应明确智能技术的运用条件,划定其应用范围和限度,使其在目前复杂的教育环境中对教学进行“赋

① 谢爱磊,李家新,黄咏欣:《全球药方还是特洛伊木马? PISA 的教育政策效应批判——一份基于教育政策社会学视角的文献报告》,《全球教育展望》2021 年第 2 期,第 55-79 页。

② 刘磊明:《“素养”的另一副面孔——以 PISA 为例》,《比较教育研究》2019 年第 8 期,第 44-52 页,第 58 页。

③ 汪明,张睦楚:《批判与期盼:关于教学活动性质的理性思考与深层追问》,《湖北社会科学》2015 年第 10 期,第 157-162 页。

④ 金生鈜:《大数据教育测评的规训隐忧——对教育工具化的哲学审视》,《教育研究》2019 年第 8 期,第 33-41 页。

⑤ E. Erik, T. Alexandra, G. Daniel, “The Extraction and Integration Framework: a Two-process Account of Statistical Learning”, *Psychological Bulletin*, Vol. 139, no. 4(2013), pp. 792-814.

能”和“增值”的同时,不背离教育本质,不损害教学伦理。

2. *教师珍视教学主体权利,维系师生伦理关系*

智能技术能在一定范围内和一定程度上代替教师从事一些教学事务,而且具有准确性、高效性特点,但教师须知:一方面,智能技术针对并试图解决的主要是学生的知识学习问题,然而,认知水平和能力的发展远远不是学生发展的全部,作为“未完成的人”,学生尚有道德、审美、情感、社会交往态度与能力等方面有待成长,智能技术在这些方面还无法替代教师的作用。大多数教师所运用的信息技术实践是基础性的[①],也就是将技术“添加”到现有的课程中,而那些与认知发展有关的人格因素,比如好奇心、探究欲、意志力等,智能技术能施加的影响则是非常有限的。另一方面,教育是一项追求“善”的事业,培养学生成为行善而利他、因善而幸福的人,也是教育的重要目的,而智能技术本身并无善恶之分,关键还是取决于人如何运用它。我们现在所知的一些智能化教学之下学生受到伤害的事例,主要还是人对技术的误用、滥用或使用时不考虑后果导致的。虽然人工智能对每一位学生都有相同程度的同理心和耐心,这在一定程度上使学生免于教师潜在的偏见,以及产生学习疲倦,[②] 但是教师不应因此而丧失自信心和主观能动性,反而更应该坚守自己作为教育者的主体角色,不向智能系统让渡自己的主体权利,明确师生间的伦理关系才是教学关系的本质,真正担负起对学生的道德责任。

3. *建立智能技术应用于教学的伦理规范,维护师生相关利益*

从操作层面讲,为智能技术在教学中的应用制定一套伦理规范,是制约其被过度和不当使用,引导其发挥积极作用的可行之道。近年来,经济合作与发展组织、美国计算机协会(Association of Computing Machinery, 缩写 ACM)、谷歌公司(Google),以及知名劳动力市场分析公司 Burning Glass Technologies 等机构,都发布了人工智能的伦理准则和指南,确保人工智能以负责任的方式发展,融入了透明、负责、公平与正义以及隐私保护等道德价值观,内容涉及或涵盖了教育行业。[③] 2019 年 5 月联合国教科文组织在首届“国际人工智能与教育大会”上通过的《北京共识——人工智能与教育》中也指出:“采纳合乎伦理、注重隐私和通过设计确保安全等原则的重要性……制定全面的数据保护法规以及监管框架,保证对学习者的数据进行合乎伦理、非歧视、公平、透明和可审核的使用。”[④] 因此,国家和地方教育管理机构应尽快着手制定相应的伦理规范:一方面,应将智能技术应用所涉及的一系列伦理问题纳入这一规范体系,尤其是教学领域;另一方面,应充分听取利益相关者,包括教师、学生、学校管理者、教育专家及智能技术专家的意见建议,在取得广泛共识的基础上制定相关伦理规范。与此同时,考虑到相关规范的更新速度可能高于其他领域,应建立相应的问责与审查制度,以保持这些伦理规范实施的稳定性。例如在学校内部,数据安全由信息技术部门负责,通过确定责任主体,对智能技术应用过程进行伦理审查并确定责任范围。[⑤]

4. *教育学生正确处理与人工智能的关系,培育其应用智能技术的正确态度*

智能技术的作用对象是学生,其伦理风险也主要体现在学生身上。一方面,儿童、青少年对新事物具有天然的敏感性和易接受性,人工智能所建构的知识呈现界面和虚拟教学场景对他们具有强大的吸引力,这容易使学生将注意力更多地集

① Sarah Prestridge, “The Beliefs Behind the Teacher That Influences Their ICT Practices”, *Computers & Education*, Vol. 58, no. 1 (2011), pp. 449-458.

② Deborah Richards, Virginia Dignum, “Supporting and Challenging Learners Through Pedagogical Agents: Addressing Ethical Issues Through Designing for Values”, *British Journal of Educational Technology*, Vol. 50, no. 6(2019), pp. 2885-2901.

③ A. Jobin, M. Ienca, E. Vayena, “The Global Landscape of AI Ethics Guidelines”, *Nature Machine Intelligence*, Vol. 1, no. 9(2019), pp. 389-399.

④ 联合国教科文组织:《北京共识——人工智能与教育》,载中华人民共和国教育部官网:http://www.moe.gov.cn/jyb_xwfb/gzdt_gzdt/s5987/201908/W020190828311234679343.pdf,最后登录日期:2021 年 7 月 6 日。

⑤ Abelardo Pardo, George Siemens, “Ethical and Privacy Principles for Learning Analytics”, *British Journal of Educational Technology*, Vol. 45, no. 3(2014), pp. 438-450.

中在教学内容之外的交互图片、动画影像和音响音效上；同时，智能技术靠量化的数据识别对学生进行评价，导致学生更加关注如何“取悦”机器以获得积极的评价，而不是关注课堂学习本身。另一方面，智能设备可以准确记录学生包括举手、打盹等在内的一系列行为。随着互动次数的增加，适应性学习支持系统能够更多地了解学生的长处和短处，这使得本具有高度自主性的个体有一种被控制和暴露的感觉，因此对人工智能产生负面的抗拒情绪。① 伴随着智能化教学过程，无形中会形成学生与智能系统（机器）这一新型关系。那么，是在机器面前丧失自己的独立性和自主权、逃避智能技术的多维度分析，还是能保持清醒的头脑，将智能机器作为促进自身学习的伙伴和助手，这取决于学生能否正确分辨和处理与人工智能的关系。目前已出现“人工智能商数”（Artificial Intelligence Quotient，缩写 AIQ）这一概念，其既包括利用智能技术的能力，也包括与智能机器沟通协调、彼此友好相处的能力。学生对于人工智能的认知能力源于现实生活和虚构故事中的经验，并基于此确立对人工智能的信任程度，那些了解人工智能的功能和优势的用户会更加信任人工智能，而意识到人工智能潜在风险的用户会对此更加谨慎。② 因此，对教育者来说，自己在合理、正当地运用智能技术的同时，还应帮助、引导学生建立起对人工智能的正确态度，处理好他们与人工智能的关系，使智能技术能在真正意义上促进学生的发展。

Ethical Concerns and Resolutions of the Intelligent Teaching

ZHU Wei

（College of Education，Shanghai Normal University，Shanghai，200234）

Abstract： The application of artificial intelligence technology in teaching is vigorously promoted by policies at the national level. Intelligent teaching has such advantages as promoting personalized learning and enriching teaching process constituent, but because of the technicism concept and the increased competition between countries in teaching quality under the background of globalization, its ethical risks should also be taken seriously, which are mainly reflected in the potential damage from ethical form（the relationship between teachers and students）and the ethical essence（the interests of teachers and students）of teaching. Therefore, this paper puts forward the corresponding countermeasures, including adhering to the ethical spirit of teaching in cognition, maintaining the ethical relationship between teachers and students in practice, and protecting their related interests.

Key words： intelligent teaching，ethical risks，resolution

① Fen Qin, Kai Li, Jianyuan Yan, “Understanding User Trust in Artificial Intelligence-based Educational Systems: Evidence from China”, *British Journal of Educational Technology*, Vol. 51，no. 5(2020)，pp. 1693–1710.

② Fen Qin, Kai Li, Jianyuan Yan, “Understanding User Trust in Artificial Intelligence-based Educational Systems: Evidence from China”, *British Journal of Educational Technology*, Vol. 51，no. 5(2020)，pp. 1693–1710.

新型城镇化进程中乡村学前教育发展的空间正义之维

冯璇坤[1]，刘春雷[2]

(1. 南京师范大学 教育科学学院，江苏 南京 210097；2. 吉林师范大学 教育科学学院，吉林 四平 136000)

摘　要：空间正义是乡村学前教育良善发展的理想状态，以空间正义的理论内涵审视传统城镇化进程，能够发现乡村学前教育的非正义痼疾主要体现在：乡村学前教育空间属性上工具张扬，遮蔽主体；空间权利上“利”“力”博弈，质量隐忧；空间状态上协调乏力，剥夺隔离；空间功能上城乡同质，弱化异质。为了达成其空间正义之态，可从四个层面予以改善：空间属性上人本浸蕴，主体澄明；空间权利上利益调和，均衡优质；空间状态上普惠正义，开放共享；空间功能上同异联结，异质凸显。依循以上途径，有助于全面实现新型城镇化进程中均衡优质普惠的乡村学前教育发展之空间正义。

关键词：新型城镇化；乡村学前教育；空间正义

空间是人类社会的重要一维，空间正义将社会正义与空间串联交叠，交叉思考，是“空间中的社会正义”。① 改革开放以来，在经济发展与社会变迁过程中，城镇化最为显性。它是教育改革发展的重要背景②，也是空间层面的巨大调整。乡村学前教育作为城镇化强健发展的一方桎梏，长期以来颇受关注。从空间维度剖析，城镇化是市场化和消费化所引起的城乡空间上的重新布局。③ 乡村大批人口流往城市，看似幼儿抚育资本不断丰富，但诸如学前教育空间被城市同质化、剥夺隔离化等非正义图景层出不穷。新型城镇化的提出是审思旧态、重视城乡二元空间协调、推进乡村振兴的重大发展战略。新型城镇化语境下关涉乡村学前教育的空间正义，表征着社会正义之于其中的空间伦理维度，涉及城乡学前教育空间生产、分配等诸多目标诉求，强调“合理配置教育资源，重点向农村倾斜，积极发展农村学前教育”。④ 对乡村而言，良好学前教育的施行能够赋予其可持续发展空间、优质乡民素养等不竭力量，努力达到“均衡、公平、优质”的教育水平。那么，新型城镇化的内涵价值为乡村学前教育提出了何种应然诉求？乡村学前教育能否省思新型城镇化进程困顿

基金项目：本文系奕阳教育研究院青年学者研究项目“基于儿童立场的幼儿园教育环境适宜性实践研究”(项目编号：SEI-QXZ-2020-15)的阶段性研究成果。

作者简介：冯璇坤，南京师范大学教育科学学院博士研究生，主要从事学前教育基本理论与学前教师教育研究；刘春雷，吉林师范大学教育科学学院教授，博士，主要从事学前儿童心理发展研究。

① G. H. Pirie, “On Spatial Justice”, *Environment and Planning A*, Vol. 15, no. 4(1983), pp. 465-473.

② 褚宏启：《城镇化进程中的教育变革——新型城镇化需要什么样的教育改革》，《教育研究》2015年第11期，第4-13页，第24页。

③ 曾天雄，曾鹰：《乡村文明重构的空间正义之维》，《广东社会科学》2014年第6期，第85-92页。

④ 中共中央、国务院：《国家新型城镇化规划(2014—2020)》，载中华人民共和国中央人民政府官网，http://www.gov.cn/zhengce/2014-03/16/content_2640075.htm，最后登录日期：2020-08-20。

并探索有效发展路径？空间正义理论内蕴的价值理念，对于诠释和反思新型城镇化进程中的乡村学前教育，有现实启发意义和参考价值。

一、空间正义：新型城镇化进程中乡村学前教育的意涵界说

1. 空间转向与空间正义之界说

人类的活动无法脱离时间与空间而发生，但空间长久地被认为是时间的附属，出现了索亚所指"历史决定论下空间性的失语"。[①]最早提出并使用空间正义的是皮里，他在《论空间正义》一书中指出，若空间是绝对的，且是事物与社会关系发生、演变的容器，则空间正义就可以理解为空间中的社会正义之缩写。[②]空间正义是社会正义在空间层面的体现，建构完善空间正义的最终价值在于推进、深化服务于社会正义，实现其全部目的。它是存在于空间生产和空间配置领域中公民空间权益方面的社会公平和公正，包括对空间资源和空间产品的生产、占用、利用、交换、消费的正义。[③]它关注空间内要素配置发展的均衡优化，期冀通过公平正义的持续实践实现内置于心的正义观念转化，触发空间内正义行为的产生。

2. 新型城镇化进程中的乡村学前教育及空间正义的价值联结

以2014年发布的《国家新型城镇化规划(2014—2020)》为节点，传统城镇化开始向新型城镇化转变，新型城镇化成为国家发展的重要战略部署。城镇化是伴随工业化发展，非农产业在城镇集聚、农村人口向城镇集中的自然历史过程，是人类社会发展的客观趋势，是国家现代化的重要标志[④]，也是城镇空间生产、发展和转换的过程。在此背景下，乡村学前教育需要统筹推进空间生产在该维度的价值整合与正义彰显。

首先，将"以人为本"作为乡村学前教育发展的价值立场。哈维、列斐伏尔等空间正义代表人物认为，城市是"人"的空间而不是"物"的牢笼，是人本性而不是物本性的空间活动。[⑤]新型城镇化之"新"内蕴人本主义价值理念，即"人"的城镇化，意在省思传统城镇化"物化"窠臼，关注人的尊严价值、生活质量、生存环境、良好发展[⑥]及后续多重层面的意涵发展与价值提升。乡村学前教育的人本价值应回归幼儿、家庭、教师的价值、利益、诉求，助力其获得学前教育资源，发展乡村学前教育。

其次，将"公平、均衡、质量"作为乡村学前教育发展的行动目标。空间不仅是物质性的存在，还是精神性的存在。乡村学前教育是农村教育的薄弱环节，需要注重维护不同阶层、不同群体空间资源配置的公平性和空间权利，均衡乡村与城镇间的学前教育基本办学条件、教育教学水平、园所管理人员和教师素养等，全面提升教育质量，实现城市反哺农村教育，提升城乡间的资源流动交融可能。

再次，将"多元差异"作为乡村学前教育发展的独特性彰显。简·雅各布斯指出，城市空间应该具有足够的多元性。[⑦]多元与差异是新型城镇化的价值追求，它注重城乡不同规模、区域、类型等并存，以多元性彰显差异性。新型城镇化多元差异的存在，有助于实现对乡村教育的全面关照，以及对乡村学前教育独特发展样态的差异性诉求回应。

最后，将"多元协调、广泛普及"作为乡村学前教育发展的价值导向。一方面，新型城镇化是人口、经济、生态等相互间的多元协调[⑧]，同时"协调"也是社会主体关系、社会整体各组成部分、不同区

---

① 袁超：《空间正义何以可能?》，《马克思主义与现实》2016年第5期，第165-170页。

② G. H. Pirie, "On spatial justice", *Environment and Planning A*, Vol. 15, no. 4(April 1983), pp. 465-473.

③ 任平：《空间的正义——当代中国可持续城市化的基本走向》，《城市发展研究》2006年第5期，第1-4页。

④ 中共中央、国务院：《国家新型城镇化规划(2014—2020)》，载中华人民共和国中央人民政府官网，http://www.gov.cn/zhengce/2014-03/16/content_2640075.htm，最后登录日期：2020-08-20。

⑤ 陆小成：《空间正义视域下新型城镇化的资源配置研究》，《社会主义研究》2017年第1期，第120-128页。

⑥ 谢登斌：《新型城镇化进程中义务教育教师合理流动的背离与合致》，《教育科学》2019年第1期，第9-15页。

⑦ 陆小成：《空间正义视域下新型城镇化的资源配置研究》，《社会主义研究》2017年第1期，第120-128页。

⑧ 杨佩卿：《新型城镇化的内涵与发展路径》，《光明日报》2015年8月19日，第15版。

域等关系的认识改造。[①]另一方面,它是公共服务配套的广泛普及。新型城镇化要求到2020年,基本建成广覆盖、保基本、有质量的学前教育公共服务体系。要强调政府抓住城乡统筹发展契机,承担乡村学前教育发展的重要责任,坚持教育资源分配的开放普适,避免教育质量进程中城市占据优质资源,而乡村学前教育发展落后的情况。

二、空间非正义:新型城镇化进程中乡村学前教育的背离之殇

从空间正义角度思考,乡村学前教育可以被看作空间化的再生产与重构过程。不仅在实际行动的过程中生产幼儿园教学场地、游戏场地等自然空间,还生产由于乡村学前教育运行出现的诸如政治、文化、经济等学前教育所属关系构成的社会空间。但是由于乡村学前教育是人类在社会空间中通过实践与生活所产生的,既往长期存在的城乡户籍有别、身份差异、资源失衡等要素影响乡村学前教育的发展,乡村学前教育发展的空间正义落实维艰,需要我们从空间正义的逻辑机理和运行机制审视与解析。

1. 空间属性:工具张扬,遮蔽主体

"以人为本"的空间属性是空间生产与消费的理想人文取向,哈维指出"空间是关系和意义的结合,是功能和社会属性的表征和对世界的叙述"[②],浸蕴着空间关照人之主体的精神特征。但是列斐伏尔也指出,在城市空间生产中,空间兼具客观与主观,是工具性、策略性的。[③]工具理性与价值理性共生于人类理性实践活动中,构成人类行为理性两个维度。[④]乡村学前教育应以价值理性的良善与人文主义关怀为特质,新型城镇化虽注重"以人为本"的价值旨趣,但由于受到传统城镇化所主张的"城乡二元分离"的痼疾影响,出现工具理性逐步占据主导地位,忽略乡村学前教育核心主体的问题。

这主要体现在农村人口向城市流动、重视工具性经济回报、乡村学前教育主体发展动力不足等方面。由于城镇化不断扩展,大量的青壮年涌入城市,在经济资本相对匮乏的学前儿童家庭中,留守乡村的是妇女、儿童和老人。[⑤]加之学前教育处于义务教育体系之外,缺乏监管,留守儿童往往为边缘贫困家庭的幼儿,该类幼儿接受学前教育的机会和能力有限。这般情形遮蔽了幼儿作为乡村学前教育中心的核心地位,弱化了乡村社会与儿童之间的特殊关联,以及对乡村边缘处境儿童教育权利的保障。

2. 空间权利:"力""利"博弈,质量隐忧

空间非正义对于乡村学前教育而言是权力与利益的博弈,它并非囿于社会形态层面,其中宏观政策制度代表的权力作为外在宏观标准,也存在着背离于新型城镇化对乡村学前教育真实权利诉求保障的非正义样态。乡村学前教育的本质作为空间生产,其所涉及的空间状态要素主要有公共性权力缺失及利益相关者相互博弈,以及由此引发的乡村学前教育失衡和质量难为的问题。

乡村学前教育的空间场域内,权力与权利的博弈不断涌现,幼儿家庭、教师、园所、政府对于学前教育的利益诉求存异。第一,滞留于乡村的学前儿童及其家庭,在城镇化进程中往往由于经济资本匮乏,无法将幼儿置入城市优质学前教育资源当中。但随着经济社会的不断发展,乡村学前教育质量已然成为社会关注的要素。2018年我国常住人口城镇化率为59.58%,户籍人口城镇化率为43.37%,与此同时,流动人口高达2.41亿[⑥],相当数量的流动人口及其适龄子女有平等接受同等质量标准的学前教育需要。第二,乡村幼儿园和教师的利益保障有限。作为乡村学前教育得以持续推进的主要承担者和执行者,乡村幼儿教师面对着物质与精神的对立,是坚守还是逃离?孰

① 张彦,金梦佳:《协调发展需构建"空间正义"》,《重庆大学学报(社会科学版)》2019年第1期,第187-194页。

② 高春花,孙希磊:《我国城市空间正义缺失的伦理视阈》,《学习与探索》第2011年第3期,第21-24页。

③ 龙钰:《列斐伏尔城市空间思想探析》,《世界哲学》2018年第6期,第24-30页。

④ 谢登斌:《新型城镇化进程中义务教育教师合理流动的背离与合致》,《教育科学》2019年第1期,第9-15页。

⑤ 曾天雄,曾鹰:《乡村文明重构的空间正义之维》,《广东社会科学》2014年第6期,第85-92页。

⑥ 国家统计局:《2018年国民经济和社会发展统计公报》,载国家统计局官网,http://www.stats.gov.cn/tjsj/zxfb/201902/t20190228_1651265.html,最后登录日期:2020-10-14。

去孰留，矛盾重重。而一部分乡村幼儿园难以获得足够的经费以提升教师待遇和保障教学环境，另一部分民办幼儿园获利空间狭窄且办学环境欠佳，发展动力受限。第三，政府权力运作焦点未能良好关照乡村学前教育。对于政府而言，空间已经成为国家最重要的政治工具，国家利用空间以确保对地方的控制、严格的层级、总体的一致性，以及各部分的分隔。[①]政策的制定和执行，在考量政绩与落实乡村学前教育需要之间矛盾重重。乡村学前教育投入较之于城镇学前教育，基础薄弱，缺口较大。在目前大力发展乡村学前教育的宏观政策引导下，财政经费支持、教师培养机制、园所布局等各方面的科学支持体系仍缺失，如一部分小规模幼儿园由于生源少、条件差、缺乏资本，在年检当中无法与城镇一些较大或中等规模的幼儿园相媲美，只能在固定评比基准下被做出简易合格或限期整改的结论，影响乡村学前教育的可持续发展。乡村学前教育的均衡和质量关涉多重利益相关者的合力推进，但现实存在的各方利益抗衡不利于乡村学前教育在新型城镇化进程中朝着高质量发展方向稳步迈进。

3. 空间状态：协调乏力，剥夺隔离

首先，新型城镇化进程中的乡村学前教育与城市学前教育协调乏力，城乡一体化进程受阻，主要体现在资源协调乏力层面。对乡村学前教育而言，空间正义与非正义隐匿于正常且自然的地理环境中，空间资源和权利等的剥夺是显而易见的。乡村往往以生产力低下、经济落后为主要特质，因此，在经济、政治、文化的多重矛盾关系呈现时，乡村地区的空间生产偏重于实用原则，经济问题与矛盾成为优先处理的选择倾向。在追求短平快效益的思想主导下优先解决生活经济问题，乡村教育尤其是学前教育，无法获得与乡村其他发展维度的同等资源支持，也难以与城市学前教育的水平相比较，均衡、公平而有质量的教育目标达成尚待推进。

其次，乡村学前教育在城镇化空间生产与交换中被隔离，空间资本逻辑的隐形作用不断放大，主要呈现为：第一，乡村学前教育在物质空间和社会空间层面被隔离。乡村与城市之间现实存在的地域区隔问题在资本的作用下被成倍放大。乡村优质学前教育资源集中于乡镇公办或民办等为数不多的园所手中，但此类学前教育机构辐射有限，诸多经济资本和人力资本匮乏的家庭被隔离在有限学前教育资源之外。但是我国的常住人口城镇化率已经从 1978 年的 17.9% 增长至 2013 年的 53.7%[②]和 2018 年的 59.58%[③]。第二，乡村学前教育心理空间被隔离。乡村学前教育发展缓慢，资源匮乏，难以为继。加之城乡二元的管理制度隔离，教育发展不均衡，加剧了乡村学前教育相关者的心理劣势，其教育自信有待提升。

4. 空间功能：城乡同质，弱化异质

当乡村学前教育在城乡一体化浪潮中不断地被同质化、资本化、碎片化，并进行资本逻辑生产，企图通过标准可复制的形式实现利润最大化和循环化时，新型城镇化并不提倡模仿与复制。那么，究竟是追求乡村学前教育趋于城市的同质化发展，还是坚守扎根乡村，追寻具有异质性的乡村学前教育特色发展道路？

不难发现，乡村学前教育目前的环境设置、课程设置，逐步呈现出城乡同质化倾向。但是乡村与城市天然异质，不仅自然、文化、习俗、民风、生活方式相异，而且城乡社会空间生产模式差别颇大。城乡学前教育在同质化倾向下，对于异质的追求始终步履维艰，愈发难以关照乡村幼儿的教育意蕴与成长价值。符号化的乡村学前教育失去乡村意蕴驻留的诸多价值，不利于乡村的可持续化发展；阻断“空间”和“乡村”间的桥梁，抹杀了地域与乡村特色，导致乡村文化发生传承中质的断裂。

综上所述，传统城镇化所带来的空间失衡问题，危害空间正义原则的落实，阻滞乡村学前教育的稳步前进。对新型城镇化进程中乡村学前教育发展的研究，既要关注空间非正义的背离表征，亦

① 包亚明：《现代性与空间的生产》，上海教育出版社 2003 年版，第 50 页。

② 中共中央、国务院：《国家新型城镇化规划（2014—2020）》，载中华人民共和国中央人民政府官网，http://www.gov.cn/zhengce/2014-03/16/content_2640075.htm，最后登录日期：2020-08-20。

③ 国家统计局：《城镇化水平不断提升 城市发展阔步前进——新中国成立 70 周年经济社会发展成就系列报告之十七》，载国家统计局官网，http://www.stats.gov.cn/tjsj/zxfb/201908/t20190815_1691416.html，最后登录日期：2020-09-03。

需省思困境,究其原因。

首先,乡村学前教育空间布局和数量不均衡,影响乡村幼儿学前教育资源获得。据2017年全国农村普查数据显示,我国59万个行政村仅有19万个保留村一级幼儿园。① 乡村学前教育布局由于受农村人口分散、地方政府经费投入能力有限等问题的影响,优先乡镇中心园发展,而忽略边远乡村的实际情况,加重了幼儿入园及离园的交通和时间成本,资源有效利用程度不足,不利于农村弱势家庭幼儿平等接受学前教育。其次,师资队伍建设水平和长效支持机制有限,乡村学前教师队伍发展缓慢。由于编制、待遇和专业支持等影响,加重了教师以乡村学校教师岗位作为职业跳板的短期从业心态,不利于培育扎根乡村空间的教师队伍。部分教师在课程开发、教育模式层面缺乏创新与钻研的能力,忽视乡村特色的保有和乡愁情感的浸润。最后,财政投入有限,经费不足。我国城乡学前教育差距根源在于资源配置差距,包括人力、物力和财力资源,且财力资源即经费直接影响前两类资源的有效转化。有研究者指出,2011—2016年我国各地区城乡学前教育经费支出有扩大趋势,其中西部地区城乡差距从2011年4917.793元增长到2016年8702.575元,平均增长率为12.092%。② 虽然近年来学前教育经费投入不断增加,但乡村学前教育经费投入匮乏局面仍未获得良好扭转,具体体现在教师和园所的利益与适龄幼儿的入园需求保障不足等层面。

三、理想样态:新型城镇化进程中乡村学前教育空间正义的复归之维

在不断繁荣的城镇化进程中,乡村与城市是二维共存的场域所属。城乡二元割裂的问题在目前新型城镇化进程中依然存在,大量乡村土地、人力资源向城市转移,促进了城市化的空间再造与生产,但也导致了乡村的点滴流失。城乡空间冲突不断发生,即一种空间非正义现象的出现,亦为新型城镇化进程中的乡村学前教育发展带来诸多窠臼。③ 当下我国的主要矛盾是人民日益增长的美好生活需要和不平衡不充分的发展之间的矛盾。无论城市抑或乡村都存在着达成诗意美好生活之期冀,而乡村更需要培育一批身体健康、认可乡村的孩童作为未来乡村建设的强健主力军。因此,应促进乡村幼儿良善发展,缩小城乡学前教育的差距,彰显尊重乡村学前教育独特价值与提升学前教育整体质量的理性态度。

1. 空间属性:人本浸蕴,主体澄明

以人为本的空间属性是空间生产与消费的人文取向,是城市空间最基本的伦理诉求。④ 新型城镇化所着力突出的"以人为本"和空间正义有着天然契合,寄予乡村学前教育以人为本的人道价值,以期浸润在每一方土地之中,在现代化建设中确保乡村学前教育中诸多主体的价值、尊严、权利得以充分地确认与关照,调整既往工具主义效率优先的取向,恪守"人是万物的尺度",达成人本之维。

一方面,应以国家政策文本为依托,明确乡村学前教育的价值和政策倾向,逐步在思想上形成对乡村学前教育认可支持的坚定立场,平衡城乡学前教育发展水平和资源占有程度。有研究者指出,从经济学角度而言,学前教育是政府投资最少、回报率最高的教育事业,也是关系到社会整体、长远发展的公益性事业。⑤ 另一方面,应明确乡村学前教育对促进个人及社会可持续发展的重要价值。苏珊·纽曼发现,通过资助处境不利儿童学前教育项目能够有效减缓贫困的代际传递,提高儿童的公民素质。⑥ 可持续健康发展不仅是对乡村学前儿童的可持续发展和各方面素质的有效保障,亦是不断推进城乡关系良性并存的维系。

---

① 赵晨,陈思,曹艳等:《教育精准扶贫:"一村一园"计划对农村儿童学业成绩的长效影响研究》,《华东师范大学学报(教育科学版)》2020年第2期,第114-125页。

② 夏茂林,孙佳慧:《我国学前教育经费支出城乡差距的实证分析及政策建议》,《当代教育与文化》2019年第1期,第108-114页。

③ 张彦,金梦佳:《协调发展需构建"空间正义"》,《重庆大学学报(社会科学版)》2019年第1期,第187-194页。

④ 李建华,袁超:《论城市空间正义》,《中州学刊》2014年第1期,第106-111页。

⑤ 范亮,李姗泽:《农村学前教育补偿机制构建探讨》,《教育理论与实践》2017年第32期,第19-21页。

⑥ 孙爱琴:《质量话语下乡村学前教育发展问题探析》,《当代教育与文化》2018年第4期,第95-102页。

2. 空间权利："利""力"协调，均衡优质

空间的社会关系属性决定了不同群体之间的博弈，"在社会环境下，空间是权力的集合体，空间正义就是对空间的分配权和支配权"①，即在诸种权力博弈中求得公正的结果。

权力与空间相互作用，空间为权力提供实现的场域和基础，权力又是空间塑造的基本逻辑。空间再生产所造就的城乡学前教育发展失衡，需要全面、整体地加以协调，以保持不同个体和社会关系的平衡、平等，以空间为载体实现学前教育资源、利益再分配，在物质生产、价值层面实现乡村学前教育共享空间正义，契合新型城镇化机制的可持续发展路向。

第一，应提振乡村学前教育层面的公权力价值，实现利益调和并予以监督。公权力是政府权力中去除本身为自我利益集团服务的部分，着重于具有公共性服务大众价值，为人民谋求福祉并为之调控个人和组织的权力。② 一方面，发挥政府宏观性公权力的作用，符合哈维提出的"领地再分配式的正义"③，即依循正义的方法图景，运用社会政治变革的外部力量，实现社会资源在结果与过程上的公正分配，避免乡村学前教育建设过程中个体逐利倾向过分凸显。另一方面，政府要秉持新型城镇化进程中学前教育层面"以城带乡，城乡一体，城市反哺乡村"的模式。因此，需要监督并贯彻执行，让乡村儿童在家门口就能接受合理优质的教育，以保障乡村学前教育布局均衡、经费投入合理。

第二，应构筑乡村学前教育利益相关者权利复归图景，建立补偿和约束的双向管理机制，协商治理。具体而言，首先，要实现乡村学前教育各利益主体话语权利回归。空间正义强调"城市权利"的价值，它不是一种排他的个人权利，而是一种集体权利。④ 乡村幼儿教师、乡村幼儿家庭、乡村幼儿园管理者作为乡村学前教育的直接利益相关者，都应获得发声的权利，由政府建立信息共享和建立平台，及时关注和了解乡村学前教育的教师需求、办学困难等，实现精准乡村学前教育帮扶。其次，补偿与约束双向并行。一方面，政府要就乡村幼儿园教师的身份、职称、工资和办园主体的经费拨付、验收标准做出合理倾斜与帮扶，设立专项乡村学前教育资助资金，对有突出贡献的优秀乡村幼儿教师给予精神和物质激励；给予乡村幼儿园以经费支持，支持小微型幼儿园发展，避免幼儿上学难、上学远、上学贵等问题产生。同时，也应当设立约束机制，避免资本逐利影响利益调衡；施行监督制度，就乡村学前教育教师违背流动和服务机制、办园主体经费滥用、政府非合理性撤并小微型幼儿园、乡村学前儿童家庭拒不履行送教义务的行为，予以法律及道德的双重规约。

3. 空间状态：普惠正义，开放共享

首先，应厘定乡村学前教育普惠正义的思想价值取向。"普惠"即普遍面向所有儿童及其家庭，产生最大的惠及范围和价值。乡村学前教育不仅要遵循入园层面的普惠性原则，而且要最大限度地避免分配交换过程中的空间不正义，落实教育公平。平等性是空间正义的首要伦理诉求。马克思认为，平等是人的基本权利，平等的主体应是"一切人"。因此，要坚持推进国家普惠性学前教育，提升乡村普惠园率，最大限度地实现教育资源开放共享，改善乡村地区入园难、入园贵等问题。其次，应当坚持设置"均衡优质"的发展标准。新型城镇化要求"质量""均衡"二者合并，即均衡布局，均衡发展，吁求质量。《国家新型城镇化规划（2014—2020）》指出："要根据城镇常住人口增长趋势和空间分布……优化学校布局和建设规模，合理配置中小学和幼儿园资源。"⑤ "均衡发展"要求坚持城乡一体化，逐步克服农村地区教育发展薄弱的困境，使均衡化的公共教育服务覆盖城乡全体居民，实现城乡教育协调发展。要让乡村学前儿童享有和城市学前儿童同等的入学权利及获得后续支持的权利，敦促政府积极探寻适宜园所布局半径估算、适龄人口核查的方式，以确定师生比、班师比、园所属性等核心问题，实现乡村学前

① 孔明安：《空间正义的批判及其限度》，《苏州大学学报（哲学社会科学版）》2013 年第 4 期，第 43-47 页。

② 严从根：《儿童教育空间生产的三重审视》，《南京社会科学》2018 年第 3 期，第 151-156 页。

③ 曹现强，张福磊：《空间正义：形成、内涵及意义》，《城市发展研究》2011 年第 4 期，第 125-129 页。

④ 魏强：《空间正义与城市革命——大卫·哈维城市空间正义思想研究》，《南华大学学报（社会科学版）》2018 年第 6 期，第 62-66 页。

⑤ 中共中央、国务院：《国家新型城镇化规划（2014-2020）》，载中华人民共和国中央人民政府官网，http://www.gov.cn/zhengce/2014-03/16/content_2640075.htm，最后登录日期：2020-08-20。

教育均衡与质量兼具的发展图景。

4. 空间功能:同异共生,乡愁铭刻

与同质的城乡学前教育“蓬勃而生”所对立的,是被列斐伏尔等人所抵制的同质化、碎片化空间样态的意识态度。城镇化伴随着经济的蓬勃发展,必然遭遇资本侵入,但乡村教育作为乡村发展的动力根基,是乡村生生不息的生命力。其异于城市的生活环境、人文风俗、经济资本、文化背景等,亦决定了乡村学前教育的同中求异之态。

首先,要凸显乡村学前教育的乡土人文教育价值。文化的价值是永恒、深刻的,对乡土优秀文化的积极吸纳与内化,是在新型城镇化进程中进一步实现教育高质量发展的有效抓手。乡村学前教育吁求适宜的文化加以滋养呵护,毕竟乡村教育承担着传承乡村文化的使命,乡村教育与乡村文化相互支持,定能够更好地培育儿童的乡土情怀,避免城市化进程中乡村文化的背离对本土价值观的冲击。其次,要树立乡土自信,以乡愁之情浸润乡村学前教育。幼儿教师和园所自身蕴含的乡土情怀是教育者的情感基调,乡土情怀是对乡村社会发展、农民生存现状和乡村儿童处境等的关注,这种感性情愫能直接影响学前儿童,其所形成的文化认同与文化记忆将深深印刻于个体潜意识中,进一步影响其未来的文化价值观与外在表现。最后,要正视新型城镇化中的乡村学前教育资源价值,设置特色课程。正如陈鹤琴所言,“大自然、大社会都是活教材”,乡村拥有最丰富的自然与社会资源。因此,发展乡村学前教育,不能也无法一味地跟从城市,片面地将“乡村”烙上“城市”标识。乡村幼儿教师要在村落之中不断扎根成长,与幼儿共同探寻不竭资源,使其获得幸福童年;乡村学前教育要明确教师职责,鼓励教师组织幼儿走出园所,走入田野,寻找自然文化,释放天性,自由游戏,感受乡风淳朴、乡民亲近的氛围;培养幼儿发自内心的乡土热爱和认同,在孩童时期建立的乡村文化自信中,认可乡村美好,正视城市文明,达成未来对现代社会美好图景的深刻感受与融入。

The Spatial Justice Approach of Rural Preschool Education Development in the Process of New Urbanization

FENG Xuankun[1], LIU Chunlei[2]

(1. School of Education Science, Nanjing Normal University, Nanjing Jiangsu, 210097;
2. School of Education Science, Jilin Normal University, Siping Jilin, 136000)

Abstract: Spatial justice is an ideal state for the good development of rural preschool education. When the process of traditional urbanization is examined with the theoretical connotation of spatial justice, the injustice of rural preschool education can be mainly found in the following aspects: spatial attributes of rural preschool education are publicized with such tools that they cover the main body; the “benefit” and “force” of spatial rights tend to be antagonistic without good quality; the spatial state lacks coordination and isolation; and spatial function can be homogeneous in urban and rural areas and may weaken heterogeneity. In order to achieve the state of spatial justice, we can pay attention to the improvement at four levels: human-oriented connotation of spatial attributes and a clear subject; the harmonious interests of spatial rights with balanced high quality; the inclusive justice and open sharing of spatial places; the similar and different spatial functions interconnected with prominent heterogeneity. Such improvements may help to fully realize the spatial justice of balanced, high-quality and inclusive rural preschool education development in the process of new urbanization.

Key words: new urbanization, rural preschool education, spatial justice

教师课堂评价素养:结构模型与要素形成

杨钦芬

(江苏师范大学 教育科学学院,江苏 徐州 221116)

摘 要:教师课堂评价素养是由“素养、实践、反思”以及“为何评、评什么、如何评、何时评、评如何”构成的分层次、有结构的立体模型。可用陀螺模型表征教师课堂评价素养的结构,其运行特点有:以发展样态为组织生命体,以评价内外环境为机会威胁平面,以“为何评、评什么、如何评”为机制结构环,以“何时评”为快速应变能力轴,以“评如何”为目标驱动力,它们相互联系、互为条件,共同促进教师素养的动态、平衡、协调的持续发展。

关键词:课堂评价素养;素养;结构模型;要素

随着课改的深度推进,教育评价正由“对学习的评价”向“为学习的评价”范式变革,学习观也由传统的“累积学习观”向“深度学习观”转变。这种转向导致占主导地位的标准化纸笔测验受到各种新型评价方式的冲击,驱使教师课堂评价素养的结构与标准也发生相应变革。促进学习的评价需要全新的教师课堂评价素养标准与之匹配。教师课堂评价素养模型是研制学生评价素养质量标准的核心要件,有利于指导教师成为“为学习而评价”的实践者,也有利于培育教师评价素养并使之专业化。我国现有的教师评价素养研究为该主题研究奠定了一定基础,但缺乏对教师课堂评价素养的结构性阐释和操作性描述。那么,教师课堂评价素养模型如何建构?它包含哪些维度?这些维度之间的关系及要素构成是什么?本文拟就这些问题进行尝试性探讨。

一、教师课堂评价素养的意蕴

“评价素养”一词由美国学者斯蒂金斯(Stiggins, R. J.)于 1991 年正式提出。尽管后续研究者对教师评价素养的研究层出不穷,但泰勒(Taylor, 2009)指出:“评价素养研究需要清晰的概念界定,即采用通俗的、非专业化的方式描述其内涵和外延,使其更易于被理解和运用。”[①] 在探究教师课堂评价素养模型之前,我们可以先从“素养”“评价”和“课堂”三方面理解“什么是教师课堂评价素养”。

首先,从“素养”维度解读课堂评价之“素养”。联合国教科文组织将“素养”定义为“识别、理解、解释、创造、估计及使用不同背景下文本材料的能力”。[②] PISA(国际学生评估项目)提出,“素养指的是学生通过自身习得的智慧与能力,准确地完成各项学业和社会活动,在纷繁复杂的困境中解

基金项目:本文系国家社会科学基金项目“我国青少年体育消费观引导与行为干预研究”(项目编号:20BTY005)的研究成果之一。

作者简介:杨钦芬,江苏师范大学教育科学学院副教授,博士,主要从事课程与教学论、学业质量评价、学校文化建设研究。

① 金艳:《外语教师评价素养发展:理论框架和路径探索》,《外语教育研究前沿》2018 年第 11 期,第 65-72 页。

② UNESCO Education Sector:《The Plurality of Literacy and Its Implications for Policies and Programs: Position Paper》,载数字图书馆网站:http://unesdoc. unesco. org/images/0013/001362/136246e. pdf,最后登录日期:2021 年 2 月 3 日。

决问题和解释问题的能力”。[①] 这里的“素养”涵括“在复杂多样的困境中”以及“解决问题和解释问题”等综合性品质。经济合作与发展组织(OECD)指出,“我们理解的素养包含知识、技能、态度和价值观”。[②]由此可推,教师课堂评价素养是教师对学生课堂表现进行评价时所具备的“为何评”的评价立场、“评什么”的评价理念以及“如何评”的评价技能等综合品质。正如美国学者斯蒂金斯对“什么是有评价素养的人”所描述的:“有评价素养的人知道可靠和不可靠评价之间的差别,在进入评价领域时知道自己要评什么(what)、为什么要评(why)、怎样更好地评价相关知识和技能(how),如何生成良好的学生表现的样例,知道评价可能会出现什么样的错误以及如何防止这些错误的产生,知道不准确的评价所带来潜在的消极后果。”[③]

其次,从“评价”维度解读教师课堂素养之“评价”。美国“教育评价标准联合委员会”(Joint Committee on Standards for Educational Evaluation)于 1981 年给评价下的定义是:“对某一对象(方案、设计或者内容)的价值或优点所做的系统探查。”[④] 其意含对“评价对象”做出判断的“实践行为”。由此,教师课堂评价素养体现为教师对学生课堂表现实施的系列评价实践。博伊西州立大学学校改进与政策研究中心(Center for School Improvement and Policy Studies Boise State University,2003)基于“评价实践”对“课堂评价素养”的外显行为如此描述:“有评价素养的教育者了解合理的评价、评估和交流实践;知道运用何种方法来收集可靠的信息和学生成绩;无论运用成绩报告单、考试分数、档案袋还是会谈,都能有效地交流评价结果;能让学生参与评价、记录和交流之中,进而促进学生的动机和学习的最大化。”[⑤] 可见,教师的评价实践是丰富复杂的。从“何时评”这一时间维度看,教师课堂评价实践可分为课前评价、课中评价和课后评价。

再次,从“课堂”维度解读教师评价素养之“课堂”。“课堂”是教师基于目标开展教学与评价以促进学生学习的重要场域。教学的目的性决定了课堂不仅需要“认知”参与其中,也需要“元认知”来计划、规范、监测、指导教学进程。教师是课堂评价活动的组织者和实施者,也是评价的学习者。高效教学不仅需要教师评价认知的参与,也需要以“评如何”的反省思维及时监控评价效果。

基于上述“素养”“课堂”“评价”三维度对教师课堂评价素养的分析,有课堂评价素养的教师不仅需要具备“为何评”“评什么”“怎样评”的素养,还应有“何时评”的实践以及“评如何”的反思,是“素养、实践、反思”三维度与“为何评、评什么、怎么评、何时评、评如何”五要素的综合展现。教师课堂评价素养结构是由“三维度、五要素”构成的分层次、有结构的立体模型。

二、陀螺模型:教师课堂评价素养结构建构

陀螺是物理学上用来描述物体动态平衡的模型,它由五个基本要素组成:组织生命体、机会威胁平面、快速应变能力轴、机制结构环和目标驱动

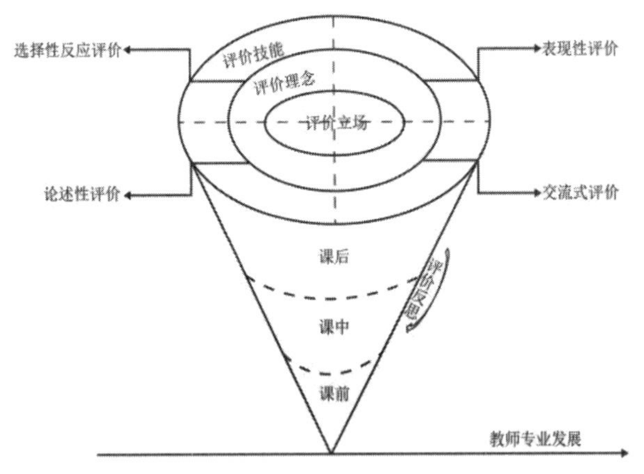

图 1 教师课堂评价素养陀螺模型

① OECD: The PISA2003 Assessment Framework Mathematics, Science and Problem Solving Knowledge and Skills,载百度学术网站:https://xueshu. baidu. com/usercenter/paper/show? paperid=b04a119505c56116c69d94cee60ae2ee&site=xueshu_se,最后登录日期:2021 年 3 月 2 日。

② 杨向东:《关于核心素养若干概念和命题的辨析》,《华东师范大学学报(教育科学版)》2020 年第 10 期,第 48-59 页。

③ R. J. Stiggins,“Assessment literacy”,*Phi Delta Kappan*, Vol. 23, no. 7(1991), pp. 67-73.

④ 张华:《课程与教学论》,上海教育出版社 2012 年版,第 372 页。

⑤ Center for School Improment and Plolcy Studies,“What is assesement literacy”,载博伊西州立大学网站:http://csi. boisestate. edu,最后登录时间:2019 年 11 月 23 日。

力。它们相互联系、互为条件，共同推动组织生命体的发展。教师作为生命体，其评价素养也受教育内外环境、内在素养结构、目标驱动力的影响。可借助陀螺模型，将教师课堂评价素养的要素融入其中，建构教师评价素养的陀螺模型，如图1所示。

1. 陀螺结构：教师评价素养的运行机理

(1)组织生命体：课堂评价素养的运转样态

组织生命体，即教师课堂评价素养各要素间相互作用的运转样态。教师课堂评价素养陀螺模型具有三大特点：第一，结构性。它由"为何评""评什么""如何评""何时评""评如何"五大素养构成结构整体。第二，协调性。只有教师的评价立场、评价理念、评价技能、评价方式这些要素相互匹配，且其有什么样的评价立场，就有与之相一致的评价理念、评价技能和评价方式，才称为"有评价素养的教师"。第三，平衡性。即教师课堂评价素养各组成内部项目的一种协调性规范与细化。教师评价技能由很多小的项目维度组成，如评价目标的设计能力、评价任务的开发能力、评价规则的制定能力和评价结果的交流反馈能力。倘若这些素养要素之间不平衡，就会影响评价活动的整体质量。评价反思能让教师审视与反省自身评价行为，及时协调各评价要素匹配状态，共同维系教师课堂评价活动的连续性、平衡性运转。

(2)机会威胁平面：课堂评价素养的内外环境

机会威胁平面是教师课堂评价素养陀螺模型的横轴，意指教师评价素养面临的内外环境。教师课堂评价素养不是脱离于特定社会、政治、文化和教育情境的普适性概念，而是"情境依存的、动态的社会实践，教师与同事交流协商，在校本专业学习共同体持续帮助和支持下，设计、开发和实施评价活动，促进学生的学习"。[①] 探究教师的课堂评价素养必须与国际教育发展态势接轨，更重要的是要基于我国本土教育政策、教育管理、教改动态等多种环境因素。由于我国各地区经济发展水平、民族文化、教育情况不同，教师专业水平发展也存在一定的差距，教师课堂评价素养标准应在遵循国家各政策标准的前提下，根据当地教育水平、学校情况、教师队伍结构水平等实际情况灵活使用。此外，在陀螺模型中，机会威胁平面与组织生命体的着力点既对组织生命体起支撑作用，也会对组织生命体的运转产生阻力。也就是说，教师评价素养的运转样态受教育内外环境的影响是机会与威胁并存的。教育管理相关部门要建立健全统一的多元评价机制，否则，现实情境中单一的外部评价会致使教师的评价立场、评价理念、评价技能缺乏一致性。

(3)机制结构环："为何评、评什么、如何评"素养

机制结构环是教师课堂评价素养陀螺模型的横截面。教师课堂评价之"素养"包括"为何评""评什么""如何评"相互关联的三要素：第一，"为何评"即评价立场。它处于最核心部分，决定"评什么"和"如何评"。具有怎样的评价立场，就有与之相对应的评价理念和评价技能。第二，"评什么"即评价理念。它是教师对评价活动的价值判断和理性信念，是教师开展评价活动之前的基本理性支点。第三，"如何评"即评价技能。斯蒂金斯将评价方法分为"选择性反应评价、论述式评价、表现性评价和交流式评价"[②]，每种评价方式分别受评价理念、评价知识的影响，产生不同的评价技能。在这些要素中，评价立场处于决定性地位，评价理念是受评价立场支配的隐性因素，评价技能是受评价立场和评价理念控制下的外显性操作技能。由此，教师课堂评价素养的机制结构环从内到外依次由评价立场层、评价理念层、评价技能层辐射开来。

(4)快速应变能力轴："何时评"素养

快速应变能力轴是教师课堂评价素养陀螺模型的纵轴。以"何时评"为纵轴，教师的评价实践可细化为：第一，课前评价。主要是为教学的起点定位和为教学流程设计做准备，教师诊断学情才能"以学定教"。第二，课中评价。即在搜集相关信息的基础上判断学生与教学目标之间的距离，以便及时调整教学。第三，课后评价。包括作业

① Kim koh & Cecille Depass ,Sean Steel, *Developping Teachers' Assessment Literacy: A Tapestry of Ideas and Inquiries*, Leighton, Netherlands: Brill Press, 2019, p. 130.

② Richard J. Stiggins:《促进学习的学生参与式课堂评价》，"促进教师发展与学生成长的评价研究"项目组译，中国轻工业出版社2005年版，第91页。

类评价和标准化测验。不同时间的三种评价活动,要求教师具有在不同的学习时间段快速调整与之配套的评价目标、评价任务和评价工具,高效地分析与处理各种学业信息的评价应变能力。

(5)目标驱动力:"评如何"素养

"评如何"即评价反思,它是教师课堂评价素养陀螺模型中的目标驱动力。它以评价实践中产生的问题为反思对象,通过前瞻性、监控性、批判性的反思来剖析、矫正和完善评价实践中不合理的理念和行为,不断提升评价实践的合理性。斯腾豪斯曾明确指出:"没有教师的发展就没有教育的发展,而且发展的最好手段不是通过明晰目的,而是通过批评实践。"[①] 具备评价反思能力的教师既能发现、思考教学评价过程中碰到的问题,又能提炼并解决问题,把评价理念、知识和技能内化,并不断研究自己的评价,使之更加有效。评价反思作用于评价素养的其他要素,并且能促使这些要素与评价反思积极地更新、互动,使内部要素不断产生摩擦、适应。这种相互作用机制是驱动教师评价素养在教师专业发展道路上不断螺旋向上的不竭动力。

总体而言,教师课堂评价素养陀螺模型如同实物陀螺一样,是分层次、有结构、立体运行的。它既存在以"为何评、评什么、如何评"为横截面的横向运转,也展现以"何时评"为纵轴的应变运转,同时也以"评如何"为目标驱动力运转。通过此模型,我们可以更直观形象地认识教师评价素养要素间的相互关系及运行机理。该教师课堂评价素养陀螺模型打破静态,引导人们动态地看待教师评价素养的培育工作,这对培养与提升教师评价素养有一定的指导意义。

2. 陀螺模型:教师课堂评价素养结构的合理性

依据上述教师课堂评价素养陀螺模型,从横向上看,平面被一分为四,即四种评价方式与评价素养四要素结合,组成 4×4 的结构;从纵向上看,评价活动三要素与评价素养的四要素相互交叉,组成 3×4 个新的因素,同时,评价素养三要素也与评价方式组成了 3×4 的交叉关系。评价方式、评价素养要素和评价时间共同组合成了一个三维结构。用陀螺模型建构教师评价素养结构具有合理性,证据如下:

第一,从教师课堂评价素养结构与评价时间关系看具有合理性。沿着模型中评价反思的面展开,可以得到如图 2 所示的扇形图。在评价反思维度中,横向上是对其他评价要素的反思,纵向上是根据评价活动开展时间进行的反思。从横向上看,由于该结构以评价立场为中心向外辐射,继而产生相应的理念和技能,作为外在表征的评价技能是受到评价立场和评价理念的指导而产生的相应行为。因此,评价素养三个要素为包含关系,反思面积依次逐渐扩大。从纵向上看,根据教师课堂评价活动进行的时间,可以分为课前、课中和课后三个时间段。由扇形中的面积可以看出"课前反思的时间<课中的反思时间<课后的反思时间",这与教学实践中的情况大体一致。评价反思的方向是"课前→课中→课后",这与教学实践进行的顺序一致。

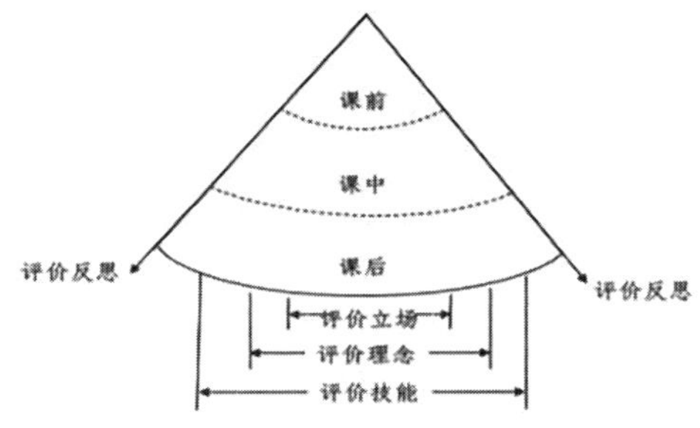

图 2 教师课堂评价素养结构与评价时间关系图

第二,从教师课堂评价素养结构与评价方式关系看具有合理性。俯视教师课堂评价素养陀螺模型,我们可以看到如图 3 所示的教师课堂评价素养结构与评价方式的关系。根据斯蒂金斯的评价方式分类,可分为选择性反应评价、论述式评价、表现性评价、交流式评价四种。每种评价方式分别受评价立场、评价理念的影响,产生不同的评价技能,呈现出由里向外发展的趋势。由于这四种方式对学生学业评价的侧重点不同,需要的评价目标和评价理念存在着细微差异,继而导致不同的评价方式和评价技能。

① 李会民:《教师教学评价力的修炼》,东北师范大学出版社 2012 年版,第 112 页。

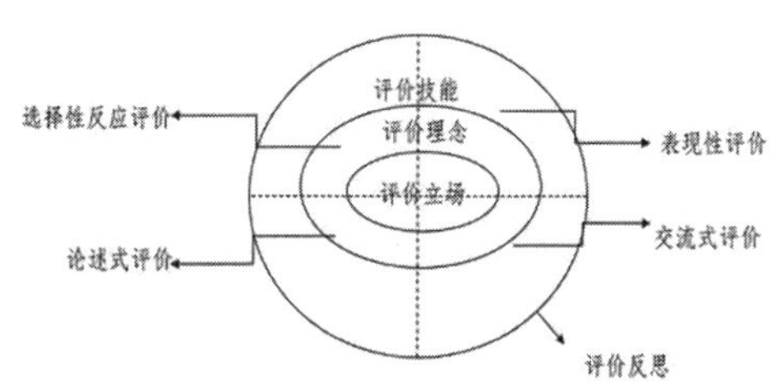

图 3 教师评价素养结构与评价方式关系图

第三，从教师评价方式与评价时间关系看，具有合理性。如图 4 所示，横向是教师课堂评价的四种方式，纵向是教师从事评价活动的时间。从横向上看，在课前教师对学生的评价多是出于判断学情、把握学生的学习起点的目的，可以采用的评价方式如选择性反应评价、交流式评价等；课中是教师进行评价活动最密集的区域，四种评价方式均能使用，受课堂时间的限制，纸笔测验类的评价如选择性反应评级和论述式评价采用的较少；课后可以弥补课堂时间不足的缺点，教师使用偏向纸笔的选择性反应评价和论述式评价这两种方式。从纵向上看，四种评价方式均可以在课前、课中和课后展开，但评价占用的时间会有细微的差别，“评价在课前占用的时间<评价在课中占用的时间<评价在课后占用的时间”，这与教学实际基本相一致。

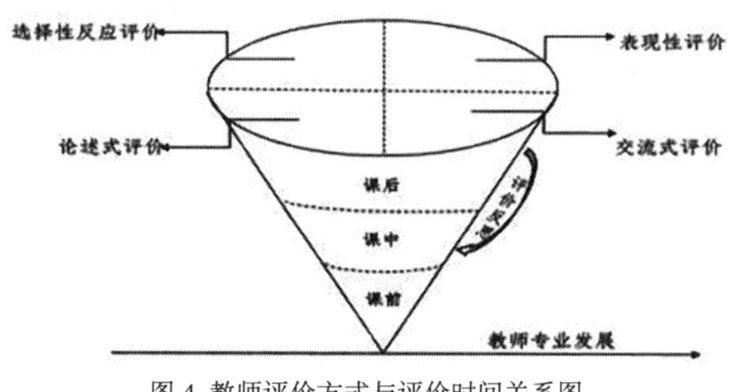

图 4 教师评价方式与评价时间关系图

三、教师课堂评价素养模型的要素形成

教师课堂评价素养模型不仅由“三维度、五要素”构成，且每一要素又可细分为系列要素。依据“为了学习的评价”理念、《中小学教师发展标准》文件等，可将教师课堂评价素养的要素解构如下：

1. 教师“为何评”要素形成

教师“为何评”要素主要表现为：

（1）以评促学

教师作为教育者，应基于“以评促学”立场持续性地跟进学生的学业表现。1999 年，英国教育评价小组在《“为了学习的评价”：超越黑箱》文件中首次正式使用“为了学习的评价”这一概念。继而于 2002 年对“为了学习的评价”下了明确定义：“‘为了学习的评价’是学习者和他们的教师为了确定学生‘现在在哪里（where）、应该到哪里（where）、如何更好地到达那里（how）’而收集和解释证据的过程。”[①] 这一界定简要地说明评价其实是追踪和关注学生学习的过程。“为学习而评价”要求教师做到：第一，以核心素养为导向。即切实促进学生学科能力的提升是评价的核心理念，在“学”与“考”之间，评价应首要关注“学习活动”本身。第二，关注学习过程。“为了学习的评价”将评价嵌于教学过程之中，时刻跟踪课堂教学过程中学生的学习表现，考察他们获得知识的思维过程、情感体验、方法策略等。教师基于学生的多种表现进行表现性评价，并利用反馈信息随时调整与改进教学。

（2）以评促教

评价是及时反馈信息、改进教学的重要手段。传统的“对学习的评价”范式是在一定阶段的教学活动结束之后对学生学业做出的终结性评价，评价游离于教学过程之外，它割裂了教师的教、学生的学以及评价之间的联系，致使教师无法及时调整教学。“为学习的评价”将评价纳入教与学的过程之中，教师可以随时运用评价结果判断教学决策的适切性，并基于实践反思及时调节教学状态。

（3）以评自评

当学生清楚地知道以什么样的标准评价自己的学习成绩时，在学习过程中就会不自主地改变原有方式，努力达成目标。当他们认识到评价对学习的促进作用后，就会积极地参与评价的过程中，主动地制订评价目标，并根据自身情况不断调整，使评价更客观准确。为此，教师有责任引导学生学会自我评价，需要进一步思考：如何创设支持学生自我评价的氛围，如何通过评价帮助学生形

① Assessment Reform Group，“Assesement for Learning：10 Principles”，载百度学术网站：https://xueshu. baidu. com/usercenter/paper/show? paperid=ebb190d67e8f64e42cd1e0afcaf7a8b4&site=xueshu_se，最后登录日期：2020 年 12 月 22 日。

成质量观念,如何通过评价帮助学生成为更好的学习者。

2. 教师"评什么"要素形成

评价活动的完整过程决定了教师在评价时应具备如下理念:(1)评价目标的理念。教师应透彻理解课程标准,理解不同评价类型的评价目标,了解与评价目标相关的目标类型与层次,明确评价目标设计的过程,掌握各种目标表述的知识。(2)评价任务的理念。教师需要清楚什么样的评价任务能够有效地测量相应的学业素养。(3)评价工具的理念。教师应能够基于对各种评价工具的认识理解,进行适宜的选择。具体做到:知晓学科能力评价的类型与特点,明了各评价工具的适用性,掌握评价工具的开发过程。(4)评价结果的理念。具体包括评定学习结果范围、呈现评价结果方式、反馈评价结果等。

3. 教师"如何评"要素形成

不同类型的评价对教师评价技能的要求也不同。从评价过程看,教师评价技能包括评价设计能力、评价实施能力和评价反馈能力。具体表现为:(1)评价设计能力。教师根据自己具有的或内化的评价理念选择、设计评价活动、评价方案、评价工具、评价技能和统计技术。(2)评价实施能力。教师引领学生参与评价的能力、评价任务的设计能力、评价工具的选择与编制能力等。(3)评价反馈能力。改进和调整学习方案以更好地实现预期的学习目标,需要依靠教师的评价反馈。评价反馈包括书面评价反馈、对话式反馈以及非语言反馈。

从评价方法看,不同的评价方法对教师课堂评价素养要求不同。具体要求为:(1)选择性反应素养。选择性反应评价是让学生从提供的备选答案中选择正确答案的一种评价类型。素养导向的反应性评价要求教师在试题编制时体现基础性,在命题导向上体现综合性、现实性、探究性、开放性和过程性等,在考试内容上将对知识的测验从机械记忆上升到举一反三,从生搬硬套上升到灵活应用,对解决问题、逻辑推理和交流能力的测验从模仿解决上升到实际考查。(2)论述式评价素养。论述式评价是一种基于简答题、分析题和论述题等题型的主观判断评价。它要求教师能紧扣命题原则和命题纲要,围绕命题双向细目表,严格筛选材料、编制试题,按照考核的认知能力编制各项试题类型。(3)表现性评价素养。表现性评价是基于特定的表现标准,通过观察和主观判断评价学生在真实任务情境中的实际操作能力、表现性技能或成果作品。它要求教师能通过确定所要评价的能力设置表现性评价任务、制订评分规则,检测学生在真实或模拟情境中的评价推理能力、表现性技能等高级素养。(4)交流式评价素养。交流式评价是指教师在课堂上通过问答、对话等方式倾听学生的观点,判断对错或确定学生水平的一种方式。它要求教师通过提问、讨论、口头测验等形式观察学生的思维过程,从分析学生如何回答中考查他们的思维品质。

4. 教师"何时评"要素形成

从时间维度看,教师课堂评价包括课前、课中、课后评价。其要素相应表现为:(1)课前评价素养。教师应具备:第一,深入了解学生的水平,引进学习进程。教师应让每位学生经历自我能力范围内的挑战,了解自己的学习水平。第二,建构诊断性评价标准,追踪学生进步。教师应依据学情、教情编制具体的评价标准,设计与教学活动相适切的评价方案,通过评价量表追踪学生进步。第三,提供有效的评价反馈,促使目标达成。教师对通过诊断性评价搜集的学生相关信息进行整理分析,给予学生有效的反馈以帮助他们达到更加复杂的目标。(2)课中评价素养。教师应具备:第一,敏锐的观察力。面对动态生成的教学过程,教师能随时捕捉学生细微的眼神、表情、动作和姿态等最能直接反映他们学习状态的信息。第二,选择合适的评价方法有效收集信息。教师依据特定的评价目标、评价任务选择与之配套的评价方法。第三,客观分析评价信息进行决策。依据掌握的有关学生学业信息,教师能及时进行诊断、分析、反馈并有针对性地调整教学策略。第四,合理评价与交流。教师在分析学生课堂学业信息后,能采用如作业记录袋、讨论会、报告卡等多种形式与学生、家长交流和解释学业表现。(3)课后评价素养。课后评价即终结性评价。它要求教师能基于测试的目的与要求、学生的学情等要素,合理设计考试内容、考试题型、试卷结构、难易程度、测验时间等要素,编制反映学生学业水平的合适试卷。具体包括:第一,规划题型的能力。明了各种题型的优势与不足,选择与测量目标一致性程度高、测量效率高的建构型题型。第二,试卷质量分析评价能力。即分析试题结果的信度、效度、难度、区分度等,从全卷、题组、试题三个层面给出分析结果。

5. 教师“评如何”要素形成

从认知活动的完整性看,高质量的课堂评价需要教师以“评如何”姿态元认知性地反省。教师必须能做到如下方面:(1)记录评价活动中的优点。如评价目标设置的恰当性、评价任务设计的合理性、评价工具选择的适切性、评价结果反馈的有效性等方面,继而能将丰富的经验升华到理念层面,让教学评价在不断推陈出新中趋于完满。(2)反思评价活动中的不足。即侧重反思评价活动中哪些方面做得还不够?评价是不是关照了每位学生的个性与经验?评价目标制订得是否详细?评价任务是否与学科能力相匹配?评价工具的选择是否合理?是否与学生和家长进行了合理的反馈?有没有更好的改进策略?只有当教师能沉静下来检视教学评价过程时,才能看清教学中的缺陷,更好地扬长避短。(3)记录整理学生的创新思维。学生的独到见解和精彩回答可以拓宽师生的学习视野,成为教师宝贵的教学材料。(4)记录课堂上的偶发事件和学生的问题与建议。瞬息万变的课堂会出现很多偶发事件,教师如何对待这些突如其来的事件?是逃避、漠视,还是将它们作为绝好的教育良机?将这些问题记录下来,一方面可以提升自己的评价机智,另一方面也能丰富教学经验。评价反思的存在使教师评价素养结构成为一种不断调节的动态结构。

最后需要说明的是,教师课堂评价素养模型不是恒定不变的,而是处于不断动态更新状态中。教师课堂评价素养的要素水平会随着教师专业发展而不断提升,是可以在教师的教育活动中探索而获取的。各级教育管理部门在对学生学业评价重视的同时,也应依据教师评价素养的结构模型、运行机理及形成要素,有针对性地培育和促进教师评价素养的提升。

Teachers' Classroom Evaluation Literacy: Structural Model and Elements Formation

YANG Qinfen

(Department of Educational Science, Jiangsu Normal University, Xuzhou Jiangsu, 221116)

Abstract: Teachers' classroom evaluation literacy is a hierarchical and structured three-dimensional model composed of "literacy, practice, reflection" and "why to evaluate, what to evaluate, how to evaluate, when to evaluate, and reflection on evaluation". The structure of teachers' classroom evaluation literacy can be represented by gyro model with the following operational features: taking the development state as the life body of organization, evaluating internal and external environment as opportunity and threat plane, taking "why to evaluate , what to evaluate and how to evaluate" as the mechanism structure ring, taking "when to evaluate" as the axis of rapid response capacity, taking "evaluate to what extent" as the driving force of the goal. All these features are interrelated and mutually conditional, and jointly promote the dynamic, balanced, coordinated and sustainable development of teachers' literacy.

Key words: classroom evaluation literacy, iteracy, structured model, elements

数学教师信息素养评价框架构建与调查研究

郭军成[1],缪　琳[1,2],陈清华[1]

(1. 福建师范大学 数学与统计学院,福建 福州 350108;2. 上海市虹口实验学校,上海 200080)

摘　要: 研究通过分析信息素养及教师信息素养的内涵,聚焦我国数学教师群体,依托《教师 ICT 能力框架(第 3 版)》、布卢姆认知模型,构建了数学教师信息素养评价框架。框架包括外部影响因素和内生变量两个部分。研究认为,数学教师信息素养评价维度包括理解与探索、迁移与融合、发展与创新三级水平。基于对上述框架核心要素的问卷调研和专家访谈,以及对756 名数学教师信息素养的调查研究分析,提出四条提升策略:信息意识的培养与提升,面向终身学习的自我成长,探索技术融合课堂教学新范式,转变教师角色定位。

关键词: 数学教师;信息素养;测评框架

《教育信息化 2.0 行动计划》和《中国教育现代化 2035》等多项文件明确指出,教育信息化融通应向更高层次、更深程度、更大范围发展,教育信息化正从应用迈入融合创新阶段。遵从教师专业发展基本要求,亟须提升教师信息素养以实现作为教育使命承担者的重任。多数研究认为,教师信息素养隶属于公民信息素养范畴,同时应兼顾学科专业特征。① 教师信息素养水平的提升有助于推动新教育体系下课程改革中教学理念、教学模式、教学手段的创新,最终完成创新人才培养的美好远景。目前国际通用的教师信息素养测评标准多是根据国情制定不同学段教师,特别是中小学教师或职前师范生的能力框架,缺乏对学科教师信息素养框架的研究。本研究拟从学科视角出发厘清数学教师信息素养核心要素,结合联合国教科文组织(UNESCO)的《教师 ICT 能力框架(第 3 版)》、布卢姆认知模型,构建数学教师信息素养评价框架。依据对框架三个层级内涵的解读,编制"数学教师信息素养调查问卷",旨在通过对数学教师信息素养的测评,重构教学要素和教学关系,找到制约教师信息素养提升的症结所在,并给予策略性提升建议。

一、概念界定及内涵分析

联合国教科文组织将信息素养界定为一种根据需要确定、查找、评估、组织、使用和交流信息等多个

基金项目: 本文系河南省高等学校重点科研项目计划"教育大数据背景下学习行为数据链的分析与研究"(项目编号:21B880002)的阶段性成果。

作者简介: 郭军成,福建师范大学数学与统计学院博士研究生,副教授,主要从事数学教育、考试命题与评价研究;缪琳,福建师范大学数学与统计学院博士研究生,上海市虹口实验学校高级教师,主要从事数学教育、考试命题与评价研究;陈清华,福建师范大学数学与统计学院教授,博士生导师,博士,主要从事代数表示论、考试命题与评价研究。

① 马欣研,朱益明,薛峰:《教师信息素养分析框架构建与应用研究》,《开放教育研究》2019 年第 3 期,第 92-102 页。

方面的素养，是公民的社会责任和基本生存需要。① 教师信息素养是在公民信息素养的概念范畴上增加了教师职业特性，用于探究信息素养对教学和教研的实践性意义。有鉴于此，教师应尽可能在教育实施过程中将信息素养渗透于教育教学各个环节，充分体现其在政策、课程、评估、教学方法、数字技能、组织和专业发展等方面的能力。目前国际上对教师信息素养的内涵尚无统一界定，美国教育传播与技术协会（AECT）、美国国际教育技术协会（ISTE）、美国图书馆协会（ACRL）三大权威教育技术协会分别从教师资格认证、教师在教学中运用信息技术、职前教师培养等方面阐述了教师信息素养的内涵、外延及标准。国内研究视角主要聚焦于信息素养的学段和学科差异。董艳等人聚焦 STEM 教师群体，从情境化视角出发，将信息素养的内涵和外延具体化为普适情境、结构情境、传递情境、联结情境以及外部制约情境和技术情境六大要素，提出要助力教师实施跨学科课程设计与教学实践。② 刘洋提出，学前教师群体的信息素养应涵盖信息技术应用水平和教学设计能力两个维度，应通过加大信息化培训和加强制度化建设，助力教师信息技术综合应用能力提升。③ 刘炳华认为，化学教师应通过对学科教学资料的整合、利用、创新以实现自我提升。④ 林海燕认为，要通过加快语料库和汉语国际推广资源平台的建设拓展信息搜集、管理与发布的功能。⑤ 雷丹、武黎等人基于教育生态学理论提出，信息技术作为入侵因子有助于形成知识结构、激发课堂活力，但应当遵从适度原则以达到平衡。⑥⑦

审视上述研究成果可见，学者对教师信息素养的重要组成要素基本达成共性观点⑧⑨⑩，即主要包括信息的感知与道德意识、信息技术的相关知识、学科知识、运用信息技术开展学科教育或解决学科领域问题等方面的内容。鉴于此，本文将数学教师信息素养的内涵界定为：基于数学课程的基础性、发展性、应用性和专业性，通过信息的有效获取、批判性加工、科学整合及精准应用，将信息技术与学科知识和数学教育深度融通的能力。⑪

二、数学教师信息素养评价框架

1. 评价框架构建

（1）评价框架构建的理论基础

UNESCO《教师 ICT 能力框架（第 3 版）》把教师信息素养的内涵整合为 18 个模块，关乎教育领域的政策和师资标准的制定、教师信息素养水平的评估、教师自我成长和专业发展课程的设置。⑩教学实施过程的能力模块包括了解 ICT、课程与评估、教学方法、应用数字技能、组织和管理、教师的专业学习六个

① UNESCO, NCLIS, *The Prague Declaration Towards an Information Literacy Society*, Information Literacy Meeting of Experts, Prague, The Czech Republic，最后登录日期：2003 年 9 月 20 日。

② 董艳，和静宇，徐唱，郑娅峰：《STEM 教师信息素养的情境化分析与发展策略》，《中国电化教育》2020 年第 8 期，第 70-77 页。

③ 刘洋：《“互联网+教育”新常态下学前教育教师信息技术素养调查与提升策略研究》，《中国电化教育》2018 年第 7 期，第 90-96 页。

④ 刘炳华：《信息时代中学化学教师信息素养调查分析》，《教育评论》2017 年第 12 期，第 149-151 页。

⑤ 林海燕，赵寰宇：《“一带一路”倡议下国际汉语教师信息素养培育研究》，《情报科学》2020 年第 4 期，第 108-115 页。

⑥ 雷丹：《生态学视阈下大学英语教师信息素养的发展途径研究》，《外语电化教学》2019 年第 1 期，第 18-22 页。

⑦ 武黎：《大学英语教师信息素养：现状、问题与提升途径——基于教育生态学的研究视角》，《山西财经大学学报》2020 年第 12 期，第 124-128 页。

⑧ 李毅，邱兰欢，王钦：《教育信息化 2.0 时代师范生信息素养测评模型的构建与应用——以西部地区为例》，《中国电化教育》2019 年第 7 期，第 91-98 页。

⑨ 李亚婷，陈敏，王欢，周驰，王会军：《融合网络学习空间过程性数据的中小学教师信息素养评估研究》，《中国电化教育》2020 年第 9 期，第 119-128 页。

⑩ 吴砥，周驰，陈敏：《“互联网+”时代教师信息素养评价研究》，《中国电化教育》2020 年第 1 期，第 56-63 页，第 108 页。

⑪ UNESCO, “UNESCO ICT Competency Framework for Teachers,” 载 https://unesdoc.unesco.org/ark:/48223/pf0000265721?posInSet=13&queryId=9e2419a5-3c09-4c53-9fb7-870a3328b3ae，最后登录日期：2021 年 5 月 25 日。

方面,教学实施过程的知识模块包括获取知识、深化知识、创造知识三个阶段,全面展现了教师信息素养与专业实践融合的基本依据。

布卢姆根据学生认知规律,把教育目标划分为认知、情感和动作技能三大领域。① 该认知模型启示:教师要能通过拥有必要的知识、技能和态度,有效地应用信息技术进行搜集、分析、评估和组织,以解决实践教学中的问题,实现学生学习目标由简单到复杂逐渐提升。

目前,国内针对教师信息素养评价指标和框架的研究尚未形成定论。本文遵从"信息素养的表征应根据环境变化而定"的原则,对权威机构发布的《AECT 标准》②《教师教育信息素养标准》③《欧洲教育工作者数字能力框架》④《中小学教师信息技术应用能力标准(试行)》⑤ 等教师信息素养相关标准/框架进行比较研究,初步构建了基于 UNESCO《教师 ICT 能力框架(第 3 版)》的六项数字能力(Digital Competence)和布卢姆认知模型的数学教师信息素养研究框架(见图 1)。

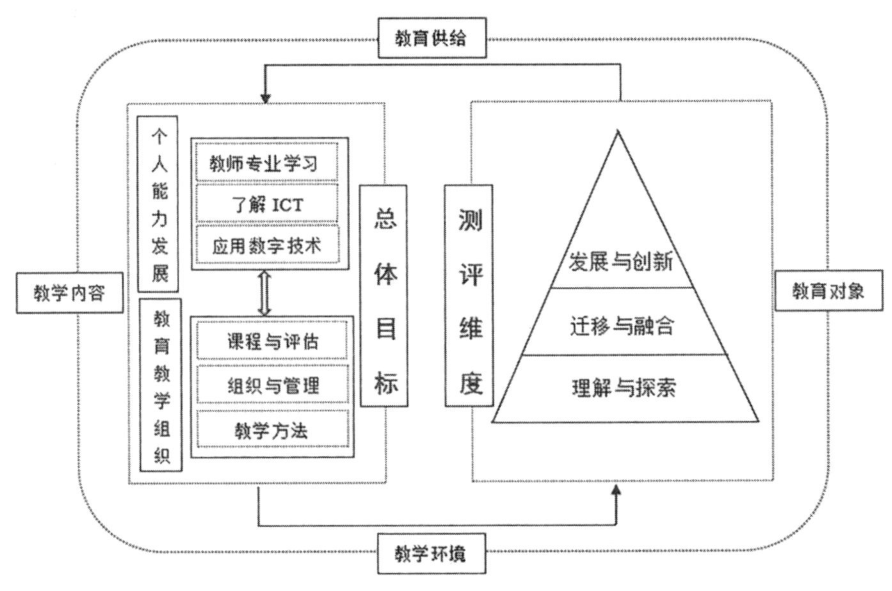

图 1 数学教师信息素养评价框架

(2)评价框架构建

初步构建的评价框架由内、外两部分构成,教育供给、教学内容、教学环境和教学对象等教学要素位于框架的最外层,是教师信息素养提升的外部影响因素。总体目标和测评维度位于框架的核心部分,是教师信息素养提升的内生变量,反映了以学习者需求为核心、以能力培养为重点的新型教学关系。总体目标包含个人能力发展、教育教学组织两部分,二者相互促进,协同发展。个人能力发展包括教师的专

① 施良方:《学习论学习心理学的理论与原理》,人民教育出版社 1992 年版,第 348-349 页。

② AECT, "AECT Standards for Professional Education Programs (2012 version revised)", 载 https://c. ymcdn. com/sites/aect. site-ym. com/resource/resmgr/AECT_Docu-ments/AECTstandards2012. pdf, 最后登录日期:2018 年 8 月 23 日。

③ ALA, "Information Literacy Standards for Teacher Education", 载 http//www. ala. org/acrl/sites/ala. org. acrl/files/content/standards/il-standards_te. pdf, 最后登录日期:2019 年 5 月 30 日。

④ EUROPEAN COMMISSION, "European Framework for the Digital Competence of Educators: Dig Comp Edu", 载 https://ec. europa. eu/jrc/en/publication/eur-scientific-and-technical-research-reports/european-framework-digital-competence-educators-digcompedu. htm, 最后登录日期:2019 年 5 月 30 日。

⑤ 中华人民共和国教育部:《教育部关于印发〈中小学教师教育技术能力标准(试行)〉的通知》,载教育部官网:http//www. moe. gov. cn/srcsite/A10/s6991/200412/t20041215_145623. html,最后登录日期:2021 年 4 月 28 日。

业学习、了解信息与通信技术在教育领域的应用(ICT)和应用数字技术，反映教师个人成长；教育教学组织包括课程与评估、组织与管理和教学方法，反映教学实施过程中的新型教学关系。两部分相对独立又相互交融，个人能力发展是教师组织教学的基础，教育教学组织是教师自我成长的过程与体现。外部影响因素的变化驱动教师审视自我信息素养水平，促进教学总体目标的实现。评价框架重组了教学要素和教学关系，评价维度将知识、技能和态度具体化为理解与探索、迁移与融合、发展与创新三级水平，最终实现教师终身学习和自我成长。

为保证评价框架的科学性与严谨性，本研究通过电子邮件与纸质问卷形式，向专家征求并咨询对数学教师信息素养评价框架的认同度。9 位数学教育专家、10 位职业教育专家、7 位省级数学教学名师参与此次调研，共发放问卷 26 份，回收有效问卷 26 份，回收率 100%。

专家对构建的数学教师信息素养评价框架总体比较认可，且对三级评价指标水平"理解与探索""迁移与融合""发展与创新"进行量表打分，"非常认同"和"比较认同"的百分比之和分别是 92. 31%、96. 15% 和 84. 62%，可见专家对三级评价指标的整体认可度较高。通过与部分专家进行二次深度访谈，了解到"发展与创新"指标认同度稍低的主要原因是考虑到教师信息素养水平的可操作性，但也有部分专家认同该指标项，认为发展与创新是教师专业提升不可或缺的根本要素。

2. 评价指标解读

基于上述评价框架，本研究提出适合我国数学教师的信息素养评估指标体系，并将之具化为理解与探索、迁移与融合、发展与创新三级水平，旨在解决数学教师教学中的六大问题，如表 1 所示。

表 1 评价指标解读

指标要素	内容与要义	评价指标显化六大问题
理解与探索	能借助信息技术准确讲授课程内容	问题一：教育信息化2.0时代，您在数学教学中更多关注哪些方面的信息内容？
迁移与融合	教师能利用新技术整合开放式教学资源，通过引导、启发促进学生从概念理解跨越到能力输出	问题二：在数学教学过程中，教师信息素养在教、学、评等方面是否发挥着重要作用？ 问题三：随着信息技术与教育教学的深度融通，数学教师应具备哪些方面的能力？
发展与创新	教师与学生共同开发资源、创新知识、拓展技能、分享成果、推动教育变革，提高教师专业能力与学生关键能力的综合指标	问题四：目前数学教学中，经常使用哪些软件？ 问题五：您在目前的教学中，期待应用哪些新技术？ 问题六：您进行线上教学时，经常使用哪些平台？

"理解与探索"指教师能借助信息技术准确讲授课程内容。包括三层含义：第一层指教师对信息的内涵有深刻理解，并知晓信息技术对教学的价值和意义；第二层指教师能敏锐地感知到信息政策、教学环境和技术资源的变化，并有调整的动机；第三层指教师熟悉各类技术资源，并有将技术与学科教学融合的意识与基本技能。

"迁移与融合"是指教师能利用新技术整合开放式教学资源，通过引导、启发促进学生从概念理解跨到能力输出。一方面，能引导学生将学科领域内的理论成果进行延伸和拓展；另一方面，以现实问题为载体，创设体验式教学活动，促进真实学习的发生。① 此外，能对学生的个性化学习轨迹进行实时监测和跟踪，并给出动态评估。这个阶段的教师角色依然是学生知识创造的指导者，是教学过程的主要组织者。

"发展与创新"是教师信息素养的最高层级水平，反映教师与学生共同开发资源、创新知识、拓展技能、分享成果、推动教育变革以及提高教师专业能力与学生关键能力的综合指标。它既不是 SAMR 模型

① J H Curry, D M Curry, *Learning First, Technology Second: The Educator's Guide to Designing Authentic Lessons*, Portland: ISTE, 2017, pp. 37-44.

的单纯技术发展与创新,以及"技术整合矩阵"的单纯教学法发展与创新[1],也不完全等同于TPACK模型的技术、教学法和教学内容的发展与创新。[2]其浅层涵义指师生共同实现资源、知识、技能的发展与创新及专业能力的提升;深层涵义指学科思维、终身学习理念及科学探索精神的启迪与培养。

三、数学教师信息素养现状调查

本研究基于对上述评价框架的要素解读及专家访谈的意见汇总,将上述三个指标水平显化为六大类问题共24个选项,涉及教师在日常教学中对信息知识的关注点、对信息技术促进教学的价值认知,以及信息技术融合学科教育的专业能力和职业素养等方面的内容。通过初测和复测两轮分析,确定了最终问卷的题项设置。

1. 问卷设计原则

(1)科学有效

研究多次征求教育专家和一线教师对题项设置的意见和建议。2020年底,在福建省范围内进行一周的预调查后,删减了部分题项,调整了部分问题的表达形式。正式调查于2021年1月20日至2021年2月6日通过网络与邮件开展,以河南、福建、江苏、上海、重庆等10个省(市)的数学教师为研究对象。本次调查共收集问卷765份,其中有效问卷756份,有效率98.8%。为了提升研究的全面性,调查对象包含数学专业师范类本科生与学科教育类研究生共152名。参与者覆盖小学、初中、高中、高职高专、本科各学段。其中,任教时间在6年以上的占比达到68.65%;任教学段分布中基础教育和高等教育占比均在40%左右;学历分布中本科占比68.7%,研究生及以上学历占比24.7%。以上数据反映了调查的全面性、科学性。表2显示的是参与者人口学信息。

表2 参与者人口学信息

基本信息	类别	样本量	比例	基本信息	类别	样本量	比例	基本信息	类别	样本量	比例
性别	男	251	33.20%	任教学段	小学	130	17.20%	职称	初级	109	14.42%
	女	505	66.80%		初中	52	6.88%		中级	278	36.77%
教龄	1—5年	85	11.24%		高中	112	14.81%		副高级	179	23.68%
	6—15年	124	16.40%		高职高专	178	23.54%		正高级	15	1.98%
	15年以上	395	52.25%		大学本科	132	17.46%		在读师范生/研究生	152	20.11%
	在读师范生/研究生	152	20.11%		在读师范生/研究生	152	20.11%		其他	23	3.04%

本研究使用SPSS20.0版本对问卷数据进行信效度分析,结果显示,Cronbach's Alpha系数为0.833,问卷六大类问题的部分一致性和整体一致性都达到了85.6%以上,说明问卷设计科学、有效[3],如表3所示。

表3 可靠性统计量

Cronbach's Alpha	基于标准化项的Cronbachs Alpha	项数
0.833	0.833	24

① E R Hamilton, J M Rosenberg, Akcaoglu M, "The Substitution Augmentation Modification Redefinition (SAMR) Model: A Critical Review and Suggestions for Its Use", *TechTrends*, Vol. 28, (May 2016), pp. 433-441.

② M C Herring, M J Koehler, Mishra P. *Handbook of Technological Pedagogical Content Knowledge (TPACK) for Educators*, Abingdon: Routledge, 2016, pp. 37-43.

① 吴明隆:《问卷统计分析与实务——SPSS操作与应用》,重庆大学出版社2016年版,第181-184页。

(2)彰显学科

基于调查对象的指向性，问卷单设数学思想、数学实验、数学应用意识等专业素养指标。针对学科特点筛选出部分常见的数学工具和常用的数学分析软件，用以反映数学教师的整合技术和开展学科教育的能力。具体而言：

其一，理解与探索水平。问卷中设置了“教育信息化 2.0 时代，您在数学教学中更多关注哪些方面的内容”和“在数学教学过程中信息技术发挥哪些重要作用”两个题项。一方面，考量教师对信息素养“是什么”和“为什么”是否有明确的认知，是否了解信息技术的内涵以及信息技术对课堂教学的价值和意义。另一方面，了解教师能否准确把握信息技术与数学学科之间，以及数学学科与其他学科之间的逻辑联结，是否认同信息技术能力与学科教学能力的形成与发展就是知识形成、发展与创新的过程。

其二，迁移与融合水平。问卷中设置了“信息搜索与获取”“信息加工与处理”“信息交流与传播”等题项，用来反映教师获取、评价、加工、传播信息的能力；“为学生提供丰富的学习机会”和“为学生提供个性化学习体验”两个题项的设置体现了教师对自己引导者、促进者身份的认同度；“过程性评价、多元评价及教育数据挖掘”等题项反映了教师动态评价教育教学效果的能力。“您在日常教学中使用哪些数学工具”和“您期待在未来教学中使用哪些技术和平台”两个题项，用以反映教师实现跨学科、跨领域的课程设计能力。

其三，发展与创新水平。问卷设置了“自创数字化资源能力”“个性化评价”“数学本质”“学科思维”等题项，反映教师创新资源及促进学生综合能力提升的效果。

2. 结果分析

以下以学历、学段作为自变量，以关注的信息内容、信息能力、常用软件、新技术、教学平台作为因变量，进行交叉分析。

(1)理解与探索指标分析

其一，信息知识偏差。通过图 2 可以发现，对信息技术知识和数学应用软件的关注比例平均达到 75%，可以看出大部分数学教师具备整合技术与学科知识的意识，但关注信息安全知识、计算机原理和网络原理的教师比例不到 30%，足见教师对信息理论和方法的界定存在一定偏差。

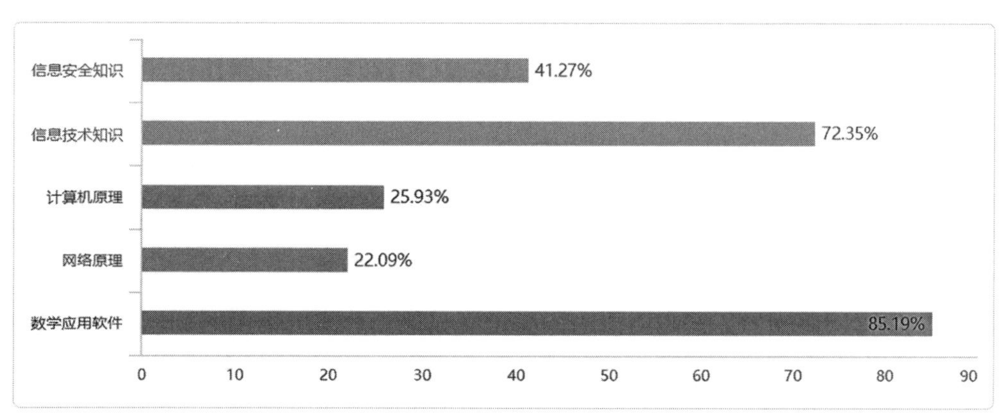

图 2 信息知识情况统计图

其二，整合资源意识欠缺。85% 以上的教师认同技术支持下的直观性教学对数学概念的形成大有裨益，认为其不仅能提高学习积极性，还能丰富课堂教学资源，有效促进数学概念的形成和数学思想的沉淀，充分说明数学教师群体具备一定的信息价值意识，认同授课目标应从掌握学科基础知识延伸到认知学科思想。但信息技术依然是辅助课堂教学的工具，如使用 PPT 代替板书进行课堂演示的教师比例高达 93.8%，使用 QQ、微信等传统方式进行线上教学的比例远高于使用 MOOC、智慧云平台这类开放公共教学资源。

其三,差异化评价欠缺。教学评价作为教学的重要环节,能反映教学效果。85% 以上的教师认同采用过程性和多元化评价,但对差异化评价的认可度较低。这反映了教师创新评价方式的诉求,但同时也暴露出当前在学习行为个体化、差异化评价方面的短板。

(2)迁移与融合指标分析

其一,实验教学意识欠缺。只有大胆突破传统技术的束缚,采用新的教学手段,才能实现全面高效的教学功能。调查显示,认同借助信息技术开展可视化、互动性教学、实验教学和实践教学的教师比例不到 80%,明显低于直观性教学的比例。可以看出,教师对于开展高级数学实验,以及师生共同参与课堂互动和协作学习的认知欠缺。

其二,融合意愿强烈,但能力不足。只有教育目标创新才能从本质上引领教育模式的变革。超过 72% 的教师赞同应促进学生对数学本质的认识,但认同采用项目式、体验式教学模式的比例不到 65%,反映教师有明确的教育目标,但教学理念和教学模式陈旧。通过图 3 可以发现,超过 75% 的教师认同应具备对信息的获取、分析、加工、处理等能力,期许在未来教学场景中使用深度学习等新技术的比例也达到 68%,但在目前的课程教学中使用各类专业软件的比例除了“几何画板”达到 43.2% 以外,其余数学工具如 Mathematics、Matlab 等均不超过 20%。对于新场景融合技术如虚拟现实、增强现实的接受比例不到 10%(见图 4)。

其三,教育数据挖掘水平有待提高。图 3 中 67.33% 的教师认同应当对教育数据进行深度挖掘,通过图 4 可以发现对于数据分析工具的选择依然是传统的 Excel 软件,缺乏数据库意识(仅有 7.8% 的教师选择 SPSS),程序类软件如 R、Python 的选择人数比例不到 6%。

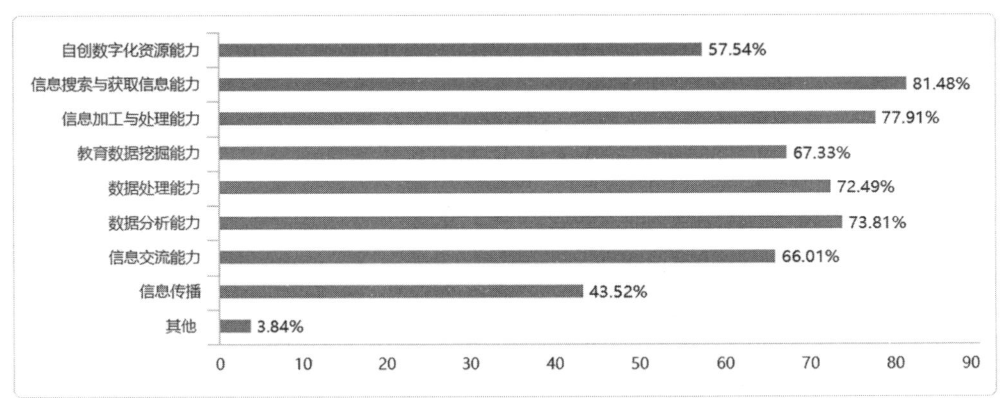

图 3 数学教师应具备信息能力的统计图

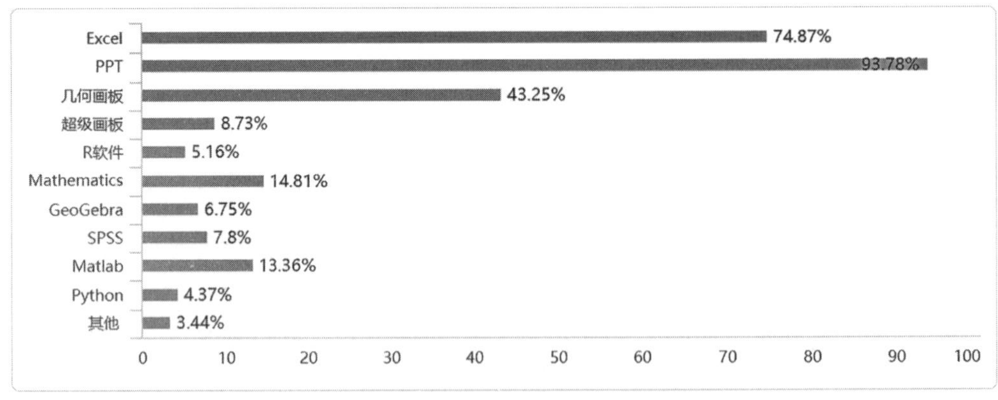

图 4 常用软件情况统计图

(3)发展与创新指标分析

信息创新不仅关注信息技术的应用,更关注学科知识与方法的创新、预期能力的培养、信息交流与传播的方式,反映教师能否助力学生实现自我学习和自我提升。数据显示,仅有67.8%的教师认为信息技术的融入可以提升课堂师生间的交互效能,图3中仅有43.52%的教师认同信息传播的价值,认同自创数字资源的教师比例仅为57.54%,充分说明教师虽然认同信息技术能提供丰富的教学化资源,但在整合已有资源的基础上发展和创新资源的动力不强,与其他社群成员分享成果的意识和能力有待提高。

三、调查结论与思考

本研究依托《教师ICT能力框架(第3版)》、布卢姆认知模型,构建了数学教师信息素养评价框架。该框架可以打通教与学的壁垒,全方位、多角度评价教师个体对2.0时代新型教育生态的适应度。结果表明,数学教师已具备一定的信息素养,整体态势发展良好,但也显示出数学教师信息知识偏差大、实验教学意识欠缺、融合意愿强烈但能力不足等情况。针对上述情况,数学教师信息素养的提升可从以下几个方面着手:

1. 信息意识的培养与提升

意识层面的转变是推动教育变革的先决条件。只有教师个人树立终身学习理念,在日常教学过程中养成查找、记录、整理、分析、评价和使用各类公共教学资源的习惯,形成教师个人成长的内驱力,才能真正适应教育信息化时代之大变革。教师应经常关注教育政策和技术环境的变化并积极认同这种变化趋势,对教育目标和教学对象有正确的认知,从意识层面主动适应教学内容无纸化、教学手段多样化、教育场景智能化和评价方式个性化的特点,积极调整教学模式。要充分认识到这种调整的价值和意义,不仅在于提高学生的学习积极性和兴趣,更多的是为学生提供个人成长的空间和平台,培养学生的数学核心能力及学科领域内的高阶思维和认知。

2. 面向终身学习的自我成长

要借助多种途径不断加强对新知识、新理论和新方法的培训,逐步提升教学技能。首先,应从激励机制上着手,为教师营造能力提升的氛围。要把教师从繁重的教学中解放出来,鼓励他们参与各类教学联盟、教学研讨和论坛,分享教学成果。其次,要不断创新能力培训的平台和资源,如基于教研项目的网络研修活动和基于MOOC、微课、翻转课堂等具体形式的培训活动等。要通过体验真实的教学场景,使其感受技术整合课堂教学的价值所在,从而提升教师自我成长需求。

3. 探索技术融合课堂教学新范式

知识迁移的过程,就是教师把自己掌握的知识和技能、方法主动应用到教学中的过程,用于激活学生的认知。这个过程不仅是把信息技术作为工具辅助课堂教学,更应当是探索技术融合课堂教学的新范式。数学课讲授的难点多数是概念,教师大多采用避重就轻、直接拿来的方式,这种做法违背知识产生的逻辑顺序和学生的认知规律。数学课教师要勇于在智慧环境开展课堂教学并不断尝试新技术,通过反复使用加深学生对知识的理解。新技术不应只出现在教师的科学研究中,比如Matlab和Python软件常被用于数字图像处理的数学实验,应当尝试将这些高级的工具和方法拿到课堂上,借助直观演示刺激学生对知识探寻的欲望,把晦涩难懂的概念和繁琐复杂的推导变成学生乐于接受的数学实验,让学生在活动经验中体会知识产生和发展的历程。同时,过程评价也不应只停留在是否上课、是否完成既定作业等记录上,要借助大数据处理技术对学生的学习轨迹进行实时跟踪并给予准确的个人画像,从而为学生提供个性化的学习指导。

4. 转变教师角色定位

知识迁移的过程要注意结合教师角色身份的转变,从传统的授课型教师变为知识的引导者、活动的设计者,通过构建以学生为中心的学习环境,创设有现实体验感的教学活动,引导学生通过完成项目的方式亲身体验知识生成的全过程。在授课过程中,教师只是以合作者、设计者、促进者和分析师等身份,发布项目任务、协助学生制订项目计划、参与项目讨论,鼓励学生按照个人理解设计、试错、纠错、改良,目的是在体验中开展知识探究和科学创新。教师不仅要做知识迁移的引导者,更应成为知识创造的参与者。教师要思考提升自我专业能力和学生创新能力的愿景到底是什么,要培养学生作为数字公民的基本素养,学会审慎地使用数字技术;要让学生有参与实际问题的经验和勇气,并在项目实施的过程中培养学生设计创造、交往互动、批判思维和团队协作的能力和品格,培养学生终身学习的理念。

Construction and Analysis of Evaluation Framework for Information Literacy of Mathematics Teachers

GUO Juncheng[1], MIAO Lin[1,2], CHEN Qinghua[1]

(1. College of Mathematics and Statistics, Fujian Normal University, Fuzhou Fujian, 350108; 2. Shanghai Hongkou Experimental School, Shanghai, 200080)

Abstract: In order to analyze the connotation of information literacy and teachers' information literacy, this research focuses on the mathematics teachers in China. Relying on the ICT Competency Framework for Teachers (Version 3) and the Bloom's cognitive model, it has constructed a framework for evaluating mathematics teachers' information literacy, which consists of two parts of external influencing factors and endogenous variables. The research believes that the evaluation dimensions of mathematics teachers' information literacy include three levels that are understanding and exploration, migration and integration, and creation and innovation. Based on the investigation and analysis of the status quo of 756 mathematics teachers' information literacy, the following countermeasures are put forward, including the cultivation and promotion of information awareness, self-growth for lifelong learning, exploration of the new paradigm of technology-integrated classroom teaching, and the change of the roles of teachers.

Key words: mathematics teachers, information literacy, evaluation framework

初中教师科研培训的情境化路径

徐 敏

（上海市宝山实验学校，上海 201900）

摘 要：科研能力是教师的关键素养，当前初中校本科研培训缺乏系统性、针对性和实效性。为此，需要将情境学习的相关理念融入校本培训中，构建系统的培养路径：为学习者制定清晰的培训目标，设计清晰而有深度的内容框架，构建任务驱动式情境学习，最终提升初中教师的科研和教学能力。

关键词：初中教师；科研培训；科研能力；情境学习；校本培训

随着课程与教学改革的深入，“教师作为研究者”的理念再度兴起，作为教师专业素养之一的科研能力日益凸显，在教学改进中发挥重要的作用。“从事教育科研既是培养科研型、学者型教师，促进教师专业化发展的必由之路，也是基础教育课程改革对教师的一项重要要求。”①但在学校层面，如何设计适合教师科研发展需求的培训内容、如何进行有效的科研培训等问题值得深入探讨，本文结合学校近年来教师科研培训的经验及面临的问题，探讨教师科研培训的情境化路径。

一、初中教师科研培训的现状及问题

中小学教师科研能力是指教师在日常教育教学中围绕真实问题进行选题、方案设计、资料收集与分析、研究成果表达等方面的综合能力。其中，校本培训在教师科研能力提升中具有重要的作用，为准确了解初中教师的科研能力及培训现状，本文设计了“教师科研能力及培训现状调查问卷”，涵盖两个方面的内容：初中教师科研面临的问题，科研校本培训现状。2020 年 9 月，选择一所普通公办初中进行全样本调查，发放问卷 160 份，收到有效问卷 158 份，回收率 98. 8%。调查内容分别如下：

1. 教师关注的教育教学问题

在被调查教师中，教师关注的教育教学问题按从高到低依次为：教学策略（61. 39%），教材分析（39. 87%），学生心理（35. 44%），教师专业发展（31. 65%），师生互动（25. 95%），班级管理（23. 42%），课程开发（17. 09%），家校合作（14. 56%）。可见，初中教师最关注与课堂实践密切相关的问题。

2. 科研培训存在的问题

在调查中，教师认为科研培训存在的问题依次为：脱离教师实际的需求（41. 14%）；培训方式以讲座为主，没有为教师创设学习情境（38. 61%）；培训缺乏实质效果，难以对教师实际的教育教学工作产生影

作者简介：徐敏，上海市宝山实验学校校长，特级校长，中学高级教师，主要从事教育管理研究。

① 曾天山，王新波：《中小学教科研亟须走向 3. 0 版——基于 3000 多名中小学教师教科研素养问卷调查的分析》，《人民教育》2017 年第 20 期，第 32-40 页。

响(38.61%);培训缺乏顶层设计,缺乏连贯性、针对性(31.01%);培训缺乏清晰具体的目标(28.48%);培训内容随意,缺乏核心知识模块(22.15%)。可见,当前学校科研培训需要加强培训与教师实际教育教学工作之间的关联性。

3. 符合教师需求的科研培训

在调查中,教师最需要的科研培训依次为:如何从日常工作中形成一个合理选题(62.03%);结合自己的真实问题设计课题方案(45.57%);如何将研究与自己的日常工作相结合(37.34%);如何梳理和总结已有的研究现状(35.44%);如何在日常教学中收集有价值的资料(31.01%);如何撰写研究报告(18.99%);如何开展行动研究(16.46%)。可见,教师最需要的科研培训是结合日常教育教学工作进行选题、方案设计、资料收集,学习解决实际问题的能力,同时掌握基本的科研技能,提升自己的科研能力。

上述数据表明,在科研培训中初中教师更关心与教育教学直接相关的问题,因此,科研培训要基于教师的立场,引导他们在日常工作中形成问题,开展选题,进行系统的研究设计,最终提高他们解决教育教学问题的能力。有的教师在访谈中表示:“希望科研培训和平时的工作有效结合起来,教师在科研中遇到的主要困难不在文本撰写上,而在选题的有效性和开展实践研究的可行性的诊断上。”

二、初中教师科研培训的情境化路径

当前,科研培训与教师的实际需求脱节,教师难以在真实的情境中掌握科研技能,因此,教师培训者需要探索一条适应科研培训的新路径。

1. 情境化学习应用的必要性

科研培训的目的在于培养教师的研究意识,引导教师在日常的教育实践中,自觉探索课堂中的问题,改进教学。在培训中,教师掌握的不仅仅是基本的科研技能,还要形成研究意识,主要包括问题意识、行动意识、实证意识和反思意识。研究意识是教师在对科研知识模块的理解、应用、反思基础上,在真实教育教学问题的解决过程中,在理论与实践之间相互促进中逐步形成,在情境学习过程中主动建构的。在科研培训中,要“从教学中发现问题,然后用研究的方法解决问题,在解决问题的过程中给予教师科学研究方法的指导”。①

情境学习强调学习的情境性、社会性和认知分配。它认为教师学习是基于自身的经验,在参与真实问题的解决过程中,经过深度的案例研讨与群体之间的对话,对知识的一种主动建构。在情境学习中,“通常要求学习者完成真实的任务,并为他们搭建所需的脚手架”。② 情境学习的理论与科研培训结合,可以形成初中教师科研培训的情境化路径,即在解决教师实践中真实问题的过程中,基于深度的知识内容,采取体验、任务驱动、展示研讨等多种方式提升教师科研能力的一种培养路径。

2. 初中教师科研培训的情境化路径

科研培训为教师提供学习环境,学习者、培训者、学习资源构成一个相互依存的整体,多元深层互动,构成学习情境。在此情境中,“教师通过在行动中反思,与情境(包括学生、研究者、问题本身、环境等)对话,对问题情境进行重构”③,进而提升自己的专业素养。

(1)为学习者制定清晰的培训目标

学习是学习者主动建构知识的过程,学习的过程实际上是知识的理解、应用、迁移、创造的过程,教师科研能力的发展可归结为科研知识的习得和应用过程。在培训过程中,必须注重科研知识的理解、迁移和应用。

① 魏秀江:《以区域本土化科研骨干教师培训机制,提升教师研究素养》,《北京教育(普教版)》2020年第11期,第41-42页。

② 艾伦·柯林斯:《认知学徒制》,载基思·索耶:《剑桥学习科学手册》,徐晓东等译,教育科学出版社2010年版,第65页。

③ 陈向明,等:《搭建实践与理论之桥——教师的实践性知识》,教育科学出版社2011年版,第150页。

(2)设计清晰而有深度的内容框架

培训内容要符合教师科研能力的最近发展区，要有清晰逻辑结构和深度的知识框架，与教师的日常教育教学工作紧密结合，引导教师在工作中研究，提升科研的针对性。在长期的培训中，经过对教师科研的核心知识进行细致的梳理，最终确定四个模块：研究动态报告的综述；选题与课题方案的设计；课题过程性资料收集的基本方法；结题报告的表述与撰写。这四个模块是教师需要掌握的科研基础知识。对于每个知识模块，设计的培训内容为：清晰提炼关键技能和策略；提供典型案例（正例、反例），强化对科研技能、策略的准确理解；设置情境任务，引导教师将科研方法应用到具体问题的分析和应用中。教师科研能力的形成，需要建立在丰富、结构化的知识体系上，这些知识为教师科研能力的习得提供了研讨、应用、反思的支架。

(3)构建任务驱动式情境学习

培训活动是一个逻辑自洽的系统，各要素之间相互关联，注重真实问题的解决，引导教师在深度的体验中自主学习、合作交流、反思建构，提高学习者的认知监控和反思能力。培训可采取任务驱动的方式，引导教师在学习过程中完成相应的研究任务。一是要完成研究方案设计、资料收集和分析等训练。二是要将科研的理念和方法融合到具体教学问题的解决中，进行实践干预，改进教学实践。实际培训分为三个阶段展开：第一阶段，理解内化阶段，主要是专题讲座、案例分析、辨析讨论，从而帮助教师深入理解科研知识。第二阶段，体验反思阶段，主要是让教师独立完成与培训主题相关的一个任务，最终小组交流，点评反馈，这个点评的过程是分享异质性、促进元认知的过程。第三阶段，提升应用阶段，主要是在新领域和新情境中运用所学知识，完成相应的研究成果，并在区域内交流、推广、辐射，形成更深层次的应用价值。这三个阶段的培训活动体现了情境学习的特征，包括知识的理解、应用、创造的过程。学习者在掌握科研知识的过程中，形成认知监控能力、反思能力，熟悉科研知识应用的具体情境，进而形成可以迁移的素养。

三、初中教师课题方案设计的培训案例

在教师科研能力培养中，笔者按照科研知识的模块进行了系列化的培训，积累了较为丰富的经验，这里以一次课题方案设计的培训为例，阐释基本流程和成效。

1．培训流程

很多教师虽然有过课题方案设计的经历，但还不能从自己的教育教学问题中形成有价值的选题，对课题方案的框架和撰写要求缺乏深入的理解，不能设计出高质量的课题方案。因此，为了提升教师的课题方案设计能力，笔者按照情境化学习的理念组织校本培训，引导教师将课题方案设计要点融合到实践中，在学习共同体中体会课题方案设计要点。

(1)确定方案框架和主题

梳理课题方案设计的核心知识模块，对课题方案设计的基本要素进行归纳和总结，形成相应的操作要点，每个要点的内涵有清晰准确的说明。培训组织者通过讲座和案例学习的形式，向受训者讲授课题方案的框架和结构，如何表述、撰写易犯错误等。

(2)撰写和完善课题方案

培训组织者提出一个宏观主题和大方向，要求受训教师按照课题方案设计的要求准确选题，完成该课题方案的撰写，并当场纠正。然后，要求受训教师在两周内围绕教学问题完成一个课题方案。

(3)小组交流和互评改进

教师自主设计一个完整的课题方案，在小组内交流，小组成员相互评价，形成改进建议。

(4)分享经验和系统反思

教师围绕课题方案设计的核心知识进行持续反思，激励教师交流自己的成果，在与不同群体的交流

中促进教师系统反思,提升其对课题方案设计要点的理解和应用能力。

2. 实践成效

经过培训,教师设计的课题方案质量有明显的提升。通过对教师设计课题方案的前后核心要素的对比,发现教师设计课题方案的能力有明显的提升。有 30 人参加此次培训,笔者对这次学习的效果进行了前后的比较,结果如表 1 。

表 1 培训前后的教师课题方案设计达标情况对比

课题方案设计的要素	培训前达标人数(百分比)	培训后达标人数(百分比)
问题的确定	4(13.3%)	12(40%)
题目的表述	2(6.7%)	15(50%)
研究目标	5(16.7%)	13(43.3%)
研究内容	4(13.3%	10(33.3%)
研究过程	2(6.7%)	9(30%)

由表 1 可见,情境化培养模式提升了教师的课题方案设计能力,教师在问题的确定、题目表述、研究目标、研究内容等方面都有明显的改进,说明情境化培训有一定的效果。教师在整个学习过程中有很强的参与感,积极地投入,深度体验了真实的课题方案设计全过程,这正是情境化培训的重要体现。

On the Paths of Contextualizing Research Training for Junior Middle School Teachers

XU Min

(Shanghai Baoshan Experimental School, Shanghai, 201900)

Abstract: Research competence is teachers' key quality. At present, the school-based research training in junior middle schools tends to lack systemicity, pertinence and effectiveness. Therefore, it is necessary to integrate the relevant concepts of contextual learning into school-based training and build a systematic training path as follows: developing clear training goals for learners, designing clear and in-depth content frameworks, constructing task-driven contextual learning, and ultimately improving teachers' research and teaching competence.

Key words: junior middle school teachers, research training, research competence, contextual learning, school-based training

扎根理论下师范生批判与创新思维培养的教学策略

李秀君[1]，张　露[2]，高湘萍[2]

(1. 上海师范大学 教育学院，上海 200234；2. 上海师范大学 教务处，上海 200234)

摘　要：我国师范教育人才培养重点已从掌握专业知识和技能的基本要求，转向处理复杂问题的思维方式训练，促进批判与创新思维发展的教学策略成为关键环节。研究基于扎根理论，通过目的性抽样，对具有批判与创新思维教学培养实践经验的12位教师进行半结构化的访谈，运用NVivo12软件对收集的访谈资料进行质性分析，构建出面向师范生批判与创新思维培养的教学策略模型。结果表明，面向师范生批判与创新思维培养的教学策略主要有五种：支架式教学、启发式教学、项目式教学、构建协作学习和多元评价反馈。该理论为促进师范教育批判与创新思维培养提供了基本理论依据。

关键词：师范生；扎根理论；教学策略；批判思维；创新思维

一、研究背景

知识向能力的转化成为师范教育亟待解决的问题，知识向能力的转化过程实质是思维逐步深化的过程。美国教育心理学家布卢姆按照认知的复杂程度，将思维划分为低阶思维和高阶思维，记忆、理解、应用属于低阶思维，分析、综合、评价属于高阶思维。① 高阶思维是发生在较高认知水平层次上的心智活动或较高层次的认知能力，强调个人以一种对于自身而言属于新奇的方式，利用信息和概念去解决一个难题或任务。② 高阶思维在有效解决新问题和完成复杂任务方面发挥着重要作用。③ 随着社会的数字化，人工智能和机器人技术在经济生活中占的比重越来越大，新技术在改变人们生活的同时也带来了很多新的和具有挑战性的问题，这势必要求教育重心从单纯的知识获取向思维技能的发展转换，尤其要重视学生高阶思维技能的发展。④ 高阶思维的培养已被纳入我国的核心素养框架中，成为我国教育总体战略的重要目标之一。

基金项目：本文系上海高校本科重点教改项目"师范生创造性与批判性思维评价与课程设计"的研究成果。

作者简介：李秀君，上海师范大学教育学院讲师，博士，主要从事教育心理研究；张露，上海师范大学教务处科员，硕士，主要从事教育心理研究；高湘萍，上海师范大学教务处处长，教授，博士生导师，主要从事教育心理与教学管理研究。

① 王帅：《国外高阶思维及其教学方式》，《上海教育科研》2011年第9期。

② 钟志贤：《促进学习者高阶思维发展的教学设计假设》，《电化教育研究》2004年第12期。

③ Susanti Arik, Retnaningdyah Pratiwi, Puspita Ayu Ade Nila, Trisusana Anis, "Improving EFL Students' Higher Order Thinking Skills through Collaborative Strategic Reading in Indonesia", *International Journal of Asian Education*, Vol. 1, no. 2, (2020), pp. 43-52.

④ Heri Retnawati, Hasan Djidu, Kartianom Kartianom, Ezi Apino, Rizqa D. Anazifa, "Teachers' Knowledge about Higher-order Thinking Skills and its Learning Strategy", *Problems of Education in the 21st Century*, Vol. 76, no. 2, (2018), p. 215.

1. 高阶思维的内涵

塔努贾亚(Tanujaya)指出,高阶思维至少有两个指标,即批判性思维(critical thinking)和创造性思维(creative thinking)。[①] 从某种层面来讲,高阶思维可以理解为批判性与创造性思维。美国《21 世纪技能框架》指出,21 世纪具有竞争力的技能可分为两个主要部分:与思维相关的抽象技能和与实践相关的具体技能,前者即批判性思维和创造性思维。

批判性思维,或称"批判思维",与"批判性思考""批判思考"有同等含义。批判性思维是指对知识的性质、价值及真实性、精准性进行的个人分析、评价、推理、解释与判断,然后在此基础上进行合理决策。批判性思维是以有组织的方式给出理由并系统地评估理由质量的能力。[②] 批判性思维的基本特征是:分析性、建设性、探究性、判定性、推理性、客观性、回答性、关注性和是但性(来源于英文术语"Yes\But",表示转折关系,首先要肯定既有的东西但又需要换个角度来思考)。[③]

创造性思维,或称"创新思维"。创造性思维是以新颖且独特的方式来解决所遇问题的思维方式。[④] 创造性思维是思维主体对原有思维和知识进行综合运用的高级认知活动。[⑤] 创造性思维的基本特征是:生成性、发散性、可能性、怀疑性、主观性、答案性、可视性、综合性、联想性和是且性(来源于英文术语"Yes\And",表示递进关系,不仅肯定了已有东西而且在此基础上发展出了新的东西)。[⑥]

批判思维和创新思维侧重有所不同,批判性思维是在已有框架内对已有观念与解决方案进行分析与评判,侧重于评价;创新思维则超越已有框架,创造出新的观念与解决方案,创新思维侧重于产出。但批判思维和创新思维两者并不孤立,而是相辅相成,共同发挥作用。批判思维是创新的前提条件,创新是批判思维的必然结果。因此,批判思维和创新思维二者协同运作、相得益彰。

2. 教学实践模式与策略

哈佛大学心理学教授戴维(David)认为,在教学条件的支持下,高阶思维是可以培养和训练的。教育的基本思路就是要培养思维能力。[⑦] 恩尼斯(Ennis)归纳了高阶思维的三种教学实践模式:[⑧]其一,过程模式,强调思维技能的专门、直接教学,即将思维技能的教学独立于正规课程之外,旨在鼓励学生把所学的认知技能应用到其他学科的学习上。其二,内容模式。这种模式认为某些认知技能是特定于具体学科的,如数学或科学,应该在具体的学科背景下进行教授。其三,注入模式。即将思维技能的教学与课程的教授融合在一起。

我们认为,注入模式强调思维技能和课程教学的融合,强调具有普遍意义的思维技能在教学过程中的渗透和培养。那么,怎样将思维技能的培养与课程教学相融合? 这就涉及教学策略的问题。

关于师范生高阶思维培养的教学策略,到目前并没有系统的章程可循,教师一直都在摸索的路上。由于缺乏系统的教学策略和实施步骤作为指引,教师常常依据个人的教学经验或直觉来选择并采取相应的教学行为。采用合适的教学策略,能够在课程教学过程中实现具有普遍意义的高阶思维技能的培养,是当今教育战略中人才培养目标给教学工作提出的重要任务。本研究基于高阶思维的内涵和培养的教学实践模式,采用扎根理论的研究方法,对半结构化的访谈内容开展质性分析,探究教师在师范生培养过程中实现批判与创新思维培养的教学策略。

---

① Tanujaya Benidiktus, Mumu Jeinne, Margono Gaguk, "The Relationship between Higher Order Thinking Skills and Academic Performance of Student in Mathematics Instruction", *International Education Studies*, Vol. 10, no. 11, (2017), pp. 78-85.

② 黄蕾,鲁娟,梁韵琳,黄宇佳,赵旭东:《医学生批判性思维能力与一般自我效能感的相关性研究》,《复旦教育论坛》2015 年第 3 期。

③ 石庆艳,陈永红:《中国近二十年批创思维教育研究回顾与展望》,《凯里学院学报》2021 年第 39 期,第 101-110 页。

④ 刘韧:《开发创造性思维能力提高高职学生学习效果与自主学习能力》,《思想战线》2015 年第 41 期。

⑤ 詹慧佳,刘昌,沈汪兵:《创造性思维四阶段的神经基础》,《心理科学进展》2015 年第 2 期。

⑥ 石庆艳,陈永红:《中国近二十年批创思维教育研究回顾与展望》,《凯里学院学报》2021 年第 39 期,第 101-110 页。

⑦ 王帅:《国外高阶思维及其教学方式》,《上海教育科研》2011 年第 9 期,第 31-34 页。

⑧ 王帅:《国外高阶思维及其教学方式》,《上海教育科研》2011 年第 9 期,第 31-34 页。

二、研究设计

1. 数据来源

我们抽取了上海师范大学12位具有高阶思维教学培养经验(参加OECD师范生批判性与创造性思维培养项目)的教师作为访谈对象。相比其他教师,他们对高阶思维培养的理解会更加深刻,经验也相对丰富。这12位教师所教授的专业涉及理学、语言类和教育类专业,男女教师各6人(见表1)。

表1 访谈教师基本情况

教授专业	男性	女性	人数
理学专业	2	1	3
语言类专业	1	2	3
教育类专业	3	3	6
合计	6	6	12

2. 数据处理

本研究运用NVivo12软件对访谈内容进行归纳整合,并采用扎根理论的方法自下而上地对高阶思维培养的教学策略进行理论构建。NVivo12软件可以通过编码建立概念网络系统,帮助研究者组织、分析非结构化或定性数据,得到了国内外许多学者的认可。扎根理论在研究前不做假设,而是在数据收集的基础上探寻反映事物或现象的核心概念。

(1)访谈大纲

根据研究目的、研究对象特征以及研究主题,我们和高阶思维培养专家共同讨论、设计修订了半结构化访谈大纲,并在正式访谈之前进行了预访谈以确定其具有良好的信度、效度,我们事先接受过访谈和编码训练。

经高阶思维培养专家们讨论、修订后,访谈提纲主要围绕四个问题:第一,您如何理解高阶思维?第二,您在所教的课程中采用了哪些活动或方法培养学生的高阶思维?效果如何?第三,您在实施高阶思维培养的教学过程中遇到了哪些困难或挑战?第四,您计划在下一轮的教学实验中做出怎样的调整或改变?在访谈过程中,我们不限于访谈大纲的顺序,而是根据实际情况灵活处理访谈问题以使受访教师尽可能积极参与。

(2)访谈编码

访谈主要采取面对面访谈的形式,访谈时长在18—63分钟不等。我们在征得受访者同意后,对访谈过程进行实时录音,在访谈结束后将音频转换为文字,并用受访者的编号(T1-T12)为其命名。将12份访谈文档导入NVivo12软件,采用扎根理论的方法对访谈资料进行逐级编码。研究者首先悬置个人"前见",在开放编码阶段,对资料进行预编码,明确词语、句子及段落的意义,找出与教师对高阶思维培养的理解有关的内容,进行初步命名,标记为自由节点。预编码共形成53个自由节点,两位研究者在背对背的正式编码后讨论确定了46个自由节点。接着,将开放编码获得的自由节点进行关联,经过反复比较、分析和整合后,形成10个节点,并将其标记为树节点。最后,我们在关联编码的基础上,进一步选择编码形成"核心类属",并最终确定了3个核心类属:高阶思维培养的教学策略、高阶思维培养的影响因素、高阶思维培养的建议。本研究主要关注高阶思维培养的教学策略,这一核心类属由5个节点构成,分别是"支架式教学""启发式教学""项目式教学""构建协作学习"和"多元评价反馈"。部分编码示例见表2。

表2 编码示例

原始资料(节选)	一级:开放编码	二级:关联编码
"当时给学生布置了一些学习任务,这些任务主要考虑到这门课程的特点和学生自身的学情,还有就是学生的核心素养。"(T2) "结合之前的教学过程当中的一些问题,主要问题是同学们选择的课题主题往往过于宽泛,你写一篇小论文来论述一个大方向,论述是不透彻的,而且阅读也会不够深入,只是浮于表面的。"(T3)	预先分析学情	支架式教学
"这些数据是我在网上去查的一些贫困县的情况,虽然数据是模拟的,但是也尽可能接近现实。"(T7) "我主要采取的是学术性作业,这个学术性作业有一个很鲜明的体现,就是我会下载教育心理学方面权威的论文,比如《教育研究》和《心理学报》上的论文,这是国内顶级的心理学和教育学期刊。"(T8)	精选教学内容	
"每个小组要做的事情是围绕他们自己确定的这个主题,去收集文献资料。收集文献资料的过程当中,他们就要自主去筛选,提取一些核心的要素,然后设计在他们的这个发言提纲、课件当中,我们要求每个小组针对主题都要有一个PPT课件。"(T1)	补充学习文献(课外资源)	
"在阅读方法过程当中,让学生了解文献里面,比如说什么是观点,什么是事实,要分清楚,以及对事实的态度应该怎么样。你应该以怎么样的态度去认识它、接受它。"(T4) "我用的方法是在讲到心境障碍,就是抑郁症那个地方,因为这个问题特别严重,所以我用了3节课的时间来给他们讲这个东西,就是让他们有一个正确的认识,到底抑郁症是什么,为什么现在整个社会群体对抑郁症会有错误的认识。"(T11)	深化概念性知识的理解	
"因为文基班的特殊性在于他们是完成学年论文,所以需要对他们提前训练如何写论文。我在期中的时候会专门安排一节辅导课,跟他们讲文献综述的一些撰写要求。"(T2)	个性化辅导	

3. 数据报告

通过第一轮的开放编码,得到有关"高阶思维培养的教学策略"的29个节点。我们通过进一步的关联编码把所有节点分为5类,分别为"启发式教学""项目式教学""支架式教学""构建协作学习"和"多元评价反馈",这5类被归入"高阶思维培养的教学策略"这一核心类属。面向高阶思维培养的教学策略及参考点数,见表3。

表3 面向高阶思维培养的教学策略及参考点数

核心编码	关联编码	开放编码
面向高阶思维培养的教学策略	支架式教学	要求文献(课外资源)的补充学习(14)、精选教学内容(11)、深化概念性知识的理解(9)、个性化辅导(7)、预先的学情分析(7)
	启发式教学	促进独立思考(21)、提问引导学生(18)、创设情境(8)、自主学习(8)、发散思维(6)、激发学生的内在动机和兴趣(6)、评析案例(1)
	项目式教学	布置思维训练任务(14)、设定目标(8)、解读背景(8)、安排递进式学习任务(8)、促进思维方式的迁移(7)、要求撰写课程论文(3)

（续表）

核心编码	关联编码	开放编码
	构建协作学习	加强组间交流(14)、设置小组互评(12)、推动小组合作(10)、安排小组讨论(9)、引导反思(8)、要求修改完善作业(7)
	多元评价反馈	加强过程性评价(14)、营造开放的课程氛围(10)、线上线下结合(9)、提供反馈(7)、增加课堂互动(4)

注:括号内数字是该节点在所有访谈文本中被标记的次数。

三、结果与讨论

本研究通过访谈,获得不同专业类型教师的高阶思维教学培养经验,构建面向师范生高阶思维培养的教学策略模型,具体分为五种教学策略:

其一,“支架式教学”策略。要求教师课前预先做好学情分析,即依据教学目标、学习重难点以及学生思维的发展状况提供适切的学习支架,这是设置后续教学安排的重要前提。学习支架包括两种:教师在教学中提出的问题等软支架,以及学习评价标准等用来指导学生行为的硬支架。教师可以通过学情分析了解学生的最近发展区,进而考虑在学科教学中应该制订怎样的教学活动以培养学生的高阶思维,包括精选教学素材,采用多样的教学工具(在线学习平台、微信或 QQ 群等)分享课程材料或补充学习资料等,为学生提供丰富的学习资源。基于此,进一步对教学的重难点内容进行详细阐释,帮助学生深刻理解知识要点并形成相关的认知结构,促进其建构知识体系,为后续开展高阶思维培养的深度教学做好认知层面上的准备。郭炯等的研究论证了学习支架能够有效促进提高师范生的批判性思维。[①]贾科莫(Giacumo)等的研究指出,在学习讨论中增加提问提示和评价量规,有助于发展学生的高阶思维。[②]

其二,“启发式教学”策略。要求教师重视学习情境的创设,为学生提供与其现实生活和认知背景相符的情境,这更有可能提高其学习兴趣和内在动机,促进学生对习得知识、技能的迁移运用。情境学习理论强调知识、学习情境和学习者之间动态持续的交互过程,基于情境学到的知识更能使学习者潜移默化地习得大量隐性知识,从而在现实环境中灵活地迁移运用已有的知识经验。杨(Young)的研究表明,指导线索可以有效促进学习者的高阶思维能力,包括运用镶嵌式的教学设计,这是属于特定情境并与课程内容紧密联系的,同时要求学习者利用和调整相关领域特定的知识。[③]这与本研究中以创设生动具体的问题情境为核心要素的“启发式教学”策略内涵相似。此外,在创设问题情境时教师应注意:第一,在重视学习情境的真实性及其与课程内容的相关性,追求设置激发学生学习兴趣的教学活动的同时,要有助于学生深入理解并掌握学习内容;第二,充分考虑学生已有知识和内隐知识水平,创设贴合学生生活、文化背景的情境。这样才有助于学生在已有认知基础上,汲取新知识,努力实现对所学知识的迁移运用。同时,教师要注意不同学生的问题,尽可能提供个性化的提问和引导。

其三,“项目式教学”策略。要求教师在布置思维训练任务或项目时,能实现课程教学目标的具体化,设计可行、有挑战性并且有趣的任务或项目,推动学习者调用高阶思维达成学习目标。促进学习者高阶思维能力的教学设计指导原则也要求教师在设计问题时,求解的任务应具有一定的难度,以激发、支持、强化高阶学习中认知和非策略知识的组合运用。基于项目的学习是创造有意义学习的方法之一,有助于提升学生的学习质量。与非基于项目的学习相比,项目式学习中的学习者会发生更高水平的知

① 郭炯,郭雨涵:《学习支架支持的批判性思维培养模型应用研究》,《电化教育研究》2015 年第 10 期。

② Lisa A. Giacumo, Wilhelmina Savenye, Nichole Smith, “Facilitation Prompts and Rubrics on Higher-order Thinking Skill Performance Found in Undergraduate Asynchronous Discussion Boards”, *British Journal of Educational Technology*, Vol. 44, no. 5, (2013), pp. 774-794.

③ Andrea C. Young, “Higher-Order Learning and Thinking: What Is It and How Is It Taught?”, *Educational Technology*, Vol. 37, no. 4, (1997), pp. 38-41.

识建构。这符合本研究所提出的"项目式教学"的主要目的:创造有效的学习机会,促进学生在主动探究的基础上学习知识、解决问题,并创造出优异的产品。"项目式教学"可以让学习者通过自主探索与实践更深入地理解概念,获得更广泛且牢固的知识基础,同时提高沟通协作、批判创新以及决策等高阶思维能力。

其四,"构建协作学习"策略。包括教师主导与学生主体,以及学生之间的协作学习。在协作学习的过程中,学生在教师的指导下产生知识经验和情感交流等方面多种交互形式。在教学过程中,师生之间对于一个话题的互动与讨论越来越多时,高阶思维的学习过程就越有可能发生。从社会的角度来看,协作学习还有助于培育积极的社会依存关系。因为当任务越复杂,涉及解决问题的活动越多时,对社会支持的需求也越大,学习者能够从中获得的认知收益也越大。当学习者需要向他人解释观点时,能够促进其产生清晰、结构化的思考结果。这种协同建构知识的认知活动,是发展高阶思维的有效途径。支持高阶思维能力发展的教学原则也指出,要为学习者提供锻炼高阶思维能力的机会,就要发挥同伴的相互支持作用。① 从某种意义上说,"构建协作学习"可以帮助知识水平较弱的学习者努力达到新的认知水平,也可以帮助认知水平较高的学习者巩固和发展已有的知识经验。② 同时,这也能够在一定程度上促进师生和同学之间的情感交流。李贵安等认为,在提供辅导并给予情感支持的学习环境中,更利于促进学生的高阶思维能力发展。③

其五,"多元评价反馈"策略。要求教师重视并设计多样化的评价系统,评价主体应包含教师端的评价和学生端的自评与互评;评价内容不仅要包括终结性评价的量化数据,也要体现过程性评价的质性评估内容。确保从多角度综合评价学生的学习效果,进而全面反映高阶思维的培养效果,给师生以持续不断的反馈便于及时调整相关策略。教师采用这一教学策略不仅能加深学生对知识的理解和掌握,同时有助于引导学生对已有的知识与特定知识进行批判性思考,探寻学习内容的逻辑意义,发生以高阶思维为主要思维活动的持续性学习。而常规的评价方式更多是将学生在期末测验中的成绩作为衡量其学习效果的唯一标准,缺乏对学生在学习中思维水平变化的关注,这对于培养和发展学生的高阶思维十分不利。钟志贤提出"以学习者发展为中心"④的评价理念,主张多元化、质性的评价方法,如学习契约、量规、范例展示、学习档案、概念地图、绩效评估和自我评价等,而本研究所提出的"多元评价反馈"较少作为培养高阶思维的教学策略被提及。本文认为,多元评价主体以及多样化的评价方式能够有效促进师生间的互动反馈,也有助于推动学生对于自身学习情况的反思,便于教师根据学生的学习进度和效果及时、灵活地调整教学策略。林晓凡等的研究也认为,学生应用评价量规对他人作品进行评价,同时改进自己作品的过程,就是一个培养批判思维能力的过程。⑤

五种教学策略相互之间会有交叉,因此,教师在教学中要结合课程性质特点,依据学生自身素质和思维发展水平,在课程的不同阶段有侧重地采取对应的教学策略,依据预定规则设计教学活动并灵活调整,在实现教学目标的同时逐步培养学习者的高阶思维能力。

四、结论与建议

五种教学策略对于高阶思维能力培养具有理论上的可行性,在创新教学模式方面是一次有益探索。图 1 为教学策略模型构建示意图:

---

① Andrea C. Young, "Higher-Order Learning and Thinking: What Is It and How Is It Taught?", pp. 38-41.

② Nicole Zillmer, Deanna Kuhn, "Do Similar-ability Peers Regulate One Another in a Collaborative Discourse Activity?", *Cognitive Development*, Vol. 45, (2018), pp. 68-76.

③ 李贵安,邓泓,周详,李文洁,杨文婷:《中学物理教学中高阶思维能力的培养探究》,《物理教师》2015 年第 8 期。

④ 钟志贤:《面向知识时代的教学设计框架》,中国社会科学出版社 2006 年版。

⑤ 林晓凡,刘思琪:《面向高阶思维能力培养的直播教学策略》,《现代教育技术》2019 年第 3 期。

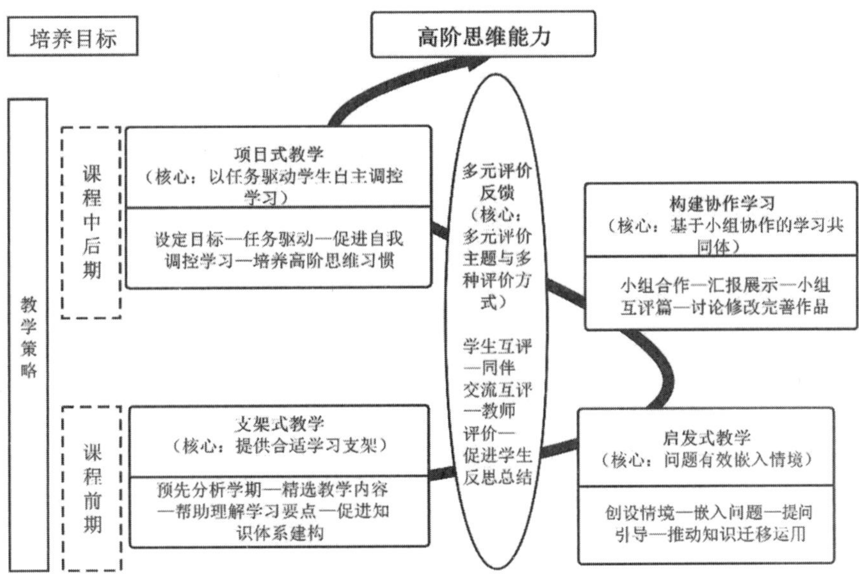

图 1 教学策略模型构建示意图

建议教师在课程教学中注意结合具体的课程性质特点，依据学生自身素质和思维发展水平，灵活组合运用教学策略，在实现教学目标的同时有效培养学生的高阶思维能力。在课程中期，教师可以创设真实具体的问题情境，促进学习者对习得的知识进行深度思考和迁移运用。在课程中后期，教师可以侧重使用项目式教学和构建协作学习的教学策略，通过任务驱动学习者的自主学习或小组学习，在教学全过程中贯穿多元评价反馈的策略，以全方位的综合视角和多样化的评价方式及时监控学习者的学习进程和成果，从而达到思维能力培养的最大效果。

Research on the Teaching Strategy of Cultivating Normal Students' Critical and Innovative Thinking from the Perspective of Grounded Theory

LI Xiujun[1], ZHANG Lu[2], GAO Xiangping[2]

(1. School of Education, Shanghai Normal University, Shanghai, 200234;

2. Academic Affairs Office, Shanghai Normal University, Shanghai, 200234)

Abstract: The focus of talent training in normal education in China has shifted from the basic requirements of mastering professional knowledge and skills to the training of thinking mode to deal with complex problems, and the teaching strategy to promote the development of critical and innovative thinking has become the key link. Based on the grounded theory, this study conducted semi-structured interviews with 12 teachers with practical experience in critical and innovative thinking teaching and training through purposeful sampling, and with the software of NVivo12, it had a qualitative analysis of the interview data, and constructed a teaching strategy model for critical and innovative thinking training of normal students. The results have showed that there are five teaching strategies for the cultivation of critical and innovative thinking of normal students: scaffolding teaching, heuristic teaching, project-based teaching, structured collaborative learning and multiple evaluation feedback. This theory provides a theoretical basis for promoting the cultivation of critical and innovative thinking in normal education.

Key words: normal university student, grounded theory, teaching strategies, critical thinking, innovative thinking

教师倾听力的现状审视与提升路径

周 杰

(江苏师范大学 教育科学学院,江苏 徐州 221116)

摘 要: 审视当下我国教师倾听力的现状,不难发现教师倾听的内驱力、倾听的技能与倾听的关切力仍有进一步提升的空间。究其原因,主要包括:教师对“教”的认识偏差和对“听”的认识误区,教师缺乏相关课程的引导和自我训练,教师对学生角色的误读和“差异”逻辑的缺失。基于此,提升教师倾听力的基本路径如下:引导教师体认倾听的教育意蕴,增强教师倾听的内驱力;将倾听技能作为专业能力予以强调,提升教师的倾听技能;将倾听的伦理关怀倾向融入教学,发展教师倾听的关切力。

关键词: 教师倾听力;倾听驱力;倾听技能;倾听关切力

当下教学的困境与倾听价值的式微和教师倾听力水平不高存在密切关联。因此,重新评估倾听的价值、提升教师倾听力水平尤为重要。提升教师倾听力既是教师专业发展的应有之义,亦是实现有效教学的重要路径。基于如上认知,笔者尝试重构“教师倾听力”概念,审视中小学教师的倾听力的现状,并以此为基,探寻教师倾听力发展的有效路径。

一、教师倾听力的内涵阐释

倾听不仅是生理意义上的被动听觉活动,更是一种融认知、情感和价值于一体的主动活动。诚如弗莱雷所言,“倾听显然是一种超越听觉的活动。对倾听者而言,倾听……是一种永久性的态度,对他者的话语、姿态和差异开放”。① 这种开放性与积极主动的态度,彰显倾听内在蕴义。倾听是倾听者敞开心扉、全身心地关注言说者的相关信息(包括言语与非言语信息),并在理解意义、判断价值的基础上做出回应的过程。在这一过程中,倾听者需秉持伦理关怀的取向。倾听力往往通过倾听行为表现出来,“倾听力体现在合适且有效的行为中……合适的行为主要表现为倾听者能比较精确地接收和理解信息,譬如:辨别事实与观点,分析事实以理解信息以及识记重要的细节等。有效的行为表现为对倾听者与言说者关系的认可,譬如:给予言说者个体足够的关注;交流中卷入言语与非言语行为;让作为他者的言说者感到舒适、安心”。②

基于如上认知,笔者将“教师倾听力”界定为:教师在倾听实践中表现出来的潜在动力与外显能力的总和,是实现精确地接收、理解信息以及融入

基金项目: 本文系全国教育科学“十二五”规划 2015 年度教育部重点课题“我国中小学教师倾听力的发展路径研究”(项目编号:DHA150282)的研究成果。

作者简介: 周杰,江苏师范大学教育科学学院副教授,博士,主要从事教师教育、课程与教学论研究。

① Freire, P. *Pedagogy of freedom: Ethics, Democracy, and Civic Courage*, New York; Rowman and Littlefield, 2001, p. 107.

② Sheila C. Bentley, “Listening in the 21st Century”, *International Journal of Listening*, Vol. 14, no. 1 (2000), pp. 138-139.

伦理关怀取向的有效力量。

二、教师倾听力的现状审视

教师倾听力主要包括倾听的内驱力、倾听的技能以及倾听的关切力。倾听的内驱力是教师进行倾听的潜在动力，关涉教师的动机问题，即“为什么要倾听”。倾听的技能是教师开展倾听活动的基本操作能力，包括专注力、理解力、判断力和回应力等，关涉倾听的技术操作问题，即“如何更好地倾听”。倾听的关切力是教师让倾听活动富有伦理关怀取向的重要能力，关涉倾听的价值问题，即“什么才是真正的倾听”。倾听关切力具有较强的伦理关怀取向，它将融入倾听行为并与倾听内驱力、倾听技能确立密切关联。

需要指出的是，教师倾听力的发展是一个复杂过程，需将其置于教师专业成长的框架中予以审视，置于整体关联的情境中予以强调。任何将教师倾听力仅定位为教师技能而忽略倾听伦理取向，以及抹杀教师倾听力与倾听意识、态度、习惯等内在关联的意图与做法，均是不理智的。反观当下我国教师倾听力的现状，不难发现，教师倾听的内驱力、倾听的技能和倾听的关切力均有进一步提升的空间，现分述如下：

1. 教师倾听的内驱力需要进一步增强

教师倾听的内驱力是教师进行倾听的潜在力量，在倾听过程中发挥着激发、引导和促进教师进行有效倾听的作用。对教师倾听驱力的考察，可以遵循如下四个维度：个人兴趣、教育信念、实践意向和成就需求。

首先，许多教师对教育界涌现出来的新理念、新方法不够敏感，对倾听理念与方法兴趣不高。其次，许多教师并未意识到倾听在了解学生兴趣、需求、困惑等方面的价值，将倾听作为理解、帮助学生的有效手段并切实应用于教学实践的意愿不强。再次，许多教师没有认识到当下教学中存在的问题与教师倾听的缺乏与异化存在密切关联，仍然以“讲”的方式将学生强行纳入自认为合理的框架中。最后，许多教师并没有将倾听理念及方式作为促进自我专业成长和提升职业成就感的智慧工具加以重视和运用。

究其原因，至少有两点：首先，教师对“教”的认识存在偏差。许多教师将“教”与“讲”等同，从未赋予“听”于教学中的合法地位。其次，教师对“听”的认识存在误区。许多教师仅将“听”看作教学的辅助手段，视为一种随时可以替换的手段，未将倾听与学生、自身发展确立关联。可以说，教师的认识偏差和误区影响着教师倾听内驱力的水平及后续的倾听行为。

综而观之，许多教师进行教学倾听的兴趣不强，倾听教学的价值未深入多数教师的内心并化为教育信念，教育实践问题未引发教师以倾听解决问题、优化教学的意愿与行动，许多教师并未认识到倾听可以成为获得职业成就感的手段。需要指出的是，部分教师进行教学倾听，往往与一时的好奇、兴趣相关联，与教育信念、问题解决以及专业成长等缺乏必要的关联，这会影响教师倾听的效果。因此，需要从“帮助学生”和“发展教师”的角度去思忖教师倾听的问题，引导教师将较低层次的需求提升到更高层次，增强教师倾听的内驱力，让教师倾听在内在高层次需求的引导下发挥应有的价值。

2. 教师倾听的技能水平仍有提升空间

倾听技能是教师开展倾听活动的基本操作能力，主要包括专注力、理解力、判断力和回应力。教师倾听技能的强弱影响甚至直接决定倾听实践的有效与否。对教师倾听技能的考察，可以遵循如下四个维度：专注力、理解力、判断力和回应力。

第一，倾听专注力。倾听专注力是指倾听者于倾听过程中有效排除内外因素干扰的能力。审视教师倾听专注力，不难发现：首先，许多教师对倾听价值的认可度不高，仍然将注意力集中于教学参考资料、表达自己的观念，从而忽略了学生的发言。其次，许多教师在倾听时缺乏足够的耐心，当学生发言冗长且难以理解时，能耐心地听完学生的发言的比例不高。再次，许多教师在倾听学生发言时，难以顾及学生的非言语内容。最后，许多教师注意力转移未达到自由境界，不能轻松自如地将不同学生的发言关联起来。

第二，倾听理解力。倾听理解力是指倾听者对倾听对象的言语和非言语信息进行识别、分析和综合的能力。审视教师倾听理解力，不难发现：首先，许多教师在理解学生思路及观点方面不能做到迅速及时，常常曲解学生发言的真正指向与意涵。其次,许多教师将“理解”窄化,不屑于以感受、体验学生内心世界的方式去理解学生,仅关注发言内容,对隐于其后的情感缺乏足够的关注,从而使教师对学生的理解仅停留于对学生言语认识的层面。再次,许多教师未能意识到有效教学的实现必须要关注和连接学生的内心世界。最后,许多教师对学生的倾听与理解缺乏比较的视角和方法,未能在倾听过程中对不同学生的发言及表现进行辨别、比较,从而导致对学生的理解呈现出同质化倾向。

第三,倾听判断力。倾听判断力是指倾听者对倾听对象的言语与非言语信息做出价值判断的能力,既包括对信息正误的判断,也包括对信息优劣的评估。审视教师倾听判断力,不难发现:首先,许多教师不太善于捕捉学生声音背后的某种思想和观念的萌芽,并判断它们的价值和意义。其次,许多教师并没有积极主动地评估学生发言的价值,只是将学生的发言与教学参考资料或自己的想法进行简单对比。最后,许多教师在倾听过程中,较少对学生的言语信息及非言语信息进行理性判断,并以此为基础做出适切的评价。

第四,倾听回应力。倾听回应力指倾听者在关注、理解与判断学生言语与非言语的基础上做出适切回应的能力。在教学实践中,如果教师只有倾听而没有回应,那么,倾听难以成为促进教学走向有效的手段。在倾听过程中,多数教师都会对学生做出回应。不过,回应的质量并不尽如人意。具体表现如下:首先,许多教师没有意识到教学中适切的肢体行为亦是一种很好的回应方式,诸如身体前倾、点头示意、目光交流等身体行为,能让学生感受到教师对自己的尊重和理解,从而使学生更易投入到学习中。其次,当学生的回应与标准答案或自己的预设不一致时,许多教师常会迅速纠正或换成其他学生发言。再次,许多教师将学生的沉默或支支吾吾视为延缓教学进度的消极因素,往往选择不再继续倾听学生发言。最后,许多教师对学生的发言只做简单的回应,甚至是礼貌性的回应,没有对学生的回答进一步解释、拓展和引导。

原因有两点:首先,教师缺乏相关课程的引导。在教师教育课程体系中,教师倾听技能的培养与发展未得到应有的重视,与提升教师倾听技能相匹配的课程不多。其次,教师缺乏倾听技能的自我训练。教师的倾听技能会在丰富多元的教学实践中得到不断发展。不过,许多教师并未意识到发展倾听技能的重要性,亦未在教学实践中不断进行自我训练和提升。可以说,教师缺乏相关课程的引导及自我训练,直接影响教师倾听技能的层次与水平。

由此观之,教师倾听的专注力、理解力、判断力和回应力均有进一步提升的空间。只有意识到这一点,教师才可能真正重视自己的倾听技能,并在实践中不断学习、提高倾听技能,从而更好地促使学生的自由、个性化发展。需要指出的是,评判教师倾听技能的强弱,不能仅关注和审视某一方面,因为教师倾听技能是专注力、理解力、判断力和回应力的统一体。

3. 教师倾听的关切力需要进一步发展

关切力是教师倾听力的重要组成部分。在教学实践中,如果教师忽略倾听的伦理向度,那么教师倾听可能会异化为控制学生的手段。因此,强化教师的关怀意识,提升教师倾听中的关切力,是引领教学超越控制、走向有效的关键。从本质上讲,教师倾听不仅是对信息感知、获取、理解、反馈和评估的过程,更是帮助和关切学生的过程,这是与教学的旨趣相一致的。

审视教师倾听关切力,不难发现:首先,许多教师常以教学参考资料或自己的思考来要求学生,于是,学生的“异向话语”常会受到教师的批评。从一定意义上讲,这会影响学生自信心的形成,学生的精彩观点难以涌现。其次,许多教师未能清晰地分辨“控制”与“帮助”的界限与区别,诸多倾听行为仍充满着“控制”的气息,倾听由此异化为操纵学生的手段。

原因具体为:其一,教师对学生角色的误读。许多教师将学生看作被动接收的存在,由此,教师的任何态度与行为必然会沾染控制色彩,教师倾听亦不例外。其二,教师“差异”逻辑的缺失。许多教师认为自己是真理、权威的化身,并借助倾听将学生纳入自己的框架之中,使学生成为整齐划一的存在。教师的倾听行为由此异化为控制的手段。不难看出,教师对学生角色的误读和差异逻辑的缺失,会直接影响教师倾听的伦理诉求。

因此,提升教师倾听关切力尤为重要。对教

师而言，只有不断增强伦理关怀的意识，提升对学生的关切力，教师倾听才能充分发挥应有的价值，并真正成为关心、帮助和促进学生的智慧工具。

三、教师倾听力的提升路径

如前所述，当下教师倾听力还有进一步提升的空间。如何增强教师倾听的内驱力、提升教师倾听技能和发展教师倾听的关切力，是教育理论界与实践界需要考虑的重要课题。笔者认为，提升教师倾听力可以从如下方面入手：

1. 引导教师充分体认倾听的教育意蕴，增强教师倾听的内驱力

如前所述，许多教师并未充分意识到倾听的教育意蕴，而是将倾听作为教学中可有可无的点缀。倘若能激发教师的内在动机去倾听学生，那么，教师将会从忠实的执行者变成智慧的行动者。与此相应的是，教师的倾听行为亦将从随意走向专业。要实现如上的转变，引导教师充分体认倾听的教育意蕴，并将倾听视为促进学生及自身个性化发展的智慧手段或工具，尤为重要。

首先，引导教师认识倾听是解决教学实践问题的有效手段。教学实践中的诸多问题与教师的观念、行为不无关系。“讲授教育学”[①]框架下的教学将“教”狭隘地理解为“讲”，教学由此演化为教师持续不断向学生传递知识和信息的过程，而顺从性的“听”则成了学生于课堂中安身立命的主要存在方式。学生缺乏对教师传递知识和信息的审视，并不加反思地全盘接收。“讲”不仅成了推进教学开展的手段，也成了控制学生思考的工具，这是教学实践中最为严重的问题之一。为改变这种现状，教师需要认识到将“教”等同于“讲”的教育危机以及“听”的优势。倘若教师能意识到倾听的教学价值，并将其作为解决教学问题的手段应用于实践时，教师倾听的内驱力可能会因此被激发。

其次，引导教师认识倾听是帮助和发展学生的适切方式。帮助并发展学生的前提是理解学生。通过倾听，“思想学生的思想，体验学生的体验，并据此提供可能的帮助”[②]是教学的终极旨趣。而缺乏倾听意识与动机的教师，往往以臆想的方式揣测学生学习、生活等方面的需要、困惑和问题，以臆想替代倾听，以操控置换关怀，以共性遮蔽个性，由此引发的结果是：教师难以感知学生的认知特点，难以体会学生独特的情感体验，难以为学生提供针对性的帮助。引导教师重新审视倾听的意蕴，并将倾听作为帮助学生的有效方式予以强调，这是非常必要的。倘若教师能以倾听的方式理解学生的共性与个性特征，教学方能真正成为帮助学生发展学业成就、提升道德品性的有效手段，教师倾听的内驱力才可能被充分唤醒并得以不断强化。

最后，引导教师认识倾听是促进自我专业成长的智慧工具。在教学实践领域，多数教师习惯了“讲”，并将其作为专业发展过程中最重要的教学技能予以强化。从教师专业发展的视角来审视，强化“讲”，忽略“听”，教师的专业能力是缺项的，专业发展亦是不完整的。一味强化“讲”的价值，“听”的价值必然旁落，教师倾听的动机亦无从谈起。因此，引导教师充分认识倾听力是教师专业能力结构中的重要一维，尤为重要。教师需要成为倾听者，通过倾听去洞悉教育教学规律、理解学生并促进学生发展，自我的专业成长亦在倾听中得以实现。

综上，当教师认识到倾听具有如上丰富的教育意蕴时，他们会重新审视教学中的倾听意识及行为，并将其视为促进学生及自我个性化发展的积极影响因素。由此，教师倾听的内在动机可能被激活，教师将不再凭着偶尔的兴趣倾听学生。可以说，只有引导教师不断增强倾听的内驱力，教师的倾听行为和教学才可能真正有效。

2. 将倾听技能作为专业能力予以强调，提升教师的倾听能力

如前所述，当下教学实践中，教师的倾听技能还有进一步提升的空间，教师倾听中的专注力、理解力、判断力、回应力等有待发展。引发这一现状的影响因素有许多，而许多教师没有将倾听技能作为必备的专业能力去看待是关键因素。因此，需要引导教师将倾听技能作为专业能力框架中的重要能力予以强调，并为教师创造发展倾听技能

① 张华：《研究性教学论》，华东师范大学出版社 2010 年版，第 119-124 页。

② 张华：《教育重建论》，《全球教育展望》2008 年第 1 期，第 26 页。

的平台与机会。唯其如此,教师倾听技能才有进一步提升的可能。提升教师的倾听技能,至少可以从如下方面入手:

首先,优化教师教育课程体系。长期以来,教师倾听技能未被纳入教师专业能力框架中,教师倾听技能不强成为不争的事实。究其原因,教师教育课程体系的构建思路、基本结构是重要的影响因素。审视职前的教师教育课程,不难发现,“如何导入,如何讲授,如何评价……”这些服务于“讲”的技能呈现较多,而对“如何倾听”的技能涉及较少。这是对“教即是讲”理念的默认与重视。审视职后教师的教育课程,亦不难发现:职后教师的教育课程深受职前课程的影响,仍延续着“讲”的传统与习惯,在凸显“讲”的价值的同时,并未将“听”置于应有的位置。“如何倾听”这种必要的技能仍未被纳入教师专业发展的框架中。因此,教师教育课程体系亟须优化。需要把教师倾听技能的培养作为教师或准教师的重要课程,为教师专业发展提供课程支撑。

其次,教师要加强学习并不断反省。构建适切的课程体系,是促进教师倾听技能发展的外部因素;教师加强学习并不断反省,是教师倾听技能发展的内在因素。教师需要学习与倾听相关的教学理念,由此才有可能超越以往偏狭的教学实践经验。通过学习倾听教学的相关理念,教师在体认倾听价值的同时,可能会有意识地强化倾听技能。在学习过程中,教师需要思考“倾听技能的关键要素、基本结构、适用范围、提升路径……”,并将如上思考融入教师专业发展的整个过程。与此同时,教师需要反省自己的倾听技能是否有效,譬如:是否真正地听懂学生的需求、困惑,是否让学生感到关心与尊重。可以说,持续学习和不断反省,是教师认同倾听价值并努力提升倾听技能的有效路径。

最后,教师要进行持续深入的实践。倾听技能的提升可以依托教师持久深入的实践。在教学实践中,教师需要提升“身体参与技能、心理参与技能和言语参与技能”。[①] 教师借助身体,包括良好的目光接触、稍微前倾的姿态等,向学生传递教师参与以及师生平等的信息,学生学习的投入度会因此而提高。在倾听过程中,教师除了要倾听学生显性的言语信息,还需要思考“学生如何说出的,哪些没有说出,暗含着怎样的感受与体验”,如此,教师才有可能洞悉学生的内心世界。如佐藤学所指出的,“这种‘倾听方式’不是听学生发言的内容,而是听其发言中所包含着的心情、想法,与他们心心相印,从而产生‘啊,真不简单’‘原来如此’‘真有趣呀’等共感共鸣”。[②] 从表层看,教师的言语参与似乎与倾听技能关联不大,不过作为一种反馈方式,教师的言语参与是深化倾听与交流的有效方式。换言之,教师的言语参与是为了更好地倾听与理解学生。

综上,提升教师的倾听技能需要适切的课程以及持续不断的学习、反省与实践。特别指出的是,教师倾听技能的提升不是一蹴而就的,需要教师努力整合外界与内在的诸多积极因素,进而转化为促进倾听技能发展的有效力量。

3. 将倾听的伦理关怀倾向融入教学,发展教师倾听的关切力

如前所述,教师倾听关切力仍有提升的空间。许多教师仅将倾听作为感知、获取和评估信息的过程,忽略倾听的伦理向度,由此导致教师倾听时存在伦理关怀取向的缺失以及倾听关切力不高等现状。基于此,发展教师倾听关切力显得尤为重要。发展教师倾听关切力,至少可以从如下方面入手:

首先,教师需要重新认识学生。教师的学生观影响甚至决定着教师对学生的态度及行为。当学生被定位为接收、识记教师所传递知识的容器时,教学便带有控制的意图与倾向,“学生对教师须保持一种被动的状态”[③],教师与学生的关系便呈现出给予与接收、控制与服从、命令与执行等特征。当学生被理解为意义的创造者和积极发展的主体时,教学必然会彰显伦理关怀的精神,教师则由给予者变成帮助者,由控制者变成促进者,由命令者变成对话者。教师重构学生形象,必然使教师倾听彰显伦理性并表现为对学生发自内心的关切。

---

① 伊恩·麦凯:《倾听技能(第2版)》,周志平译,上海人民出版社2006年版,第31页。

② 佐藤学:《静悄悄的革命:创造活动、合作、反思的综合学习课程》,李季湄译,长春出版社2003年版,第37页。

③ 张焕庭:《西方资产阶级教育论著选》,人民教育出版社1979年版,第294页。

其次，教师需要确立他者意识。"'他者'的出现，意味着传统哲学所缺失的相异性、外在性和多元性等概念试图在哲学上获得依据。"① 教师的他者意识，主要表现为教师对学生差异性的尊重和理解。在倾听过程中，缺乏"他者意识"的教师往往将学生纳入自己的框架之中，从而使学生成为划一、类同的存在。由此，教师倾听异化为新的控制手段。重视学生的异向话语，是教师倾听带有伦理取向的重要特征。教师需要确立他者意识，将学生作为差异性存在的主体予以重视，唯其如此，教师倾听的关切力才有提升的可能。

最后，教师需要反省倾听行为。教师需要不断反省自己的倾听态度与行为：倾听是否摒弃了自我中心取向；倾听是否为了帮助学生而非控制学生；倾听是否是主动积极的行为而非被动参与的行为……借助持续反省，教师的倾听将会由被动走向主动、从操控走向帮助。由此可见，不断反省是促进教师倾听关切力提升的有效手段。

综上，作为教师倾听力的重要组成部分，教师的倾听关切力具有较强的渗透性，影响甚至决定着教师倾听的有效性。教师倾听关切力是帮助、促进学生自由个性发展的积极力量，在教学实践中发挥着重要作用。教师可以通过重构学生身份、确立他者意识和反思倾听行为等方式来凸显倾听的伦理性，并以此为基，有效提升自我的倾听关切力。

Teachers' Listening: Survey of Current Situation and Ways of Improvement

ZHOU Jie

(Institute of Education Sciences, Jiangsu Normal University, Xuzhou Jiangsu, 221116)

Absrtact: When we review the current situation of teachers' listening in China, it is not difficult to find that there is still room for further improvement of teachers' listening motivation, listening skills and listening concerns. There are at least three reasons, including teachers' misunderstanding of teaching and listening, their lack of relevant curriculum guidance and self-training, their misreading of students' roles and the lack of "difference"logic. The basic ways to improve teachers' listening comprehension include the following: teachers should be guided to appreciate the educational implications of listening and enhance their inner drive of listening; listening skills should be emphasized as professional competence to improve teachers' listening skills; ethical care tendencies of listening should be integrated into teaching to develop teachers' listening concern.

Key words: teachers'listening ability, listening drive, listening skills, listening concern

① 孙向晨：《面对他者——莱维纳斯哲学思想研究》，上海三联书店 2008 年版，第 3 页。

普通高中发展水平及其影响因素研究

常宝宁[1]，李录琴[1,2]

（1. 西南大学 教育学部，重庆 400715；2. 重庆第二师范学院 教师教育学院，重庆 400065）

摘 要：通过构建普通高中教育发展水平指标体系，从“教育投入、教育机会、教育质量、教育公平”4个方面测算了我国31省市普通高中教育发展水平，结果显示：2011—2017年期间，我国普通高中发展水平显著提升，但区域发展不均衡问题严重。利用面板数据构建回归模型，对影响普通高中教育发展水平的诸要素进行实证分析，结果表明：普职比和人均GDP对普通高中教育发展水平提升有显著正向作用，而学校规模的扩大阻碍了普通高中发展水平的提高。

关键词：普通高中；教育发展水平；指标体系；影响因素

高质量普及高中阶段教育是新时期教育改革的重要内容。普通高中作为高中教育的重要组成部分，其发展水平直接影响高中教育普及的进程和质量。近年来，普通高中虽然在招生规模、资源配置和教师队伍建设等方面取得了长足发展，但是受各种条件的制约，普通高中在办学条件与教育质量上还存在较大差异。为了了解各地普通高中的发展水平，提高教育质量，办好人民满意教育，本文构建了普通高中教育发展水平指标体系，并依据我国31省（自治区、直辖市）的面板数据（主要依据《中国教育统计年鉴》和《中国教育经费统计年鉴》），分析了2010年以来我国各地普通高中发展水平，探讨影响普通高中发展的主要因素。

一、普通高中教育发展水平指标的构建

1. 国际组织的教育发展水平指标

教育发展指标常用于反映和评价一个国家或地区的教育发展水平，联合国教科文组织、世界银行、经济合作与发展组织等都使用教育发展指标比较不同国家或地区的教育发展状况。

联合国教科文组织主要从“初等教育净入学率、成人识字率、小学5年级保留率、教育性别平等指数”4个方面测算了各国教育发展综合指数，评估了全民教育目标实施情况；世界银行的教育发展指数强调贫困与性别平等，由教育投入、教育参与、教育效率、教育成果等构成；经合组织的教育指标侧重于OECD国家及其伙伴国教育与劳动力市场的关系、教育质量的评价，指标主要包含“教育机构的产出与

基金项目：本文系全国教育科学规划国家一般项目“普职融通视阈下普通高中发展的实践探索”（项目编号：BHA180136）的阶段性成果。

作者简介：常宝宁，西南大学教育学部副教授，博士，主要从事教育基本理论研究；李录琴，西南大学教育学部博士研究生，重庆第二师范学院教师教育学院讲师，主要从事教育基本理论与教师教育研究。

学习影响、教育财政与人力资源投入、教育参与和教育进展、学校环境与学校组织”[①]4个方面。

2. 国内学者提出的教育发展水平指标

在参照OECD指标体系的基础上，楚江亭设计的教育发展指标体系主要包括“教育背景、教育投入、教育机会、学校环境与组织管理、教育产出、教学秩序、学生成绩”[②]7个方面，但指标过于庞杂，而且部分指标不易测算；袁桂林设计了农村义务教育发展指标体系，该指标由“学生、教师、教育经费、办学条件”[③]4个二级指标构成，比较注重教育投入与教育机会，然而对教育质量问题关注不够；王善迈等人从“教育机会、教育投入、教育公平”3个维度构建了教育发展指数，该研究虽然关注了教育质量，并选择与质量密切相关的“各级教育的生均事业费和教师学历水平，作为教育投入指标，来间接反映教育质量”[④]，但未考虑师生比、高职称教师比等对教育质量的影响。高丙成和陈如平以“教育机会、教育条件、教育质量、教育公平”[⑤]4个二级指标构建了我国普通高中教育综合发展水平指标体系，但对巩固率的计算未考虑复读生这一特定群体的影响，而且研究侧重于横截面数据分析，缺少时间序列数据的动态分析，对影响因素的研究只考虑了经济，未能从教育政策、人口素质、学校规模等方面进行深入探讨。

3. 本研究构建的普通高中教育发展水平指标及其测算方法

从国际组织和国内学者确定的教育发展水平指标来看，教育发展水平指标因研究目的不同而不同，但教育投入、入学机会、教育质量、教育公平等核心指标保持了一定的稳定性，而且随着普及程度的不断提高，反映教育普及程度指标的区分度越来越低，体现质量和公平的指标越来越受关注。基于此，本研究根据普通高中的特点，基于现有的统计数据，构建了以“教育投入、教育机会、教育质量、教育公平”为主的普通高中教育发展水平指标体系。

（1）教育投入

教育投入是教育事业的物质基础，是教育教学顺利实施的重要保障。我国普通高中虽然实行“以财政投入为主、其他渠道筹措经费为辅”的多元投入机制，但政府财政投入一直都占据主导地位。其中生均教育经费是每位学生都能享受的教育资源，最能体现政府对普通高中的重视程度，因此，本研究选择生均教育经费测算普通高中的教育投入水平。

（2）教育机会

2018年，我国高中阶段毛入学率为88.8%，但是各省普通高中录取率差别较大，而且随着高校的扩招和“普职比大体相当”政策的执行，在一定程度上，考（普通高中）高中难于考大学。因此，教育机会是衡量普通高中教育发展水平的重要指标。考虑到人口流动的影响，本研究以初中升学率来反映青少年接受普通高中教育的机会。

（3）教育质量

教育质量反映的是教育水平的高低和教育效果的优劣。由于我国在教育统计中没有教育质量的具体指标，但教师的数量和素养对教育质量有直接影响。一般来说，学历与职称越高，教师素养越高，教学效果越好；师生比越大，每位学生获得的教师资源越多，越有利于教育质量的提升。基于此，本研究以高级职称教师的比例、高学历教师的比例和师生比为主，测算各地的教育质量。

（4）教育公平

教育公平是促进社会公平的重要基础。长期以来，普通高中教育公平问题未引起应有的重视，甚至受“重点校”政策的影响，普通高中的教育资源配置已呈现出明显的“两极化”之势。本研究用生均教育经费城乡差异、教师学历城乡差异、教师职务城乡差异来测算各地的教育公平。

① 世界经济合作与发展组织：《教育概览2012：OECD指标》，教育科学出版社2012年版，第1-3页。

② 楚江亭：《关于构建我国教育发展指标体系的思考》，《中国教育学刊》2002年第4期，第1-3页。

③ 袁桂林：《中国农村教育发展指标研究》，经济科学出版社2009年版，第38页。

④ 王善迈，袁连生，田志磊，张雪：《我国各省份教育发展水平比较分析》，《教育研究》2013年第6期，第29-40页。

⑤ 高丙成，陈如平：《我国普通高中教育综合发展水平研究》，《教育研究》2013年第9期，第58-66页。

表1 我国普通高中教育发展水平指数及其测算方法

一级指标	二级指标	三级指标	测算方法
普通高中教育发展水平指数	教育投入指数	生均事业费指数	地方生均教育事业费/当年全国该指标最大值
	教育机会指数	升学率指数	普通高中招生总数/初中毕业生总数
	教育质量指数	高学历专任教师比	高学历教师数/专任教师总数
		高级职务教师比	高级职称教师数/专任教师总数
		师生比	专人教师总数/学生总数
	教育公平指数	生均教育经费城乡差异	农村生均教育经费/城市生均教育经费
		教师学历城乡差异	农村高学历教师比/城市高学历教师比
		教师职务城乡差异	农村高级教师职务比/城市高级教师职务比

在计算普通高中教育发展水平指数时,我们参考了迪尔·金格兰(Dhir Jhingran)和迪帕·桑卡尔(Deepa Sankar)以及王善迈等人的计量方法,先对三级指标进行标准化处理,再赋予每一个指数同等的权重,由此测算的普通高中教育发展水平指数都在0—1之间,数值越大表示发展水平越高。由此形成了普通高中教育发展水平指数的测算公式:

普通高中教育发展指数=1/4(教育投入指数+教育机会指数+教育质量指数+教育公平指数)

普通高中教育投入指数=生均事业费指数/当年全国该指标的最大值

普通高中教育机会指数=初中升学率指数/100%

普通高中教育质量指数=1/3[高学历专任教师比率指数(本科及以上)+高级职务教师比率指数(中教一级及以上)+师生比]

普通高中教育公平指数=1/3(生均教育经费城乡差异指数+教师学历城乡差异指数+教师职务城乡差异指数)

二、各省市普通高中教育发展水平比较

1. 总体水平比较

从2011—2017年普通高中综合发展水平指数可以看出,近年来,我国普通高中教育发展水平不断提升,但总体发展水平不高,均值介于0.55—0.62之间,仅北京普通高中发展指数在0.8以上。从地区的发展变化来看,北京、上海、天津普通高中发展水平明显高于其他省市;其次是内蒙古、吉林、黑龙江、江苏、浙江、陕西;甘肃、宁夏、广西、云南、贵州、河南最为薄弱。

从普通高中发展水平与经济发展的关系来看,普通高中发展水平最强的均为东部经济发达的直辖市,发展最薄弱的除河南外,均为西部经济欠发达省份。从各省市普通高中发展水平的变化速度来看,湖北、江苏、黑龙江、陕西、甘肃、浙江、四川、吉林、山西、海南、重庆的增幅最快,都达到了0.05以上,而宁夏、广西、贵州、河南不仅发展水平较低,增长也比较缓慢。

表2 各地普通高中教育发展水平指数表

省市自治区	2017年	2016年	2015年	2014年	2013年	2012年	2011年
北京	0.83	0.82	0.79	0.77	0.78	0.80	0.79
天津	0.68	0.70	0.72	0.74	0.72	0.69	0.67
河北	0.57	0.59	0.58	0.57	0.59	0.58	0.55
山西	0.57	0.58	0.57	0.55	0.54	0.53	0.51

(续表)

省市自治区	2017年	2016年	2015年	2014年	2013年	2012年	2011年
内蒙古	0.62	0.66	0.64	0.62	0.62	0.61	0.59
辽宁	0.58	0.60	0.59	0.58	0.59	0.59	0.54
吉林	0.63	0.64	0.63	0.61	0.62	0.60	0.57
黑龙江	0.61	0.62	0.62	0.61	0.59	0.56	0.54
上海	0.69	0.76	0.74	0.71	0.74	0.74	0.74
江苏	0.62	0.57	0.62	0.60	0.60	0.59	0.54
浙江	0.62	0.65	0.62	0.60	0.59	0.58	0.55
安徽	0.56	0.61	0.58	0.57	0.58	0.55	0.52
福建	0.60	0.62	0.60	0.59	0.60	0.58	0.55
江西	0.57	0.59	0.57	0.57	0.55	0.53	0.53
山东	0.57	0.59	0.57	0.57	0.60	0.59	0.57
河南	0.53	0.57	0.53	0.53	0.53	0.53	0.51
湖北	0.60	0.61	0.60	0.58	0.57	0.55	0.49
湖南	0.56	0.59	0.55	0.55	0.55	0.56	0.52
广东	0.56	0.59	0.56	0.55	0.53	0.52	0.53
广西	0.55	0.57	0.56	0.54	0.53	0.53	0.51
海南	0.59	0.60	0.59	0.58	0.55	0.56	0.53
重庆	0.58	0.61	0.57	0.57	0.56	0.56	0.53
四川	0.57	0.60	0.57	0.56	0.55	0.54	0.50
贵州	0.54	0.56	0.53	0.53	0.53	0.52	0.51
云南	0.55	0.58	0.54	0.53	0.53	0.51	0.51
西藏	0.60	0.63	0.64	0.60	---	---	---
陕西	0.61	0.63	0.61	0.60	0.59	0.59	0.54
甘肃	0.56	0.58	0.56	0.53	0.57	0.52	0.49
青海	0.60	0.63	0.61	0.61	0.62	0.62	0.60
宁夏	0.55	0.57	0.54	0.54	0.59	0.57	0.54
新疆	0.52	0.59	0.59	0.58	0.57	0.56	0.56

注：西藏地区由于部分数据缺失未做计算，数据未涵盖香港、澳门、台湾地区。

2. 教育投入水平比较

从2017年普通高中教育投入指数来看，全国均值为13769元/生，其中北京最高，为61409元/生，河南最低，仅为8149元/生，北京是河南的7.54倍。北京、上海、天津、西藏、浙江、江苏的教育投入明显高于全国平均水平，海南、湖北、广东、青海等12省市与全国平均水平相差不明显，而辽宁、江西、黑龙江、吉林、山西、云南、湖南、甘肃、四川、贵州、安徽、广西、河南明显偏低，尤其是广西、河南的生均教育事业费都在万元以下（见表3）。

以全国平均水平为观测点，根据2011—2017年普通高中生均教育事业费的动态变化可以发现：江苏、浙江、西藏、广东、福建、海南属于高起点高增长的一类地区；北京、上海、天津、新疆、青海、内蒙古、宁夏、山东、辽宁、陕西属于二类地区，这些地区虽然教育投入起点高，但增长速度相对缓慢；湖北、湖南、四川、河北、江西、重庆、甘肃属于教育投入起点低但增长速度较快的三类地区;而云南、贵州、广西、山西、黑龙江、吉林、安徽、河南属于四类地区,这些地区不仅起点低,增长速度也较为缓慢。从教育投入与各省的关系来看,一、二类地区基本都是东部发达地区和民族地区,这些地区政府的财政能力强,对普通高中的教育投入高。新疆、青海、宁夏虽然经济水平比较薄弱,但自2011年以来,国家加大了对民族地区普通高中的政策支持,先后实施了“民族地区教育基础薄弱县普通高中建设”和“普通高中改造计划”等项目,仅2012年,中央就安排8亿专项经费用于民族地区普通高中建设。三类地区和四类地区基本是中部地区和西部欠发达地区,尤其以贵州、安徽、广西、河南最具代表性,这些地区财政能力有限,也很难得到国家政策的大力支持。

表3 各地普通高中二级指标发展指数

省市自治区	教育投入指数		教育机会指数		教育质量指数		城乡教育公平指数	
	2011年	2017年	2011年	2017年	2011年	2017年	2011年	2017年
北京	1.00	1.00	0.66	0.67	0.59	0.61	0.93	1.02
天津	0.56	0.56	0.67	0.66	0.61	0.63	0.84	0.85
河北	0.17	0.20	0.53	0.58	0.54	0.57	0.95	0.94
山西	0.19	0.19	0.52	0.61	0.49	0.53	0.86	0.94
内蒙古	0.28	0.24	0.65	0.68	0.55	0.58	0.88	0.97
辽宁	0.24	0.19	0.54	0.63	0.58	0.62	0.82	0.89
吉林	0.20	0.19	0.59	0.72	0.57	0.59	0.91	1.02
黑龙江	0.18	0.19	0.52	0.71	0.57	0.60	0.87	0.94
上海	0.83	0.63	0.54	0.62	0.63	0.62	0.94	0.91
江苏	0.27	0.39	0.49	0.56	0.58	0.62	0.84	0.92
浙江	0.27	0.39	0.52	0.54	0.58	0.59	0.84	0.96
安徽	0.16	0.17	0.48	0.56	0.53	0.57	0.89	0.96
福建	0.22	0.24	0.52	0.57	0.56	0.59	0.91	0.99
江西	0.17	0.19	0.49	0.60	0.55	0.55	0.90	0.94
山东	0.25	0.22	0.52	0.58	0.54	0.55	0.98	0.91
河南	0.14	0.13	0.42	0.54	0.51	0.53	0.96	0.90
湖北	0.12	0.27	0.47	0.61	0.56	0.60	0.81	0.91
湖南	0.14	0.19	0.53	0.56	0.58	0.57	0.82	0.93
广东	0.22	0.25	0.48	0.55	0.54	0.57	0.87	0.87
广西	0.16	0.16	0.45	0.58	0.54	0.54	0.90	0.93
海南	0.26	0.27	0.43	0.56	0.53	0.55	0.93	0.97
重庆	0.19	0.21	0.53	0.65	0.52	0.56	0.88	0.91
四川	0.14	0.18	0.46	0.59	0.55	0.58	0.87	0.94
贵州	0.17	0.17	0.43	0.54	0.52	0.52	0.94	0.91
云南	0.18	0.19	0.36	0.49	0.54	0.56	0.96	0.96
西藏	0.40	0.52	0.38	0.54	0.49	0.52	0.58	0.83
陕西	0.22	0.21	0.57	0.69	0.51	0.56	0.84	0.98
甘肃	0.17	0.18	0.48	0.61	0.49	0.55	0.82	0.91

(续表)

省市自治区	教育投入指数		教育机会指数		教育质量指数		城乡教育公平指数	
	2011年	2017年	2011年	2017年	2011年	2017年	2011年	2017年
青海	0.33	0.25	0.56	0.63	0.55	0.53	0.95	0.99
宁夏	0.26	0.21	0.55	0.57	0.55	0.55	0.82	0.88
新疆	0.34	0.24	0.48	0.56	0.52	0.50	0.89	0.80

3. 教育机会水平比较

从 2017 年各省市适龄青少年接受普通高中教育的机会来看，吉林和黑龙江普通高中入学率最高，都在 70% 以上，云南最低，仅为 49%。我们以全国普通高中入学率(58.0%)为基准，可以将各省市青少年接受普通高中教育的水平划分为三个层次：第一层次是普通高中入学率在 65% 以上的，有吉林、黑龙江、陕西、内蒙古、北京、天津和重庆 7 地；第二层次是入学率在 55%—63% 的，有辽宁、青海等 19 地；第三层次是入学率在 55% 以下的，有浙江、河南、西藏、贵州、云南 5 地(见表 3)。

从普通高中入学率的动态变化来看，2011—2017 年期间，全国普通高中录取率总体上从 50.9% 上升到 58%，增加了 7.1%。其中，黑龙江、西藏两地的增幅最快，都在 15% 以上，湖北、云南、海南、河南、四川、甘肃、吉林、广西、重庆、山西、贵州、江西的增幅也在 10% 以上，而河北、福建、内蒙古、湖南、宁夏、浙江、北京等地的增幅都不足 5%，天津略微下降。普通高中教育机会的增加与学龄人口数、普职比教育政策等相关。以黑龙江为例，2011—2017 年期间，接受高一级教育的学龄人口数(初三毕业生数)减少了 38.7%，而普通高中的招生规模仅减少了 16.7%，这意味着在保持既有招生规模不变或适当减少的情况下，随着学龄人口数的迅速减少，青少年接受普通高中教育的机会将大幅提升。

4. 教育质量水平比较

从 2017 年各省市教育质量指数来看，全国普通高中教育质量总体上可以分为四个层次：第一层次是教育质量水平指数在 0.6 以上的，有天津、江苏、上海、辽宁、北京、湖北、黑龙江 7 地；第二层次是总体水平略高于全国平均水平的，有浙江、吉林、福建、内蒙古、四川、广东、湖南、河北 8 地；第三层次是教育质量略低于全国平均水平的，有安徽、重庆、云南、陕西、山东、海南、宁夏、江西 8 地；第四层次中，甘肃、广西、青海、山西、河南、贵州、西藏、新疆的教育质量指数都在 0.55 以下(见表 3)。

从普通高中教育质量的动态变化来看，全国普通高中教育质量指数在 2011—2017 年期间增长了 2.3%，说明普通高中教育质量虽然得到一定提升，但发展缓慢。其中，甘肃、江苏、陕西的普通高中教育质量提升最为明显，而宁夏、贵州、江西、广西、上海、湖南、新疆、青海等地基本没有变化。

5. 教育公平水平比较

从各省 2017 年教育公平指数来看，北京、吉林、福建、青海、陕西的城乡教育公平指数最高，其次是内蒙古、海南、浙江、安徽、云南等地，辽宁、宁夏、广东、天津、西藏、新疆的教育公平指数最低(见表 3)。

从普通高中城乡教育公平的动态变化来看，全国普通高中城乡教育公平指数在 2011—2017 年期间增长了 3.1%，说明城乡教育差距进一步缩小。其中，西藏、陕西、浙江、湖南、吉林的教育公平指数变化最为显著，都在 10% 以上，而云南、河北、贵州、上海、河南、山东、新疆等地基本没有变化。从教育公平指数与省域经济的发展变化来看，二者之间的相关性并不强，教育公平指数较低的既有经济发达的广东和天津，也有经济欠发达的宁夏和新疆；教育公平指数增长较快的既有经济欠发达的西藏和甘肃，也有经济发达的上海和山东。

三、影响普通高中教育发展水平的因素分析

1. 变量选择

通过文献梳理,本文认为,影响普通高中教育发展水平的因素可能有:

第一,人均 GDP。人均 GDP 是衡量地方经济发展状况的重要指标,而地方的经济发展水平直接影响地方的教育投入,决定地方教育发展的规模和速度。

第二,普职比。普职比教育政策反映了普通教育与中等职业教育发展的规模与速度。普职比越高说明普通教育发展水平可能越高。我国虽然坚持“普职比大体相当”的教育政策,但不同省域普职比不同。

第三,学校规模。学校规模对学校发展水平的影响又称学校规模的经济效益,它既可能降低生均教育成本,也可能带来机构臃肿、管理效率低下、教学质量下降等诸多问题。

第四,适龄人口平均受教育年限。适龄人口受教育程度反映了一个地区的人力资本水平和劳动者素质。劳动者素质越高就越重视教育事业的发展,越有利于促进普通高中的发展。

2. 模型构建

本研究以 2011—2017 年各省普通高中教育发展水平指数为基础,形成了一个典型的面板数据,其模型的基本形式为:

$$\gamma_{it} = \alpha_0 + \beta_1\chi_{1it} + \cdots + \beta_k\chi_{kit} + \varepsilon_i$$

式中 i 为截面上的个体,t 为时间变量,χ_i 为 i 省的第 k 个解释变量。

基于对影响普通高中教育发展水平可能因素的筛选,本研究的计量模型可以表述为:

$$EDI_{it} = \alpha_0 + \beta_1 \ln RGDP_{it} + \beta_2 \ln RVG_{it} + \beta_3 \ln ANS_{it} + \beta_4 \ln CAE_{it} + \varepsilon_{it}$$

其中 EDI 为被解释变量,RGDP 表示人均 GDP,RGV 表示普职比,ANS 表示学校规模,CAE 表示适龄人口平均受教育年限,ε_{it} 为随机误差项。

3. 实证分析

根据上述截面数据,利用 SPSS17.0 进行数据分析,从方差分析结果来看,F=143.373,Sig.=0.000,说明自变量与因变量之间线性关系显著,适合建立线性模型,模型估计结果见表 4。

表 4 模型估计结果

	B	Std.error	t	Sig.	VIF
(Constant)	0.521	0.031	16.869	0.000	
人均GDP(千元)	0.001	0.000	10.106	0.000	2.112
学校规模(百人)	−0.005	0.001	−9.242	0.000	1.360
普职比	0.016	0.004	3.776	0.000	1.004
适龄人口平均受教育年限	0.005	0.003	1.539	0.125	2.127
R=0.856, R^2=0.733					

从表 4 可以看出,方差膨胀系数(VIF)值都比较小,表明模型不存在多重共线性问题。回归方程中多元相关系数为 0.856,其联合解释变异量为 0.733,说明变量之间相关程度高,回归方程拟合度高。在 4 个变量中,适龄人口平均受教育年限虽然对普通高中教育发展水平有正向作用,但在 0.05 水平上没有通过显著性检验。学校规模、普职比与人均 GDP 均对普通高中发展水平影响显著。

(1)人均 GDP 与普通高中教育发展水平

人均 GDP 与普通高中发展水平显著正相关,人均 GDP 每增加一个单位,普通高中发展水平就提高

0.1%，说明地方经济直接影响普通高中的发展水平，像北京、上海、天津、浙江、江苏等经济发达地区普通高中教育发展水平，明显高于广西、云南、贵州、新疆、河南等地。因为“经济是社会发展的物质基础，教育的发展也必然以经济发展为前提”①，尤其是普通高中教育作为公共产品，其发展的物质基础主要源于地方政府的财政投入。地方经济越发达，地方政府的财政能力就越强；投入普通高中的教育资源越多，越有利于学校扩大规模，改善办学条件和提高教师专业水平，提升普通高中教育发展水平。

（2）普职比与普通高中教育发展水平

普职比与普通高中发展水平呈显著正相关，普职比每增加1个单位，普通高中发展水平就提高1.6%。我国政府虽然自1983年就确立了“普职比大体相当”政策，但是随着经济结构、产业结构、劳动者素质的调整，各省对“普职比大体相当”政策的执行存在较大差别，从2017年的数据来看，吉林、黑龙江和北京的普职比都在3∶1以上，而海南、安徽的不足1.3∶1。普职比与地方经济的关联性不强，普职比较高的省份，既有经济发达的北京，也有经济欠发达的甘肃、江西，但总体上来看，普职比越高，青少年读普通高中的机会就越大，越有利于普通高中的发展。

（3）学校规模与普通高中发展水平

学校规模与普通高中发展水平呈负相关，学校规模每扩大1个单位，普通高中发展水平就降低0.5%。北京、上海、天津作为普通高中发展水平最高的3个城市，学校平均规模都在1000人以内，尤其是北京、上海等一线城市，平均不足700人/校，而发展水平较低的河南、重庆、宁夏、广西、贵州等地，学校平均规模都超过了2000人/校。麦克奎尔（McGuire, K.）认为，“当学生规模在2000人/校以上时，学校处于曲线成本向上倾斜的位置，会导致学校规模不经济”。② 可见，学校规模的扩张并不意味着教育发展水平的提升，尤其在国内普通高中平均规模已达到1730人/校的情况下，规模问题已经成为影响学校发展的重要议题。

（4）适龄人口与普通高中发展水平

关于适龄人口与普通高中发展水平，变量选择中虽然假定二者有逻辑关系，但是实证表明，适龄人口与普通高中发展水平没有通过显著检验，也就是说二者在统计学上的相关性可以忽略不计，故此处不做赘述。

四、结论与建议

近年来，我国普通高中教育发展水平显著提升，但区域间发展不平衡、不充分的问题依然十分突出。研究发现，普通高中的发展既依赖于地方的经济水平，也受教育政策的支配，而完善高中教育政策、适度控制学校规模、稳步提高居民收入水平和完善财政转移支付制度是提高普通高中教育发展水平的重要途径。

1. 做好顶层设计，完善普职比教育政策

普职比教育政策与社会的经济结构、产业结构、人口素质结构密切相关。近年来，教育部虽然在每年的高中招生工作中不断重申“坚持普职比大体相当”，但“普高热、职高冷”已成为不争的事实。坚持“普职比大体相当”就意味着坚持普通教育与职业教育分向发展，并在规模上大致相等，由此引发的普职分离已严重制约了高中教育的健康发展。高中教育既要培养满足现代社会发展的新型人才，也要满足广大人民群众对优质教育的需求，迫切需要教育主管部门从教育理论、教育政策、教育实践层面重构普通高中与中等职业学校的新型关系，准确定位普通教育与职业教育的发展规模、结构比例与相互衔接问题，并建立科学的普职比测算模型，依据各地的经济结构、产业结构、教育结构等确定普职比，促进普通教育与职业教育合理发展、协调发展、健康发展。

① 王善迈，袁连生，田志磊，张雪：《我国各省份教育发展水平比较分析》，《教育研究》2013年第6期，第29-40页。

② McGuire, K. “School Size: The Continuing Controversy”, *Education and Urban Society*, Vol. 1(1989), pp. 164-174.

2. 适当控制学校规模,引导学校内涵式发展

大规模学校虽然在提高普及率、扩大优质教育资源覆盖率中起到了重要作用,但也带来了一系列教育问题和社会问题。从欧美发达国家的教育经验来看,“缩小学校规模成为继小班教学后教育当局、教师与公众关注的一个新的教育动向”①,因为小规模学校在凸显办学特色、提高教育质量、引导学生适性发展等方面更为有效。我国政府在学校规模建设中虽然颁布了《城市普通中小学校校舍建设标准(2002)》和《关于“十二五”期间加强学校基本建设规划的意见》(2010),但是效果甚微。鉴于此,建议国家教育行政部门制定新的中小学办学标准,各地依据实际情况制定实施细则,重点支持中小规模学校,严格控制大规模学校,坚决禁止超大规模学校再建设,逐步引导学校从规模扩张向内涵提升转变。

3. 加大中央财政支持力度,制定《精准扶持贫困地区普通高中支持计划》

目前,教育部虽然会同各部委实施了“民族地区教育基础薄弱县普通高中建设”项目,扩大了“普通高中改造计划”实施范围,修订了《改善普通高中学校办学条件补助资金管理办法》,但是力度有限,效度不够。为进一步提升贫困地区普通高中教育质量,建议以县为单位准确测算各地普通高中教育经费需求,中央通过总额补助、专项补助、奖励补助等方式,进一步加大对贫困地区、薄弱学校的经费投入。省级教育行政部门要制定《精准扶持贫困地区普通高中支持计划》,借助现代信息媒介,按照“一校一策”的原则,积极与发达地区优质学校建立“一对一”帮扶机制,帮扶重点在办学理念、教师能力、学校组织文化等方面,逐步提升贫困地区普通高中发展水平。

Research on the Development Level and Influencing Factors of Senior High Schools

CHANG Baoning[1], LI Luqin[1,2]

(1. Faculty of Education, Southwest University, Chongqing, 400715;
2. School of Teacher Education, Chongqing University of Education, Chongqing, 400065)

Abstract: Based on the index system of senior high schools, this research has measured the level of general high schools in 31 provinces from the aspects of “education opportunity, education investment, education quality, and education equality”. The findings have revealed that the development level of senior high schools obviously improved from 2011 to 2017 along with the problem of serious unbalanced and inadequate development between regions. Through the panel data to construct a regression model to conduct empirical analysis of the influencing factors for the development of ordinary high school education, it has been found that the ratio of general education and vocational education and GDP per capita have a significant positive effect on the development of senior high school education, while the expansion of school scale can hinder it.

Key words: senior high schools, development level of education, index system, influencing factors

① 马健生,鲍枫:《缩小学校规模:美国教育改革的新动向》,《比较教育研究》2003年第5期,第29-32页。

微信影响高中生内隐记忆效果的准实验研究及启示
——基于任务加工分离扩展模型理论

张峰峰[1],安哲锋[2]

(1. 南京师范大学 道德教育研究所 江苏 南京 210097;2. 北京工业大学 文法学部高等教育研究院 北京 100124)

摘 要:该研究基于任务加工分离扩展模型理论,通过两个准实验设计发现:(1)高中生浏览微信信息后存在内隐记忆的启动效应;(2)相比"朋友圈、公众号"两个社交服务插件,"群聊"对高中生内隐记忆效果的影响更大;(3)相比"动态"呈现方式,"静态"呈现方式对高中生内隐记忆效果的影响更大;(4)相比"静态+公众号、静态+朋友圈、动态+群聊"等5种组合形式,"静态+群聊"对高中生内隐记忆效果的影响更大。基于以上发现,该研究认为,微信可以作为提升记忆水平和学习效果的工具,也可以作为知识载体应用于高中生的日常学习之中。

关键词:微信;高中生;内隐记忆效果;准实验;任务加工分离扩展模型

一、研究缘起

许多学习科学相关研究通过潜变量分析、脑成像、工作记忆训练等视角及研究方法,验证了记忆在人的认知活动中的重要作用,认为工作记忆(或短时记忆)是人类高级认知活动的核心①,内隐记忆为提升学习效果创设了有利条件。每个人都经历过这样的场景——过去的某个经验未经主动回忆却影响着我们的行为、学习、生活、工作。学界将这种在不需要意识或有意回忆的条件下,个体的过去经验对当前任务自动产生影响的记忆叫作内隐记忆。有研究验证了内隐记忆可以激发学生内在潜力,提升学习效果。②

微信的普遍使用及其教育功能为学习提供了更多的可能,它作为一种信息载体和交互工具,打破了时间、空间的限制,可为高中生学习提供更多的选择和可能性。越来越多的研究者关注并挖掘微信的教育功能,并基于不同的研究视角和方法来论证微信应用于教育教学的可行性、有效性,例如,微信用于翻转课堂③,微信用于思想政治教育④,微信应用于学科教学。⑤

作者简介:张峰峰,南京师范大学道德教育研究所博士研究生,主要从事教育技术与德育研究;安哲锋,北京工业大学文法学部高等教育研究院研究员,博士,主要从事成人教育、现代教育技术与教育心理学研究。

① 赵鑫,周仁来:《工作记忆:人类高级认知活动的核心》,《北京师范大学学报(社会科学版)》2010年第5期,第38-44页。

② 张一中,王笃明:《内隐无意识加工及其在教学中的体现与应用》,《南京师大学报(社会科学版)》2002年第5期,第90-96页。

③ 范文翔,马燕,等:《移动学习环境下微信支持的翻转课堂实践探究》,《开放教育研究》2015年第3期,第90-97页。

④ 王鹏云,严帅:《高校辅导员微信朋友圈思想政治教育内容及功能研究》,《学校党建与思想教育》2020年第19期,第82-86页。

⑤ 蒋银健:《微信公众平台支持英语阅读教学的实验研究》,《外语电化教学》2016年第3期,第58-63页。

那么,高中生在使用微信并浏览相关信息后是否存在内隐记忆的启动效应?如果存在,微信中的三种社交服务插件(群聊、朋友圈、公众号)对内隐记忆效果的影响是否存在差异?相同实验材料、不同呈现方式(静态、动态)对内隐记忆效果的影响是否存在差异?该研究基于上述问题,设计并实施了两个准实验来进行探究及论证。

二、研究现状及理论基础

该研究中的"内隐记忆"指的是高中生在无意识、无目的地浏览微信中的各种信息后,信息保持在头脑中,并且能够重新恢复的过程。① 内隐记忆的发现源于对遗忘症患者的研究,研究者偶然间发现在间接测验中(如词干补笔、残词补全),遗忘症患者与正常组之间无明显差异,国内关于内隐记忆的研究以杨治良、朱滢、郭力平为代表,开始于20世纪80年代。关于内隐记忆的研究内容集中在"论证内隐记忆的存在""内隐记忆的内涵与特点""内隐记忆的研究范式""影响内隐记忆因素探究""内隐记忆的衍生研究"五个方面。

内隐记忆的研究范式经历了由"任务分离范式"到"加工分离范式",再到"任务加工分离扩展模型"的发展变化。"任务加工分离扩展模型"是布希纳(Buchner)等人基于反应偏向会对意识性提取、无意识提取(或自动提取)产生影响,对"加工分离范式"进行修正得到的较为成熟的方法。该理论模型主要通过指导语的不同,设计了包含实验及排除实验,在两类实验中的再认测验中,被试会受到意识提取、无意识提取、反应偏向的作用,对学习项目、干扰项目判断为"旧"的概率产生影响。但由于干扰项目未经学习,因而它不可能被有意识提取。同时干扰项目仅仅在再认测验中呈现,因而它也不具有无意识提取的条件,故将干扰项目判定为"旧"就是受到被试反应偏向的影响。在包含实验中,将呈现项目(学习项目及干扰项目)判定为"旧"有四种情况:意识性提取判断,无意识提取判断,意识及无意识同时提取判断,反应偏向判断;在排除实验中,将呈现项目(学习项目及干扰项目)判定为"旧"只是受反应偏向的影响。进而通过概率推断,得出意识性提取(外显记忆)及无意识性提取(内隐记忆)贡献率的计算公式,如图1所示。②

$$R=\frac{P_{li}-\frac{1-g_i}{1-g_e}\cdot(P_{le}-g_e)-g_i}{1+g_e\cdot\frac{1-g_i}{1-g_e}-g_i}、A=\frac{\frac{P_{le}}{1-R}-g_e}{1-g_e}$$

图1 任务加工分离扩展模型计算公式

注:P_{li}表示在包含实验中最终判定为旧的概率;P_{le}表示在排除实验中判定为旧的概率;g_i表示在包含实验中将干扰项目判定为旧的概率;g_e表示在排除实验中将干扰项目判定为旧的概率;R表示意识性提取贡献率,即外显记忆;A表示无意识提取贡献率,即内隐记忆。

1997年,郭力平采用任务加工分离扩展模型,以中文效价词为背景材料,研究抑郁个体的内隐记忆和外显记忆是否具有心境一致性倾向③;也有学者将12名脑损伤患者、8名健康者选为被试,采用任务加工分离扩展模型测验方式对被试进行测验,采用重测复本信度及分半信度进行信度的研究。最终实验结果显示,测验的意识性提取及自动提取的组内相关系数均大于0.7,由此得出任务加工分离扩展模型作为内隐记忆测验这一新形式具有较高的信度。④ 因此,该研究也采用"任务加工加工分离扩展模型"作为研究范式。关于内隐记忆的测量主要由学习阶段、测量阶段构成,学习阶段主要通过朋友圈、群聊、公众号三种社交服务插件,将实验材料分别以动态、静态的方式呈现给被试对象,测量阶段采用"词

① 张峰峰:《非正式学习环境下微信促进内隐记忆效果的实验研究》,北京工业大学硕士学位论文,2018年,第24-25页。

② 郭力平,杨治良:《内隐和外显记忆的发展研究》,《心理科学》1998年第4期,第319-321页。

③ 郭力平:《再认记忆测验中抑郁个体的心境一致性记忆研究》,《心理学报》1997年第4期,第357-363页。

④ 徐扬:《采用加工分离程序进行大学生内隐记忆测验的信度研究》,《中国临床心理学杂志》2007年第3期,第253-254页。

组再认”的方式，并对测试词组进行“新、旧”判断，最后通过图 1 给出的任务加工分离扩展模型公式进行内隐记忆、外显记忆的计算。

三、研究工具及过程

1. 问卷设计及试测

为了挑选出在使用微信社交服务插件过程中无行为偏好的被试对象，客观、有效地对被试内隐记忆的效果进行评价，本研究设计了“微信社交服务插件行为偏好量表（初版）”，该问卷由 3 个维度、每个维度 5 个项目构成。“微信社交服务插件行为偏好量表（初版）”的项目编制参考了相关文献的量表内容，项目编制完成后，请中文、远程教育、心理学专业的教师阅读，并反复修改，保证问卷题目的内容效度。然后在问卷星上发放该问卷，收到有效问卷 278 份，然后，采用探索性因素分析、验证性因素分析方法对问卷的信效度进行检验。数据结果显示，通过探索性因素分析剔除不符合条件的 4 个题项以后，剩余 11 个题项的因子载荷均大于 0.4，问卷的拟合指数 CFI=0.902>0.8、TLI=0.899>0.8、CMIN/DF=1.256<5、RMSEA=0.069<0.08，问卷的总信度系数大于 0.7，各维度的信度系数大于 0.7。这表明，“微信社交服务插件行为偏好量表（初版）”中各个项目之间的一致性较良好、信效度较高，该问卷可以作为该研究的测评工具。具体情况见表 1、表 2 和表 3。

表 1 模型拟合指标值

x^2	df	x^2 / df	CFI	TLI	SRMR	RMSEA
51.513	41	1.256	0.902	0.899	0.072	0.069

表 2 因素载荷系数

	朋友圈	公众号	群聊
项目 01	0.719		
项目 02	0.727		
项目 03	0.641		
项目 04		0.466	
项目 05		0.431	
项目 06		0.712	
项目 07		0.804	
项目 08			0.628
项目 09			0.763
项目 10			0.701
项目 11			0.455

表 3 信度系数

维度	Cronbach 系数
朋友圈使用行为	0.807
公众号使用行为	0.811
群聊使用行为	0.779
总体	0.721

2. 挑选被试

随机抽取北京市某高中学校学生200名,要求他们在问卷星上填写“微信社交服务插件行为偏好量表(正式版)”,并利用SPSS19.0对问卷数据进行适合度卡方检验,将三种微信社交服务插件行为偏好的均值作为检测变量,期望值为1:1:1,最终挑选出无微信行为偏好($P>0.05$)的高中生120名作为被试对象,随机分成朋友圈实验组、群聊实验组、公众号实验组、排除实验组,每组30名。

3. 挑选实验材料

在网络上选取生僻两字词30个,让未成为被试对象的80名高中生对30个两字词进行熟悉度评定,评定等级为:1=非常不熟悉,2=不熟悉,3=熟悉,4=非常熟悉。最终选定不熟悉的两字词20个($1\leqslant M_{熟悉度}<2$),具体情况如表4所示。

表4 挑选的词组及熟悉度

	自戕	转斡	蹀躞	趑趄	澹台	髑髅	泬寥	窅冥	瀺灂	婠媪
N	80	80	80	80	80	80	80	80	80	80
$M_{熟悉度}$	1.9215	1.6633	1.8135	1.6749	1.9531	1.4792	1.6638	1.2936	1.0073	1.4862
	叆叇	愭嫟	霅霅	飒纚	蝳蝀	阛阓	覼缕	螒矶	虚霩	倥偬
N	80	80	80	80	80	80	80	80	80	80
$M_{熟悉度}$	1.1006	1.4787	1.6944	1.7690	1.4921	1.0994	1.1027	1.0625	1.7183	1.8845

4. 研究设计

该研究采用3(社交服务插件类型:朋友圈、群聊、公众号)×2(呈现方式类型:静态、动态)两因素混合设计,因变量为内隐记忆(无意识贡献率),具体实验过程如下:

(1)微信社交服务插件与内隐记忆的关系实验

包含实验:4个学习词组(蹀躞、婠媪、叆叇、覼缕)于每晚19:00通过微信分别以静态方式呈现给三个实验组被试,持续14天。于第15天晚上19:00,将4个学习词组和4个干扰词组打乱顺序(蹀躞、婠媪、叆叇、覼缕、转斡、阛阓、蝳蝀、趑趄),以问卷星方式通过微信分别呈现给三个实验组被试,指导语为“您好!接下来将依次呈现8个词组(呈现时间限制为1分钟),其中有一些是您之前见过的‘旧’的词,有一些是未呈现过的‘新’词,请在下列词汇中判断该词汇是新的还是旧的”。

排除实验:将4个学习词组和4个干扰词组打乱顺序(蹀躞、婠媪、叆叇、覼缕、转斡、阛阓、蝳蝀、趑趄),以问卷星方式通过微信呈现给排除实验组被试,指导语为“您好!接下来将依次呈现8个词组(呈现时间限制为1分钟),请根据自己的第一感觉判断是否熟悉这些词组”。

词组熟悉度检测实验:为了确保实验组、排除实验组中的被试对象之前没有接触过实验材料中的词组,在包含实验和排除实验完成后要求被试进行词组熟悉度检测,并剔除之前接触过实验材料的被试数据。指导语为“您好,下面呈现的词组,您测验之前是否见过(除了微信渠道以外),请判断,谢谢”。

(2)呈现方式与内隐记忆的关系实验

包含实验:4个学习词组(瀺灂、愭嫟、飒纚、硙[illegible])于每晚19:00通过微信分别以动态方式呈现给三个实验组被试,持续14天。于第15天晚上19:00,将4个学习词组和4个干扰词组打乱顺序(瀺灂、愭嫟、飒纚、硙[illegible]、髑髅、倥偬、虚霩、窅冥),以问卷星方式通过微信分别呈现给三个实验组被试,指导语为“您好!接下来将依次呈现8个词组(呈现时间限制为1分钟),其中有一些是您之前见过的‘旧’的词,有一些是未呈现过的‘新’词,请在下列词汇中判断该词汇是新的还是旧的”。

排除实验:将4个学习词组和4个干扰词组打乱顺序(瀺灂、愭嫟、飒纚、硙[illegible]、髑髅、倥偬、虚霩、窅冥),以问卷星方式通过微信呈现给排除实验组被试,指导语为“您好!接下来将依次呈现8个词组(呈现时间限制为1分钟),请根据自己的第一感觉判断是否熟悉这些词组”。

词组熟悉度检测实验：为了确保实验组、排除实验组中的被试对象之前没有接触过实验材料中的词组，在包含实验和排除实验完成后要求被试进行词组熟悉度检测，并剔除之前接触过实验材料的被试数据。指导语为“您好，下面呈现的词组，测验之前您是否见过（除了微信渠道以外），请判断，谢谢”。

四、数据收集及分析

根据被试数据计算包含实验中最终判定为旧的概率 P_{li}，排除实验中判定为旧的概率 P_{le}，包含实验中将干扰项目判定为旧的概率 g_i，排除实验中将干扰项目判定为旧的概率 g_e，再基于“任务加工分离扩展模型”公式计算内隐记忆的贡献率，最后通过独立样本 t 检验、单因素方差分析、LSD 多重检验、效应量检测数据之间的差异性。在进行 t 检验前，检查数据是否满足正态分布（偏度系数<1、峰度系数<3），若满足方可进行 t 检验。在进行单因素方差分析前，先对数据方差齐性进行检验，并以 P 值、ES 值为差异显著性标志。根据卢谢峰等人在《效应量：估计、报告和解释》中提到的，当 $P<0.05$、$d<0.2$ 时，变量之间表现出显著性差异，但差异程度较弱；当 $P<0.05$、$0.2<d<0.4$ 时，变量之间表现出显著性差异，且差异程度中等；当 $P<0.05$、$d>0.4$ 时，变量之间表现出显著性差异，且差异程度较大。[①]

1. 内隐记忆在微信社交服务插件上的差异分析

表 5 无意识提取贡献差异分析

	群聊组	公众号组	朋友圈组	F	P
内隐记忆（A）	0.2398±0.1015	0.1882±0.1422	0.2007±0.1135	7.6710	0.012

表 6 无意识提取多重检验及效应量

因变量	(I) 社交服务插件	(J)社交服务插件	显著性	d
A	公众号	群聊	<0.001	0.9693
		朋友圈	0.002	0.7345
	群聊	公众号	<0.001	0.9693
		朋友圈	<0.001	0.2348
	朋友圈	公众号	0.002	0.7345
		群聊	<0.001	0.2348

经检验，该数据方差是齐性的，可以进行单因素方差分析。通过表 5 和表 6 的数据结果可以了解到，被试在三种社交服务插件中的无意识提取贡献率均值大于零，即微信三种社交服务插件里均存在内隐记忆的启动效应；通过单因素方差分析、LSD 多重检验、效应量计算结果可以了解到，微信三种社交服务插件中的无意识提取贡献率两两之间表现出显著性差异，且差异程度均可以接受（$P<0.05$、$d>0.2$），即群聊、公众号、朋友圈三种社交服务插件对高中生内隐记忆效果的影响存在程度较大的差异性。通过均值比较可以了解到，相比较其他社交服务插件，“群聊”对高中生内隐记忆效果的影响更大。

2. 内隐记忆在文本呈现方式上的差异分析

表 7 无意识提取贡献差异分析

	静态	动态	t	P	d	r
内隐记忆（A）	0.2143±0.1665	0.1912±0.0920	2.624	<0.001	0.6775	0.3209

经检验，该数据符合正态分布（偏度=0.68<1、峰度=1.97<3），可以进行独立样本 t 检验。通过表 7

① 卢谢峰，唐源鸿，曾凡梅：《效应量：估计、报告和解释》，《心理学探新》2011 年第 3 期，第 260–264 页。

数据结果可以了解到,被试在两种呈现方式中的无意识提取贡献率两两之间表现出显著性差异,且差异程度均较高,即不同呈现方式对内隐记忆效果的影响存在程度较大的差异性($P<0.01$、$d>0.4$、$r>0.1$)。通过均值比较可以了解到,对高中生内隐记忆效果影响更大的是静态呈现形式。

3. 主体间交互效应分析

通过表5、表6和表7的数据分析结果可以了解到,“群聊”与静态呈现形式对高众生内隐记忆效果的影响更大。那么,社交服务插件与呈现方式之间是否存在交互效应?如果存在,6种组合方式对高中生内隐记忆效果的影响是否存在差异?为了探讨该问题,利用SPSS 19.0对相关数据进行交互效应分析、单因素方差分析、LSD多重检验、效应量计算,结果如表8、表9和表10所示。

表8 主体间交互效应的检验

源	*F*	*P*
社交服务插件*呈现方式	6.739	0.024

表9 不同组合形式提取贡献率差异分析

组合形式	无意识提取(A)	*F*	*P*
朋友圈+静态	0.2107±0.1640	9.734	0.017
公众号+静态	0.2040±0.1798		
群聊+静态	0.2283±0.1663		
朋友圈+动态	0.1925±0.3682		
公众号+动态	0.1800±0.5042		
群聊+动态	0.2010±0.6214		

表10 无意识提取多重检验及效应量

因变量	(I) 社交服务插件	(J) 社交服务插件	显著性	*d*
A	朋友圈+静态	公众号+静态	0.003	0.2288
		群聊+静态	<0.001	0.6009
		朋友圈+动态	<0.001	0.6214
		公众号+动态	<0.001	1.0482
		群聊+动态	0.001	0.3371
	公众号+静态	群聊+静态	<0.001	0.8445
		朋友圈+动态	<0.001	0.3997
		公众号+动态	<0.001	0.8341
		群聊+动态	0.017	0.1043
	群 聊+静态	朋友圈+动态	<0.001	1.2441
		公众号+动态	<0.001	1.6786
		群聊+动态	<0.001	0.9488
	朋友圈+动态	公众号+动态	<0.001	0.4344
		群聊+动态	0.002	0.2954
	公众号+动态	群聊+动态	<0.001	0.7298

通过表8、表9和表10的数据分析结果可以了解到,呈现形式与三种社交服务插件之间存在交互作

用(P=0.035<0.05)。经检验,该数据方差是齐性的,可以进行单因素方差分析。方差分析结果显示,6种组合形式对内隐记忆效果的影响表现出差异性($P<0.05$),且除了“公众号+静态”与“群聊+动态”之间以外,其余组合形式两两之间的差异程度均可以接受($d>0.2$),即6种组合形式均会对内隐记忆效果产生影响,且“静态+群聊”组合形式对高中生内隐记忆效果的影响最大。

五、实验结果及讨论

1. 实验结果

通过对“微信社交服务插件与内隐记忆的关系实验”“呈现方式与内隐记忆的关系实验”相关数据进行分析,可以得到以下4条结论:(1)高中生浏览微信信息后存在内隐记忆的启动效应;(2)相比朋友圈、公众号两个社交服务插件,“群聊”对高中生内隐记忆效果的影响更大;(3)相比“动态”呈现方式,“静态”呈现方式对高中生内隐记忆效果的影响更大;(4)相比“静态+公众号、静态+朋友圈、动态+群聊”等5种组合形式,“静态+群聊”对高中生内隐记忆效果的影响更大。

2. 讨论

首先,任务加工分离扩展模型理论认为,记忆的提取包含意识性提取(外显记忆)和无意识提取(内隐记忆)两个过程。因此,当高中生浏览微信信息时,一些信息总会被有意识或无意识地存储在大脑之中,因此浏览微信信息后,存在内隐记忆的启动效应是符合记忆规律的。其次,内隐记忆需要消耗一定程度的认知资源,内隐记忆会因为认知资源不足而导致效果不佳①,即被试对实验材料越关注,内隐记忆效果越好。“朋友圈”“公众号”“群聊”作为微信社交服务插件,在交互功能上存在着明显差异。“朋友圈”的交互权限只存在于微信好友之间;“公众号”的交互方式是“留言—审核—回复”的形式;“群聊”的交互权限、交互方式均由群聊小组成员个人决定,不管成员是否相识,群聊成员既可以实时参与谈论,也可以翻阅聊天记录。换言之,“群聊”可以增强被试对实验材料的关注,因此“群聊”社交服务插件对高中生内隐记忆效果的影响更大。最后,该研究采用的动态呈现方式是“逐字出现”,这种动态呈现方式需要一定的时间才能完整地将实验材料呈现给被试对象。由于被试对象在使用微信的过程中,对自己不感兴趣的内容会快速浏览过去,动态呈现方式可能会导致被试对象还未完整接触到实验材料就已经开始浏览其他信息了,换言之,“逐字出现”的动态呈现方式不利于被试对象对实验材料投入更多的认知资源,因此“静态”呈现方式对高中生内隐记忆效果的影响更大。

该研究由于实验设计的现实问题,也存在一些不足之处:其一,为了贴近高中生真实的生活、学习情境,该研究采用的是准实验研究设计,而且内隐记忆又具有稳定性、无性别差异性、年龄独立性等特征,因此挑选被试时仅考虑了“微信行为偏好”一个因素,其余因素未考虑并加以控制。其二,动态呈现方式有很多种形式,该研究仅将“逐字呈现”作为实验材料的动态呈现形式,这种动态呈现方式是否具有代表性、是否适合被试的认知习惯并无科学依据,所以“静态呈现方式对内隐记忆效果的影响更大”的实验结论存在一定的局限性。其三,将实验材料的学习时间设定为14天,只是源于已有相关实验研究的启示及推测,并无其他更加科学的依据及论证,但学习时间同样会影响实验结果,所以该研究在学习时间的确定上也存在一定的局限。

六、研究启示

1. 对于内隐记忆的启示

首先,内隐记忆的存在给予了高中生学习更多的信心。内隐记忆的存在说明了任何学习材料、学习

① 林无忌:《认知疲劳效应对内隐记忆与外显记忆的影响》,《心理科学》2019年第6期,第1282-1288页。

方式对学习者都是有用的,只要学习者接触到了学习材料,即使并未有意识地去学习、去记忆,但这部分材料依然会以内隐的方式存在于他们的记忆系统中。[①]而对那些不能再认和回忆的材料,由于曾经学习过,再学时就会缩短时间,即前一次学习总会对后一次学习的启动起作用,这无疑也使高中生们保持较高的求知欲和自信心。

其次,内隐记忆的存在可以激发高中生的内在动机。传统教学更多的是引导高中生进行有意识记忆、有意识学习,导致高中生厌恶或抵抗学习、悲观学习的局面发生。内隐记忆的存在,为改进这种消极、非期待的学习局面提供了可能,采用一些隐性课程的设计,使高中生通过知识载体在不知不觉中获取知识,在潜移默化中益智、染情、添趣,提升学习效果。[②]

最后,内隐记忆的存在为深化高中生的全面评价维度提供了依据。当下各级各类学校对于高中生的评价多以再认、再现的方式对高中生的有意识提取(外显记忆)知识及知识应用水平进行测量,忽略了对高中生内隐记忆、内隐学习等内隐加工能力的测量。因此,学校应该在评价维度中增加"高中生内隐加工能力"的相关内容,只有评价内容丰富和评价方式多元化,评价的全面性、科学性、有效性才能得以保障。

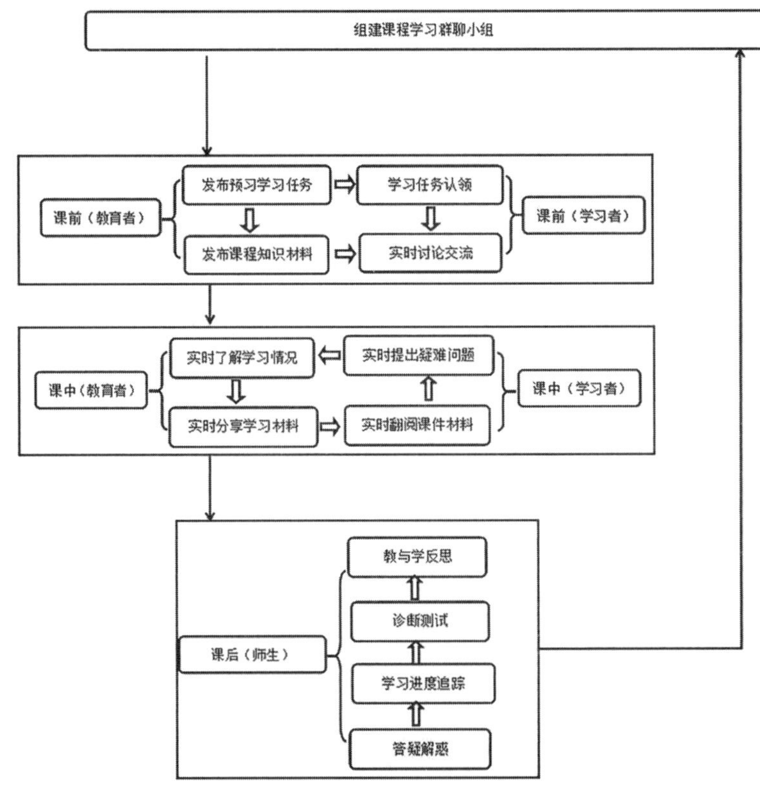

图2 微信学习流程图

2. 对于微信学习的启示

微信作为目前国内使用最为普遍的社交工具,随着微信的社交功能,娱乐功能(小游戏、电子书),生活功能(购物、生活缴费)越来越丰富,微信的使用时长也越来越久。因此,越来越多的专家学者呼吁利用移动终端开展微型学习活动,并将其作为混合式学习的有力补充形式。微信公众平台是国内第一个率先通过订阅号的账号类型,帮助组织或个人创建移动课程平台,实现课程资源的编辑、发布、检索等智

① 杜秀芳:《内隐记忆和内隐学习研究对外语教学的启示》,《山东教育科研》2000年第7期,第60-64页。

② 张一中,王笃明:《内隐无意识加工及其在教学中的体现与应用》,《南京师大学报(社会科学版)》2002年第5期,第90-96页。

能化管理，以及基于知识内容的双向交互功能。① 该研究的实验研究结果论证了高中生即使无意识浏览微信材料，也存在内隐记忆的启动效应，换言之，微信可以帮助高中生有效提升记忆效果。微信作为知识载体应用于日常教育教学中，可以帮助高中生充分利用碎片化的时间，也可以帮助教师及时了解学生的学习进度、困难及状态，还可以帮助师生打破时空的界限进行实时交互、反馈、评价。故该研究基于以"学生为中心、教师为主导"的教育理念，以微信作为知识载体、学习及交互工具，在课前、课中、课后不同阶段实现多元有效的师生互动，灵活创设微信学习环境。具体流程如图 2 所示。

具体操作如下：课前，教师需要对课程内容的重难点进行划分，针对课程内容分解课程任务，并将相关的辅助性知识材料（文本、视频、音频）分享到课程学习群聊小组中，组织学生认领预习任务并进行实时讨论；课中，考虑到学生或因注意力不集中遗漏知识点，或因教师的讲授方式难以理解知识点，教师可以将课件、学习素材实时共享，学生可以随时翻阅课件，并进行实时提问。教师还可以在微信课程学习群聊小组中设置关键词自动回复功能；课后，教师可以将作业要求、考核形式等内容与学生共享。同时教师可以通过群聊里的聊天记录、自动回复的记录，实时把握学生的学习情况，并收集学生的反馈意见，学生也可以通过学习群聊小组向教师请教问题。通过课程学习群聊小组，师生之间不仅可以随时沟通，还可以有效地进行教与学的反思，进而达成师生之间的理解与共识。

The Quasi-Experimental Research and Enlightenment of Wechat Influence on Implicit Memory Effect of High-School Student

— Based on Extended Model of Process Dissociation Procedure

ZHANG Fengfeng[1], AN Zhefeng[2]

(1. Institute of Moral Education, Nanjing Normal University, Nanjing Jiangsu, 210097;
2. Institute of Higher Education in Faculty of Humanities and Social Sciences, Beijing University of Technology, Beijing, 100124)

Abstract: Based on extended model of process dissociation procedure, this study has showed the following findings through two quasi-experimental designs: (1) high school students have the priming effect of implicit memory after browsing WeChat information; (2) compared with the two social service plug-ins of "friend circle and official account", "group chat" has a greater influence on their implicit memory effect; (3) compared with the "dynamic" presentation mode, the "static" presentation mode shows a greater influence on their implicit memory effect; (4) compared with such five forms of combination as "static + official account, static + circle of friends, dynamic + group chat", "static + group chat" has a greater influence on their implicit memory effect. Based on the above findings, this study believes that WeChat can be used as a tool to improve memory level and learning effect, and it can also be used as a knowledge carrier in the daily learning of senior high school students.

Key words: WeChat, high-school students, implicit memory effect, quasi-experiment, extended model of process dissociation procedure

① 山峰，檀晓红，薛可：《基于微信公众平台的移动微型学习实证研究——以"数据结构公众平台"为例》，《开放教育研究》2015 年第 1 期，第 97-104 页。

中小学教师社会—情绪能力的模型建构与问卷编制

许 苏[1],王 佳[2],李 丹[1]

(1. 上海师范大学 教育学院,上海 200234; 2. 上海市宝山区教育学院,上海 201900)

摘 要: 教师社会—情绪能力与职业倦怠相关,并影响教育教学行为和师生互动质量,更是直接关涉学生健康成长和教师自身发展。而要提升教师社会—情绪能力,需要对其进行诊断与测量。该研究在大量文献研究的基础上,结合开放性问卷调查结果,初步构建了教师社会—情绪能力的理论模型,并在此基础上编制了中小学教师社会—情绪能力量表。经过初测和正式施测,修订与验证教师社会—情绪能力的结构与测评问卷,形成正式问卷。得出如下结论:中小学教师社会—情绪能力量表包括自我管理、社会意识、社会互动以及负责任地决策4个维度;该量表信效度较高,符合心理测量学指标,可作为测量中小学教师社会—情绪能力的有效工具。

关键词: 教师社会—情绪能力;模型建构;问卷编制

一、引言

教育教学内在的社会性和交际性使得压力传递和情绪困扰成为一种隐性的必然存在,并直接指向教师群体无法回避也无法直面却又真实存在的“隐性”能力——社会—情绪能力(Social and Emotional Competence,简称SEC)。已有研究表明,儿童社会—情绪能力与其早期入学准备和学校适应之间密切相关,社会—情绪能力高的儿童能够获得更好的学业成就和社会性发展。反之,缺乏社会—情绪能力的儿童很难适应学校生活和环境,会出现学习困难、留级、辍学以及反社会行为。① 进而,在学校教育情境中,儿童社会—情绪能力与师生互动质量密切相关,教师自身社会—情绪能力是儿童社会—情绪能力养成的重要外部支持力量。

研究发现,当教师感受到高度压力或经历重大挫折时,会在教学中传递压力,将其感受及负面影响直接传递给学生。② 2011年,米尔基(Milkie)和华纳(Warner)在对全美10700名一年级学生的研究中发

基金项目: 本文系上海市哲学社会科学规划教育学一般项目“上海小学教师‘社会—情绪能力’的现状问题与提升路径”(项目编号:A1606)的研究成果之一。

作者简介: 许苏,上海师范大学教育学院副教授,博士,主要从事教师教育研究;王佳,上海市宝山区教育学院教师,主要从事教师教育研究;李丹,上海师范大学教育学院教授,博士生导师,主要从事儿童社会性发展研究。

① Denham, S. A. “Social-emotional Competence as Support for School Readiness: What is It and How do We Assess it”, *Early Education and Development*, Vol. 17, no. 1(2006), pp. 57-89.

② Wethington, E. “Contagion of Stress”, *Advances in Group Processes*, Vol. 17 (2000), pp. 229-253.

现，当教师感受到过度压力时，其学生会具有高于正常值的内化和外化障碍。[①] 2016 年，奥伯尔（Oberle）和舒纳德（Schonert）在加拿大研究了 406 名小学生和 17 名教师，结果显示，教师职业倦怠与学生生理压力调节呈显著相关，教师职业倦怠程度越高，学生的压力反应能力越容易受到损害。[②] 此外，过度压力和过多负面情绪会损害教师的认知功能和职业成就感，从而对教学产生负面影响。频繁经历消极情绪会降低教师的内在动机和自我效能感，长期持续的情绪困扰会损害教师的表现，导致教师职业倦怠。[③]

由上可见，教师社会—情绪能力与职业倦怠相关，并影响教育教学行为和师生互动质量，更是关涉学生健康成长和教师自身发展。而要提升教师社会—情绪能力，需要对其进行诊断与测量。但目前针对教师社会—情绪能力所开发的测评工具有限，我国尚无有效测量中小学教师社会—情绪能力的工具。因此，本研究从社会—情绪能力的内在维度入手，探究中小学教师社会—情绪能力的结构，并在此基础上编制社会—情绪能力量表，为教师专业发展提供数据支持和参考依据。

二、教师社会—情绪能力的分析维度与结构

社会—情绪能力由美国“学业、社会和情绪学习协作组织”（Collaborative for Academic，Social，and Emotional Learning，简称 CASEL）提出，是社会—情绪学习（Social and Emotional Learning，简称 SEL）的共生概念，具体指个体在生活中取得成功所需的基本知识、技能、态度和心态，[④] 包括五种核心技能：自我意识（Self-awareness）、自我管理（Self-management）、社会意识（Social Awareness）、关系技能（Relationship Skills）、负责任的决策（Responsible Decision-making）。[⑤]

1. 教师社会—情绪能力的分析维度

社会—情绪能力内含“内省—人际”和“意识—能力”两个分析维度。内省能力（Intrapersonal Competencies）指处理自我的方式，包括个体的想法和情绪，属于个体内在的意识、信念和技能。人际能力（Interpersonal Competencies）指处理与他人、组织和社会关系的相关知识、技能和态度。意识（Awareness）是指思维方式、知识、信念和理解。技能（Skills）则是指完成任务的具体能力[⑥]（详见表 1）。

表 1 社会—情绪能力分析维度[⑦]

内省—人际 / 意识—技能	内省（Intrapersonal）： 对自我的知识、技能和态度	人际（Interpersonal）： 对他人、组织或社会机构的知识、技能和态度
意识（Awareness） （思维方式、知识、信念和理解）	内在意识(Intrapersonal Awareness) 如成长式思维，自我效能等	人际意识（Interpersonal Awareness） 如同理心、社会意识等
技能（Skills）： 完成任务的具体能力，以达到预想的结果或目标	内在技能（Intrapersonal Skills） 如自我控制、目标设定、压力管理等	人际技能（Interpersonal Skills） 如采纳社会观点、协作解决问题等

① Milkie，M. A.，& Warner，C. H.．“Classroom Learning Environments and the Mental Health of First Grade Children”，*Journal of Health and Social Behavior*，Vol. 52（2011），pp. 4-22.

② Oberle，E.，& Schonert-Reichl，K. A.．“Stress Contagion in the Classroom？ The Link between Classroom Teacher Burnout and Morning Cortisol in Elementary School Students”，*Social Science & Medicine*，Vol. 159（2016），pp. 30-37.

③ Jennings，P. A.，& Greenberg，M. T.．“The Prosocial Classroom：Teacher Social and Emotional Competence in Relation to Student and Classroom Outcomes”，*Review of Educational Research*，Vol. 79，no. 1（2009），pp. 491-525.

④ Jeremy，J. Taylor，K. B.，& Laura S. H. “Choosing and Using SEL Competency Assessments：What Schools and Districts Need to Know”［EB\OL］.［2019-06-23］. http://measuringsel. casel. org/pdf/practitioner-guidance. pdf.

⑤ Collaborative for Academic，Social，and Emotional Learning. Core SEL Competencies［EB\OL］.［2019-06-23］. https://casel. org/core-competencies/.

⑥ Jeremy，J. Taylor，K. B.，& Laura S. H. “Choosing and Using SEL Competency Assessments：What Schools and Districts Need to Know ”［EB\OL］.［2019-06-23］. http://measuringsel. casel. org/pdf/practitioner-guidance. pdf.

⑦ Jeremy，J. Taylor，K. B.，& Laura S. H. “Choosing and Using SEL Competency Assessments：What Schools and Districts Need to Know”［EB\OL］.［2019-06-23］. http://measuringsel. casel. org/pdf/practitioner-guidance. pdf.

内省能力与人际能力、意识与技能是积极互动、密切相关的连续统一体。个体处理自我的方式决定着个体处理外部关系的基本方式,个体内在思维方式、知识、信念和理解力则决定着个体完成外部任务的实践行为和能力。社会—情绪能力的本质是关系的社会性构建①,“内省—人际”和“意识—技能”的分析维度均具指向性,其中内省和意识指向内在关系,人际与技能指向外部关系,由此形成四个连续统一的象限图,包括“内省—意识”“人际—意识”“内省—技能”和“人际—技能”四个象限,把自我、他人、社会、内部意识和外部技能有机连接起来(见图 1)。

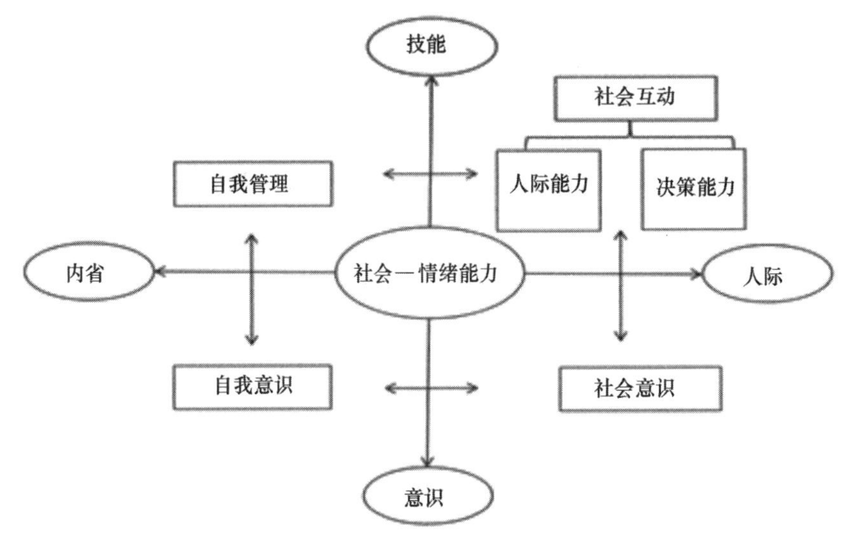

图 1 社会—情绪能力的象限结构图

其中,自我意识属于“内省—意识”象限,指向个体的内在自我,是社会—情绪能力的现实基础。社会意识属于“人际—意识”象限,指向内在意识和外部关系,是社会—情绪能力发生作用的重要保障。自我管理属于“内省—技能”象限,指向内在自我的调节,直接影响到个体的内在感受和外部行为。人际能力和决策能力属于“人际—技能”象限,指向外部关系和外显技能,人际能力直接影响个体的社会性关系建立,决策能力则直接对他人和外部世界产生影响。

2. 教师社会—情绪能力的结构

(1)国内外研究现状

目前,国内外研究与开发的“社会—情绪能力量表”理论模型主要有两个:一是由美国“学业、社会和情绪学习协作组织”(Collaborative for Academic, Social and Emotional Learning,简称 CASEL)提出的五大核心能力模型;二是美国麻省理工学院心理学教授提出的“大五人格模型”(Big Five Model)。

很多研究者依据 CASEL 的五种核心能力模型,开发编制了用于测量教师和学生的“社会—情绪能力”量表。贝尔(Bear)和杨春燕编制了“特拉华社会情绪能力量表”,该量表分为负责任的决策、同伴关系、社会意识和自我管理 4 个维度,用于评估学生个体的社会—情绪能力水平。② 周明明等人也以五维度结构为基础,编制了社会情绪能力问卷。该量表共有 5 个维度:自我意识、负责任的决策、同伴关系、社会意识和自我管理。③ 博亚兹(Boyatzis)和戈尔曼(Goleman)等人开发了社会情绪能力问卷,用于评估

① 杜媛,毛亚庆:《基于关系视角的学生社会情感能力构建及发展研究》,《教育研究》2018 年第 8 期,第 43-50 页。

② Lindsey S. Mantz, George G. Bear, ChunYan Yang. & Angela, H. “The Delaware Social-Emotional Competency Scale (DSECS-S): Evidence of Validity and Reliability ”, *Child Indicators Research*, Vol. 10(2016), pp. 5-27.

③ Mingming Zhou . , Jessie E. . “Development and Validation of the Social Emotional Competence Questionnaire (SECQ)”, *The International Journal of Emotional Education*, Vol. 4(2012), pp. 27-42.

12 项社会情绪能力，分为内省技能(包括自我意识和自我管理)和社会技能(包括社会意识和人际关系)。[①] 但该问卷并未考虑到教师职业的内在属性与职业特殊性。凯瑞琳(Karalyn M. T.)编制的教师社会—情绪能力量表主要涉及师生关系、情绪管理、社会意识和人际关系 4 个维度，[②] 由于文化背景等各种因素的限制，该量表并未得到大规模的推广应用。

经合组织(OECD)则在“大五人格”模型基础上建构了社会—情绪能力测评框架。此框架主要包括五个维度：任务表现(尽责性)、情绪控制(情绪稳定性)、协作(亲和性)、思想开放(开放性)、与人交往(外向性)。[③]每个维度又确立了不同的测评指标，任务表现的指标包括成就动机、自我控制和责任感，情绪控制的指标包括抗压、乐观和情绪控制，协作的指标包括同理心、合作与信任，思想开放的指标包括好奇心、创造力和宽容度，与人交往的指标包括活力和乐群。除了五个维度之外，还有一项“复合能力”，即个人技能不同方面的组合，测评指标包括自信心、元认知等。

目前国内使用较多的是联合国儿童基金会与我国教育部教师工作司“社会情感学习(SEL)”项目组编制的学生社会情感能力问卷。该问卷包含自我意识(自知、自信、自尊)、自我管理(调适、反省、坚韧和进取心)、他人认知(同理心、尊重他人、富有亲和力)、他人管理(理解、包容、化解冲突、人际交往)、集体认知(归属感、亲社会意识)、集体管理(与人合作、遵守规范、亲社会行为)六个方面。[④] 问卷共 30 个题目，采用 Likert 五点计分方法，得分越高，表示该维度的社会情感能力发展越好。已有研究证明该问卷具有较好的信效度。但总体来说，国内关于教师社会—情绪能力的研究较少，也未有相关测量量表。

(2)教师社会—情绪能力的结构维度构想

①教师的自我意识

自我意识是个体对自我进行审视的一种能力，包括个体了解自身的优势与不足、自信或自卑、乐观或悲观、是否具备成长式思维等。[⑤] 属于“内省—意识”象限，指向教师个体的内在自我和认知，是教师社会—情绪能力的现实基础。从教师专业立场来看，教师自我意识主要包括两个方面：一是教师对内在情绪的处理方式和内在行为模式的自我意识；二是教师对自身专业知识和能力的自我意识。

②教师的社会意识

社会意识主要是指个体理解他人观点与共情的能力，包括理解多样化的社会背景和社会文化。[⑥] 属于“人际—意识”的象限，指向教师的内在意识和外部关系，是教师社会—情绪能力发生作用的重要保障。教师的社会意识主要包括三个方面：首先，教师要真正理解和接纳学生家庭成长背景的多样性，这是建立良好师生关系和家校合作关系的基本前提；其次，教师可以理解和适当采纳他人观点；最后，教师要具备敏锐的社会文化洞察力和思考力，以在教育教学过程中有效使用各种社会资源。

③教师的自我管理

自我管理指个体有效管理压力、控制冲动、设定并达成目标的控制能力，[⑦] 属于“内省—技能”象限，

---

① Usharani S, Abdul Rashid M. “Social and Emotional Competency of Beginning Teachers”, *Procedia-Social and Behavioral Sciences*, Vol. 29(2011), pp. 1788-1796.

② Karalyn M. T. “Measurement of Teachers’ Social-Emotional Competence: Development of the Social-Emotional Competence Teacher Rating Scale”, *University of Oregon*. 2012.

③ 黄忠敬：《社会与情感能力：影响成功与幸福的关键因素》，《全球教育展望》2020 年第 6 期，第 102-112 页。

④ 杜媛，毛亚庆，杨传利：《社会情感学习对学生欺凌行为的预防机制研究：社会情感能力的中介作用》，《教育科学研究》2018 年第 12 期，第 38 - 46 页。

⑤ Collaborative for Academic, Social and Emotional Learning. Core SEL Competencies, https://casel. org/core-competencies/, 2019. 最后登录日期：2020 年 6 月 26 日。

⑥ Collaborative for Academic, Social and Emotional Learning. Core SEL Competencies, https://casel. org/core-competencies/, 2019. 最后登录日期：2020 年 6 月 26 日。

⑦ Collaborative for Academic, Social and Emotional Learning. Core SEL Competencies, https://casel. org/core-competencies/, 2019. 最后登录日期：2020 年 6 月 26 日。

指向教师的内在自我和外部技能,直接影响教师个体的内在感受和外在行为。教师的自我管理主要包括两个方面:一是教师在面对教育教学中的冲突和挑战时,知道如何管理自身的压力、情绪和行为;二是引导学生学会自我管理。

④教师的关系技能

关系技能指个体沟通、倾听、合作的能力,以及消解不当的社会压力、积极协调冲突、在需要时寻求或提供帮助的能力,① 属于"人际—技能"象限,指向教师个体的外部关系和外显技能,直接影响教师的社会性关系。教师的社会性关系包括专业关系和社会关系两大方面:教师的专业关系主要是指教师在学生、家长和同事中获得"专业权威",从而与学生、家长和同事建立积极的良性互动;教师的社会关系主要是指教师作为个体在学校组织这个独特场域中的人际关系。

⑤教师的行为决策

行为决策主要指能够以道德标准、生命安全和社会准则为基础,在个人行为和社会互动中做出积极的行为决策,② 属于"人际—技能"象限,指向教师个体的外部关系和外显技能,直接对教育实践产生影响。教师的行为决策,包含在个人行为中做出积极决策和在社会互动中做出积极决策两个方面。学校教学事务琐碎而庞杂,都是在处理"人"的问题,独特的工作对象必然会带来很多不确定性,引发很多突发问题。教师需要经常反思什么样的行为是"应该"的,不断对自己的行为进行"应不应该"的追问。

三、研究方法与路径

1. 初测问卷的编制

在文献研究的基础上进行开放性问卷调查,参考石林等人对中小学教师压力源的分类③,运用内容分析法对开放性问卷原始资料进行编码,最终归纳出影响中小学教师情绪的主要情境要素:学生方面、工作特征、学校方面、人际沟通以及职业发展方面。之后,再从这些情境要素中提炼出具体而典型的事例,为问卷项目的编写提供素材。

本研究根据教师社会—情绪能力的结构维度,并借鉴相关量表与质性研究资料的结果编写出初测项目。设定每个维度的题项不少于 3 个,因此初测问卷总题项应不少于 30 个。在编制项目时按照突出重点、语言简洁、措辞准确的原则,最终形成包含 91 个项目的项目库。在此基础上,提高问卷的内容效度,修改、剔除表达不清、容易产生歧义和维度归属不当的项目,之后重新根据维度划分进行归类,并适当增加项目,最终保留 70 个项目。问卷各项目均采用 Likert 五点计分,1 分代表"完全不同意",2 分代表"不同意",3 分代表"不确定",4 分代表"同意",5 分代表"完全同意"。要求被试按照自身实际情况选择答案,计算被试在每个维度上的平均分和问卷总均分,分数的高低反映被试社会—情绪能力的高低。

2. 研究对象

样本 1:参与开放式问卷调查。共有 37 名教师,分别来自上海市闵行区、静安区、普陀区、徐汇区、崇明区以及宝山区。其中,男性 4 名,女性 33 名;小学教师 15 名,中学教师 22 名。

样本 2:参与项目分析与探索性因素分析。被试为上海市 6 所学校的 324 名中小学教师。其中,男性 40 名,女性 284 名。

样本 3:参与问卷的信效度检验。选取上海市的 10 所学校的 665 名中小学教师为被试,以班级为单位进行整群抽样。男性 134 名,女性 531 名。

---

① Collaborative for Academic, Social, and Emotional Learning. Core SEL Competencies, https://casel.org/core-competencies/, 2019. 最后登录日期:2020 年 6 月 26 日。

② Collaborative for Academic, Social, and Emotional Learning. Core SEL Competencies, https://casel.org/core-competencies/, 2019. 最后登录日期:2020 年 6 月 26 日。

③ 石林,程俊玲,邓从真,刘丽:《中小学教师工作压力问卷的编制》,《教育理论与实践》2005 年第 10 期,第 37-39 页。

3. 数据收集与分析

通过问卷星软件制作问卷,被试点击链接或者扫码来获取问卷,并且在规定的时间内作答。为避免干扰,研究者在调查开始之前将注意事项和填写方式告知被试,在作答过程中不再与被试交流。采用SPSS Statistics 26.0 数据分析软件进行项目分析、探索性因素分析、内部一致性信度、区分效度以及效标效度检验;采用 AMOS24.0 数据分析软件进行结构效度检验。

四、数据结果分析

1. 项目分析

采用临界比率(Critical Ratio,又称 CR 值)作为项目区分度的指标。设定 27% 为临界点,对高分组和低分组进行独立样本 T 检验,考察两组被试在问卷项目得分上是否存在显著差异。结果显示,项目1、2、21、33、54(P 值大于 0.05)未达到显著水平,予以删除。删除检验统计量 T 低于 3.00 的项目。将各题项分数与总分进行皮尔逊相关计算,删除相关系数低于 0.40 的项目。由于项目 32 的相关系数为 0.39, 接近 0.40,也予以保留。项目分析后,删除 15 个不合格项目,保留 55 个项目。

2. 探索性因素分析

结果显示 KMO 值为 0.94,表明问卷十分适合做因素分析。另外,Bartlett 球形度检验近似卡方值为 11690.92,$P<0.001$,达到显著性水平。采用主成分分析法及方差最大变异法进行探索性因素分析,筛选标准删除和保留题项。经过多次因素分析后,自我意识维度少于 3 题,因此删除该维度。最终保留 4 个维度,共 22 个项目。

旋转后提取的 4 个因素的特征值都大于 1,它们的累积方差解释率达到 61.11%,贡献率达到较高水平。4 个因素的特征值、方差解释率以及累计方差解释率能够表明 4 个因素清晰有效。由旋转后负荷矩阵可看出,各题项的因素负荷值及变量共同度均大于 0.40,且不存在交叉负荷现象(见表 1)。因子 1 包括 6 个项目,主要反映教师管理自身情绪以及目标设定的能力,命名为“自我管理”;因子 2 包括 4 个项目,主要反映教师识别他人情绪、同理心以及换位思考的能力,命名为“社会意识”;因子 3 包含 5 个项目,主要反映教师与他人建立并维持健康有益的人际关系的能力,命名为“人际交往”;因子 4 包含 7 个项目,主要反映教师在综合考虑各种情况之后做出决策的能力,命名为“行为决策”。

表 1 旋转后的成分矩阵

项目编号	因子				共同度
	1	2	3	4	
13	0.68				0.53
17	0.64				0.50
20	0.67				0.59
22	0.73				0.65
23	0.69				0.62
24	0.53				0.59
30		0.76			0.68
31		0.66			0.55
42		0.52			0.57
45		0.64			0.59
40			0.73		0.64

(续表)

项目编号	因子				共同度
	1	2	3	4	
41			0.62		0.56
48			0.71		0.58
49			0.64		0.60
50			0.56		0.52
60				0.54	0.55
61				0.68	0.61
65				0.74	0.71
66				0.55	0.58
68				0.75	0.66
69				0.77	0.76
70				0.77	0.70
特征值	1.52	1.40	1.16	9.34	
方差贡献率(%)	6.94	5.29	6.39	42.47	
累积方差贡献率(%)	6.94	12.23	18.63	61.11	

3. 信效度检验

(1)信度

主要考察问卷的内部一致性信度,包括克伦巴赫 α 系数(Cronbach's alpha)和折半信度(split-half reliability)。如表 2 所示,问卷总体的克伦巴赫 α 系数为 0. 95,各个维度的克伦巴赫 α 系数均在 0. 80 以上;总问卷的折半信度为 0. 90,各个维度的折半信度为均在 0. 75 以上。

表 2 问卷的信度指标

信度	自我管理	社会意识	人际交往	行为决策	总问卷
克伦巴赫α系数	0.86	0.83	0.88	0.90	0.95
折半信度	0.87	0.77	0.82	0.89	0.90

(2)区分效度

如表 3 所示,问卷各个维度之间的相关系数在 0. 57 到 0. 72 之间,各维度与总问卷的相关系数在 0. 75 到 0. 82 之间。各维度间相关及各维度与总问卷相关系数均达到 0. 40 以上,并且各维度与总问卷之间的相关高于各维度之间的相关。同时,各维度间相关、各维度与总问卷间相关均达到显著性水平($P<0.01$)。

表 3 问卷维度间及维度与总问卷相关

信度	自我管理	社会意识	人际交往	行为决策	总问卷
自我管理	1.00				
社会意识	0.62**	1.00			
人际交往	0.59**	0.57**	1.00		
行为决策	0.66**	0.72**	0.63**	1.00	
总问卷	0.77**	0.75**	0.75**	0.82**	1.00

(3)效标和结构效度

以情绪智力作为关联效标，对社会—情绪能力进行相关分析，结果表明社会—情绪能力与情绪智力显著正相关($r = 0.71, P < 0.001$)。通过验证性因素分析考察此问卷的结构效度，本研究中，x^2/df 为 4.18，小于 5，近似误差均方根 RMSEA 为 0.07，小于 0.08，比较拟合指数 CFI 和 Tucker-Lewis 指数 TLI 分别为 0.93、0.92，均大于 0.90。

五、讨论与结论

1. 中小学教师社会—情绪能力的结构

为了验证理论假设是否正确，本研究通过实证研究方法确定中小学教师社会—情绪能力的结构，经过数据分析最终得出，中小学教师社会—情绪能力包含自我管理、社会意识、社会互动、负责任的决策 4 个维度。

从自我管理维度看，具有自我管理技能的教师能够正确地处理焦虑、沮丧等不良情绪，控制冲动，并且能为自己和学生制订合理可行的目标。他们在面对冲突情境时能够管理自身的情绪和冲动。能够合理地表达他们的情感，这有助于营造积极的课堂气氛以及建立和同事之间的积极关系。他们可以冷静理性地处理不当行为，能让学生感到自在轻松，并鼓励学生自己去发现和解决问题。在问卷中，自我管理维度主要包含“开公开课那几天，我会找到一些方法进行情绪调节”“我会给不同层次的学生设定不同的学习目标”等 6 个题项。

从社会意识维度看，具有社会意识技能的教师能够理解他人并同情他人，并且能包容不同个体的差异。他们能够通过相互理解和合作，建立可靠的关系。他们愿意接受文化多样性，可以接纳家长、学生和同事的不同观点，这种敏感性使他们能够有效地解决和学生、同事之间的冲突。在问卷中，社会意识维度主要包含“我能敏锐地感受到学生的表情、动作和神态等非语言信息”“我会关注到学生一些非常细微的进步”等 4 个题项。

社会互动技能指教师能够预防、管理并解决人际冲突，能在有需要时向他人寻求帮助的能力。他们知道如何跟学生友好相处，能够和其他学科的教师进行有效的合作，并且掌握一定的日常人际交往的沟通技巧。在问卷中，社会互动维度主要包含“与同事相处时，我可以让气氛变得很轻松”“我很愿意向领导表达我的观点看法”等 5 个题项。

具有负责任的决策技能的教师能够准确地识别决策情境，承担个人责任，能够考虑学生和他人的利益，负责任地解决问题。他们会考虑自己的决定对学校、学生和学校里其他人的影响，并对他们的决定和行为承担责任。在问卷中，行为决策维度主要包含“做出决定前，我会慎重考虑这个决定所带来的后果”“我会根据实际情况制订有利于学生发展的工作计划”等 7 个题项。

本问卷的 4 个维度相互联系、相互作用。良好的自我管理能力是教师具备社会—情绪能力的基础，社会意识、社会互动的技能是社会—情绪能力与环境层面的交互，解决问题及做出负责任的决策的能力是社会—情绪能力的最终落脚点。教师的社会—情绪能力是在与学生、家长以及学校(同事、领导等)的交互作用中体现和发展的。

2. 中小学教师社会—情绪能力问卷的信效度

(1)信度

信度是考察问卷质量的重要指标，问卷的信度越高，代表问卷越稳定。本研究计算了总问卷及各个维度的内部一致性信度，结果发现，问卷总体及分维度克伦巴赫 α 系数和折半信度都较高，证明问卷题项间的关联性较强，此问卷具有良好的内部一致性。考虑到中小学教师的日常教学工作繁忙，没有过多时间参与问卷调查，因此未对被试进行两次测查，未来研究将进一步检验问卷的重测信度。

(2)内容效度

内容效度是指问卷项目对预测的内容范围取样的适当程度,反映在本研究中,即问卷项目是否能有效代表中小学教师的社会—情绪能力。本研究采用了专家咨询法来提高问卷的内容效度,在最大限度上保证问卷项目与需要测量的内容相一致。在前期问卷的编制过程中,结合丰富的国内外文献,在进行中小学教师社会—情绪能力理论结构建构时,参考了质性研究的结果,充分考虑教师的工作情境和特点。建立充足的项目库后,邀请了相关领域的专家学者、一线中小学教师对项目提出修改意见,之后对项目进行修改和增删。因而,从问卷编制的整个流程来看,本次研究编制的问卷可以较好地反映中小学教师社会—情绪能力的特性,具有良好的内容效度。

(3)结构效度

为了进一步说明问卷内部题目在测量所测内容上的有效性、独立性和针对性,本研究对各个维度之间以及各个维度与问卷总体的相关性进行考察。结果发现,各个维度之间存在中等程度的相关,各个维度与总问卷之间存在中高程度的相关。这表明各维度既彼此独立又与总问卷所测内容相统一,证明了问卷结构的合理性。另外,本研究采用 AMOS24.0 为数据分析工具,对整个问卷的结构进行了模型检验。结果表明,模型的卡方/自由度(x^2/df)、近似误差方根(RMSEA)、相对拟合指数(CFI)等值都达到了可以接受的统计学标准。这反映了数据与预想模型拟合较好,显示了问卷具有较好的结构效度。

The Model Construction and Questionnaire Development of the Social and Emotional Competence for Primary and Secondary School Teachers

XU Su[1], WANG Jia[2], LI Dan[1]

(1. College of Education, Shanghai Normal University, Shanghai, 200234; 2. Baoshan Institute of Education, Shanghai, 201900)

Abstract: Teacher's social and emotional competence is related to job burnout, and affects the quality of teaching behavior and teacher-student interaction, and directly associated with the healthy growth of students and the development of teachers themselves. In order to improve teachers' social and emotional competence, it is necessary to diagnose and measure them. Based on a large number of literature studies, and combined with the results of the open questionnaire, this study began to construct a theoretical model of teachers' social and emotional competence, and started to develop a questionnaire for primary and secondary school teachers based on that. After initial and formal testing, the structure and assessment of the questionnaire of teachers' social and emotional competence were revised and verified, and a formal questionnaire was developed. This study has come to the following conclusions: 1) the questionnaire contains four dimensions of self-management, social awareness, social interaction and responsible decision-making; 2) it has a high reliability and validity and conforms to the psycho-measurement index, which can be used as an effective tool to measure the social and emotional competence of primary and secondary school teachers.

Key words: teachers' social and emotional competence, model construction, the compilation of questionnaire

学生家长对教育惩戒态度的四维结构与群体差异

秦鑫鑫[1]，沈　健[2]

（1. 华东师范大学 教育学部，上海 200062；2. 苏州市教育质量监测中心，江苏 苏州 215000）

摘　要：学生家长作为学生成长的陪伴者和学校教育的监督者，是影响教育惩戒规则落地实施的关键因素。基于S市10所公立中小学的4345位学生家长的问卷调查，经过项目分析、探索性因素分析和验证性因素分析，构建了学生家长对教育惩戒态度的四维结构，包括价值肯定、过程信任、效果认可和协同参与。结果表明，家长协同参与最好，过程信任和价值肯定相对较好，效果认可最差。同时，不同学生家长的态度存在差异。家长对教育惩戒的态度及其群体差异，应该成为中小学教育惩戒规则校本化实施过程中的关注重点。

关键词：学生家长；家长态度；教育惩戒；四维结构；群体差异

一、问题提出

教育惩戒是指学校、教师基于教育目的，对违规违纪学生进行管理、训导或者以规定方式予以矫治，促使学生引以为戒、认识和改正错误的教育行为。① 教师不敢惩戒、不会惩戒和不当惩戒共存的现实困境，是教育惩戒被广泛讨论并得以立法的重要缘由。2020年12月23日，教育部颁布了《中小学教育惩戒规则（试行）》（以下简称《规则》）。《规则》共20条，涉及教育惩戒背景、适用范围、实施主体、实施原则、惩戒手段、教师权责、家校沟通、家长申诉等内容。学生家长作为学生教养与学校教育的重要利益相关者，家长对教育惩戒的态度和支持形塑了教师教育惩戒的实践应对，也是未来教育惩戒能否落地实施的重要影响力量。就《规则》来看，其中11条内容涉及学生家长，但是当前研究成果很少聚焦于学生家长对教育惩戒的态度。

从学校教育发展的历程来讲，国家教育权的介入导致惩戒权由家长授予到由国家公权授予的转变。②然而，即便是教育惩戒的实施不再需要得到家长的授予，家长对教育惩戒所持的态度仍然会影响教育惩戒实施的具体形态和程度。基于1034位中小学教师的调查表明，教师认为自己所在班级学生的

基金项目：本文系苏州市教育质量监测中心2020年微监测、微调查课题"苏州市学生家长对教师教育惩戒支持的调查研究"（项目编号：2020021-03）、华东师范大学教育学部2019年研究生科研创新实践项目"中小学教师惩戒行为与惩戒能力的实证研究"（项目编号：ECNUFOE2019ZD075）的研究成果。

作者简介：秦鑫鑫，华东师范大学教育学部博士研究生，主要从事教育领导管理与教师专业发展研究；沈健，苏州市教育质量监测中心研究员，主要从事区域教育监测研究。

① 中华人民共和国教育部：《中小学教育惩戒实施规则（试行）》，载教育部官网 http://www.moe.gov.cn/srcsite/A02/s5911/moe_621/202012/t20201228_507882.html，最后登录日期：2020年12月30日。

② 钱大军，马光泽：《受教育权：教师惩戒权之后设来源与规范限制》，《教育发展研究》2020年第2期，第18-26页。

家长对教师教育惩戒的支持程度不够,仅有一半左右的家长会支持教师教育惩戒。[①] 家长对教育惩戒支持与否仅是家长态度的一个方面,家长的态度往往更为复杂且具有群体差异性。在我们对教师和校长的访谈中,不少受访者表示,很多家长会告诉教师或者班主任一定要严格管教自己的孩子,甚至允许教师打骂孩子。然而,部分家长存在"心口不一"现象,当教师或学校管教学生过于严格时,家长也会"找麻烦"。究其原因,其一,在人口政策的管制下,我国形成了长辈多、晚辈少的"倒金字塔形"家庭结构。家长的关爱、宠爱甚至溺爱,会导致家长因孩子受惩戒而和学校或者教师产生意见冲突。[②]其二,无论古今中外,体罚都曾经是或依然是一种惩戒形式,是一种否定性的制裁手段。[③] 但是随着打骂、体罚等现象在家庭教育中使用频率的降低,惩戒与体罚或者变相体罚发生混淆,也逐渐不被家长所接受和容忍。其三,在学校教育受到越来越多的行政监督、家长监督和社会舆论监督的当下,个别教师的不当惩戒或者体罚导致教师群体被贴上"负面标签"并被无限放大。因此,在我国家庭结构、家庭教育理念和学校教育外部问责环境的综合作用下,当因教育惩戒而产生家校纠纷时,学校和教师往往处于弱势,教师轻则被要求写检讨、扣工资,重则被调离岗位,甚至被开除。[④] 因此,一些教师为了避免麻烦,对学生违反校规的行为视而不见,放任自流。[⑤]

诸多研究肯定了学校惩戒或教师惩戒对学生个体、学生群体、教师和学校的现实价值。但是不可否认教育惩戒是把"双刃剑",即便是同一位教师在相同的情形下对不同的学生实施相同的教育惩戒,也会起到差异化甚至是完全相反的效果。同时,教育惩戒虽然可能带来立竿见影的效果,但是其有可能存在的副作用或"延迟效应"也要求教师谨慎对待。因此,有学者认为教育惩戒的实效性还有待实践检验,呼吁避免陷入"惩戒万能"的认识误区。[⑥] 相较于学者对教育惩戒实施的态度,学生家长对教育惩戒的落地实施更为敏感,可以说,学生家长的态度是学校和教师在落实《规则》过程中必须要考虑的外部因素。因此,本研究聚焦学生家长对教育惩戒(尤其是狭义层面的教师教育惩戒)的态度,在文献综述、教师小组研讨、教师访谈和校长访谈的基础上,编制了学生家长对教师教育惩戒态度的四维度问卷,并通过S市10所公立中小学的4345名家长进行了实证检验。

二、研究方法与过程

1. 初始题项的选择

家长态度问卷的初始题项,源自文献综述、教师小组研讨、教师访谈和校长访谈。其一,从已有研究对教育惩戒价值、意义及教育惩戒效果[⑦⑧⑨] 和影响教师教育惩戒权行使的论述中选择题项。[⑩⑪⑫⑬] 其二,利用研究者所在单位2019年和2020年教育管理教育硕士暑期课程,结合中小学教师尤其是班主任的

---

① 秦鑫鑫:《我国中小学教师教育惩戒行为与能力的实证研究》,《湖南师范大学教育科学学报》2020年第2期,第98-104页。

② 刘明萍,张小虎:《论我国教育惩戒权的两极化运行与理性化回归》,《复旦教育论坛》2020年第1期,第33-38页。

③ 申素平:《教育惩戒立法研究》,《中国教育学刊》2020年第3期,第37-42页。

④ 陈兰枝,夏豪杰:《把教育惩戒权还给教师——访全国人大常委会委员、中国教育学会副会长、华中师范大学教授周洪宇》,《教师教育论坛》2019年第6期,第4-8页。

⑤ 黄语东:《论制定教师惩戒权实施细则的必要性》,《教育学术月刊》2009年第5期,第73-74页。

⑥ 劳凯声,蔡春,寇彧,等:《教育惩戒:价值、边界与规制(笔谈)》,《教育科学》2019年第4期,第1-10页。

⑦ 姜华:《论教育惩戒及其适用理性》,《教育发展研究》2012年第Z1期,第115-118页。

⑧ 余雅风:《论教育惩戒的必要性与可行性》,《人民教育》2019年第23期,第18-21页。

⑨ 刘旭东:《教育惩戒权的立法规制研究》,《湖南师范大学教育科学学报》2020年第1期,第48-55页。

⑩ 胡月:《教师惩戒权与学生权利的冲突及其调解路径》,华中师范大学硕士学位论文,2018年,第64-65页。

⑪ 李慧:《小学阶段教育惩戒实施现状研究》,扬州大学硕士学位论文,2016年,第47页。

⑫ 陈翠翠:《中小学教师惩戒权流失问题研究》,上海师范大学硕士学位论文,2008年,第59页。

⑬ 刘冬梅:《中小学教师惩戒权的调查与思考》,《教师教育研究》2016年第2期,第96-100页。

实践经验，围绕学生问题行为、师生冲突、家校冲突、校园欺凌和教育惩戒等主题开展小组研讨，在此基础上了解学生家长对教育惩戒态度的复杂性。其三，研究者先后对小学和初中的 9 位校长及其所在学校的 24 位教师进行访谈，重点从校长和教师的角度，了解学生家长对待教育惩戒的态度与行动策略。

具体而言，本研究中的家长态度包括：学生家长对教育惩戒价值的肯定（简称为价值肯定），对教师实施教育惩戒过程的信任（简称为过程信任），对教师实施教育惩戒效果的认可（简称为效果认可），家长日常对学生行为的关注和协同教育（简称为协同参与）。初始问卷编制后邀请 3 位中小学教师通读问卷，通过教师考察家长态度四维度结构各题项是否符合家长的实际情况，进而对题项的表述进行修改。如表 1 所示，本研究最初形成了由 21 题项构成的家长态度调查问卷，问卷分为"价值肯定、过程信任、效果认可、协同参与"四维度，各维度分别由若干题项组成。家长态度四维度均采用李克特五点计分，从"1"分到"5"分分别代表"完全不同意"至"完全同意"，其中，价值肯定、过程信任和协同参与的得分越高，说明家长的态度越积极。效果认可维度采用反向计分，即该维度得分越高，表明家长对教师教育惩戒效果认可的程度越低。

表 1 家长态度的四维度及题项

维度	题项
维度一：价值肯定	Q01 教育惩戒是必要的教育手段
	Q02 教育惩戒有助于维持日常教学秩序
	Q03 教育惩戒有助于学生改正错误
	Q04 教育惩戒有助于维护大多数学生的权益
	Q05 教育惩戒有助于学生日常行为习惯的形成
	Q06 教育惩戒有助于学生学业成就发展
	Q07 教育惩戒有助于维护教师权威
维度二：过程信任	Q08 教师能一视同仁对学生实施教育惩戒
	Q09 教师能选择合适的教育惩戒手段
	Q10 教师能把握教育惩戒的力度
	Q11 教师能选择合适的教育惩戒时机
	Q12 教师能选择恰当的教育惩戒场合
维度三：效果认可	Q13 教育惩戒不会影响学生自尊心
	Q14 教育惩戒不会影响学生身体健康
	Q15 教育惩戒不会影响学生心理健康
	Q16 教育惩戒不会影响学生学业进步
	Q17 教育惩戒不会导致学生发生意外事故
维度四：协同参与	Q18 在家中，我也注意培养孩子的良好习惯
	Q19 我关注孩子在学校的日常行为表现
	Q20 我会及时和教师沟通孩子的不良表现
	Q21 当孩子在学校犯错误时，我会协助教师教育孩子

2. 研究对象

根据学校区位、学段、办学水平和学生家长背景，选择 S 市 10 所公立中小学进行问卷调查，其中包括 3 所小学、5 所初中和 2 所高中。根据学校实际，采取整群抽样或选择性抽样的方式选择班级调研。以班级为单位，通过家长微信群、QQ 群和钉钉群发放电子问卷，前后共收集 6244 份学生家长问卷，删除随意填答或填答时间过短的问卷 1899 份，得到有效问卷 4345 份，问卷有效率为 69.6%。从家长人口学特征来看,父亲1286人(占29.6%),母亲3059人(占70.4%)。父亲比例较少的原因主要在于,学生的教育常常由母亲承担,因此不少父亲并没有加入班级通信群;S市户籍3473人(占79.9%),外省市户籍872人(占20.1%);已婚并同住3990人(占91.8%),其他355人(占8.2%)。从学生人口学特征来看,男生2250人(占51.8%),女生2095人(占48.2%);小学生2039人(占46.9%),初中生1778人(占40.9%),高中生528人(占12.2%)。

3. 数据分析

以学校为单位,将每所学校的家长数据平均分为两部分,2173份家长数据用于探索性因素分析,2172份家长数据用于验证性因素分析。第一步,数据清理后对问卷进行项目分析,检验各个题项的鉴别度。第二步,利用Mplus8.1进行探索性因素分析,通过竞争模型检验并确定家长态度的维度。第三步,仍然利用Mplus8.1进行验证性因素分析,在验证各个维度结构效度的基础上验证家长态度四维度的结构。最后,将两部分数据进行合并,分析学生家长态度四维度的现状与差异。

三、研究结果

1. 项目分析

项目分析的目的在于检验问卷题项的适切或者可靠程度,一般可以通过决断值检验和同质性检验来确定题项的删减与保留。[①] 将"效果认可"5道反向题进行反向计分后,对所有题项进行分值加总,对总分的前27%和后27%进行分组。结果表明,高分组和低分组在各个题项上的得分差异显著,各个题项具有较好的鉴别度。因此,项目分析后所有题项得以保留。

2. 探索性因素分析

当问卷的理论结构不清晰时,普遍的做法是先使用探索性因素分析,初步确定因子的个数、指标与因子之间的关系,以及因子与因子之间的关系。[②] 为了探索学生家长态度的结构,对初步形成的21个题项进行探索性分析。结果显示,Bartlett球型检验的卡方值为37963.902,自由度为210,$p<0.001$,KMO值为0.932,说明适合进行因素分析。后利用Mplus8.1完成探索性因素分析,采用极大似然估计方法提取公因子,在因子旋转上选择斜交旋转。结果表明,家长态度共探索出7个可供选择的模型,形成从单因子结构到七因子结构不等的模型。一般而言,结构方程模型拟合指数符合χ^2/df小于5,RMSEA小于0.08,SRMR小于0.08,CFI大于0.9,TLI大于0.9的要求。[③] 但是,由于χ^2的大小受到样本量大小的影响,此时模型拟合的判别就不能以卡方值或者卡方值与自由度之比两个指标作为判断准则。[④⑤] 由于本研究的探索性因素分析和验证性因素分析部分所使用的样本量均超过2000,因此将RMSEA、CFI、TLI和SRMR作为判别模型拟合优度的标准,不将χ^2/df小于5作为判别标准。

如表2所示,单因子模型、两因子模型和三因子模型的拟合指数均未达到模型拟合的要求,四因子、五因子、六因子和七因子的模型拟合指数得到改善并达到模型拟合的要求,这说明家长态度最少包括四个因子。对比四因子、五因子、六因子和七因子可以发现,家长支持的因子越多,模型拟合的指数越好,因此需要对因子载荷情况进行进一步探究。

① 吴明隆:《问卷统计分析实务:SPSS操作与应用》,重庆大学出版社2015年版,第181页。

② 王孟成:《潜变量建模与Mplus应用·基础篇》,重庆大学出版社2014年版,第63页。

③ 侯杰泰,温忠麟,成子娟:《结构方程模型及其应用》,教育科学出版社2004年版,第177-185页。

④ Tay, L, Drasgow F, "Adjusting the Adjusted χ2/df Ratio Statistic for Dichotomous Item Response Theory Analyses: Does the Model Fit?" *Educational and Psychological Measurement*, Vol. 72, no. 3(2012), pp. 510-528.

⑤ 吴明隆:《问卷统计分析实务:SPSS操作与应用》,重庆大学出版社2015年版,第491页。

表 2 家长态度的探索性因素分析模型拟合指数(N=2173)

Model	χ^2	df	χ^2/df	RMSEA	CFI	TLI	SRMR
单因子	97267.72***	189	514.6	0.148	0.542	0.491	0.149
双因子	6041.129***	169	35.7	0.126	0.702	0.630	0.101
三因子	2689.827***	150	17.9	0.088	0.871	0.820	0.075
四因子	805.726***	132	6.1	0.048	0.966	0.946	0.015
五因子	479.497***	115	4.2	0.038	0.982	0.966	0.012
六因子	332.931***	99	3.4	0.033	0.988	0.975	0.009
七因子	230.959***	84	2.7	0.028	0.933	0.981	0.008

注:***表示 $p<0.001$

如表 3 所示,四因子的结构较为清晰,除 Q13 和 Q18 的因子载荷低于 0.6 之外,其余均在 0.65 以上,说明四因子结构较符合最初的设想。反观五因子模型的因子结构并不清晰,由于六因子和七因子模型的因子结构更为混乱,因此不再呈现。结合探索性因素分析的模型拟合指数、因子结构和因子载荷,本研究选择四因子模型,F1 命名为“价值肯定”,F2 命名为“过程信任”,F3 命名为“效果肯定”,F4 命名为“协同参与”。

表 3 家长态度的探索性因素载荷矩阵(N=2173)

题目	四因子				五因子				
	F1	F2	F3	F4	F1	F2	F3	F4	F5
Q01	0.814*				0.625*		0.305*		
Q02	0.918*				0.658*		0.483*		
Q03	0.884*				0.719*		0.277*		
Q04	0.860*				0.857*				
Q05	0.882*				0.920*				
Q06	0.854*				0.955*				
Q07	0.678*				0.692*				
Q08		0.683*				0.678*			
Q09		0.849*				0.851*			
Q10		0.930*				0.934*			
Q11		0.953*				0.950*			
Q12		0.829*				0.825*			
Q13			0.580*					0.578*	
Q14			0.777*					0.775*	
Q15			0.879*					0.877*	
Q16			0.861*					0.860*	
Q17			0.813*					0.814*	
Q18				0.523*					0.523*
Q19				0.870*					0.870*
Q20				0.854*					0.855*
Q21				0.787*					0.787*

注：*$p<0.05$。

3. 验证性因素分析

通过项目分析和探索性因素分析,初始设计的21个题项被探索出四个维度。为了验证四维度的结构,本研究对剩下的2172份家长问卷进行验证性因素分析,探索家长态度四维度的结构效度。首先,分别对四维度进行验证性因素分析。结果表明,四维度中的价值肯定、过程信任和效果认可的模型拟合指数中的RMSEA高于0.08,这表明三个维度内部个别题项之间具有共线性。根据王孟成的建议,验证性因素分析时,可以根据MI指数的高低进行题项删减。① 因此,本研究结合各个题项的实际内涵、因子载荷和MI指数,共删除5个题项。其中,"价值肯定"维度删除Q01、Q02和Q07,"过程信任"维度删除Q08,"效果认可"维度删除Q16,形成四维度16题项的家长态度问卷。其次,对删减题项后的四维度模型进行验证性因素分析。结果表明,家长态度四维模型拟合较好,其中χ^2为541.928,df为113,RMSEA为0.042,CFI为0.984,TLI为0.981,SRMR为0.033,均达到模型拟合的要求。

如图1所示,"价值肯定"维度的信度为0.863,效度为0.935,各题项的标准因子载荷在0.850至0.902之间,组成信度为0.937,平均方差萃取量为0.787。"过程信任"维度的信度为0.856,效度为0.933,各题项的标准化因子载荷在0.794至0.933之间,组成信度为0.935,平均方差萃取量为0.783。"效果认可"维度的信度为0.798,效度为0.847,各题项的标准化因子载荷在0.568至0.892之间,组成信度为0.853,平均方差萃取量为0.598。"协同参与"维度的信度为0.800,效度为0.839,各题项的标准化因子载荷在0.565至0.851之间,组成信度为0.854,平均方差萃取量为0.600。可以看出,家长态度四维度对应测量变量的因子载荷均高于0.55,各个题项对所属维度的解释率较大,具有很好的建构效度。各维度的组成信度均超过0.7,说明模型具有很好的结构效度。四维度的平均方差抽取量均大于0.5,具有良好的收敛效度。

4. 四维模型的应用

经项目分析、探索性因素分析和验证性因素分析,形成了四维度16题项的家长态度问卷,各维度均由4个题项构成。将两部分样本合并后,检验家长态度的现状及群体差异。总体来看,"效果认可"均值为3.06,标准差为0.93,这说明家长对教育惩戒存在普遍的担忧情况,害怕惩戒对孩子的自尊心等方面造成伤害。此外,"价值肯定"和"过程信任"得分均超过4.0分,这表明不少家长不认可教育惩戒的价值,同时担忧在教师实施教育惩戒的时候存在不足。不过可喜的是,家长"协同参与"得分较高,说明家长在日常教养中比较注重学生行为的发展及相应的家校合作。

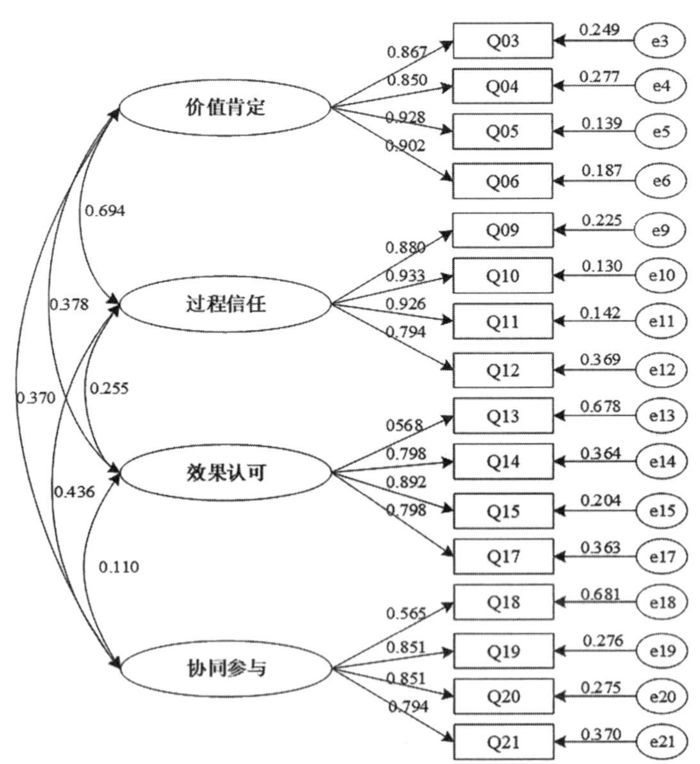

图1 家长态度四维度结构模型图(N=2172)

对家长态度四维度各个题项加总后进行差异性检验,考察家长态度的群体差异。其一,相对于母亲,父亲的"价值肯定"($M_{父亲}$=4.10,$M_{母亲}$=4.01,t=3.33,p=0.001)和"效果认可"均显著高于母亲($M_{父亲}$=3.12,$M_{母亲}$=3.04,t=2.81,p=0.005),"过程信

① 王孟成:《潜变量建模与Mplus应用·基础篇》,重庆大学出版社2014年版,第118页。

任”和“协同参与”不存在显著性差异，这与家庭教养中的“严父慈母”传统相一致。其二，其他省市家长的“价值肯定”($M_{S市}=4.02$，$M_{其他省市}=4.09$，$t=-2.19$，$p=0.029$)、“过程信任”($M_{S市}=4.15$，$M_{其他省市}=4.23$，$t=-2.78$，$p=0.005$)和“效果认可”($M_{S市}=3.02$，$M_{其他省市}=3.22$，$t=-5.52$，$p=0.000$)均显著高于S市家长，两类家长的“协同参与”不存在显著性差异，这可能与S市家长的高文化水平和低严格家庭教养有关。其三，已婚并同住家长的“过程信任”($M_{已婚并同住}=4.18$，$M_{其他}=4.05$，$t=3.12$，$p=0.002$)和“协同参与”($M_{已婚并同住}=4.50$，$M_{其他}=4.40$，$t=3.61$，$p=0.000$)显著高于其他婚姻状况的家长，两类家长的“价值肯定”和“效果认可”不存在显著性差异，这可能因为已婚并同住的家长和学校、教师日常互动较多，能够在更多的家校交往中建立信任机制。其四，男孩家长和女孩家长、独生子女家长和多个子女家长的“价值肯定、过程信任、效果认可、协同参与”均不存在显著性差异，这可能是因为家长群体在子女的教育中持平等观念，家长在教育惩戒这一问题上的态度不因子女性别和子女数量而变化。其五，不同学段家长的“价值肯定”($M_{小学}=3.98$，$M_{初中}=4.06$，$M_{高中}=4.16$，$F=10.21$，$p=0.000$)、“过程信任”($M_{小学}=4.11$，$M_{初中}=4.21$，$M_{高中}=4.24$，$F=10.02$，$p=0.000$)、($M_{小学}=2.99$，$M_{初中}=3.12$，$M_{高中}=3.12$，$F=10.02$，$p=0.000$)和“协同参与”($M_{小学}=4.47$，$M_{初中}=4.50$，$M_{高中}=4.56$，$F=6.35$，$p=0.002$)存在显著性差异。总体而言，高中生家长态度的四个维度均高于小学生家长，说明随着学生学段提高、学生身心发展成熟度增加，家长对教育惩戒的“价值认可、过程信任、效果认可”相应提高。同时，高中生的学业压力远高于小学生和初中生，家校沟通和协作的意愿和频率更高，因此高中生家长的协同参与更好。其六，子女学业表现越好，家长的“价值肯定”($M_{中等以下}=3.98$，$M_{中等}=4.02$，$M_{中等偏上}=4.08$，$F=4.97$，$p=0.007$)、“过程信任”($M_{中等以下}=4.09$，$M_{中等}=4.17$，$M_{中等偏上}=4.21$，$F=8.73$，$p=0.000$)、效果认可($M_{中等以下}=3.00$，$M_{中等}=3.07$，$M_{中等偏上}=3.09$，$F=3.16$，$p=0.043$)和“协同参与”($M_{中等以下}=4.37$，$M_{中等}=4.48$，$M_{中等偏上}=4.57$，$F=55.04$，$p=0.000$)越好。其七，子女日常行为表现越好，家长“过程信任”($M_{中等以下}=4.10$，$M_{中等}=4.12$，$M_{中等偏上}=4.19$，$F=5.28$，$p=0.005$)、“效果认可”($M_{中等以下}=3.00$，$M_{中等}=3.07$，$M_{中等偏上}=3.09$，$F=3.16$，$p=0.043$)和“协同参与”($M_{中等以下}=4.32$，$M_{中等}=4.41$，$M_{中等偏上}=4.54$，$F=45.02$，$p=0.000$)越高，但是子女日常行为表现与家长价值认可不存在显著差异。这表明学生的学业成就和日常行为表现与家长态度存在密切联系，但其中的互动机制有待探讨。

四、结论与展望

1. 四维模型建构的科学性分析

基于已有文献、教师小组研讨、教师访谈和校长访谈，本研究形成了四维度21题项的家长惩戒态度问卷。通过对S市10所公立中小学的4345位家长的数据分析，最初选择的21个题项经项目分析后得以保留。对2173份家长问卷进行探索性因素分析，综合竞争模型拟合指数、因子分布和因子载荷系数，表明原来设想的四维度模型符合预期。对另外2172份家长数据进行验证性因素分析，在删除5个题项后，“价值肯定、过程信任、效果认可、协同参与”各个维度模型拟合较好，家长态度四维结构也具有良好的模型拟合指数。基于此，本研究形成的四维度16题项的家长态度问卷是科学的，既可以应用于后续理论研究，也可供中小学管理者和教师用于家长态度调查。

2. 学生家长态度的群体差异

基于全样本4345位家长数据，“协同参与”的均值最好，表明家长普遍认为在学生日常行为习惯方面的家校合作较好，不仅能够在学校之外关注学生行为习惯，而且还会配合学校一起规范和教育学生。基于中国教育追踪调查的数据表明，学生父母的行为参与、情感参与、监管参与水平越高，青少年不良行为水平则越显著下降。[①] 此外，学生学段越高、学生学业成绩和学生日常行为表现越好，家长的协同参与程度越高。虽然高协同参与高学业成绩、高行为表现之间的因果关系并不明晰，但是可以明确的是，对于学生学业成绩不好和日常行为不好的学生家长而言，与教师和学校加强沟通并开展合作是十分必

① 吴帆，张林虓：《父母参与在青少年行为发展中的作用——基于CEPS数据的实证研究》，《中国青年研究》2018年第12期，第57-66页，第18页。

要的。

家长"价值肯定、过程信任、效果认可"三维度的现状与群体差异,呈现出两个比较突出的特点:一方面,家长的"价值肯定"和"过程信任"远高于"效果认可",这说明家长群体相对于教育惩戒的效果而言,更为认同其价值,同时信任教育惩戒的实施过程。这说明,家长群体在教育惩戒实施上存在矛盾心态,即不少家长在意识到教育惩戒价值的同时,对教育惩戒的效果持怀疑态度。有学者认为,家长是教师行使惩戒权的一大"阻碍",认为家长由于过度保护而阻碍教师对学生开展惩戒教育。① 但是本研究的结果表明,家长对教育惩戒"阻碍"的原因可能在于,家长对教育惩戒效果的不认可或者隐忧,害怕教育惩戒对学生造成不良影响。另一方面,家长的"价值肯定、过程信任、效果认可"均在学段等方面存在显著差异,不同学段家长态度的差异应该成为教育惩戒实施中比较关注的因素。综合来看,学生家长在教育惩戒的"价值肯定、过程信任、效果认可、协同参与"方面的群体差异,应该在教育惩戒校本化实施中予以重视。

3. *研究展望*

当前,教育惩戒大讨论中的诸多争议因《规则》的出台而消失,但不可否认的是,学生家长作为学生成长的陪伴者和学校教育的监督者,他们对教育惩戒的态度依然会以不同形式,并在不同程度上影响教育惩戒的校本化实施。正如学者所言,再精细的立法或规则都无法完全消除权利或权力行使的异化空间,最终还有赖于行政或管理过程中的体制机制、参与者的良好素养、群体影响、伦理认知等。② 因此,如何在了解家长对教育惩戒态度的基础上形成家校"契约关系",是每一所学校的管理者、班主任和任课教师应该关注的重点和难点问题。

Four-dimensional Structure and Group Differences of Parents' Attitudes Towards Educational Punishment

QIN Xinxin[1], SHEN Jian[2]

(1. Faculty of Education, East China Normal University, Shanghai, 200062;

2. Education Quality Monitoring Center, Suzhou Jiangsu, 215006)

Abstract: As an important participant and supervisor of school education, students' parents are the key factors affecting the implementation of educational punishment. Based on the questionnaires from 4345 parents in 10 public primary and secondary schools in Suzhou, the four-dimensional structure of parents' attitude towards educational punishment was constructed through item analysis, exploratory factor analysis and confirmatory factor analysis, which included value affirmation, process trust, effect recognition and collaborative participation. The findings show that parents' cooperative participation has the best result, the process trust and value recognition have relatively better results, and the effect recognition has the worst result. At the same time, there exist divergence among the attitudes of different students' parents. Thus, the attitude of students' parents and their group differences should be the focus of the implementation of school-based educational punishment.

Key words: students' parents, parents' attitudes, educational punishment, four-dimensional structure, group difference

① 李帅,黄颖:《教师权威的式微与重塑从教师惩戒权入法谈起》,《教师教育研究》2020年第1期,第27-31页,第59页。

② 靳澜涛:《教师惩戒权入法的冷思考——以〈教师法〉修订为背景》,《中国矿业大学学报(社会科学版)》2020年第5期,第91-100页。

父母内隐情绪信念与儿童情绪智力的关系：有调节的中介模型

张丽娜

（上海师范大学 学前教育学院，上海 200234）

摘 要：为了探讨父母的内隐情绪信念与儿童情绪智力发展的关系及作用机制，以673名幼儿园阶段幼儿及家长为研究对象，使用内隐情绪信念问卷、教育效能感问卷、儿童情绪智力量表进行测试。结果发现：(1)幼儿园阶段儿童情绪智力的发展有性别差异，女生情绪智力发展明显优于男生。幼儿园阶段儿童情绪智力发展年龄差异不大，是否为独生子女对儿童情绪智力发展无显著影响。(2)父母内隐情绪信念可以直接影响儿童情绪智力的发展，也可以通过教育效能感的中介作用预测儿童情绪智力的发展，并且儿童性别的调节作用显著。建议在进行儿童情绪智力的教育时，考虑性别差异，重视父母的内隐情绪信念的影响作用，增强父母的教育效能感。

关键词：内隐情绪信念；儿童情绪智力；教育效能感；有调节的中介模型

一、问题提出

儿童情绪智力研究是情绪智力研究的一部分。研究发现，高水平的情绪智力往往与积极的发展结果相关，比如有更好的健康状况①，拥有更高的个体幸福感和良好的心理健康状态②，取得良好的学习成绩③，形成强大的社会支持，拥有积极的社会情感。④ 而与此相反，低水平的情绪智力往往与消极的发展结果相关，会增加儿童学习和同伴关系中出现问题的风险。⑤ 由此得知，情绪智力对于儿童的终身发展

作者简介：张丽娜，上海师范大学学前教育学院博士研究生，主要从事儿童语言教育、儿童心理发展与教育研究。

① Costa S, Petrides K V, Tillmann T, "Trait Emotional Intelligence and Inflammatory Diseases", *Psychology, Health & Medicine*, Vol. 19, no. 2(2014), pp. 180-189.

② Casino-Garca A M, Garca-Prez J, Llinares-Insa L I, "Subjective Emotional Well-Being, Emotional Intelligence, and Mood of Gifted vs. Unidentified Students: A Relationship Model", *International Journal of Environmental Research & Public Health*, Vol. 16, no. 18(2019), pp. 1-18.

③ Costa A, Faria L, "The Impact of Emotional Intelligence on Academic Achievement: A longitudinal Study in Portuguese Secondary School", *Learning and Individual Differences*, Vol. 37, (2015), pp. 38-47.

④ Wood P, "Emotional Intelligence and Social and Emotional Learning: (Mis)Interpretation of Theory and Its Influence on Practice", *Journal of Research in Childhood Education*, Vol. 34, no. 1(2020), pp. 153-166.

⑤ Petrides K V, Gómez M G, Pérez-Gonzúlez J C, "Pathways into Psychopathology: Modeling the Effects of Trait Emotional Intelligence, Mindfulness, and Irrational Beliefs in a Clinical Sample", *Clinical Psychology & Psychotherapy*, Vol. 24, no. 5(2017), pp. 1130-1141.

具有重要作用。

影响儿童情绪智力发展的因素很多:一方面,儿童本身的特点如语言发展水平、同伴交往模式等对儿童情绪智力的发展有影响;另一方面,父母的很多特点,如家庭教养方式、父母元情绪(父母面对儿童情绪时产生的情绪、态度与理念),父母情绪智力、父母对儿童行为的反应等也对儿童情绪智力的发展具有非常重要的影响。因此可以推论,父母的其他特点可能也会影响儿童情绪智力的发展,比如父母的内隐情绪信念和父母的教育效能感。

内隐信念是关于人的特性是否可改变的信念,由于这种信念是看不见摸不着的,因此被称为内隐信念,研究内隐信念的理论是内隐理论。[①②③] 塔米尔(Tamir M)等将内隐理论从原本集中于智力、人格和道德等方面延伸到了情绪领域,提出了内隐情绪理论[④],后来也被称为内隐情绪信念,分为实体论内隐情绪信念和增长论内隐情绪信念。[⑤] 持有实体论内隐情绪信念的人(以下简称"内隐情绪实体论者")倾向于认为人的情绪是稳定不变的,不可控制的,他们不相信自己能够改变自己的情绪;而持有增长论内隐情绪信念的人(简称"内隐情绪增长论者",下同)倾向于认为情绪是可以改变的,可以控制的,他们相信自己有控制自己情绪的能力。塔米尔等研究发现,拥有不同内隐情绪信念的人,自我报告不同的幸福感、抑郁症状和社会适应能力。[⑥] 有研究者通过研究内隐情绪信念、主观幸福感和心理困扰之间的关系,发现内隐信念通过认知再评价与幸福或困扰联系在一起,对心理健康有重要的影响。[⑦] 邓(Deng)等研究了情绪调节的内隐情绪信念和消极情绪体验的关系,发现内隐情绪增长论者消极情绪体验更少。[⑧] 有研究认为,内隐情绪对心理治疗的效果有影响。[⑨] 内隐情绪增长论者比实体论者情绪调节策略更为积极,因此其幸福感更高,心理困扰更少,治疗也更容易起效果。也有研究发现,内隐情绪信念会影响情绪智力分数,内隐情绪增长论者情绪智力分数高于内隐情绪实体论者。[⑩] 由此可见,内隐情绪信念作为一种期待,对人的行为具有指导作用,对个人发展具有重要影响。因此可以推论,父母的内隐情绪信念对其自身教育风格和方式具有指导作用,可以影响父母教育效能感。

父母教育效能感是父母对教育儿童能否成功的推测和判断。高教育效能感的父母认为自己能够成功教育儿童,而低教育效能感的父母认为自己不能成功教育儿童。具体来说,父母效能感和儿童的营

---

① Dweck C S, Chiu C, Hong Y, "Implicit Theories and Their Role in Judgments and Reactions: A World from Two Perspectives", *Psychological Inquiry*, Vol. 6, no. 4(1995) ,pp. 267-285.

② Dweck C S, Chiu C, Hong Y, "Implicit Theories: Elaboration and Extension of the Model", *Psychological Inquiry*, Vol. 6, no. 4 (1995) ,pp. 322-333.

③ Louisa K, Josefin J, Hannes R, "Why can Some Implicit Theory of Mind Tasks be Replicated and Others cannot? A Test of Mentalizing versus Submentalizing Accounts", *Plos One*, Vol. 14, no. 3(2019) ,pp. 1-16.

④ Tamir M, John O. P, Srivastava S, Gross J J, "Implicit Theories of Emotion: Affective and Social Outcomes across a Major Life Transition", *Journal of Personality & Social Psychology*, Vol. 92, no. 4(2007) ,pp. 731-744.

⑤ Goldin P R, Ziv M, Jazaieri H, Weeks J, Heimberg R G, Gross J J, "Impact of Cognitive-behavioral Therapy for Social Anxiety Disorder on the Neural bases of Emotional Reactivity to and Regulation of Social Evaluation", *Behaviour Research and Therapy*, Vol. 62, no. 1 (2014) ,pp. 97-106.

⑥ Tamir M, John O. P, Srivastava S, Gross J J, "Implicit Theories of Emotion: Affective and Social Outcomes across a Major Life Transition", *Journal of Personality & Social Psychology*, Vol. 92, no. 4(2007) ,pp. 731-744.

⑦ Castella D K, Goldin P, Jazaieri H, Ziv M, Dweck C S, Gross J J, "Beliefs about Emotion: Links to Emotion Regulation, Well-Being, and Psychological Distress", *Basic and Applied Social Psychology*, Vol. 35, no. 6(2013) ,pp. 497-505.

⑧ Deng X M, Sang B A, Chen X Y, "Implicit Beliefs about Emotion Regulation and their Relations with Emotional Experiences among Chinese Adolescents", *International Journal of Behavioral Development*, Vol. 41, no. 2(2017) ,pp. 220-227.

⑨ Reffi A N, Darnell B C, Himmerich S J, White K J, "Implicit Beliefs of Emotion and Anxiety in Psychotherapy", *Motivation & Emotion*, Vol. 44, no. 3(2020) ,pp. 453-463.

⑩ Rosario C, Pablo F B, "Implicit Theories and Ability Emotional Intelligence", *Frontiers in psychology*, Vol. 6, (2015) ,pp. 1-8.

养、体重、活动等相关①，父母高效能感与儿童的高学业水平、好的亲子关系、更少的问题行为、更有效的心理治疗效果有关。②③④⑤在实践中，儿童的发展状况是父母判断自己教育是否成功的标准之一，且儿童的发展状况常常有性别差异，因此我们推论，父母的内隐情绪信念对父母教育效能感的影响受到儿童性别的调节作用。

综上所述，可尝试构建一个有调节的中介效应模型（见图1），并主要从以下四个方面进行研究：

（1）儿童情绪智力在幼儿园阶段的发展是否有差异？

（2）父母内隐情绪信念是否能够预测父母教育效能感和儿童情绪智力发展？

（3）父母教育效能感是否能够预测儿童情绪智力发展？

（4）父母内隐情绪信念和儿童情绪智力关系中儿童性别、父母教育效能感的有调节的中介模型是否成立？

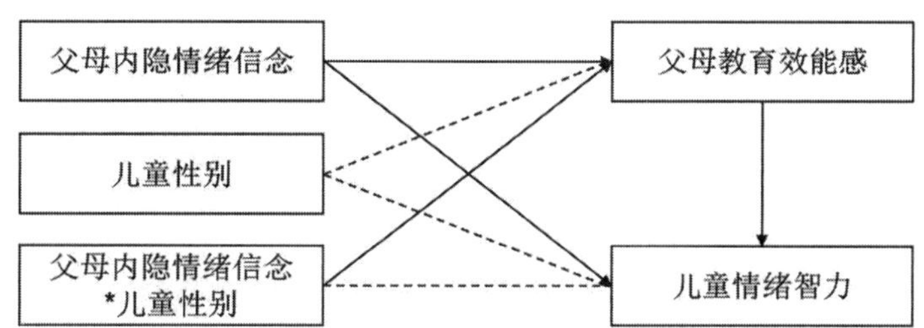

图1 各变量之间的关系模型

注：实线箭头代表在有调节的中介模型中有假设，虚线代表无假设。

二、研究方法

1. 研究对象

研究选取山东省的3所幼儿园，采取整班选取、自愿参与的原则，对确定智力发育正常、认知与情感无障碍的673名幼儿进行研究，其中小班176人，中班165人，大班332人。描述性统计结果见表1。

表1 研究对象描述性统计

	非独生子女	独生子女	总计
小班	33（17男，16女）	143（71男，72女）	176（88男，88女）
中班	31（17男，14女）	134（75男，59女）	165（92男，73女）
大班	93（45男，48女）	239（120男，119女）	332（165男，167女）
总计	157（79男，78女）	516（266男，250女）	673（345男，328女）

① Woods T, Nies M, "Review of the Literature on Parental Efficacy and Child Nutrition, Activity, and Weight", Research in Health Science, Vol. 4, no. 3(2019), pp. 201-220.

② Jones T L, Prinz R J, "Potential Roles of Parental Self-efficacy in Parent and Child Adjustment: A Review", Clinical Psychology Review, Vol. 25, no. 3(2005), pp. 341-363.

③ 雷秀雅，杨振，刘愫：《父母教养效能感对自闭症儿童康复的影响》，《中国特殊教育》2010年第4期，第33-36页。

④ 毛燕菁：《父母效能感、父母教养观念与青少年儿童亲子关系》，《读写算（教育教学研究）》2013年第13期，第20-23页。

⑤ Shumow L, Lomax R, "Parental Efficacy: Predictor of Parenting Behavior and Adolescent Outcomes", Parenting, Vol. 2, no. 2(2002), pp. 127-150.

2. 研究工具

(1)内隐情绪信念问卷

塔米尔等将内隐情绪分为实体观和发展观两个维度,建立内隐情绪理论问卷(题目如:如果人们愿意,他们可以改变他们的情绪),用于测量一般内隐情绪。[①] 卡斯特拉(Castella D K)等对塔米尔等的问卷进行修订,使用第一人称进行测试(题目如:如果我愿意,我可以改变我的情绪),反映自己在多大程度上能够改变或控制自己的情绪,用于测量个人内隐情绪信念,该问卷具有良好的内部一致性。[②] 本次样本中,采用第一人称内隐情绪信念问卷进行李克特 6 分制测试,其 Cronbach's α=0. 74。

(2)父母教育效能感

父母教育效能感问卷来自父母阅读信念量表 PRBI 的教育效能感子量表,测量父母教育儿童时的效能感(题目如:我的孩子从我这里学到很多重要的东西)。[③④] 该问卷具有良好的内部一致性,本次样本中进行李克特 6 分制测试,其 Cronbach's α=0. 71。

(3)儿童情绪智力量表

3—7 岁儿童情绪智力量表是以情绪智力三维结构理论为理论基础进行编制的[⑤⑥],该量表具有良好的内部一致性。本次样本中,对 6 因子 18 题采用李克特 6 分制进行测试,量表总分的 Cronbach's α=0. 86,各维度 Cronbach's α 分别为 0. 65,0. 76,0. 66,0. 78,0. 67,0. 74。

3. 数据处理

使用数据统计分析软件 SPSS22. 0 和 Process3. 3 进行因子分析、独立样本 t 检验、方差分析及有调节的中介效应分析。

三、研究结果

1. 共同方法偏差检验

本研究数据均由幼儿家长自我报告,对可能存在的共同方法偏差采用 Harman 的单因素检验法进行检验。[⑦] 结果显示,未旋转主成分分析共有 7 个因子特征根大于 1,且第一个因子解释的总变异量为 22. 87%,小于 40% 的临界标准,表明本研究共同方法偏差不显著。

2. 儿童情绪智力发展差异检验

(1)不同性别儿童情绪智力发展差异检验

对性别的独立样本 t 检验结果(见表 2)显示,女生在所有情绪智力维度得分上均高于男生。在儿童情绪智力总分和表达与评价他人的情绪维度上存在显著的性别差异。由此表明,总体上来说,在儿童情绪智力的发展方面,女生优于男生,女生在情绪智力总分和表达与评价他人的情绪维度上显著高于男生。

① Tamir M, John O. P, Srivastava S, Gross J J, "Implicit Theories of Emotion: Affective and Social Outcomes across a Major Life Transition", *Journal of Personality & Social Psychology*, Vol. 92, no. 4(2007) ,pp. 731-744.

② Castella D K, Goldin P, Jazaieri H, Ziv M, Dweck C S, Gross J J, "Beliefs About Emotion: Links to Emotion Regulation,Well-Being, and Psychological Distress", *Basic and Applied Social Psychology*, Vol. 35, no. 6(2013) ,pp. 497-505.

③ Debaryshe B D, "Maternal Belief Systems: Linchpin in the Home Reading Process", *Journal of Applied Developmental Psychology*, Vol. 16, no. 1(1995) ,pp. 1-20.

④ Radišić J, Ševa N, "Exploring the Factor Structure of the Parent Reading Belief Inventory (PRBI): Example of Serbia", *Psihologija*, Vol. 46, no. 3(2013) ,pp. 315-330.

⑤ 李冉冉:《3-7 岁儿童情绪智力的探索》,信阳师范学院硕士学位论文,2012 年,第 69-77 页。

⑥ 许远理:《情绪智力三维结构理论》,中国社会科学出版社 2008 年版,第 261 页。

⑦ 周浩,龙立荣:《共同方法偏差的统计检验与控制方法》,《心理科学进展》2004 年第 6 期,第 942-950 页。

表 2 不同性别的儿童情绪智力得分及差异分析($M±SD$)

维度	男（n=345）	女（n=328）	t
儿童情绪智力总分	73.93±10.50	75.68±11.31	−2.09*
感知与体验自己的情绪	10.49±2.60	10.74±2.63	−1.25
感知与体验他人的情绪	13.32±2.57	13.55±2.67	−1.14
表达与评价自己的情绪	13.49±2.52	13.86±2.28	−1.99
表达与评价他人的情绪	12.8±2.72	13.21±2.95	−1.91*
控制与调节自己的情绪	12.78±2.40	12.97±2.42	−0.99
控制与调节他人的情绪	11.04±2.77	11.35±3.15	−1.33

注：*代表 p<0. 05,**代表 p<0. 01,***代表 p<0. 001,下同。

(2)不同年级儿童情绪智力发展的差异检验

对年级进行单因素方差分析结果(见表 3)显示,在表达与评价自己的情绪和控制与调节自己的情绪得分上,不同年级之间存在显著差异。对存在显著差异的维度进行事后检验,结果显示,在表达与评价自己的情绪和控制与调节自己的情绪维度上,小班和中班及中班和大班得分之间均没有显著差异,而大班得分均显著高于小班(p<0. 05)。这说明,三个年龄段儿童在情绪智力的发展上,虽然有缓慢的自然增长,但是有 4 个维度发展平缓,并未表现出显著的增长趋势。而在表达与评价自己的情绪和控制与调节自己的情绪方面,儿童的发展较为迅速,大班的得分已经显著高于小班的得分。

表 3 不同年级的儿童情绪智力得分及差异分析($M±SD$)

维度	小班（n=176）	中班（n=165）	大班（n=332）	F
儿童情绪智力总分	73.32±0.48	74.75±11.18	75.58±10.99	2.49
感知与体验自己的情绪	10.80±2.58	10.82±2.58	10.42±2.64	1.92
感知与体验他人的情绪	13.19±2.61	13.43±2.46	13.56±2.71	1.15
表达与评价自己的情绪	13.27±2.50	13.71±2.14	13.87±2.47	3.66*
表达与评价他人的情绪	12.81±2.86	12.85±2.77	13.17±2.86	1.21
控制与调节自己的情绪	12.49±2.41	12.77±2.50	13.13±2.34	4.26*
控制与调节他人的情绪	10.76±2.82	11.16±2.88	11.44±3.06	3.02

(3)是否为独生子女儿童情绪智力发展的差异检验

对是否为独生子女进行独立样本 t 检验,结果(见表 4)显示,独生子女与非独生子女之间的儿童情绪智力发展总分及各维度得分均无显著差异,这说明是否独生子女对幼儿园阶段的儿童情绪智力发展并无明显影响。

表 4 是否独生子女儿童情绪智力得分及差异分析($M±SD$)

维度	非独生子女（n=157）	独生子女（n=516）	t
儿童情绪智力总分	74.88±11.01	74.48±10.7	1.10
感知与体验自己的情绪	10.55±2.66	10.82±2.44	−0.25
感知与体验他人的情绪	13.45±2.59	13.39±2.74	−0.86
表达与评价自己的情绪	13.72±2.42	13.53±2.38	−1.03
表达与评价他人的情绪	13.06±2.86	12.80±2.78	−0.11

（续表）

维度	非独生子女（n=157）	独生子女（n=516）	t
控制与调节自己的情绪	12.88±2.41	12.85±2.42	−0.46
控制与调节他人的情绪	11.22±3.01	11.10±2.82	−0.40

3. 父母内隐情绪信念、教育效能感与儿童情绪智力发展的关系

(1)父母内隐情绪信念、父母教育效能感、儿童情绪智力的回归分析

以儿童情绪智力总分及各因子得分作为因变量,分别以父母内隐情绪总分和父母教育效能感总分作为自变量,进行线性回归分析;以父母教育效能感总分作为因变量,以父母内隐情绪总分作为自变量,进行线性回归分析(见表5)。结果发现:根据父母内隐情绪和父母教育效能感,能够正向预测儿童情绪智力总分,也能够预测儿童情绪智力各个维度的发展;父母内隐情绪信念能够正向预测父母教育效能感,这说明父母内隐情绪信念和父母教育效能感对儿童情绪智力具有预测作用,影响儿童情绪智力的发展;父母内隐情绪信念有可能通过父母教育效能感对儿童情绪智力产生影响。

表5 父母内隐情绪信念、父母教育效能感、儿童情绪智力的回归分析

变量	父母内隐情绪信念				父母教育效能感			
	非标准化系数		标准化系数		非标准化系数		标准化系数	
	B	SE	β	t	B	SE	β	t
儿童情绪智力总分	0.75	0.11	0.25	6.62***	0.60	0.007	0.32	8.79***
感知与体验自己的情绪	−0.10	0.03	−0.14	−3.78***	−0.01	0.002	−0.01	−0.35
感知与体验他人的情绪	0.13	0.03	0.18	4.63***	0.12	0.002	0.27	7.17***
表达与评价自己的情绪	0.15	0.03	0.23	5.99***	0.12	0.002	0.28	7.54***
表达与评价他人的情绪	0.22	0.03	0.28	7.54***	0.16	0.002	0.34	9.23***
控制与调节自己的情绪	0.22	0.02	0.33	9.08***	0.11	0.002	0.26	6.85***
控制与调节他人的情绪	0.14	0.03	0.17	4.33***	0.10	0.002	0.20	5.39***
父母教育效能感	0.71	0.06	0.44	12.70***				

(2)父母内隐情绪信念与儿童情绪智力:有调节的中介模型

研究结果显示:根据父母的内隐情绪信念和教育效能感,可以预测儿童情绪智力的发展;父母内隐情绪信念可以预测父母教育效能感。同时,儿童的特点也会影响父母的教育效能感,假设儿童性别在父母内隐情绪信念和教育效能感中起调节作用。

将儿童情绪智力总分、父母内隐情绪信念总分、父母教育效能感总分进行标准化,在process3.3中使用有调节的中介模型进行检验(见表6)。结果显示:以父母教育效能感为因变量的模型,R^2=0.20;以儿童情绪智力为因变量的模型,R^2=0.12,模型解释度较好。在中介模型中,三条路径均显著,说明中介模型成立。性别对父母内隐情绪信念→父母教育效能感的路径存在显著的调节效果(β_{int}=0.19,t=2.69,p<0.01,95%CI=[0.05,0.32]),说明有调节的中介模型成立。进一步进行简单斜率检验,发现男生的$\beta_{simple\ slope}$=0.35(t=−7.12,p<0.001,95%CI=[0.25,0.44]),女生的$\beta_{simple\ slope}$=0.53(t=10.88,p<0.001,95%CI=[0.44,0.63])。说明女生的父母内隐情绪信念对其教育效能感影响更大。其简单斜率图如图2所示。

表 6 有调节的中介模型检验

变量	方程 1（因变量：父母教育效能感）			方程 2（因变量：儿童情绪智力）		
	β	*SE*	*t*	*β*	*SE*	*t*
常数	−0.01	0.05	−0.31	0.00	0.04	0.00
父母内隐情绪信念	0.35	0.05	7.12***	0.13	0.04	3.26**
性别	0.02	0.07	0.31			
父母内隐情绪信念*性别	0.19	0.07	2.69**			
父母教育效能感				0.26	0.04	6.51***
R^2		0.20			0.12	
F		56.62***			44.45***	

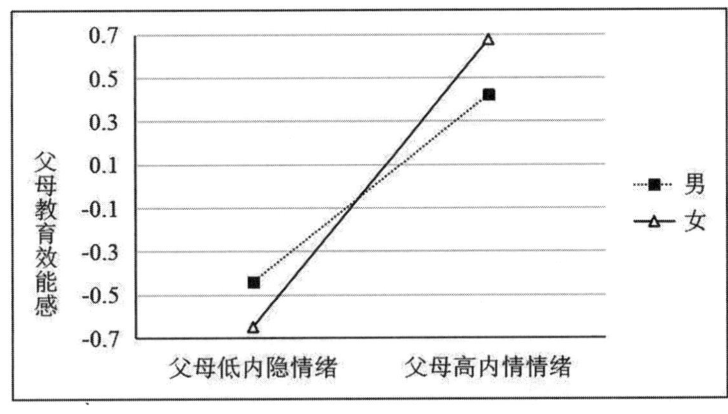

图 2 性别对父母内隐情绪信念与父母教育效能感调节作用的简单斜率图

进一步检验有调节的中介模型(见表 7),结果发现,男生和女生的中介效应均显著。将中介模型进行两两比较,发现模型间存在显著差异。

表 7 有调节的中介效应的 Bootstrap 检验

结果类型	指标	效应值	BootSE	Boot95%CI
有调节的中介效应	Eff1（性别=0）	0.09	0.02	[0.06，0.13]
	Eff2（性别=1）	0.14	0.03	[0.09，0.20]
有调节的中介效应比较	Eff2−Eff1	0.05	0.02	[0.01，0.09]

注:性别=0 为男生,性别=1 为女生。

四、研究讨论

1. 儿童情绪智力发展的差异及原因

(1)儿童情绪智力发展的性别差异及原因

研究结果显示,在幼儿园阶段,女生在情绪智力所有维度上得分均高于男生,在儿童情绪智力总分和表达与评价他人的情绪维度上存在显著的男女差异,这与李冉冉的研究结论不同①,而与姚端维等的

① 李冉冉:《3-7 岁儿童情绪智力的探索》,信阳师范学院硕士学位论文,2012 年,第 40-48 页。

研究结论有相似之处。[①] 儿童情绪智力发展的男女差异可以从生物学、社会发展、社会建构主义理论等理论模型进行解释。[②] 在生物学方面,童年期女生的语言能力比男生更强,研究人员分析了1.9万名儿童的数据,结果发现,男生在语言能力方面很早就表现出落后于女生的趋势[③],这使得女生在表达与评价上具有更多的优势。童年期女生的抑制控制能力也比男生发展更好[④],因此女生比男生能更好地管理情绪。从社会性发展上来看,女生容易出现积极情绪,男生容易出现消极情绪的特点[⑤],这使女生的社会性发展更好,因此会在情绪智力发展各个维度上得分高于男生。

从本研究统计结果来看,儿童在感知与体验、调节与控制自我和他人情绪、表达与评价自我情绪的维度上均未显示出男女差异,这可能与儿童尚未掌握管理情绪的规则有关,有研究显示,一半以上的5—6岁儿童未使用情绪表达规则,使用规则的目标不受性别及所处人际关系的影响。[⑥]

(2)儿童情绪智力发展的年龄差异、独生子女差异及原因

从研究结果看出,儿童情绪智力总分在整个幼儿阶段分数逐年提升,但并未表现出显著差异,仅在表达与评价自己的情绪和控制与调节自己的情绪维度的得分上,大班幼儿的得分显著高于小班幼儿。这说明整体上来说,幼儿的情绪智力发展在逐年稳步提升,且在自我情绪的表达与评价、控制与调节上有较大突破。语言发展水平与混合情绪理解能力有极其显著的正相关,同时情绪的理解属于儿童心理理论能力中的一个重要组成部分。[⑦] 正如皮亚杰研究的那样,儿童对人心理的认识是遵循从"自我中心"开始慢慢过渡到"去中心化"的一般规律的[⑧],儿童对情绪的理解作为儿童心理理论能力之一,也是先从理解自我情绪开始,再去中心化发展到理解他人情绪。儿童在理解自我情绪的基础上发展其他的情绪智力,也经历了这样的去中心化发展过程。

是否为独生子女对于儿童情绪智力的发展并无明显影响,苑春永等的研究也得出了相似的结论。[⑨] 这可能是因为幼儿园阶段的儿童在团体中生活时间较长,有了一定的社交圈,从而消除了独生子女与非独生子女之间可能存在的差异。

2. 父母内隐情绪信念、父母教育效能感与儿童情绪智力发展的关系

(1)父母内隐情绪信念对父母教育效能感、儿童情绪智力发展的预测

从研究结果看出,父母内隐情绪信念可以预测父母教育效能感和儿童情绪智力的发展,可能的原因如下:

第一,内隐情绪实体论的父母认为情绪不可改变、不可控制,他们在与儿童交往的过程中,表现出更多消极的情绪体验;而属于内隐情绪增长论者的父母认为情绪可变、可控制,因此表现出来更多积极的情绪体验。有研究发现,内隐情绪实体论者面对令人讨厌的片段时表现出的不适感更多,也更回避情感刺激,报告的负面影响也更大。[⑩] 也有研究发现,内隐情绪信念在认知行为疗法对社交焦虑症的治疗效

---

① 姚端维,陈英和,赵延芹:《3-5岁儿童情绪能力的年龄特征、发展趋势和性别差异的研究》,《心理发展与教育》2004年第2期,第12-16页。

② 李想:《基于社会发展视角的情绪表达性别差异研究》,《心理学进展》2017年第3期,第359-365页。

③ 吕培培:《男孩语言能力发展落后于女孩》,《人民教育》2015年第21期,第10页。

④ 郁筱鋆:《儿童早期气质发展特点及其与24个月社会能力的关系》,东南大学硕士学位论文,2012年,第33-43页。

⑤ 薛瞧瞧:《中班幼儿情绪表达事件的特点及成因分析》,沈阳师范大学硕士学位论文,2013年,第55-74页。

⑥ 池丽萍:《失望情境下5-6岁儿童情绪表达规则的运用》,《心理研究》2008年第2期,第27-31页。

⑦ 李佳,苏彦捷:《儿童心理理论能力中的情绪理解》,《心理科学进展》2004年第1期,第37-44页。

⑧ 李辉:《去自我中心化:个体心理发展的一般规律》,《北京师范大学学报(哲学社会科学版)》1992年第2期,第98-103页。

⑨ 苑春永,陈福美,王耘,边玉芳:《独生子女和非独生子女情绪适应的差异——基于倾向分数配对模型的估计》,《中国临床心理学杂志》2013年第2期,第296-299页。

⑩ Kappes A, Schikowski A, "Implicit Theories of Emotion Shape Regulation of Negative Affect", *Cognition and Emotion*, Vol. 27, no. 5 (2013), pp. 952-960.

果中有很大的预测作用，内隐情绪增长论者的治疗效果维持更久，焦虑水平更低。① 这些研究表明，内隐情绪增长论者父母有更多的正面情绪，而内隐情绪实体论者父母有更多的负面情绪，这可能是父母内隐情绪信念影响其教育效能感和儿童情绪智力发展的原因之一。

第二，更高的情绪可控性信念与更积极的情绪调节尝试相关②，内隐情绪实体论父母采取了消极的情绪调节策略，由此既不积极地采取措施调整自己受到挫折时的教育效能感，也不积极地调整儿童的情绪智力因素，从而导致了儿童情绪智力发展水平更低。

第三，父母对情绪可控性的认知影响了儿童。有研究发现，更高的情绪可控性信念与更强的认知重新评价和更强的情绪目标相连，这可能有助于解释人们在面对负面生活事件时是否能采取适应性的认知模式。③ 内隐情绪增长论者父母采取的是积极的认知模式，这会影响儿童的认知模式，从而影响儿童情绪智力的发展。

(2)父母内隐情绪信念对儿童情绪智力的影响：有调节的中介模型

根据上述研究结果，父母内隐情绪信念可以直接预测儿童情绪智力，也可以通过中介变量父母教育效能感间接预测儿童情绪智力的发展。父母教育效能感可以预测儿童情绪智力的发展，这可能是由于父母的效能感影响亲子关系④，因此也会影响其对儿童采取教学策略，进而影响儿童情绪智力的发展。内隐情绪实体论者父母有更低的教育效能感，也更不会采取积极的措施教育儿童，因此儿童的情绪智力分数也就受到影响。

儿童性别在父母内隐情绪信念对父母教育效能感的影响中起调节作用，父母内隐情绪信念对父母教育效能感的影响中，对女生的影响比对男生的影响更大。这可能是由男生和女生本身的差异导致的，也有可能是由不同内隐情绪信念的家长对不同性别的儿童采取了不同的家庭教养方式或者互动模式而导致的。段琳琳考察北京市朝阳区 3—7 岁儿童家庭教养方式，发现其并无显著的性别差异⑤，这个结论是否适合本样本，可在追踪研究中进行考察，以进一步探究性别的调节作用发生的机制。

总之，父母的内隐情绪信念可以直接预测儿童情绪智力，也可以经由父母教育效能感间接影响儿童情绪智力发展，父母内隐情绪信念和儿童情绪智力关系中儿童性别、父母教育效能感的有调节的中介模型成立。

五、教育建议

本研究发现，幼儿园阶段的儿童情绪智力年龄发展差异不大，是否为独生子女对儿童情绪智力发展无显著影响，儿童情绪智力的发展性别差异显著。父母内隐情绪信念可以直接预测儿童情绪智力发展，也可以经由父母教育效能感间接对儿童情绪智力起作用，同时儿童性别的调节作用显著，对女生的影响比对男生的影响斜率大，影响更明显。这意味着对于家长来说，持有增长论内隐情绪信念更能促进儿童情绪智力的发展；而无论持有何种内隐情绪信念，积极对儿童进行教育，拥有更高的教育效能感、更好的情绪状态、更积极的情绪调节策略和更良好的情绪认知都会促进幼儿情绪智力的发展。因此，建议在进行儿童情绪智力的教育时，应该考虑到男女性别差异，重视父母的内隐情绪信念的影响作用，增强父母的教育效能感。

① Castella D K, Goldin P, Jazaieri H, Heimberg RG, Dweck C S, Gross J J, "Emotion Beliefs and Cognitive Behavioural Therapy for Social Anxiety Disorder", *Cognitive Behaviour Therapy*, Vol. 44, no. 2(2015), pp. 128-141.

② Tamir M , Mauss I B, *Social Cognitive Factors in Emotion Regulation: Implications for Well-Being*, New York: Springer, 2011, pp. 1-34.

③ Moumne S, Hall N, Bke B N, Bastien L, Heath N, "Implicit Theories of Emotion, Goals for Emotion Regulation, and Cognitive Responses to Negative Life Events", *Psychological Reports*, no. 7(2020), pp. 1-33.

④ 毛燕菁：《父母效能感、父母教养观念与青少年儿童亲子关系》，《读写算(教育教学研究)》2013 年第 13 期，第 20-23 页。

⑤ 段琳琳：《北京市朝阳区 3-7 岁儿童家庭教养方式现况》，《河北医药》2019 年第 17 期，第 2702-2705 页。

儿童情绪智力教育应充分考虑性别差异。从基础教育的角度看,幼儿园教师可采取更积极的态度看待男女生之间的差异,采取更多的措施促进男生情绪智力与女生情绪智力均衡发展,并在开设情绪教育课程时关注男生,如选取教材时可适当选取男生为主角的内容,方便男生更轻松地投射自己的情感,或者在讲解男生更容易遇到的情绪困惑时,讲解得更细致和更有操作性;从家庭教育的角度讲,男生父母应更加重视对儿童情绪智力的教育,多从日常生活中引导男生。家校合作共同为儿童情绪智力的发展提供更有利的环境。

儿童情绪智力教育应重视父母的内隐情绪信念的影响作用。无论父母本身认为情绪是否可变、是否可调节,是坚持实体论内隐情绪信念还是增长论内隐情绪信念,在面对儿童、教育儿童时,都需要秉持儿童情绪增长论,对儿童的情绪智力各维度的发展采取积极的应对教育策略,这样有助于提高儿童的情绪智力发展。

儿童情绪智力教育应重视父母的教育效能感,对父母进行技能培训。父母在家庭教育时常常有强烈的受挫感,这不利于儿童情绪智力的发展。在对家长进行的访谈中,七成的家长认为父母对儿童的情绪智力发展是有影响的,但常常因为"说了多少遍都不改""怎么教育孩子都还是哭闹不停"等情况而产生教育无力感、低教育效能感,因此会采取回避、放任、粗暴干涉等消极教育方式。从本研究的结果来看,父母保持较高的教育效能感,相信教育能产生良好的效果,积极进行教育实践活动是促进儿童情绪智力发展的有效途径。因此,可以适当对父母进行养育技能培训,让他们能感受到教育的效果,产生更高的教育效能感,积极进行教育实践,最终促进儿童情绪智力的发展。

Influence of Parents' Implicit Beliefs of Emotions on Children's Emotional Intelligence: a Moderated Mediation Model

ZHANG Lina

(College of Preschool Education, Shanghai Normal University, Shanghai, 200234)

Abstract: This research has surveyed 673 kindergarten children and their parents to explore the relationship between parents' implicit emotional beliefs and children's emotional intelligence development by using Implicit Emotional Belief Questionnaire, Teaching Efficacy Questionnaire and Children's Emotional Intelligence Scale. The results show that: 1) there is gender difference in the development of children's emotional intelligence in kindergarten stage and girls' emotional intelligence development is significantly better than that of boys; however, there is no significant age difference and no significant difference between children who are the only child and those who are not; 2) parents' implicit emotional beliefs can predict the development of children's emotional intelligence directly or through the mediating role of the teaching efficacy, and moreover, children's gender has a significant moderating effect. It is suggested that in the education of children's emotional intelligence, we should consider the gender differences, pay attention to the influence of parents' implicit emotional beliefs, and enhance their sense of educational efficacy.

Key words: implicit beliefs of emotions, children's emotional intelligence, teaching efficacy, moderated mediation model

多重制度逻辑下我国课后服务政策执行困境及其治理

邓　亮，周莉琳

（江西师范大学 教育学院，江西 南昌 330022）

摘　要：基于多重制度逻辑的分析，我国课后服务政策执行内化于中央政府、地方政府、课后服务市场和中小学校的多重制度逻辑中，这些行为逻辑相互交织和互动，形塑着课后服务政策执行困境。为了有效破解困境，需加强顶层制度设计，明确课后服务政策价值定位；认真落实课后服务政策要求，鼓励社会力量协同参与；建立课后服务市场行业标准，提高校外课后服务质量；建立健全课后服务制度，加强课后服务师资队伍建设。

关键词：课后服务；政策执行；多重制度逻辑；治理

一、研究的缘起

课后服务作为学校教育的延伸，是指在学校课程结束后，由中小学校或校外机构等提供的不同于学校课堂教学，旨在保护和促进儿童成长的教育服务活动。①伴随着我国城镇化进程的加快和农村劳动人口的转移，中小学生放学后的托管问题愈演愈烈，成为困扰广大家长的难题。有调查显示，我国85. 19%的家庭认为孩子放学后的托管是一个棘手的问题。②为合理发展和有效引导课后服务工作，2017年教育部印发了《关于做好中小学生课后服务工作的指导意见》（以下简称《指导意见》），明确指出广大中小学校要积极开展课后服务工作。随即，各省市相继出台地方层面的课后服务政策，推动课后服务的全面实施。然而，从目前的实施情况来看，课后服务政策执行效果并未达到预期目标，课后服务仍然面临着诸多现实困境。针对课后服务政策执行效果的调查发现，“66. 4%的教师和54. 5%的家长认为课后服务形式单一，难以满足学生成长需求”。③

针对以上困境，学者从不同视角进行了解释和探讨，主要集中于以下三个方面：政府干预视角理论认为课后服务政策本身科学性不足，强调国家和各级政府部门应出台更全面、更细致的政策文件；市场能力视角理论认为学校及公益性课后服务承担能力有限，应充分发挥课后服务市场机制灵活的优势④；学校生存视角理论认为学校经费和师资等

基金项目：本文系江西省社科规划项目“江西省义务教育优质均衡发展的现状及推进策略”（项目编号：20JY46）、江西省2011协同创新中心课题“江西省中小学教师队伍质量年度监测研究”（项目编号：JXJSZLB14）的研究成果。

作者简介：邓亮，江西师范大学教育学院讲师，博士，主要从事教育政策与管理研究；周莉琳，江西师范大学教育学院硕士研究生，主要从事教育政策与管理研究。

① 李醒东，赵伟春，陈蕊蕊：《对义务教育阶段学生课后服务的再思考》，《中国教育学刊》2020年第11期，第61-65页，第91页。

② 刘潜润：《中国儿童放学后托管教育问题研究》，清华大学出版社2018年版，第64页。

③ 邓亮，赵永辉：《江西省中小学课后服务工作的现状调查与分析》，《南昌师范学院学报》2019年第5期，第124-127页。

④ 崔晴，赵雄辉：《促进小学生课后服务健康发展的策略》，《教学与管理》2019年第8期，第13-15页。

严重缺乏,应充分扩大资源,激励教师投入课后服务工作。

综上可知,已有研究成果为破解政策执行困境提供了启发,但仍存在进一步研究的空间。首先,单一视角的研究难以全面揭示课后服务政策执行困境。课后服务作为我国经济及教育发展到特定阶段的产物,其困境嵌入在我国社会转型期的多元化制度环境之中,应突破关注于某一主体要素或制度的分析框架,更全面揭示课后服务政策执行困境,实现课后服务的协同治理。其次,过于关注制度或政策本身的不完善,而对课后服务政策执行过程,尤其是政策执行主体的行为逻辑少有关注。“教育政策作为一种规则实践抑或是实践的规则,不仅是外在的制约结构,更是政策实践中各方参与者行动结构化的产物。”① 在社会制度变迁的大背景下,我国课后服务政策执行困境不能简单归结为政策本身,还应充分关注政策执行主体基于职责与利益立场所形成的制度逻辑及相互之间的互动博弈。基于此,本文将课后服务政策执行困境置于更宏观的社会层面,将其放在整个社会结构制度中,分析不同制度逻辑主体在政策执行中的行为及交互影响,并揭示行为主体背后的行动逻辑,以期为课后服务政策执行困境的有效治理提供参考。

二、多重制度逻辑的分析框架

制度逻辑指的是“任何制度秩序都会根据各自的中心逻辑(物质性实践和符号结构系列)建构其组织原则与制度安排,并塑造主体的行动机制与行为方式”。② 每一种制度有其相应的制度逻辑,引导着这一领域的行为方式和策略,而且同一领域中往往“存在着多重制度逻辑的共同运行,这些制度逻辑存在着持续的竞争关系,导致若干制度逻辑间的相互冲突和妥协”。③ 因此,各行为主体基于自身利益与自我立场的考虑,在政策执行中展开博弈,甚至发生冲突。

我国学者周雪光在制度逻辑的基础上,进一步提出了多重制度逻辑④ 的概念与分析框架,该分析框架包含以下核心要素:(1)社会由多元制度逻辑构成,并受多重制度逻辑的影响,弥补了关注单一逻辑的局限;(2)任何一种政策行为都是宏观制度安排与微观主体行为共同作用的结果,将制度安排与制度行为关联为一个整体,突破了制度安排与执行的割裂状态;(3)强调制度逻辑的交互性,即不同制度逻辑依据自身的利益和偏好进行博弈互动和交互影响,强化了政策执行在不同情境中的动态分析。多重制度逻辑为揭示我国课后服务政策执行困境提供了理论分析框架,该理论的核心关注点与课后服务政策执行机制的高度契合决定了这一理论工具的适切性,具体体现在以下三个方面:其一,课后服务政策执行存在多重制度逻辑。基于制度逻辑的分析,我们不难发现在课后服务政策执行中存在中央政府、地方政府、课后服务市场以及中小学校等多重制度逻辑主体,而非以往的单一主体视角。其二,课后服务政策执行机制是由国家层面的制度安排与地方、课后服务市场以及中小学的制度行为共同决定的,课后服务的有效治理既需要关注国家层面的制度供给,也需要关注基层政府的制度执行,而非主观地将两者置于割裂状态。其三,课后服务政策执行困境内化于不同制度逻辑主体的行为之中,在逻辑主体的互动中进行动态分析,集中表现为国家逻辑维护教育领域的稳定,地方政府需要平衡上下级间的利益关系,课后服务市场追求利益最大化,中小学校关注自身生存与发展。

三、我国课后服务政策执行困境:基于多重制度逻辑的分析

1. 中央政府的政治逻辑及行动策略

中央政府的政治逻辑,是指中央政府遵循维护政权合法性所衍生的政治任务以及实现多元目标而采取的内在机制。课后服务是一项关乎新型城

① 彭华安:《独立学院政策执行困境——多重制度逻辑的视角》,《复旦教育论坛》2012年第4期,第66-71页。

② 沃尔特·W. 鲍威尔,保罗·J·迪马吉奥:《组织分析的新制度主义》,姚伟译,上海人民出版社2008年版,第15页。

③ Pache, A. C., Santos, F., “Inside the Hybrid Organization: Selective Coupling as a Response to Conflicting Institutional Logics”, *Academy of Management Journal*, no. 56(April 2013), pp. 972-1001.

④ 周雪光,艾云:《多重逻辑下的制度变迁:一个分析框架》,《中国社会科学》2010年第4期,第132-150页。

镇化与和谐社会建设的民生事业，国家出台了一系列课后服务工作政策，然而这些政策的制定与执行受其所处制度环境的影响与制约，常常陷入渐进改革下的政策滞后与多元目标下的价值冲突。

（1）渐进改革模式下的政策供需不平衡

从课后服务政策的出台发现，国家对课后服务的治理采取的是渐进式改革模式，这符合我国教育改革的基本思路，有利于维持中小学校和课后服务市场的稳定。但这种渐进式改革使中央政府很难做到从“需求侧”对课后服务精准施策，导致制度供给和制度需求间的落差。一方面，从制度的设计与出台角度发现，课后服务政策往往迫于现实问题而制定，在政策制定的过程中，新产生的问题并不能及时反映在政策当中，导致“某一段时间的需求变化所产生的供给反映是在较后的时间区段里做出”[①]的政策滞后现象产生。譬如，一些地方政府对“课后服务”内涵不明晰，“课后教育”“课后托管”“课外活动计划”等概念出现在政策文件中，反映出政府部门对现状把握不到位。另一方面，从制度的形式与内容来看，国家政策条款比较粗泛，不能为课后服务提供可操作性指导，导致政策执行模糊性低效。与此同时，课后服务相关配套政策供应不足，随着课后服务的不断推进，很多具体的实践问题也逐渐凸显，如市场化运营的课后服务机构的资质问题，教师参与课后服务的报酬问题等都未得到及时的国家政策界定，虽然《指导意见》提出将课后服务工作纳入中小学校考评体系，但课后服务政策尚未建立起能够监督课后服务实施的科学评价标准。究其原因，在于当前各地教育财政资金不足，国家在制定课后服务政策时会综合考量成本与收益的关系，权衡各地区和各部门的利益诉求，使得中央政府在政策供给时出现渐进式，甚至回避式的行为逻辑，导致课后服务政策供需失衡现象。

（2）多元价值下的政策执行冲突

教育政策的价值，是指教育政策的客体属性与教育政策的主体需要在实践基础上统一起来的一种特定的效应关系。[②]透过课后服务政策文件发现，我国课后服务工作蕴含着多重目标与多元价值。有研究者指出，我国课后服务政策具有多元的价值，“满足家长的合理诉求，增强教育服务能力的事实价值；减轻学生课外学业负担，促进学生安全快乐成长的发展价值；缩小课后成长差距，促进教育公平的应然价值”。[③]在理论层面，这些多元价值目标是可以共存的，但在政策实践层面却容易产生冲突，不同执行主体会关注不同政策价值来执行政策。例如，地方政关注教育公平的应然价值，要求学校发挥课后服务主体作用，积极开展课后服务工作。然而学校客观条件不同，学校设备承载能力有限，无法开展课后服务以实现学生安全、快乐成长的发展价值。有些地方政府甚至为了追求义务教育均衡发展的目标，增加农村学校学生的课外学业负担，在重视学校对于课后服务政策的合目的性价值尺度的基础上，出现违背政策活动合规律性的价值尺度，导致不同价值间的矛盾与冲突。与此同时，学校层面在开展课后服务工作时，也出现多元价值下的政策执行冲突，学校鼓励教师积极参与课后服务工作，不断增强教育服务能力的现实价值，但现实却是教师教学任务不减，课后服务任务增加，得不到应有的回报，最终出现课后服务效果不好和正常教学受到影响的双重困境。

2. 地方政府的科层制逻辑及行动策略

我国地方政府既是中央政府的政策执行者，又是下级组织的政策制定者。科层制逻辑使得地方政府在执行与制定政策时，会立足自身立场，综合考量成本与收益，出现利益博弈下的“劣性互动”和功利主义下的社会参与不足行为。

（1）利益博弈下的“劣性互动”

“任何一项教育政策的执行都是在利益博弈中完成的，是一个充满着交易、谈判和政治互动的复杂过程”[④]，从利益立场审视，地方政府也具有自身的利益追求。在执行课后服务政策中，地方政府会综合考量国家利益、地方利益以及个人利益，倾向于以对自己有利的方式进行政策执行。首先体现为自由裁量权下的“政策变通”。由于国家层面的

① 戴维斯，诺思：《制度变迁的理论：概念与原因》，刘守英译，上海人民出版社 1991 年版，第 266-294 页。

② 孙绵涛：《教育政策分析：理论与实务》，重庆大学出版社 2011 年版，第 141 页。

③ 顾艳丽，罗生全：《中小学课后服务政策的价值分析》，《教育科学研究》2018 年第 9 期，第 34-38 页。

④ 邓旭：《教育政策执行的制度分析框架》，《现代教育管理》2010 年第 7 期，第 36-39 页。

课后服务政策更多是框架性和导向性的,需要地方政府结合实际制定更为具体的可操作性政策,这就给地方政府留有自由裁量权空间。譬如,对于是否引进社会培训机构进入中小学课后服务,国家层面并未提出明确要求,导致有些地方政府因有利益回报,包括个人的物质回报和学生的教育回报等,允许营利性的培训机构参与进来;也有地方政府因为得不到利益回报,严令禁止培训机构进入课后服务市场。其次表现为晋升锦标赛下的"共谋行为"。地方官员为了快速出政绩,获得晋升,往往与社会培训机构和中小学校共同谋划,采取"上有政策,下有对策"的手段来执行中央决策。笔者在中部某省的调研发现,为了快速打造课后服务品牌和特色,相关政策及经费资源更多被投入到城市优质学校,进一步扩大了城乡教育差距,违背了国家推进义务教育均衡发展的目标。

(2)功利主义价值取向下的社会参与缺失

课后服务是关涉千万家庭的民生问题,其利益相关者不仅包括政府部门,还包括学校、社会以及家庭等利益主体。因此,课后服务不应是"课后的学校服务",应该通过政府、家庭、学校以及市场的共同参与,形成以政府为主导,多元力量共同参与的联动机制。因此,地方政府部门在制定和执行课后服务政策过程中应该积极宣传、沟通,与社会公众进行良性互动,听取来自社会公众的声音,并充分利用社会的力量与资源来助推课后服务工作开展。但功利主义价值取向使得地方政府"忽视少数弱势群体利益,政策制定倾向自利性,政策执行倾向利己化"。[①] 例如,在社会培训机构能否参与课后服务问题上,某些地方政府"一刀切"地禁止参与,完全不考虑社会培训机构的利益与家长们的现实需求;与此同时,针对课后服务收费问题,由于国家层面并未明确,地方政府为了政策执行方便,不会组织社会媒体和学生家长参与课后服务收费问题的讨论,而是"简单化为禁止收费,甚至部分合理收费内容也被纳入禁止范畴"[②],严重增加教师工作负担,忽视教师应得利益。

3. 课后服务市场的市场逻辑及行动策略

课后服务体系应是一个以校内为主、市场多方参与的多元化服务体系。市场作为课后服务的重要主体,其行动逻辑是在遵循市场规律的前提下,为了实现自身发展和获得利益最大化而采取的一系列行为。

(1)利益最大化下的"劣币驱逐良币"

多年来,一些社会培训机构努力提高教育教学质量,办出了特色,取得了显著的社会效益。这些声誉良好的培训机构往往需要付出更多的成本,倘若缺乏资质条件和安全保障的培训机构以价格的恶性竞争挤进市场时,就会给优质机构带来生存压力,甚至出现优质机构被排挤出市场的现象。首先,优质培训机构因为设施完备、师资优秀等因素需要投入更多的成本,因而收费也更高,而条件较差的培训机构以较低的价格吸引学生家长。其次,缺乏资质的培训机构会想方设法以欺瞒的手段来获得当地政府部门的批准和支持,也会以不正当的手段进行大量的广告宣传,严重扰乱课后服务市场。这种市场化运营的课后服务机构中的教师没有从业资格证,教师数量严重不足,导致课后服务流于形式。[③] 因此,以托管机构为代表的课后教育服务机构只关注自身盈利,在办学条件、师资水平和服务质量等方面良莠不齐,为学生提供的课后服务多是学校知识教育的补充和强化。这也是近年来国家采取措施严厉整顿课后服务市场的内在原因。

(2)监管缺位下课后服务质量的"名不副实"

市场调查显示,我国校外培训机构既有教育部门审批的,也有劳动和社会保障部门以及工商管理部门审批的,这种多头审批导致课后服务市场混乱,门槛较低。多头审批导致政府部门未对市场培训机构形成有效的监管机制。多头审批与多元监管的缺失,催生了大量资质不够、设施简陋、管理水平低、师资力量薄弱,甚至具有安全隐患的课后培训机构。虽然《指导意见》明确规定了课后服务的内容与形式,"尤其是开始全面融入素质教育的内容,

① 崔浩:《功利主义价值取向的公共政策及其实践反思》,《浙江社会科学》2009年第4期,第43-50页。

② 吴开俊,姜素珍,庾紫林:《中小学生课后服务的政策设计与实践审视——基于东部十省市政策文本的分析》,《中国教育学刊》2020年第3期,第27-31页。

③ 韩凳亮,郭翠萍:《我国课后服务政策实施的理性思考》,《教学与管理》2019年第11期,第25-27页。

即从以往的管转向了教的模式”①，但是部分培训机构却表里不一，招摇撞骗，欺上瞒下，借着素质教育培训的招牌开展中小学生课业辅导和文化补习，忽视学生全面成长目标，增加学生学习负担。笔者在中部某省的访谈发现，超过九成的家长送孩子到校外培训机构是进行课外补习，甚至一些从事幼儿咨询服务的机构擅自招收0—3周岁的幼儿开展早期教育，未经批准擅自提供餐饮、住宿等全托管服务，“采取市场化运作的方式提供托管服务和课后补习，增加学生负担，存在潜在的安全隐患”。②因此，市场化的培训机构虽然课后服务供给丰富且多元化，但以营利为目的本性决定了其出发点是追求利益，而不是考虑学生的全面健康成长。

4. 学校的生存逻辑及行动策略

（1）资源稀缺下的“机会主义”

广大中小学校是课后服务的重要主体，也是课后服务落地的载体。生存逻辑是指学校在开展课后服务工作中首先会考虑到学校的生存与发展问题。当开展课后服务工作能够获得更多的利益资源来推动学校发展时，学校就会努力做好课后服务工作，但当课后服务得不到政策和经费支持，又增加学校负担时，学校就会处于观望状态，对课后服务政策执行采取“表面化”“片面化”的应付行为。笔者在中部某省的调查发现，学校在没有得到经费支持时并不会真正提供课后服务。有的学校为了获得课后服务专项经费支持，则谎报学校已经开展了课后服务，当得到经费支持时，甚至会将经费用于其他方面。教师作为社会中的普通成员，在教育改革中也具有自我的利益诉求。然而学校的课后服务需要教师投入时间和精力，他们就会显得力不从心。特别当教师的付出不能在物质待遇和职称评审方面有所回报时，他们就会产生懈怠甚至抵触的情绪。教师对课后服务工作采取对抗或表面参与行为，必然会影响课后服务效果。

（2）多重压力下的“责任逃避”

许多中小学在课后服务资源、人员方面并不具备优势，尤其是在广大农村地区的中小学更是资源缺乏、教师人员不够，正如研究者指出“现有课后服务政策强调学校和教师在服务中的主体作用，但却忽视了学校客观能力的有限性”。③笔者在农村学校的访谈中得知，目前基础教育领域改革一波接一波，但是学校及教师根本没有时间和精力来推行，对于各类改革采取责任逃避行为，仍然只是做好传统意义上的教学工作。责任逃避的深层次原因在于两个方面：一方面，教师目前负担过重，尤其是农村学校由于编制管理和工作环境等不利因素，教师大量流失。留在农村的中小学教师工作量大，任务繁重，根本无暇推行课后服务。另一方面，即使是国家层面推动的改革，在学校层面也缺乏足够的经费支持和激励制度。教师参与课后服务不仅是无偿的义务工作，还迫使教师去学习课后服务知识和参与课后服务的专业培训，甚至要时刻确保学生的安全，无形中促发教师的焦虑情绪。因此，出于自身利益的考量，学校管理者和教师会抵制课后服务政策，顶着来自外界的多重压力，选择逃避责任，继续维持原来的教学工作。

四、我国课后服务政策执行困境的治理路径

综上所述，我国课后服务政策执行困境并非简单的政策科学性不足问题，而是由不同主体在多重制度逻辑下的博弈所导致。因此，要有效治理课后服务政策执行困境，应从不同执行主体出发，构建中央政府、地方政府、课后服务市场以及中小学校共同参与的多元治理格局，协同推进课后服务政策全面实施。

1. 加强顶层制度设计，明确课后服务政策价值定位

中央政府作为课后服务政策制定的主体，应重新审视我国课后服务政策本身及其执行过程中存在的不足，加强顶层设计，进一步明确课后服务政策价值定位。一方面，积极追踪政策执行情况，加强政策供给，完善政策配套体系，实现政策供需之间的平衡。中央政府应该成立专项调查小组，深入

① 屈璐：《我国基础教育课后服务政策嬗变及展望》，《现代远距离教育》2019年第4期，第14-19页。

② 康丽颖：《促进儿童成长：课后服务多元主体协同育人探讨》，《中国教育学刊》2020年第3期，第22-26页。

③ 刘宇佳：《课后服务的性质与课后服务的改进——基于我国小学“三点半难题”解决的思考》，《当代教育论坛》2020年第1期，第45-51页。

一线进行调研,全面了解我国各地区课后服务政策执行以及实践探索的经验和不足,将出现的新问题及时地反馈到新的政策制定当中。譬如,中央政府部门应完善课后服务经费保障制度,加大对课后服务工作的财政支持力度,完善课后服务经费管理和使用办法。与此同时,在课后服务的队伍建设、评价考核、机构参与等规范方面也应出台政策,实施分级分类管理,为课后服务的良性运转提供制度保障。另一方面,中央政府应明确课后服务价值定位,缓解多元价值下的政策执行冲突。课后服务政策价值定位引导着政策执行倾向。中央政府在政策制定时应统筹聚焦课后服务政策的价值定位,让不同政策执行主体能够明确自身在课后服务政策执行中的价值定位。例如,对于学校层面而言,中央政府应明确其开展课后服务对学生全面发展与健康成长的价值定位,并要求学校严格执行,以减少学校变相补课、增加学生学业负担等不良情况出现。

2. 认真落实课后服务政策要求,鼓励社会力量协同参与

省级政府部门在落实中央政府关于课后服务工作的政策时,需要认真贯彻国家关于课后服务的政策要求与精神,因地制宜地研制出本地区有关课后服务的实施与管理办法,从制度层面和实践层面鼓励社会力量的协同参与,对课后服务的性质、主管部门、管理形式、经费来源及管理、相关职能部门的监管职责、法律责任做出明确规定,积极强化对课后服务政策执行的全方面监督。第一,积极引导和支持以社会媒体为主的第三方力量对当地课后服务政策执行情况展开监督,畅通监督反馈机制,促使地方政府严格执行课后服务政策。第二,由于课后服务管理遵循属地管理和主管部门牵头、相关职能部门分工负责的原则,为此,可在地方政府层面构建课后服务相关部门之间的相互监督机制,形成由政府统一领导,工商、教育、民政、卫计、食药监、公安消防,以及街道(乡镇)各负其责、统筹协调的有效监管机制,以有效减少地方政府的劣性互动行为。第三,在充分发挥中小学主体作用的同时,还应积极鼓励社区公益性课后服务的发展,引导具有课后服务资质的校外机构参与,丰富课后服务供给,充分满足家长对课后服务的多元需求,同时也起到对政府相关部门的监督作用。第四,国家政府部门应要求省级地方政府部门成立由各相关部门人员组成的专项小组,根据各自职责定期或不定期地开展对课后服务机构的检查和指导,对于不当行为及时查处,并督促其整改。国家政府部门的政策引导、地方政府内部的相互监督以及社会外部力量的协同参与,能对地方政府执行课后服务政策起到全方位的监督作用,形成课后服务政策治理多元主体参与格局,确保地方政府认真执行课后服务政策。

3. 建立课后服务市场行业标准,提高校外课后服务质量

课后服务质量的提升不仅需要规范政府和学校的行为,同时还应规范课后服务市场中提供培训服务的校外机构的行为。首先,政府部门应该加强对校外课后服务机构的资质认证,设定其进入课后服务市场的准入门槛,对其实行动态监管,维护课后服务市场的有序竞争和稳定发展。在激烈的市场竞争下,政府要积极引导校外课后服务机构不断提升质量,提供优质的课后服务。其次,校外课后服务机构应在政府部门的正确领导下,建立课后服务市场的行业标准,包括健全和完善准入资格、过程监管和结果评估三个标准,不断提高课后服务质量。在政府对课后服务市场进行整顿的背景下,校外课后服务机构也应组建相应的行业联盟,出台符合课后服务市场的质量标准,对课后服务市场进行内部治理。行业联盟必须出台质量评估标准,定期对所有提供课后服务的相关机构进行质量考核与评价,对达不到考核标准的机构进行整顿或者淘汰,规范课后服务市场,促进课后服务机构自身不断革新发展,提供优质专业的课后服务。最后,通过政府购买等方式,引导校外课后服务进入中小学校。对于优质的校外培训机构,政府和学校应该为其畅通渠道,使其优质的课后服务进入学校,满足那些缺乏资源难以实施课后服务的学校开展课后服务工作,同时也帮助中小学校提供更为优质的课后服务内容。

4. 建立健全课后服务制度,加强课后服务师资队伍建设

作为课后服务的重要主体,中小学校应积极作为,建立健全课后服务制度,打造有特色的课后服

务，促进学生全面发展和健康成长。其一，中小学校应充分认识课后服务的价值，积极开展课后服务工作。中小学在开展课后服务工作时应正确认识其价值，引导广大教师积极开展课后服务工作，重点关注课后服务工作对学生成长的功能价值，而不是关注课后服务为学校谋利。正确合理使用课后服务专项资金，将其运用于课后服务工作的组织和开展当中，按照国家和地方政府部门的相关要求，高质高效地开展课后服务工作。其二，加强课后服务教师队伍专业化水平建设，提升课后服务质量。加强中小学校课后服务教师队伍建设是推进课后服务工作开展的关键环节。课后服务人员不仅需要掌握教师应具备的学科教学知识和技能，还应具备课后服务所需要的专业知识和技能，例如安全管理等。为此，学校一方面要制定详细的培训规划，加强对课后服务从业人员专业技能的岗前培训和在岗培训，打造一支高素质、专业化的课后服务教师队伍。另一方面，还应积极吸纳教学经验丰富的退休教师和课后服务机构的专业人员进入中小学课后服务中，为学生提供有深度、形式多样的课后服务。其三，建立完善的课后服务工作考核与绩效激励制度。依据学校课后服务工作目标，建立科学的课后服务工作考核与评价制度，鼓励教师积极开展课后服务工作，将其工作表现与绩效奖励、职称评审挂钩，有效缓解中小学教师逃避与消极对待课后服务工作的困境，激发教师投入课后服务工作的热情，不断打造课后服务特色，助推学生全面成长。

The Dilemma and Countermeasures of After—school Service Policy in China

— Based on Multiple Institutional Logic

DENG Liang, ZHOU Lilin

(School of Education, Jiangxi Normal University, Nanchang Jiangxi, 330022)

Abstract: Based on the analysis of multiple system logics, the implementation of our country's after-school service policy is internalized in the multiple system logic of the central government, local governments, after-school service markets, and primary and secondary schools. These behavioral logics are intertwined and interact with each other, which shape the dilemma of implementation of the after-school service policy. In order to effectively solve this dilemma, it is necessary to strengthen the top-level system design and clarify the value positioning of the after-school service policy; to implement conscientiously its requirements and encourage social forces to participate in coordination; to establish industry standards for the after-school service market and improve the service quality; and to establish and improve after-school service system and build better teacher teams for it.

Key words: after-school service, policy implementation, multiple institutional logic, governance

“双减”背景下基础教育治理现代化的困境与突围

郝 凤

（上海师范大学 马克思主义学院，上海 200234）

摘 要：“双减”与基础教育治理现代化本是同向同行的关系，但民众对政策的误读和曲解以及政策执行中的异化变相等因素，影响着政策落地和现代化的实现。以问题导向、价值取向、实践路向助推“双减”政策落地，整体推进基础教育治理现代化，需构建三大体系：坚持党对教育事业的全面领导，建立综合评价指标体系；坚持整合和调动各方力量，建设高质量课后服务体系；坚持教育现代化的主题主线，建构现代基础教育治理体系，以使它们保持必要的张力和统一。

关键词：“双减”；教育治理现代化；基础教育；困境；路径

一、基础教育治理现代化的理论阐释

1. 何谓基础教育治理现代化？

“治理”一词起初基本等同于“统治”(governance)。“治理的基本含义是指在一个既定的范围内运用权威维持秩序，满足公众的需要。”① 治理是一个持续性的过程，是多元主体共同参与公共事务时采用方式的总和。“教育治理”是指“国家机关、社会组织、利益群体和公民个体，通过一定的制度安排进行合作互动，共同管理教育公共事务的过程”。② 基础教育治理现代化是指以政府主导的多元治理主体在先进的基础教育治理理念指导下，借助科学的治理手段，使教育理念、内容、方法等逐步提高到现代化发展水平，推动基础教育改革与发展的过程。

2. 基础教育治理主体有哪些？

基础教育治理主体是多元的，主要包括政府、学校、社会组织和公众等。首先，政府在多元共治的体制中扮演“元治理”的角色，被视为“平等中的首席”，发挥核心主导作用。它在基础教育治理中的主导作用体现在有效协调多元教育治理主体之间的关系上，制定和改革教育治理体制，包括综合评价指标体系、高质量课后服务体系和现代基础教育治理体系等，从而形成多元有效的中国特色社会主义协同治理的局面。其次，中小学校是基

基金项目：本文系研究阐释党的十九届四中全会精神国家社科重大项目“坚持马克思主义在意识形态领域指导地位的根本制度的总体逻辑研究”（项目批准号：20ZDA016）的阶段性成果。

作者简介：郝凤，上海师范大学马克思主义学院讲师，博士研究生，主要从事马克思主义意识形态研究。

① 俞可平：《治理与善治》，社会科学文献出版社 2000 年版，第 5 页。

② 褚宏启：《教育治理：以共治求善治》，《教育研究》2014 年第 10 期，第 4-11 页。

础教育治理活动的重要阵地和载体，中小学的教育治理成效如何直接涉及广大教师、学生和家长的切身利益，基础教育治理的好坏直接影响到学校效能的发挥和教育目的的实现。再次，社会组织是指不以营利为目的，不为政府所属，主要开展公益性社会服务活动的组织。"双减"背景下严禁教育资本化运作，出台相应细则，引导学科类培训机构进行调适和转型，推进"营改非"工作，引导相关机构组织以公益和慈善心态，专注做教育。最后，只有公众积极参与进来，才能更好地表达诉求、促进沟通，才能维护自身利益与公共利益，推动基础教育治理问题的解决，促进基础教育治理更加民主化、科学化。

3. 基础教育治理现代化何以必要?

教育是民族振兴和社会进步的基石，基础教育治理现代化事关人民群众的根本利益、人才培养质量及社会主义现代化建设事业。这就要求优先发展基础教育，合理配置基础教育资源，促进基础教育公平发展；全面深化基础教育领域综合改革，完善基础教育体制机制；加强教育治理主体和客体之间的和谐互动，有效提升基础教育治理现代化水平。"双减"政策出台是建设高质量基础教育治理体系的题中之意和价值所在，全面扎实推动"双减"落地落实，是加快基础教育高质量发展的当务之急和首要任务。

二、"双减"背景下基础教育治理现代化面临的困境及原因分析

基础教育治理现代化面临着诸多现实困境，抓政策的落实是教育治理现代化的重中之重。

1. 对"双减"政策的误读和曲解

民众对于"双减"政策的误读，其根源主要有三点：一是在于基础教育治理价值取向的偏离。短视的教育价值观念与培养完整的人的教育初衷相悖，只有回归教育初心，才能迈向教育强国之路。二是现有政策针对人口、房价等变化趋势对教育的宏观和长远发展带来的挑战关注度不足。在教育焦虑的氛围中，家庭平均育儿成本指数级增加，高昂的教育成本和高企的房价横亘在中国适龄婚育家庭面前，只有从根源上破解"教育异化"，才能解决教育和人口的大命题。三是文化障碍。"不要让孩子输在起跑线上"的说法深深影响社会现实和人们的观念，一时半会难以缓解。

2. "双减"政策执行中的异化变相

政策执行的过程也是利益较量的过程，从目前政策实行情况来看，部分学校在落实过程中出现了变相应付，忽视改革效果的情况。针对《意见》提出的"保证课后服务时间"①，一些学校为了完成时间任务，忽视课后服务质量和学生实际学习需求。除此以外，线上培训教育极速繁荣伴随着诸多症候：学生视力下降、"小胖墩"等现象层出不穷，与"培养德智体美劳全面发展的社会主义建设者和接班人"② 这一目标背道而驰。

究其原因，一方面，教育管理部门强调要加强对于电子产品使用的管控和用途的甄别；另一方面，教学和课后作业布置却很大程度上依赖电子产品。有效化解二者的矛盾，让教育复归育人本质，是基础教育治理迈向现代化的必经之路。为此，《意见》明确指出：线上培训机构不得提供和传播"拍照搜题"等惰化学生思维能力、影响学生独立思考、违背教育教学规律的不良学习方法。③但由于缺乏相应的配套监管机制，资本无序扩张，线上培训屡禁不止。加之一些职能部门不了解一线教师"生存现状"，习惯性地运用行政压力，自上而下地管控，让教师群体在情感上难以接受。面对复杂的利益格局，"一刀切"式的做法不仅可能存在矫枉过正的问题，而且实际治理效果也不会

① 中共中央，国务院：《关于进一步减轻义务教育阶段学生作业负担和校外培训负担的意见》，载中华人民共和国教育部官网：http://www.moe.gov.cn/jyb_xwfb/gzdt_gzdt/s5987/202107/t20210724_546566.html，最后登录日期：2021 年 7 月 24 日。

② 中华人民共和国中央人民政府：《中共中央关于制定国民经济和社会发展第十四个五年规划和二〇三五年远景目标的建议》，载中华人民共和国教育部官网：http://www.gov.cn/zhengce/2020-11/03/content_5556991.htm，最后登录日期：2020 年 11 月 3 日。

③ 中共中央，国务院：《关于进一步减轻义务教育阶段学生作业负担和校外培训负担的意见》，载中华人民共和国教育部官网：http://www.moe.gov.cn/jyb_xwfb/gzdt_gzdt/s5987/202107/t20210724_546566.html，最后登录日期：2021 年 7 月 24 日。

理想。

3. 基础教育治理受各种因素羁绊

基础教育治理是一项系统的工程,注定要受到多种因素的羁绊,需系统治理、综合治理。

就教育系统内部而言,基础教育治理现代化涉及治理的主体、客体与手段、政策制定等多因素、多环节。其一,教育治理主体职权范围是影响教育治理水平的重要因素。在基础教育治理实践中,教育管理部门过多地包揽了教育治理事务,既是教育治理的主要责任人,也是防范化解教育领域风险的主要承担者。社会矛盾出现后没有缓冲区,既增加了自身负担,又降低了教育治理的效率,压缩了办学实体、社会组织等发展规划的权限,压缩了他们参与教育治理和提供公共服务的空间。其二,在基础教育治理客体领域,教育权利和机会公平有待进一步提高。教育权利受所在地域、家庭背景、经济状况等因素影响,而且基础教育资源发展不均衡,这也必然导致教学质量参差不齐。其三,在政策和制定执行上,更多时间精力花在被动行动,而非主动预防上,倒逼治理的现象时有发生。

就外部因素而言,基础教育治理现代化水平还受科技发展、政策导向和社会参与程度、区域发展水平等因素制约。其一,目前信息科学技术应用潜力巨大,但仍有很长的路要走。其二,政策导向和社会参与程度也影响基础教育治理现代化的发展水平,“管”与“办”在既保持相对独立性的同时,如何能够有效互动,是基础教育治理实现现代化的一个重要内容。在“评”的环节,具有资质、相对成熟的教育评价第三方组织有待发展,评价结果的科学性和公信力有待验证,专业技术水平有待提升。其三,区域、城乡以及学校间的教育水平差距、教育资源分配的不平衡等问题依旧存在。

三、“双减”背景下基础教育治理现代化的突围路径

“双减”背景下需构建三大体系,强化助推“双减”政策落地和基础教育治理现代化目标的实现,纠正理解偏颇,突出育人导向,奋力向构建高质量教育体系目标迈进。

1. 建立综合评价指标体系

新时代加快推进教育治理现代化是党和国家的工作重心之一,也是我国教育改革发展到现阶段的关键问题。地方各级党委和政府要不断更新执政理念,将“双减”工作成效纳入基础教育质量评价和执政绩效评价,建立综合评价指标体系。综合评价指标体系主要侧重对校内校外教育治理效果的评价,其构成要素如下:一是学校教育治理规划,二是学校教育治理结构,三是校内外教育治理技术,四是治理经验是否可复制可推广。

随着现代化进程的加速,教育更加注重个体发展和核心素养的培养,德智体美劳五育并举逐渐替代单一化的教育评价体系。教育治理更加注重评价的“过程性”而非“结果性”。教育管理部门在设计评价指标体系时,应把握新时代教育治理现代化的总体趋势,遵循不同学段教育的基本特征和要求,结合学生成长规律和教书育人规律,选择关键环节,突出核心指标,充分发挥出政策的导向和激励作用。设计过程性评价指标主要遵循以下三大基本原则:一是整体性原则。“双减”政策的落地既要评估现有的教育资源是否符合教育现代化要求,更要引导学校通过长期发展规划制订、教师队伍建设、学校课后课程体系建设、教育共同体的构建等方面形成一整套机制。二是科学性原则。综合评价指标体系的设计要遵循教育评估的客观规律,评价指标需全面、客观、准确地反映评价主体的情况,如学生课后作业和补习时长、网上学习时长,等等。三是可操作性原则。评价指标的制订具有很强的技术性,在具体设计指标时,要关注评价信息采集的可行性、评价指标的可测量等一系列问题,便于评价结果可视化、数量化,同时需充分考虑教师情感劳动、情感负荷等非量化指标,从而使评价结果更具有全面性、可信性。

2. 建设高质量课后服务体系

建设高质量课后服务体系,教育管理部门需要做到:第一,在供给内容和方式上,制订课后服务菜单,统筹优化课后育人活动资源供给,不断增

加优质教育资源的覆盖面。利用课后服务时间开展体育、美育、劳动教育、科学教育等丰富多彩的活动，扩展高校和社会力量参与中小学校课后课程建设工作，积极推进区域化大中小共同体建设，形成改革和发展的合力。第二，在类型层次和规模上，丰富课后服务的课程供给，开设如红色文化、书法、篆刻、国画、戏曲等课程，陶冶未成年人思想道德情操，展现中国精神，增强文化自信。第三，稳步推进家校社协同育人共同体建设。以课程来推进家庭教育指导，让学校成为智慧家长的驿站，引导家长树立正确的育儿观。

此外，充分发挥教育中介组织"第三种力量"。教育中介组织介于政府业务管理部门、学校和其他社会组织之间，具有非营利性和公益性。教育管理部门通过购买教育中介组织系统化的课后教育服务，从学校课后管理的具体事务中摆脱出来，委托更具有业务能力的第三方机构管理，从而提高管理效率。委托教育中介组织管理学校课后服务，实现了教育服务的多样化，一方面可以充分发挥教育中介组织参与课后教育服务的积极性，培育和扶植教育中介组织的成长和完善；另一方面也为教育管理部门自身的定位转型提供良好的契机，有利于政府部门与社会组织的"共建共治共赢"。更重要的是，厘清政府、社会、学校的新型治理关系，突破体制机制困境，形成合理的治理架构，实现多元社会主体参与和共同治理，助力基础教育治理的现代化。

3. 建构现代基础教育治理体系

建构现代基础教育治理体系，合理有序的治理体系必不可少。

首先，政策的科学性与专业性是政策落实的基础和前提。政府部门在把握自身管理权的同时，将办学权还给学校，将评价权还给社会。"双减"背景下，做好基础教育管办评分离工作，还要不断完善信息技术支持，针对线上教学，运用信息技术手段在线数据监测、设立红线区域等，强化过程性监管，为"双减"政策的有效落实提供保障。此外，《意见》中的"弹性上下班制"① 体现了政策张力。"双减"政策引发部分教师的负性情绪，长此以往，容易导致教师处于自我怀疑与自我肯定的不确定状态之中，很容易出现焦虑、易怒、心理失衡等职业倦怠感。对此，"弹性上下班制"既尊重了个体的特殊性，又彰显出了政策的灵活性。在弹性与机动性相得益彰中，实现政策对人的伦理关心。

其次，纵向"大中小一体化"注重各区域发展整体规划，采用区域大中小一体化管理。搭建"科研立交桥"，通过营造环境、择优资助、跟踪培养等方法，加强梯队人才的培养。充分利用各学段完备的教育资源架构，挖掘区域内优势资源和专家教授指导团队，探索各学段既相互衔接又螺旋上升式的创新人才培养路径，逐步形成大中小学教育共同体的多方联动机制，凝练一体化人才培养品牌。横向"大学区"使各区域内各学校在软硬件条件上达到均衡，整合各区校优势资源，推动纵向贯通、横向联合，统筹拓展、师资共享等改革措施。通过教师跨校任教兼课以及联合教研等形式进行轮岗交流，推动优秀青年教师、中小学校长、骨干教师在大学区内合理有序流动，实现教师资源的共享，缩小城乡间、区域间以及校际教育发展的差距。同时，搭建中小学教师继续深造平台，为在职中小学教师攻读博士学位拟定专项实施计划，提升中小学教师理论素养，从而形成总体规模优势。

最后，基础教育治理现代化还需推动顶层设计和基层创新有机结合。顶层设计"建立协同规划机制、健全跨部门统筹协调机制，建立教育发展监测评价机制和督导问责机制"②，统筹推进政府购买服务、补助奖励、派驻公办教师、评估考核等方式，促进基础教育优质均衡发展。从实操层面来说，以"THEIR"模型落实"双减"政策，"T"指时间（Time），"双减"政策的落地需要时间的积累，《意见》指出：学生过重作业负担和校外培训负担、

① 中共中央，国务院：《关于进一步减轻义务教育阶段学生作业负担和校外培训负担的意见》，载中华人民共和国教育部官网：http://www.moe.gov.cn/jyb_xwfb/gzdt_gzdt/s5987/202107/t20210724_546566.html，最后登录日期：2021 年 7 月 24 日。

② 中共中央，国务院：《中国教育现代化 2035》，载中华人民共和国教育部官网：http://www.moe.gov.cn/jyb_xwfb/s6052/moe_838/201902/t20190223_370857.html，最后登录日期：2019 年 2 月 23 日。

家庭教育支出和家长相应精力负担1年内有效减轻、3年内成效显著,人民群众教育满意度明显提升;[①]"H"指人(Human),人是推动教育治理现代化的核心;"E"指环境(Environment),包括学习环境、育人环境等;"I"指执行(Implement),到位的执行让好的制度落地生根;"R"指制度规则(Regulation),教育治理的制度规则"能够为多元主体之共治提供方向和指针,化解在改革过程中一些主体所感到的迷茫、混乱和失落,使多元主体从中获得方向感、认同感和归属感"。[②]同时,根据各校、各区域实际情况,积极谋求创新,强化试点先行,推出"双减"落地"一校一策""一区一案"。各校针对不同受众群体,整合教育资源,同时利用科技手段,不断实现优质教育资源共享,使基础教育更加符合教育的规律,引导教育回归良性发展。

The Dilemma of Modernizing Basic Education Governance and the Break-through in the Context of "Double Reduction"

HAO Feng

(School of Marxism, Shanghai Normal University, Shanghai, 200234)

Abstract: The"Double Reduction"and the modernization of basic education governance are originally in the same direction, but misinterpretation of the policy by the public, and the alienation and disguise of "Double Reduction" affect the implementation of the policy and the realization of modernization. To promote the implementation of the "Double Reduction" policy with problem-oriented, value-oriented and practical directions, and to promote the modernization of basic education governance as a whole, we need to build"three systems": adhering to the Party's overall leadership of education and establishing a comprehensive evaluation index system; adhering to the integration and mobilization of all sides and building a high-quality after-school service; adhering to the main theme of education modernization and constructing a modern basic education governance system, so that they can maintain the necessary tension and unity.

Key words: "Double Reduction", modernization of educational governance, basic education, dilemma, pathways

① 中共中央,国务院:《关于进一步减轻义务教育阶段学生作业负担和校外培训负担的意见》,载中华人民共和国教育部官网:http://www.moe.gov.cn/jyb_xwfb/gzdt_gzdt/s5987/202107/t20210724_546566.html,最后登录日期:2021年7月24日。

② 褚宏启:《教育治理:以共治求善治》,《教育研究》2014年第10期,第4-11页。

中小学职业生涯教育融入劳动教育研究

彭 健[1,2]

(1. 上海师范大学 哲学与法政学院，上海 200234；2. 湖州师范学院 研究生院，浙江 湖州 313000)

摘 要： 在当前五育并举、协同育人的新形势下，职业生涯教育融入劳动教育，易于达成二者的教育目标，便于统筹二者的教育内容，有利于创新二者的教育形式，亦有助于推动教育评价改革。我们要以劳动教育统领职业生涯教育，以职业生涯教育支撑劳动教育，从提升思想认识、健全管理体制、开发课程教材、培养师资队伍、建设实践平台等方面加快中小学职业生涯教育融入劳动教育，提升综合育人效果。

关键词： 职业生涯教育；劳动教育；融入

2014 年 9 月，国务院发布《关于深化考试招生制度改革的实施意见》，新高考改革开始在全国逐步实施。新高考方案带来的选择前置，让职业生涯教育受到空前重视。党的十八大以来，习近平总书记多次论述劳动教育的价值；2020 年 3 月，中共中央、国务院出台《关于全面加强新时代中小学劳动教育的意见》；2020 年 7 月，教育部制定颁发《中小学劳动教育指导纲要（试行）》。为提升学生综合素质，实现学生全面发展，除了劳动教育和职业生涯教育，近些年中小学还设置了综合实践活动、心理健康、创新创业等综合素质类课程或实践教学内容。这些课程在教育目的、教育内容、师资队伍建设等方面存在许多交叉，如何整合这些课程和教学内容，既实现各自的目的，又提高育人的整体效果，是当前摆在我们面前的重要课题。

本文拟从职业生涯教育和劳动教育的内涵以及它们在育人体系中的地位、教育目标、教育内容等入手，研究职业生涯教育如何融入劳动教育。

一、职业生涯教育融入劳动教育的意义

马克思认为"劳动创造了人本身"①，劳动是人之为人的过程，它既是人谋生的手段，也是解放和发展的手段，还是人获得尊严的资格，劳动也是人追求幸福的过程，即人通过劳动使自己的类本质得到确证进而得到深层的愉悦体验。② 中小学的劳动教育，既包括劳动技能教育，又包括劳动情感的培养和劳动价值观念、劳动习惯的引导，对学生的人生发展具有重要影响。

2013 年 5 月 29 日，习近平总书记在北京市少年宫参加"快乐童年，放飞希望"主题队日活动

基金项目： 本文系 2017 年度教育部人文社会科学研究青年基金项目"新高考背景下中小学职业生涯规划教育衔接与一体化研究"（项目编号：17YJCZH138）的阶段性成果。

作者简介： 彭健，上海师范大学哲学与法政学院博士研究生，湖州师范学院研究生院讲师，主要从事科学教育与教育管理研究。

① 马克思，恩格斯：《马克思恩格斯选集》（第 3 卷），人民出版社 2012 年版，第 988 页。

② 何云峰：《劳动幸福论》，上海教育出版社 2018 年版，第 18-19 页。

时指出:生活靠劳动创造,人生也靠劳动创造。[①]2019年6月中共中央、国务院出台的《关于深化教育教学改革全面提高义务教育质量的意见》指出,坚持五育并举,加强劳动教育,充分发挥劳动的综合育人功能。劳动教育能够联通教育世界、生活世界和职业世界,"以劳树德、以劳增智、以劳强体、以劳育美、以劳创新"是新时代中国特色社会主义劳动教育的重要特征,劳动教育对"五育"的系统性、融合性、融通性、整体价值性,具有本质的解释力和承载力。[②]劳动教育是"德智体美劳"五育中重要的组成部分,同时又具有独特地位,是实施综合育人的重要载体和培养全面发展的人的重要方式。因此,劳动教育是职业生涯教育的基础,只有劳动塑造了健全的人,其才会有顺畅的职业生涯;职业生涯教育结合自身特点,贯彻劳动教育的理念和目标,融入劳动教育的相关内容,可更好地实现教育目标。

1. 易于达成二者的教育目标

职业生涯教育和劳动教育二者的目标都是在各自的方面形成良好的态度、情感和技能。劳动教育的目标是使学生树立正确的劳动观念、具有必备的劳动能力、培育积极的劳动精神以及养成良好的劳动习惯和品质。职业生涯教育的目标是使学生在了解自我、了解外部世界的基础上,正确认识职业和职业生涯,在掌握职业生涯规划技能的基础上合理规划自己未来的职业发展路径。因此,二者的教育目标总体上是一致的,仅在具体的方向上有些许差异,职业生涯教育融入劳动教育,二者相互促进,更易于双方教育目标的达成。

2. 便于统筹二者的教育内容

职业生涯教育与劳动教育的侧重点虽有所不同,但二者的教育内容联系非常紧密。《中小学劳动教育指导纲要(试行)》指出,对初中生来说,劳动教育的要求是初步的职业体验,形成初步的生涯规划意识;对普通高中生来说,是围绕丰富职业体验开展劳动教育,增强生涯规划意识和能力,劳动教育实践环节与其他综合教育活动,如职业体验部分重合的环节,可综合实施。[③]劳动教育内容渗透到职业生涯教育,职业生涯教育的部分内容包含在劳动教育内,将职业生涯教育融入劳动教育综合实施,相同的内容可避免教学重复,不同的内容可在教育教学过程中相互促进,提高教育的针对性。

3. 有利于创新二者的教育形式

劳动教育和职业生涯教育都是通过理论教学和实践实施的,理论和实践并重。理论方面,主要是从有关劳动、职业的知识、认识、信念、精神等方面进行讲解传授;实践方面,主要是通过到劳动和职业场所一线亲身体验,加深对劳动和职业的认识,从而为未来的工作选择、人生发展打下基础。职业生涯教育融入劳动教育,二者的教育形式相互结合,相互借鉴,统筹创新,从而提高育人效果。

4. 有助于推动教育评价改革

《深化新时代教育评价改革总体方案》提出,改进结果评价,强化过程评价,探索增值评价,健全综合评价,创新德智体美劳过程性评价办法,完善综合素质评价体系,引导全党全社会树立科学的教育发展观、人才成长观、选人用人观。[④]劳动教育和职业生涯教育都是以过程性评价为主的综合评价,职业生涯教育融入劳动教育,一方面,有利于统筹二者的评价内容和方式,客观评价中小学生的成长成才;另一方面,有利于推动教育评价改革的实施。

不管从其内涵还是从具体实施来看,劳动教育和职业生涯教育都具有融合的内在基础。鉴于职业生涯教育和劳动教育在育人过程中的地位不同,在中小学教育教学和各项活动安排中,将职业生涯教育融入劳动教育,以劳动教育统领职业生

① 倪光辉:《让孩子成长得更好》,《人民日报》2013年5月31日,第1版。

② 徐长发:《新时代劳动教育再出的逻辑》,《教育研究》2018年第11期,第12-17页。

③ 中华人民共和国教育部:《中小学劳动教育指导纲要(试行)》,载教育部官网:http://www.moe.gov.cn/srcsite/A26/jcj_kcjcgh/202007/t20200715_472808.html,最后登录日期:2021年4月30日。

④ 中共中央,国务院:《深化新时代教育评价改革总体方案》,载中国政府网:http://www.gov.cn/zhengce/2020-10/13/content_5551032.htm,最后登录日期:2021年4月30日。

涯教育，职业生涯教育支撑劳动教育，二者相互促进，可以取得更好的育人效果。

二、职业生涯教育融入劳动教育：问题及原因

职业生涯教育是有目的、有计划、有组织地培养个体规划自我职业生涯的意识与技能，发展个体综合职业能力，促进个体职业生涯发展的活动。劳动教育是以促进学生形成劳动价值观（确立正确的劳动观点和积极的劳动态度，热爱劳动和劳动人民等）和养成良好劳动素养（形成劳动习惯，有一定劳动知识与技能，有能力开展创造性劳动等）为目的的教育活动。① 从二者的定义可知，它们分别是在劳动和职业生涯方面培养学生良好的态度、情感和能力。

从劳动与职业二者的内涵来看，劳动包括日常生活劳动、生产性劳动和服务性劳动，其中生产性劳动和服务性劳动是个人职业的内容，日常生活劳动若请他人来从事，则成为他人职业的一部分。所有的职业活动都是劳动的一部分，“劳动”是比“职业”内容更丰富的一个概念，对成人来说，职业是个人从事劳动的最重要内容。因此，劳动教育和职业生涯教育的内容有很大一部分是重合的，二者可以结合起来实施，但当前职业生涯教育融入劳动教育仍存在一些问题：

1. 认识需要进一步提升

只有正确认识并科学定位劳动教育和职业生涯教育在中小学生成长发展中的意义和作用，才能更好地将二者协同推进。虽然近几年劳动教育和职业生涯教育在中小学愈加受到重视，但二者各自如何开展还在探索中，劳动教育的学科地位以及劳动教育与综合实践活动、职业生涯教育之间的关系等还有待统一认识。根据我们对中小学教师的访谈可知，有的教师认为二者之间没有联系，无法融合，有的认为二者内容差异较大，融合太难，有的认为各自独立开展，教育效果更好。可见，从教育行政主管部门到各级各类学校和教师，对于如何把职业生涯教育融入劳动教育综合实施，从而在节省时间的基础上达到更好的教育效果，认识还不足，需要进一步提升研究。

2. 体制机制还没有建立

一方面，目前出台的相关文件都是将劳动教育和职业生涯教育分开的，虽然部分文件里有少数涉及二者，但尚未上升到将二者融合的高度，无法从制度层面对职业生涯教育融入劳动教育予以引导。另一方面，为加强劳动教育和职业生涯教育，教育行政主管部门和各级学校先后以成立领导小组的形式建立组织领导机构，但目前来看，这些组织领导机构还是各自独立的。如广东省江门市教育局 2021 年 4 月份成立中小学劳动教育工作指导委员会，委员会的工作职责没有提及职业生涯教育的任何内容。②

3. 课程教材体系欠缺

当前，各地积极研制中小学劳动教育和职业生涯教育的课程及教学大纲，并编写了相应的教材，如 2015 年 7 月河南省教育厅制定《河南省普通高中生涯教育课程指导纲要（试行）》，2020 年 5 月山东省青岛市推出地方劳动教育教材《劳动教育（实验）》。但目前现有的课程和教材各自独立，而且在中小学校，劳动教育和职业生涯教育仍旧分别安排课程，单独授课，因此，从课程教材和教学安排上割裂了二者应有的联系。

4. 师资队伍普遍缺乏

我国的高等教育人才培养体系中没有劳动教育和职业生涯教育相关的学科专业设置，因此，中小学普遍缺乏专职和专业化的职业生涯教育和劳动教育师资队伍。自新高考改革以来，经过几年的探索和专业培训，中小学以心理健康教育教师为骨干，以班主任、辅导员和党政干部为主的兼职

① 檀传宝：《劳动教育的概念理解——如何认识劳动教育概念的基本内涵与基本特征》，《中国教育学刊》2019 年第 2 期，第 82-84 页。

② 广东省江门市教育局：《关于成立江门市中小学劳动教育工作指导委员会的通知》，载江门市政府网站：http://www.jiangmen.gov.cn/jmjyj/gkmlpt/content/2/2296/post_2296386.html#64，最后登录日期：2021 年 5 月 20 日。

职业生涯教育的师资队伍逐步建立起来。虽然部分学校也有一定的劳动教育兼职师资队伍,但与新时代劳动教育的要求相比,总体上来看专业性较弱。目前虽然也有少数教师兼教生涯教育和劳动教育,但是大部分教师对二者的定位及其关系的认识还有待提升,缺乏有效的融会贯通。

5. 实践平台暂未建立

目前,各省市和学校建立了一些劳动教育和职业生涯教育实践基地,如浙江省教育厅 2018 年 7 月制定了《关于加强中小学劳动实践教育的指导意见》,并于 2019 年 12 月公布了首批 43 家中小学劳动教育实践基地;上海市自 2013 年起开始探索建立高校学生职业(生涯)发展教育校外实践基地,并制定了《上海高校学生职业生涯发展教育校外实践基地管理办法》,2017 年 12 月公布了 20 个 2018-2019 年上海市高校学生职业(生涯)发展教育校外实践基地。但目前这些实践教育基地都还是各自独立的,有不同的教育目标,并未将劳动教育和职业生涯教育二者协同融合,也没有基于职业生涯教育融入劳动教育的目标去统筹谋划实践基地建设。

三、职业生涯教育融入劳动教育的路径

针对当前职业生涯教育融入劳动教育存在的认识不足,未建立相关的体制机制,课程教材、师资队伍与实践平台欠缺等问题,我们认为亟须从五个方面探索新形势下职业生涯教育融入劳动教育的路径:

1. 提高职业生涯教育融入劳动教育的思想认识

劳动教育和职业生涯教育有一定的共通性,在中小学阶段,将它们融会贯通、综合实施,可以节约时间,避免重复,提高教育效果。马克思指出:“未来教育对所有已满一定年龄的儿童来说,就是生产劳动与智育和体育的结合,它不仅是提高社会生产的一种方法,而且是造就全面发展的人的唯一方法。”① 人的全面发展是职业生涯教育的最终目标,与智育和体育相结合的劳动教育是实现这个目标较好的方式。在五育并举、协同育人的新形势下,教育行政主管部门、中小学和相关教师要深入研究劳动教育和职业生涯教育的内涵、课程性质和教学内容,充分挖掘二者融合的关键点,为职业生涯教育融入劳动教育的具体实施打下基础。

2. 健全职业生涯教育融入劳动教育的管理体制机制

管理体制机制是各项具体措施执行的基础,首先,教育主管部门和中小学在建立相关组织机构时,要考虑职业生涯教育融入劳动教育的需要,建立组织机构,对二者的实施进行统一领导,如地方教育行政主管部门可以成立职业生涯与劳动教育工作领导小组,中小学可以成立职业生涯与劳动教育教研室,对二者相关的政策制度、教育教学等内容合作研究、协同推进。其次,各级教育主管部门要统筹制定加快二者融合发展的若干意见、课程师资队伍建设等相关文件制度。即使文件制度是各自分开的,在内容上也要相互交叉融合,共同体现双方的教育理念、精神和内容。

3. 开发适于职业生涯教育融入劳动教育的课程教材

课程教材是教育教学实施的基础,“我国新时代劳动教育,应将学校劳动教育课程与多种形式课外活动相结合,即以劳动教育必修课为主阵地,结合‘实验实习、职业体验、设计、公益服务、创客活动’等多样化课外活动,形成校内劳动与校外劳动实践相结合、课内与课外相结合的整合式新时代劳动教育新路径”②,劳动教育课程与职业体验课程相结合是新时代劳动教育的必然要求。教育行政主管部门、学校及相关研究人员在开发课程、编写教材时要充分考虑劳动教育和职业生涯教育

① 马克思,恩格斯:《马克思恩格斯选集》(第 2 卷),人民出版社 2012 年版,第 230 页。

② 顾建军,毕文健:《刍议新时代劳动教育课程的一体化设计》,《人民教育》2019 年第 10 期,第 11-17 页。

相关内容的共通性，从教育目标、教育内容和教育形式等多方面综合考虑如何实现职业生涯教育融入劳动教育。这样，在后期可根据教育教学需要统筹安排课程。

4. 培养职业生涯教育与劳动教育复合型的师资队伍

职业生涯教育和劳动教育的课程内容和实践特性决定了校内和校外、专职和兼职结合的教师队伍建设的重要性。目前国内暂时缺少培养劳动教育和职业生涯教育专职师资队伍的学科建制和机构，现有师资队伍都是根据教学需要经过相关培训后上岗。教育行政部门和中小学要注重培养复合型师资队伍，并保持一定的稳定性，以便让教师在教育教学活动中更好地将职业生涯教育融入劳动教育。

5. 建设职业生涯教育融入劳动教育的实践平台

实践平台和基地是开展职业生涯教育和劳动教育的重要场所。劳动以生活世界为源头，生活世界是劳动教育开展的天然场域，任何形式的自由劳动均以身体力行的创造性实践为前提。①实践基地劳动的过程本身即是体验和认识职业，提升职业技能和个人素质，为未来职业生涯规划打基础的过程。劳动教育实践基地内的劳动模范、大国工匠及相关教师的成长经历也是一种职业启迪。场所的选择、平台基地的设置以及实践基地的制度规范等，要统筹考虑职业生涯教育融入劳动教育的需要，打造功能多样、开放共享的综合实践平台，从实践层面提高融入的效果。

A Study on the Integration of Career Education into Labor Education in Primary and Secondary Schools

PENG Jian[1,2]

(1. College of Philosophy Law & Political Science, Shanghai Normal University, Shanghai, 200234;

2. Graduate School, Huzhou Normal University, Huzhou Zhejiang, 313000)

Abstract: In the current new situation of simultaneous development of five kinds of education and collaborative education, the integration of career education into labor education is conducive to achieving their educational goals, coordinating their educational content, innovating their educational forms, and promoting the reform of educational evaluation. We should guide and support career education with labor education and speed up such integration in primary and secondary schools and improve the effect of comprehensive education from the following aspects of enhancing ideological understanding, improving management system, developing curriculum and teaching materials, training teachers and building practice platform.

Key words: career education, labor education, integration

① 马鹏云，徐学福，欧阳修俊：《中小学劳动教育缺失的文化根源与突破路径》，《现代基础教育研究》2021 年第 1 期第 41 卷，第 17-23 页。

中学生命教育的实践困境及解决路径

徐　可，陈泽环

（上海师范大学 哲学与法政学院，上海 200234）

摘　要： 对生命教育学科的典范意义理解不充分，对个体生命的社会化进程把握不准确，对学生群体的自我实现需求未较好满足，是中学生命教育实践困境的根源。在此背景下，中学生命教育应当始于对生命最基本的保护，着眼学生的社会化转变，指向个体对实现生命意义的追寻。结合敬畏生命理念作为促进身心和谐发展的重要准则、帮助个体融入集体的重要方法以及激励个人自我实现的重要途径的品质，可从加强学科间融合并以敬畏生命理念设计课程、关注学生人生规划及其社会角色的形成、鼓励多样化社会实践并使其获得自我实现感三个方面，解决中学生命教育现实之困。

关键词： 中学生命教育；敬畏生命；学科融合；人生规划；社会实践

敬畏生命（reverence for life）是阿尔贝特·施韦泽（Albert Schweitzer）文化伦理思想的核心理念。其中，“敬畏”体现的是对生命的崇高敬意，“生命”则泛指一切生物。敬畏生命的理论内涵是将生命既作为一种自然现象，又作为一种道德现象，由此提出“善是保存和促进生命，恶是毁灭和阻碍生命”的伦理基本原则。[①] 敬畏生命理念因其与生命教育的相关性而日益受到教育学界的重视。当代生命教育（life education）诞生于20世纪60年代末的西方社会，由美国学者华特士（James Walters）首倡。[②] 我国生命教育的奠基人陶行知于1917年将杜威所倡“教育即生活”的理论引入中国，并经若干年实践后提出“生活即教育”的生活教育观，倡导“是生活便是教育，是好生活便是好教育”。[③] 自20世纪末以来，我国很多地方相继开展生命教育，经20余年的发展已形成从大学至幼儿园的生命教育体系，诞生了叶澜的“生命·实践”教育学派、刘济良的“生命教育论”、张文质与冯建军等人的“生命化教育”等具有影响力的成果。吴根福近年来提出，生命教育是在施韦泽敬畏生命伦理学基础上发展起来的[④]，这表明作者对敬畏生命理念重要意义的肯定。本文以中学生命教育为研究对象，在当代中国学界相关研究成果的基础上，尝试以施韦泽的敬畏生命理念为核心，从中学生命教育的实践困境及其成因、敬畏生命之于中学生命教育的必要性、敬畏生命理念与中学生命教育的有机结合三个方面，对如何使中学生命教育走出现实之困进行探讨。

作者简介： 徐可，上海师范大学哲学与法政学院博士研究生，主要从事外国哲学研究；陈泽环，上海师范大学哲学与法政学院教授，博士生导师，主要从事哲学与伦理学研究。

① 阿尔贝特·施韦泽：《文化哲学》，陈泽环译，上海人民出版社2017年版，第307页。

② 刘雨生：《詹姆斯·华特士生命教育理论研究》，河南大学硕士学位论文，2007年，第1页。

③ 陶行知：《陶行知全集》（第2卷），四川教育出版社2009年版，第7页。

④ 吴根福：《生命的教育》，高等教育出版社2020年版，第8页。

一、中学生命教育的实践困境及其成因

当代生命教育面临的实践困境主要是:学科体系不成熟,现实效果不理想。美国是率先提出生命教育概念的国家,但据美联社 2021 年 10 月 11 日报道,涉及未成年人的枪击案件近年持续增长。① 此外,在较早开展生命教育的我国台湾,因自伤行为造成的健康损害程度居中国各地区之首,超全国平均值的 2 倍。② 应佳丽等人的研究显示,自伤行为是危害初中生健康的严重公共卫生问题,在上海某区初中生当中一年内发生率为 40. 55%。③ 尽管我国开展生命教育已有 20 余年,但有学者指出在指导实践与解决现实问题方面依然任重道远,其中孙卫华和许庆豫的评述具有代表性,他们认为,当代中国学界关于生命教育的内涵有广义和狭义之分。狭义的生命教育致力于解决生命安全实际存在的问题,广义的生命教育关注教育与生命之间更深广的联系。已有的研究总结出:广义的生命教育存在着实际操作难的问题,而狭义的生命教育缺乏对生命的整体观照。并基于此,指出生命教育三个方面的问题:第一,生命教育基础理论研究的缺失,这可能在根本上影响生命教育研究成果对教育改革的解释力与指导力。第二,生命教育研究成果指导实践和解决实际问题的品质与能力还需进一步提高。第三,缺少对国际生命教育前沿与热点的全面持续的关注。④ 学者虽从不同角度剖析生命教育困境,但尚未有路径来应对这些困境。下文将以生命教育实施主体即学校为中心,结合生命教育理论,从三个方面阐述生命教育实践困境之成因,从而为探索解决生命教育现实之困奠定基础。

1. 未充分理解生命教育学科的典范意义

从狭义的生命教育角度来看,生命教育的实践困境是因为未能充分理解生命教育学科的典范意义。苗睿岚和薛晓阳指出,从理论层面看,生命教育的内涵和意义已得到了阐释,但从实践层面看,生命教育却尚未建立起基本的知识领域与范畴。生命教育需要确立其作为学科的专业性和独立性,与生命健康相关的内容,是其基本的、核心的、具有相对独立性的知识范畴。生命教育既要守护好自己的教育领地,又要提高精神高度。⑤ 要言之,作为一门基础教育学科形态的生命教育仍不成熟,其实践性与可操作性亟待增强。生命教育的不成熟,其根源在于未能看到教育活动中的生命本质因素,进而导致知识习得与生命成长之分离。顾明远指出,教育的本质是生命教育。⑥ 教育以使人成为身心健全之人为旨归,特别是生命教育更要发挥典范作用。生命教育的典范意义在于,它从本性上就需要将知识与生命在个体的人当中结合起来。杨向东认为,当前学校教育模式反映了笛卡尔理性主义认识论的传统。⑦ 它所代表的是一种主客分离化、去情景化的认知模式。在这种认知习得模式中,抽象的生命对象既不容易讲解透彻,也难以激发学生的兴趣。长期处于这种状况之下,生命教育活动的典范意义无法建立,最终该学科将走入被边缘化的境地。

2. 未准确把握个体生命的社会化进程

从广义的生命教育角度来看,生命教育的实践困境是因为未能准确把握学生的社会化转变。在做好基本保障工作、尊重个体生命权利的前提下,生命教育要使学生角色从被保护者向创造者转变。中学生既是未成年人,同时又处于人生的关键时期。较之被动保护起来的生命,昂扬向上的、自强不息的生命主体更值得肯定,生命教育应与更广大的事业价值相联系,使学生受益无穷。因此,生命教育不能局限在校园之中,而要把学生日后的社会化发展考虑进来。在这方面值得借鉴的是,法国中小学生命教育的主要目标是让学生学会立足于社会,从小学至高中的各年级生命教育均围绕着社会生活的主题展开。其中初中阶段

① 新华社:《越来越多美国未成年人殒命枪支暴力》,载光明网 https://m. gmw. cn/baijia/2021-10/12/1302636959. html,最后登录日期:2021 年 10 月 18 日。

② Maigeng Zhou et al. , "Mortality, Morbidity, and Risk Factors in China and Its Provinces, 1990-2017: A Systematic Analysis for the Global Burden of Disease Study 2017", *The Lancet*, Vol. 394, no. (2019), pp. 1145-1158.

③ 应佳丽,等:《上海市某区初中生自伤行为发生现状及家庭影响因素》,《环境与职业医学》2021 年第 1 期,第 58-63 页。

④ 孙卫华,许庆豫:《生命教育研究进展述评》,《中国教育学刊》2017 年第 3 期,第 72-78 页。

⑤ 苗睿岚,薛晓阳:《生命教育的转向与教育定位》,《教育发展研究》2016 年第 24 期,第 13-16 页,第 67 页。

⑥ 顾明远:《教育的本质是生命教育》,《课程·教材·教法》2013 年第 9 期,第 85 页。

⑦ 杨向东:《关于核心素养若干概念和命题的辨析》,《华东师范大学学报(教育科学版)》2020 年第 10 期,第 48-59 页。

的生命教育从权利和义务、国家制度与价值观念、社会经济组织等方面,逐渐加深学生对社会的认知,高中阶段的生命教育从以公民身份在社会中生活、制度与公民身份的实践、世界变革中的公民身份等方面为其将来步入社会打下坚实基础。①

3. 未有效满足学生群体的自我实现需求

从生命教育长远的、根本的目标来看,生命教育的实践困境是因为未能有效满足学生在其社会生活中获得自我实现的深层需求。教育学界已经对学生所处的社会特征进行了诸多考察,并从一种社会视角切入,引导学生形成生命意义观。顺着这一思路,人的自我实现需求也应纳入生命教育中来。与生命意义相关的自我实现感受与认知潜藏在人的心灵深处,一般的教学工作难以深入这一层面。20 世纪 40 年代,心理治疗师弗兰克尔(Viktor Frankl)在《追寻意义的人》中将意义思考带入心理学研究,使生命意义成为心理学的重要研究对象,这为生命教育发展提供了有力的支撑。生命意义的自我实现是生命教育中最难进行的环节,也是中学生不可或缺的人生目标。在现实中,对生命之美的教育却很微弱,生命教育实践应从形成悦享生命的生命观念、培育满怀希望的生命态度、提升从美的角度体验生命的能力三个方面发力。②在当代社会,越来越多的人对生活、生命产生空虚感和无意义感,因此,必须加强生命教育,引导学生抵御这些不良情绪的干扰。

二、敬畏生命对中学生命教育的意义

在当代,推进生命教育对个人发展、社会和谐、民族复兴都有重要的意义。《国家中长期教育改革和发展规划纲要(2010—2020 年)》提出“重视安全教育、生命教育、国防教育、可持续发展教育”的要求。③ 教育部于 2012 年颁布实施的《教师专业标准》体现出加强各级各类学校生命教育师资培养的理念。④ 敬畏生命作为一种教育理念,其实质是一种整全个人的伦理人格理想。阿布莱尔指出,施韦泽把教育看成一种综合性的关于生命与世界观形成的过程。党晶和刘济良认为,敬畏生命为生命教育变革提供了方向,在教育场域中应遵循生命的发展规律、明确生命发展方向、营造有利于生命成长的环境。⑤ 值得注意的是,在我国抗击新冠肺炎疫情的过程中,人民至上、生命至上的理念在青少年心中产生广泛而深刻的影响。主流媒体《中国新闻》栏目在 2020 年 4 月 28 日首次使用“敬畏生命”彰显抗疫精神。⑥ 其中医护人员的医疗实践是颇能体现敬畏的生命教育活动。因此,将敬畏生命精神融入生命教育可以说具有坚实的基础和充分的理由。

1. 敬畏生命是促进身心和谐发展的重要准则

从生命教育的学科意义来说,敬畏生命是促进学生身心和谐发展的重要准则。中学生作为未成年人,身心尚不成熟,易被各种不良因素影响而产生错误观念和行为,因此,尽早开展全面而持久的生命教育能够有效地培育中学生对待生命的正确观念,为学生的终身发展打下良好基础。应佳丽等人关于初中生自伤现象的研究表明,76% 的学生采取此类行为是为了发泄情绪。学生无法化解自身生命中的不利因素,而采取这种有害于生命的方式寻求虚幻的解决。这根源于学生对生命缺乏敬畏之心,在一定程度上说明学生习惯于外在审视自身的生命,将其作为一种以自身好恶为转移的对象。而敬畏生命是以内在的方式把握生命,将生命中的喜怒哀乐都看成生命自身的组成部分。敬畏感的形成离不开对生命的整全体验,而中学生的生活经验相对单一,施韦泽在非洲的行医经历可作为生命教育的素材来向学生讲授。以敬畏之心进行生命教育不仅是对学生生命的高度尊重,也是引导其以内在方式把握生命本性的努力。

2. 敬畏生命是帮助个体融入集体的重要方法

从中学生的社会化进程来说,敬畏生命是使

① 王慧琳:《法国中小学生命教育探析》,《中国教育学刊》2016 年第 1 期,第 65-68 页。

② 刘慧:《生命之美:生命教育的至臻境界》,《教育研究》2017 年第 9 期,第 23-27 页。

③ 国家中长期教育改革和发展规划纲要工作小组办公室:《国家中长期教育改革和发展规划纲要(2010-2020 年)》,载教育部官网:http://www.moe.gov.cn/srcsite/A01/s7048/201007/t20100729_171904.html,最后登录日期 2021 年 6 月 29 日。

④ 孙卫华,许庆豫:《生命教育研究进展述评》,《中国教育学刊》2017 年第 3 期,第 72-78 页。

⑤ 党晶,刘济良:《教育场域中青少年敬畏生命的缺失及重塑》,《中国教育学刊》2019 年第 6 期,第 94-100 页。

⑥《中国新闻》栏目官方网站:tv.cctv.com/2020/04/28/VIDEqD40Vm7mXzEXSrpw1pdR200428.shtml?spm=C52507945305.P1Tyk9aHorGZ.0.0,最后登录日期:2021 年 7 月 9 日。

个人融入集体的重要方法。敬畏生命以人自身的生命存在为依托，强调个人对自身乃至其他生命的内在敬畏，以此激发出同情、包容等道德情感，形成一种个体之间的内在联结。中学阶段是师生之间、学生之间形成友谊的重要时期，若学生在中学教育阶段未能建立起良好持久的友谊，或者遭受欺凌等暴力对待，对其未来融入社会非常不利。据联合国儿童基金会2018年发布的报告，我国每年有31.21%、约4500万的13—15岁学生遭受着校园欺凌。[①]在庞大的数字背后，无论施害者或受害者，其生命观都无法得到健康发展，进而可能导致其社会化进程受到严重阻碍。校园欺凌的本质是学生未理解个体间的生命关联是互助互惠的利他关系，而将其异化为单纯以自我为中心的利己关系。在当代，科技发展使个人越来越沉浸于自身的世界中，生命关联愈发被遮蔽和淡化，人们更习惯以旁观者的态度观察他者。面对这一状况，生命教育应重视研究未成年人的社会化进程，使其养成对待他人的正确态度和习惯。将敬畏感融入生命教育当中，使中学生形成对待他人的正确生命观。他者不再是与自身完全无关的，而是处在一种生命关联之中的他者。这种生命关联作为人类社会的特性，是维持其正常运行的关键。

3. 敬畏生命是激励个人自我实现的重要途径

从中学生的精神需求层面说，敬畏生命是激励个人获得自我实现的重要途径。在人类正进入以生态文明为主导的文明形态的背景下[②]，道德领域的重要命题是通过建立主体的边界意识与理智精神，培养正确的公共价值观。学者指出，应当引导儿童学会正确判断自己与地球、人类及世界的价值关联，涵养以共同体精神为核心的公共品质，使人们自觉参与共同体生活。[③]从21世纪以来的公共危机事件中总结出的经验教训证明，生命和谐共生与文明发展具有直接相关性。敬畏生命本身是融合了对自身生命、他者生命和自然生命的综合感受的精神态度，它鼓励人在与其他生命的交往中发展自己的人格，进而获得精神提升和自我实现。

三、中学生命教育之困的解决路径：敬畏生命理念与中学生命教育有机结合

中学生命教育的初衷是保障学生的生命健康安全，其宗旨是帮助学生树立创造社会价值的生命观，其理想是期望学生能够作为精神不断发展的个体度过自我实现的一生。保障生命健康是中学生命教育的首要任务，因而通常传授给学生的生命意识基本上是被动保护的意识，但这并不足以确保学生日后能够认同自身的生命。只有将生命放在一个主动创造的位置上才能够真正使其得到更好的保护，并使学生收获生命意义的实现感。中学生命教育应始于对生命最基本的保护，着眼学生的社会化转变，指向个体对实现生命意义的追寻。针对中学生命教育存在的问题根源，结合敬畏生命理念的主要品质，以上海市德育工作会议2005年颁布的《上海市中小学生生命教育指导纲要(试行)》(以下简称《纲要》)为参考[④]，可以从下述三个方面尝试将敬畏生命理念有机融入中学生命教育当中。

1. 加强学科间的融合，以敬畏生命理念设计课程

在中学开展生命教育，需要加强不同学科间的相互融合，将生命成长有机融入知识习得过程之中，为中学生身心和谐发展创造有利条件。生命教育应当是每位教师的基本素质，由不同学科教师共同进行的跨领域生命教育相比单独的生命教育更为有效。在学校方面，重点是要形成相对独立的生命教育课程体系。为此，在生命教育课程中，探索以敬畏生命为大概念进行课程设计，串联整合健康教育、疾病预防教育、环境教育、心理健康教育、安全教育等课程的知识、原理、技能、活

① 张倩，孟繁华，刘电：《校园欺凌的综合治理何以实现——来自现代校园欺凌研究发源地挪威的探索》，《教育研究》2020年第11期，第70-82页。

② 丁念金：《第四代教育中教师基本角色的探讨》，《现代基础教育研究》2021年第1期，第24-28页。

③《教育研究》编辑部：《2020中国教育研究前沿与热点问题年度报告教育研究》，《教育研究》2021年第3期，第26-40页。

④《上海市中小学生生命教育指导纲要(试行)》按照学科教学、专题教育与课外活动制定了从小学至高中各阶段的实施方案，同时设立了相关的组织、资源、队伍、服务、政策与社会六项保障机制。《上海市中小学学科教学中实施生命教育的指导意见》列出了小学至高中各门具体课程的教学内容及教学要求，《专题教育中实施生命教育的内容与要求》以健康教育、预防艾滋病教育、毒品预防教育、环境教育、心理健康教育、青春期教育、安全教育与法治教育覆盖小初高全年级，这些内容至今仍有重要指导意义。可参考吴增强、高国希《上海市中小学生生命教育研究》，上海教育出版社2006年版，附录部分。

动等课程要素值得尝试。[①] 生命是一切事业之基，因此学校需要从敬畏生命出发，尊重和关心学生个体的生命，尊重生命发展的正常规律，尊重学习的科学规律；这种持续关注会反过来促进学生对自身生命形成良好态度。

2. 关注学生人生规划，促进其社会角色的形成

基于敬畏生命将人自身的生命与其他生命密切关联的理念，生命教育应当着力促进学生对人生道路与职业生涯的规划，以使其构建起一种社会角色型生命观。教师可以通过讲演我国抗击新冠肺炎疫情的伟大实践，引导学生对社会角色产生初步概念，激励其以敬畏生命的态度规划自己的人生。在当下个人生命观越来越局限于自我的情形下，形成一种和谐包容的互助利他型的生命观意义重大。敬畏生命不仅是关心自己的生命，也是关心他人的生命。在激烈的学习竞争中，学生对生命之关联难以产生清楚的观念。而对中学生进行生命教育实际上是期望学生能够为他人奉献，努力融入作为生命共同体的社会当中。敬畏生命是最深层的肯定生命，是肯定自身属于一个更大的社会集体，因为生命不仅仅属于个人，它始终与其他生命有着千丝万缕的关联。相比单纯地关注自身，为他人奉献会使学生收获截然不同的生命感受，这是个人融入集体的有效方式，也是个人社会化转变的关键。在中学教育阶段，可以引导学生理解杰出人物的事例，将个人生命与其他人的生命融合在一起，顺利完成向社会化角色的过渡。

3. 鼓励多样化社会实践，使其获得自我实现感

基于敬畏生命重视个人精神发展的理念，生命教育应鼓励形式多样的社会实践，创新学生综合素质评价体系，使学生得以生发生命意义自我实现感。在这个方面，《纲要》列出了班团队活动、节日与纪念日教育、仪式教育、学生社团和实践活动五个方面的课外活动。为了保证生命教育的效果，还可以举办在社区、福利院、医院等机构观摩见习等活动。此外，还可根据实际情况积极开展校园生命教育活动，如举办辩论赛、主题征文与讲演等活动。对中学生而言，在实践活动中理解和传播敬畏生命精神，能够使其以积极健康的思想态度去迎接现代社会的各种生存挑战，丰富自身的生命体验，为社会贡献自己的一分力量，推动社会文明进步，进而获得自我实现的意义感。

On the Causes and Possible Solutions to the Practical Predicament of Life Education in Middle School

XU Ke, CHEN Zehuan

(College of Philosophy & Law and Political Science, Shanghai Normal University, Shanghai, 200234)

Abstract: Its causes for middle school students lie in the inadequate understanding of the exemplary meaning of life education, inaccurate grasp of the socialization process of individual life and inadequate satisfaction of the self-actualization needs of student groups. Under such a background, life education for middle school students should start from the most basic protection of life, focus on the social transformation of students, and point to individual's pursuit to realize the meaning of life. Combining the concept of reverence for life as an important criterion for promoting the harmonious development of body and mind, an important method to help individuals integrate into the collective, and an important way to motivate individuals to achieve self-realization, this paper thinks it is possible to strengthen interdisciplinary integration and design courses with reverence for life, to pay attention to students' life planning and the formation of their social roles, to encourage diversified social practices and to help them realize a sense of self-realization, in order to solve the real difficulties of life education for middle school students.

Key words: life education in middle school, life education, reverence for life, interdisciplinary integration, life planning, social practices

① 吕立杰:《大概念课程设计的内涵与实施》,《教育研究》2020年第10期,第53-61页。

智媒时代学生自我教育的特点、挑战与应对

薛 朋

（上海师范大学 马克思主义学院，上海 200234）

摘 要： 作为一种新媒体形态，智媒体为学生自我教育提供了全新的场景，主要体现在丰富新颖的内容形式、自由平等的交往场域和沉浸交互的认知环境。而在算法技术的加持下，智媒体内容的个性化推荐会弱化学生对教育内容的自主选择权，内容生产上的碎片化会消解学生深度认知能力，同时，算法的资本逻辑不利于学生核心价值观的建立。因此，要通过打破内容定制，拓展学生信息获取范围；通过不断提高学生的媒介素养，提升其深度思考能力；通过增加主流价值内容供给，帮助学生树立正确的价值观。

关键词： 智媒体；自我教育；学生

智媒体是基于大数据、算法、移动互联、虚拟现实等智能技术发展起来的一种新媒体形态。智媒体的兴起与应用影响着教与学方式的变革，其独特的内容生产、分发、反馈方式，也通过算法这个隐蔽的手段影响着“网生代”学生群体的认知习惯、认知结构和认知方式，重塑他们的认知模式和行为主张。智媒体上的信息良莠不齐，加之学生辨识力和判断力不足，给学生自我教育带来很大挑战。如何应对这些挑战，是我们亟须认真思考的话题。

一、智媒时代学生自我教育的特点

苏霍姆林斯基曾指出：“促进自我的教育才是真正的教育。”① 什么是自我教育？自我教育是指“自我施教以培养和提高自我的教育”②，是“个体为了适应社会生存与有利于自身发展需要，激发、推动、调控、运行、维持、转化各种自我教育活动的教育合力”。③ 什么是智媒体？从技术的角度来看，“智能媒体=媒体+AI（人工智能）+IT+DATA”。④ 从对用户的影响角度而言，智媒体不仅是“能够感知用户并为用户带来更佳体验的信息客户端与服务端的总和”⑤，而且是“包括电力媒介、网络媒介、大数据、人工智能、虚拟现实等诸多能够延伸人类‘意识’的媒介”。⑥ 作为学生自我教育的重要媒介，智媒体深刻影响着学生的自我教育。智媒时代，学生自我教育呈现以下几个特点：

作者简介： 薛朋，上海师范大学马克思主义学院博士研究生，主要从事马克思主义中国化与思想政治教育研究。

① 苏霍姆林斯基：《少年的教育和自我教育》，姜励群等译，北京出版社 1984 年版，第 100 页。

② 燕国材：《再论“人是自我教育的对象”》，《中学教育》2003 年第 4 期，第 3 页。

③ 韩永红，邵青山：《论自我教育的文化功能及自我教育》，《当代教育科学》2011 年第 7 期，第 63-64 页。

④ 商艳青：《媒体的未来在于“智能+”》，《新闻与写作》2016 年第 1 期，第 18 页。

⑤ 许志强：《智能媒体创新发展模式研究》，《中国出版》2016 年第 12 期，第 17-18 页。

⑥ 别君华，许志强：《媒介智能化与智能网络社会转型》，《海南大学学报（人文社会科学版）》2019 年第 5 期，第 69 页。

1. 自我教育形式的丰富性

在传统的学校教育中,学生主要依靠教师讲授学校课程进行基础知识、专业技能、实践训练等方面的学习。然而5G技术的发展和智能移动设备的普及,加上以大数据、云计算、物联网、人工智能为基础的互联网基础设施的不断完善,传统的知识传授方式和教育形式也正发生着深刻变化。作为一种智能的信息传播媒介,智媒体已深度融入社会生产生活中,渗透进人们生活的方方面面。智媒体革新了传统媒介的信息传播方式,利用智能化技术,网站门户、学习APP、社交软件等共同构建了一个以图文符号、声像、动漫等多形式、多维度、多侧面进行立体化呈现的学习环境,为自我教育提供了便捷有效、内容丰富的平台。在智媒体构建的学习环境中,学生可以利用智能技术实现人机互动、虚拟场景体验,实现"线上"教育与"线下"教育相结合。同时,精准化的信息分发、定制化的信息内容、全息化的信息体验为学生获取外界信息、感知外部世界、建构对世界的认知判断提供了便捷通道,丰富了学生了解世界、探索社会、认知自我的形式。

2. 自我教育主体的互动性

哈贝马斯认为,与主客体的主动与被动关系不同,主体间的关系是互动的、双向的,只有主体之间的关系才能算得上相互关系。[①] 智媒体中,人们交往的主要形式是"虚拟交往",这种交往形式不同于现实交往,其交往主体具有一定的虚拟性。虚拟交往中,交往主体的个人信息可以被隐藏,人们可以不受现实身份、地位、性别、民族的限制,依据个人的兴趣爱好、观点看法、愿望诉求或者区域位置等组成一个个平等的、开放式的网络社群。对于追求人格独立、张扬个性的学生来说,这种自由平等的交往体验可以更好地满足其交往需求。智媒体场域中,信息传递的双向性、互动性使得学生在知识内容获取、信息互动交流、学习效果反馈等方面拥有更多的话语权和自主性。学生可以更加自主地获取知识,大大提升了主体地位。智媒体的开放性、平等性使得学生在思考问题时,可以摆脱身份、经验顾虑,与其他教育背景、成长经历、思想观点不同的个体平等对话、积极互动,学生在相互尊重的交往氛围中,学习他人的经验和智慧,得到知识的滋养。同时,智媒体信息传播主体的"去中心化"特点赋予学生更多话语权,学生可以运用更多重的视角、更多样的研究方法去观察和发掘事物的真相,还可以自由地参与热点问题的讨论,发表自己的观点和看法,有利于促进批判思维的养成,形成独立的人格品质。

3. 自我教育环境的开放性

智媒体开放性、包容性、虚拟性的特征,使其能够聚合和上传海量信息,最大限度地拓展了信息传播空间。学生可以突破时空的界限,自由便捷地利用智媒体获取各类学习信息。随着人工智能技术的发展,基于VR(虚拟现实)、AR(增强现实)、MR(混合现实)、全息影像、可穿戴设备等技术手段打造的开放式学习场馆,为学生提供了虚实交融、多维互动的沉浸式的具身学习环境。学生在这种沉浸式的学习环境中,能够综合运用视觉、听觉、触觉等多种感官知觉,与智媒体进行虚实交互,体验人工智能技术营造出的"场景感"。同时,借助智能技术,将抽象的理论概念与具体的学习场景相结合,以情境故事、仿真实验等形式呈现知识内容,能够激发学生的学习兴趣,帮助学生更好地理解和接受新知识。此外,智媒体数据的云端化、可视化,以及移动终端的便捷性,使得学生可以自主地安排学习时间,自由地获取教育资源和参与学习小组互动交流。相较于传统教育环境的固定性特点,智能技术和媒体的融合使得学生自我教育的环境更开放。

二、智媒时代学生自我教育面临的挑战

在智媒时代,学生所面对的信息内容无不受到算法逻辑的影响。算法用隐蔽的方式影响着学生对信息内容的所见和所选,进而影响学生对信息内容的理解、整合和认知。这种影响隐含于智媒体本身,渗透于日常智媒体的应用情境中,给学生自我学习教育带来了挑战。

1. "算法的迎合性"会弱化学生对教育内容的自主选择权

智媒时代,交互方式的改变使得人们的"媒介

① 余灵灵:《哈贝马斯传》,河北人民出版社1998年版,第180–181页。

生活”更加个性化、场景化和体验化，以算法为基础的信息传播，真正实现了信息的“私人定制”，满足了人们的个性化体验。智媒体依据算法的逻辑，“全方位地介入信息生产、分发、互动反馈流程”。① 在智能算法的处理下，通过对用户最近阅读、收藏、点赞、关注、评论、转发、搜索等基础数据的收集，智媒体能够对用户的心态、性格、爱好、价值观等进行“素描画像”，进而判断用户的倾向性和个性化偏好，挖掘用户的需求，预测用户的行为习惯，并据此为用户进行源源不断的信息推送，最大限度地迎合和满足用户偏好，为不同用户推送和呈现他们感兴趣的内容，减少推荐用户不感兴趣或令其产生不快的内容，实现了受众获取信息的“千人千面”，这种“千人千面”是算法基于画像为用户做出的选择和决定。这种“投喂式”的内容分发和个性化推荐，使学生在费力最小的情况下，获得自己感兴趣的信息内容，从而导致学生习惯性地将选择权让渡给算法，进而影响或改变学生的认知习惯和认知偏好。在算法的“工具理性”作用下，学生的认知边界被框定，认知视野不断变窄，认知能力也因受制于同质化信息的“回音壁”和“隔离墙”而逐渐减弱。

2.“信息的碎片化”会消解学生的深度思考能力

互联网技术的发展推动着智媒体的发展，整个社会信息量呈爆发式增长。2021 年 7 月发布的《2020 年全国未成年人互联网使用情况研究报告》显示，我国未成年网民规模达到 1.83 亿人，未成年人的互联网普及率达到 94.9%，未成年人接触互联网的低龄化趋势更加明显，短视频作为新兴网上娱乐方式的受众持续递增。② “网生代”学生群体接受新鲜事物的能力强，对各种新兴的智媒体充满探索欲，是智媒体主要的使用群体和受众群体。他们更倾向于使用智媒体探索未知、表达观点、传递知识。“电子媒介在促进文化的集中化的同时，又造成了不可避免的零散化和碎片化。”③ 智媒时代，形式多样的媒体平台除了自身的信息传播属性，还附带有娱乐和商业属性。为了满足用户的各种需要，每个平台在向用户提供内容的同时，往往还附带着购物功能和娱乐功能。这些功能往往利用 PUSH 弹窗、超链接等形式，向用户强行推荐，转移和分散用户的注意力。平台所提供的信息往往是碎片化的，有的平台为了吸引眼球，采编发布的内容往往断章取义，学生很难接触到完整、准确的信息。这些看似更加自由、多元、丰富的媒体平台，把学生的时间、空间、知识、工作、交往分割成碎块，使其处在一种“碎片化生存”的状态之中。成长于碎片化环境中的学生，面对庞大的数据量和严重碎片化的信息，不可能付出大量时间和精力去筛选信息，最方便、最省力的方法是交给擅长“个性化推送”的算法。让算法代替大脑去思考，帮助自己做决策，是“网生代”学生惯常的思维方式和行为习惯。面对未知问题，他们习惯于利用搜索引擎直接搜索答案，相比枯燥的长篇阅读，他们更倾向于阅读碎片化信息，这些都会导致他们缺乏对事物的整体认知和深度思考。智媒体利用看似“数字化”“标准化”的算法规则，以“个性化推荐”的方式，将同质化的信息“围猎”受众，人们被困在一个个“信息茧房”中，导致认知能力、批判性思维和独立思考能力进一步弱化，思维倾向于浅层化、碎片化和单向化。

3.“流量的资本逻辑”会引发学生的价值观危机

第 48 次《中国互联网络发展状况统计报告》显示，截至 2021 年 6 月，我国网民规模达 10.11 亿，较 2020 年 12 月增长 2175 万，互联网普及率达 71.6%，形成了全球最为庞大、生机勃勃的数字社会。④“博眼球、上头条、上热搜”成为当下热门的互联网时代词汇。在“流量为王”“效益至上”的价值导向下，智媒体信息内容的价值依据主要是以能否引起受众的兴趣、能否吸引“点击量”为标准，而不是以信息内容的重要程度为依据。一些

① 师文，陈昌凤：《新闻专业性、算法与权力、信息价值观：2018 年智能媒体研究综述》，《全球传媒学刊》2019 年第 1 期，第 82 页。

② 人民网：《2020 年我国未成年网民规模达 1.83 亿》，载人民网官网：http://sc.people.com.cn/n2/2021/0721/c345459-34829679.html，最后登录日期：2021 年 10 月 21 日。

③ 麦克卢汉：《理解媒介——论人的延伸》，何道宽译，商务印书馆 2000 年版，第 2 页。

④ 光明网：《我国网民规模超过 10 亿！第 48 次<中国互联网络发展状况统计报告>发布》，载光明网官网：https://politics.gmw.cn/2021-08/27/content_35116548.htm，最后登录日期：2021 年 8 月 27 日。

具有社会价值和时代意义但短时间内不能吸引受众眼球的信息内容,往往被智媒体"束之高阁"。在算法技术的推动下,智媒体为了博取关注度、迎合受众的喜好,其内容生态的呈现趋向娱乐化、低俗化、片面化、极端化,而真正权威的、正能量的、对青少年树立价值观有积极作用的主流意识形态内容被边缘化,导致大量迎合用户即时感官享受的信息内容充斥于智媒体平台。同时,青少年学生甄别信息和评判价值的能力不足,在好奇心的驱动下,他们大量阅读浏览"个性化推荐"的信息内容,造成他们精神世界空虚,处于迷茫、无趣、无意义的精神危机的威胁之中,非常不利于学生树立正确的世界观、人生观和价值观。

三、智媒时代学生自我教育的应对之策

智媒时代,信息推荐的算法逻辑、信息内容传播的去中心化和人们价值观的多元化等因素给学生自我教育带来很大挑战。在这种背景下,就需要政府、社会、学校等多方力量共同参与,为学生营造良好的教育环境。同时,学生应不断强化自我教育能力,提高自身素养,在智媒体塑造的语境下,站稳立场、坚守底线,让智媒体为我所用,使其成为自我教育的一个重要媒介。

1. 打破内容定制,拓展学生获取信息的范围

在智媒体场域下,学生会有一个全新的时空感。在这个时空中,算法基于用户的兴趣给学生"投喂""定制式"内容,这就导致学生接触的大多是"想看的",而非"需要看的"的内容,大量的同质性信息容易造成学生知识面狭窄,有的学生因自控力差而容易沉浸其中。要打破智媒体内容"定制式"推送,首先,智媒体的开发者要在利用算法技术的同时,增加人文关怀和对人们多样化需求的考量,提高内容供给的丰富性和品味性,避免唯流量、唯资本。其次,行政机构对智媒体要进行有效的监管,不断完善法规制度,规范算法技术的使用,对人工智能技术的使用要设定边界。加强对智媒体内容的监督,对庸俗化、低级化的内容进行严格管控。再次,学校作为重要的知识内容传播地,应充分利用网络平台媒介,利用视频直播、超话社区、短视频、微信公众号等形式,采用"线上+线下"的模式,为学生提供高质量的学习内容。学习内容应注重贴近学生需求,充分把握学生心理,要兼顾知识性和趣味性,避免浅薄化、娱乐化,让互联网技术与教育深度融合,改善网络知识内容的传播生态,把学生的眼球从"热榜""霸屏"的信息中转移过来。同时,将这些优质的学习资源共享在智媒体平台,让学生真切体验到互联网学习的共享性、便捷性和丰富性。

2. 提高媒介素养,培养学生深度思考的能力

被互联网深深影响的"网生代"学生群体,热衷于运用互联网探索新知识,对新事物的敏感度较高。面对海量的碎片化信息,学生要明晰算法的工作逻辑,不断提升收集、整理、分析信息的能力,提高反思能力,自觉抵制被算法支配的倾向,减少阅读带有"标题党""流量党""控评"性质的信息。面对良莠不齐的信息,学生要提高信息辨别能力,保持独立思考的品格,树立正确的价值观,科学理性地判别、评估和选择智媒体信息,对虚假、博眼球、蹭热点的信息要保持警惕,既要避免陷入"信息茧房",还要避免沉迷"虚拟交往"。面对虚拟的网络空间,学生要不断提高自我管理能力,避免产生对智媒体的依赖感和对虚拟环境的焦虑感,保持独立性,善于利用智媒体来更好地认知自我、丰富自我。学校和教育者应注重对学生媒介素养的培养,提高学生对网络信息的辨别力,让学生能正确科学地应对算法"陷阱"。学校教育者还需要不断加强关于智媒体知识和信息传播规律的学习,提高运用智媒体育人的能力,要善于通过大数据、算法技术分析学生学习行为,精准地帮助学生解决在运用智媒体进行自我教育时遇到的各种问题。

3. 增加主流价值内容供给,帮助学生树立正确的价值观

首先,要加快推进媒体融合发展,构建知识传播的新平台。随着我国互联网基础设施的发展和智能终端的广泛普及,信息传播方式已发生了深刻变化,为顺应时代发展的需要,习近平总书记提出要"加快推动媒体融合发展"。[①] 只有通过媒体之间的融合,不断创新信息传播的方式,打通信息

① 习近平:《习近平谈治国理政》(第三卷),外文出版社 2020 年版,第 316 页。

边界很难在实践操作中被清晰定义。即便如此，波帕姆(Popham)也直言："如果教师缺乏评价素养就意味着专业自杀。"① 倘若想要实现教育改革对教师的期许，教师需要获得评价素养，以真正实现评价对学生学习的促进作用。

二、美国堪萨斯州教师评价素养培育项目的构成

为了解决美国教师专业发展中的评价危机，堪萨斯州教育局(Kansas Department of Education，简称KSDE)与堪萨斯大学的"成就与评价组织"(Achievement and Assessment Institute，简称 AAI)建立合作关系并成立"堪萨斯评价项目"(Kansas Assessment Program，简称 KAP)，统筹规划该州的教师评价工作。②

1. 理解评价范式：促进学习的评价

KAP 的第一步是对评价范式的确定，其目的在于明确教师评价素养在理念与实践中的价值取向。堪萨斯州教育局在一开始就非常明确地表示，他们对教师评价素养的培育是以"促进学习的评价"为范式，为了将这一评价范式真正落到实处，他们几乎在每一份文件中都致力于厘清"促进学习的评价"(Assessment for Learning)与"对学习的评价"(Assessment of Learning)的区别。

在范畴分类上，前者包含课中与课后均可使用的四项常规评价方法，包括形成性评价、过程性评价、实践评价以及临时性评价；后者则主要指含有终结性评价特性的期末考试。在执行标准上，前者要求给予学生足够的、及时的反馈，正式或非正式；后者则为了提供能够确认学习与掌握标准内容的证据，总结学生知道与不知道的内容，评价方式较为正式。在目标设置上，前者以促进学生反思与进步为目的；后者则提出一个系统的、完整的鉴定结果来明确学生未来学习所需。在使用频率上，前者的使用不拘泥于场合和时间限制，可以实时动态地进行；后者则只能在课程结束时进行。③ 这样细致的划分是让教师在评价行为产生之前，先对二者的边界有区分意识，以便于在实践中判断自我评价行为的属性并及时予以积极调整。

除了在概念上厘清二者的区别，堪萨斯州教育局还找到了推进这一评价范式的切入点，即鼓励当地教师积极提供描述性反馈(Descriptive Feedback)，而不是评价性反馈，比如教给学生如何才能在下次做得更好，而不是仅仅告诉他们这次做得怎么样，并号召教师在开始学习前就引导学生理解理想是什么，帮助学生将个人学习成果和优秀的标准进行比较与分析，从而学会自我评价。④因而，"促进学习的评价"着眼于学习过程并反哺于学习过程，它是一种评价范式，更是一种教学和学习的双向优化策略。⑤

2. 掌握评价知识：ALP 在线学习内容

KAP 的第二步是以评价素养项目(Assessment Literacy Project，简称 ALP)为依托，展开对构成教师评价素养的知识与技能的培训。该项目是以在线视频课程的方式进行并配以相应的学习资料，共包含 4 个主题和 21 项具体内容，每节课大约为 5—10 分钟，其目的是系统性地提高教师个人或教学团体的评价素养。所有课程的内容都是按先易后难的顺序排列的，学习者也可以根据个人的实际情况单独选择某一模块加以研习，在线 ALP 知识库中的所有课程内容均由波帕姆教授主讲，具体内容见表 1：

---

① Popham, W. J, "Why Assessment Illiteracy is Professional Suicide", *Educational Leadership*, Vol. 62, no. 1(2004), pp. 136-158.

② Stiggins, R. J, "Assessment Crisis: the Absence of Assessment for Learning", *Phi Delta Kappan,* Vol. 83. no. 10(2002), pp. 758-765.

③ KSDE. *Balanced Assessment System*, https://www. ksde. org/Portals/0/CSAS/CSAS%20Home/Assessments/Kansas%20Balanced%20Assessment%20System. pdf? ver=2019-08-07-112045-943, Login date, Aug 7, 2019.

④ Hattie J. & Temperly, N, "The Power of Feedback", *Review of Educational Research*, Vol. 77, no. 1(2007), pp. 81-112.

⑤ Harlen, W., & James, M, "Assessment and Learning: Differences and Relationships between Formative and Summative Assessment", *Assessment in Education: Principles, Policy & Practice*, Vol. 4 (1997), pp. 365-375.

表1 在线 ALP 知识模块①

主题	具体内容
/	(1) 简介;
1. 什么是好的测量评价?	(2) 信度;(3) 效度;(4) 避免测试偏见;
2. 测试能够测量什么?	(5) 校准与标准;(6) 态度与兴趣; (7) 解读大规模州级评价的成绩; (8) 大学入学考试;
3. 测试开展的类型有哪些?	(9) 选择题;(10) 标准题;(11) 建构题型; (12) 表现评价;(13) 档案评价;
4. 教师和学生如何准备并参加测试?	(14) 恰当的测试准备;(15) 有效教学的课堂证据;(16) 学习连续进步;(17) 形成性练习;(18) 临时性练习;(19) 终结性评价; (20) 身心障碍学生;(21) 英语学习者

第一,什么是好的评价?通过对信效度、测试偏见等基本概念与专业术语的讲解,帮助教师对评价理念形成概略性理解;第二,测试能够测量什么?测试的范围包括学生的学习能力、态度以及兴趣,并以此为依据校对测评标准。此外,这部分还包括以表格的形式解读州级重要评价项目的成绩,探讨评价的作用,旨在快速帮助教师将评价技能应用到相关的教学场景中;第三,测试开展的类型有哪些?这一部分属于方法论层面的知识,考查形式包括纸笔测试和过程性评价,其目的是用可视化的文本工具使教师掌握评价程序。第四,教师和学生如何准备并参加测试?这一部分将双主体(教师与学生)纳入课程内容中来,详细展开真正进入评价时教师与学生所要面临的细节,这一部分照应了下文的课堂评价,以及教师侧与学生侧学习循环周期的要求。值得注意的是,身心存在障碍的学生被纳入这一体系中,并鼓励学校为这类学生专门设置评价方案。

3. 开展评价实践:FIS 评价循环系统

KAP 的第三步是以课堂评价为落脚点,以指导、评价和练习为原则,由形成性实践(Formative Practices,简称 F)、临时性实践(Interim Practices,简称 I)与终结性评价(Summative Assessment,简称 S)等环节按照一定的序列构成循环系统,简称为 FIS(见图 2)。②

图 2 FIS 的评价循环系统

首先,关于 FIS 的要素解读。形成性实践(F)是指教师在教学现场对学生行为随机做出的各种评价行为,具有情境性和非正式性的特点;临时性实践(I)是指在一定的时间周期内,按课程需求或规定所进行的实践活动,如在每个课程单元完结后的巩固和评价;终结性评价(S)是指学期中与学期末的正式评

① KSDE. *Assessment Literacy Project*, https://www. ksde. org/Agency/Division-of-Learning-Services/Career-Standards-and-Assessment-Services/CSAS-Home/Assessments/Assessment-Literacy-Project, Login date, Oct 24, 2016.

② KSDE. *Balanced Assessment System*. https://www. ksde. org/Portals/0/CSAS/CSAS%20Home/Assessments/Kansas%20Balanced%20Assessment%20System. pdf? ver=2019-08-07-112045-943, Login date, Aug 7, 2019.

价，包括传统意义上的测试、学生表现的记录与师生对话等。

其次，关于 FIS 的序列流程。在学期初期或中期均按照时间节点设定了临时性实践(I)，再由教师根据实际情况自由穿插形成性实践(F)，最后在学期末进行终结性评价(S)，并按此序列循环该流程。两轮学期循环开始后重新设定临时性实践(I)的周期，并以此为起点开始新一学年的工作。

最后，关于对 FIS 在实践中关键问题的解读。第一，FIS 的践行与学生有关吗？答案是肯定的，堪萨斯州教育局根据双向互动原则开发了双侧循环系统，即教师侧的教学循环与学生侧的学习循环。一方面，教师在整个评价工作中建议遵循指导、评价、提供反馈、成绩体现以及调整指导五大环节；另一方面，学生需要对积极学习、展示学习、使用反馈、成绩体现以及调整学习等方式给予反馈；第二，为何 FIS 前两个要素以“实践”为落脚点而非“评价”？FIS 将通常意义上的形成性评价和临时性评价均冠以“实践”之名，主要是考虑形成性评价的基础功能就是收集能够推论学习技巧、知识和影响的证据。[①] 所以形成性评价本身就是以实践为载体的，教师对学习进展的反馈也是以与学生直接沟通为主，所以称之为“实践”更为恰当；第三，一向以“促进学习的评价”为导向的 FIS 为何出现终结性评价？这是容易引起误解的地方，也是 FIS 的特色彰显之处。从图 2 可知，终结性评价(S)被置于每一个周期的中端与整个循环的尾端，此时的终结性评价已是经历了评价、反馈与调节之后的评价。从某种意义上讲，传统的终结在这一过程中被淡化，价值判断已经转变成结果反馈，一切的终结均为下学期学生的发展为起点，这就将整个学习周期都纳入了形成性评价的框架内，从而能够最大限度地为促进学生学习开展评价工作。

三、美国堪萨斯州教师评价素养培育项目的特点

“促进学习的评价”在美国堪萨斯州教师评价素养培育项目的运行中并非一句口号，而是贯穿于培育项目始终的价值理念，以此能够加深我们对堪萨斯州教师评价素养培育系统的认识。

1. 坚持“促进学习的评价”的价值导向

堪萨斯州教育局在 KAP 的启动阶段就非常警惕陷入“对学习的评价”的结果范式，关注“促进学习的评价”的导向性作用。第一，对评价范式的理解作为 KAP 开展的第一步，为凸显其重要性，相关教育工作者并没有单纯阐述“对学习的评价”的优点，而是在分析“促进学习的评价”与“对学习的评价”的区别中理解二者的内涵，这样有利于避免教师在实践中因对二者边界的模糊认识而导致偏离初衷的评价举措；第二，课程的结构与实施始终以学习者成长为出发点。培育项目的课程是以“如何让教师掌握并在课堂上应用评价方法”为指向，包含“什么是好的评价、评价能够测出什么以及为什么这样测”，培训项目将课程切割成块，将教师评价素养所要掌握的必要知识以模块的方式在线呈现，这种方式既顾全了教师工作时间的特点，又以结构化的方式提升了教师评价素养的水平；第三，FIS 本身就是对“促进学习的评价”的践行。从整体上看，FIS 是一个无限循环系统，它以形成性实践作为整个系统的主体，以临时性实践加强对前一个环节的巩固，终结性评价并非整个评价系统的末端环节，而是构成每一个评价闭环的节点与推动下一轮评价的依据。

2. 强调“价值—知识—实践”的系统架构

KAP 最显著的特点在于其项目实践序列的系统性，包括对评价理念的前期认同，评价知识与技能的中期融入，以及评价实践的核心训练。理念认同被视为 KAP 开展的前提，这体现了“评价作为认识价值的一种观念性活动”[②]的根本定位，其目的是打造教师在评价素养的目的与理念上的一致性，在此基础上，通过知识与技能的培训，教会教师如何学会评价与如何进行评价，同时鼓励教师采用其他非传统的、多元的评价方式来展示其所学知识技能，教师的评价素养就是在这一序列模块的展开中获得的。另外，在每一个序列的内部也体现着自身的系统性。例如，FIS 三要素自成体系，强调了评价实践的持续性与

① Popham, W. J, “Assessment Literacy for Teachers: Faddish or Fundamental?”, *Theory Into Practice*, Vol. 48, no1(2009), pp. 4–11.

② 冯平:《评价论》,东方出版社 1995 年版,第 24 页。

关联性,每一次终结性评价作为教师本次评价的子节点与下次评价的起点,并采用跟进(Follow-up)的方式作为KAP的延伸,凸显教师评价素养项目的持续性。此外,由于评价过程与结果都比较难把握,所以要求参与教师首先要经过严格的测试管理者培训获得资格认证后才能实施评价。①

3. 重视"反馈—沟通"机制的时效作用

堪萨斯教育局认为,对问题的解决比获取了何种知识更重要。"反馈—沟通"机制的建立最初是针对解决教师在ALP在线学习时产生的困惑,后来扩展到线下工作坊、培训等形式中。为了保证ALP的学习效果,堪萨斯州教育局为教师提供了相对完善的沟通渠道,确保在执行过程中能够第一时间获取教师的疑问与建议。考虑到线上指导存在沟通效果减弱等问题,堪萨斯州教育局将每一个项目都落实到具体的团队负责人,并在每份资料的旁边提供了负责人信息、电话与邮箱,以便及时进行对话。他们可以通过邮件、电话等形式询问各类相关问题,索要相应材料,各负责团队均能做到在工作日24小时内必回复邮件,及时接通电话等要求。②

除了确保线上的沟通,各项目组会定期免费开展巡回工作坊、线下培训、讲座等培训形式,平均每月每市的各个学区均能覆盖至少一场。每次活动均提供面对面问答环节,专家或负责人会对教师日后的评价工作提出建议,而非对他们的工作做出价值判断。这样的"反馈—沟通"机制,一方面,实现了教师在学习中与指导者的充分互动,大大鼓舞其积极性与参与性;另一方面,线上线下结合的沟通方式,最大限度地依靠少部分专业人员实现了对全州其他教师的带动,增加了教师评价素养培育系统的杠杆作用。

四、美国堪萨斯州教师评价素养培育项目对我国的启示

美国堪萨斯州教师评价素养培育项目之所以对我国具有启示价值,原因之一在于两国教师评价素养在整体背景上具有相似性,加之我国在教师素养培育领域的实践问题,就更凸显了美国堪萨斯州教师评价素养培育项目的借鉴意义。

1. 促进评价理念的平稳着陆,明晰评价素养的实践方向

教师评价素养的培养并非从零开始,已有的评价经验关联着后期的评价行为③,清晰有力的评价导向可以促使教师评价素养从混沌走向清晰。教师必须要明确这一价值理念的现实功用,使用这种评价方式可以及时发现学生的不足,但是在记分册上不会记录该评价的结果。简单地讲,促进学习的评价是在学习过程中用于让学生了解自己的一种连续的评价方式。教师可以通过自问自答的方式处理"促进学习的评价"与"对学习的评价"的边界问题,以明确自己当前的评价行为是否属于"促进学习的评价",如是否帮助学生理解学习目标,进行自我评价,是否帮助探讨自我发展过程,并制订下一步的学习计划等。④

2. 探索一贯式培养体系,促进"真评价"落地

反观KAP的整体架构可以发现,它在顶层设计上形成了一个完整的闭环,即,以区分内涵的方式确立评价范式,以如何在实践中学会评价为宗旨构建评价体系,以在线课程与双向沟通机制为核心落实培训项目,这为"促进学习的评价"理念的平稳着陆提供了坚实的基础。其前提是需要在顶层设计上下功夫:一方面,要唤醒人们对"评价可以促进学习"这一理念的重视,并将区分"促进学习的评价"与"对学习

① KSDE. *Guide to DLM Required Test Administator Training* (2019-2020) https://dynamiclearningmaps.org/sites/default/files/documents/Manuals_Blueprints/Guide_to_Required_Training_IE.pdf, Login date Jul 15, 2020.

② KSDE. *Assessment Literacy Project.* https://www.ksde.org/Agency/Division-of-Learning-Services/Career-Standards-and-Assessment-Services/CSAS-Home/Assessments/Assessment-Literacy-Project, Login date, Oct 24, 2016.

③ 李孔文:《学会评价:教师学科素养的衡量标尺》,《课程·教材·教法》2015年第2期,第74-80页。

④ 斯蒂金斯:《促进学习的学生参与式课堂评价》,"促进教师发展与学生成长的评价研究"项目组译,中国轻工业出版社2005年版,第31页。

的评价”这一问题视为前期工作重点；另一方面，应构建实践导向的教师评价系统，要知道评价素养是教师专业知识和专业技能融入学科教学和专业发展的过程，教师在上课之前应当先学会评价。学会评价有助于教师依据泰勒模式逆向设计教学，从而有效达成预设的目标。[①] 因此，课堂实践是培育体系的落脚点，教师可以模拟评价环节，分解评价单元，在对评价行为及其后果了然于心之后再进行评价实践。教师评价素养培养体系应当呈现从理念引导到技术落实的内在关联，并保障每一个环节的有效进行。

3. 构建长效沟通机制，唤醒教师评价的内生力

受地理位置与交通状况的制约，堪萨斯州充分开发了教师评价素养的在线系统，我国仍然存在学校间、区域间以及城乡间教育资源不均衡的问题，加之特殊时期的影响，更让我们看到了在线教育在应对突发情况时的重要作用，在项目的开展过程中构建有效的沟通机制，主要是对教师在“学习中”与“实践后”遇到问题的沟通与解决，落实这一点需要在培育结构上增加课程答疑团队，同时也可以定期组织线下轮回讲座，培育项目的指向性愈具体，其效果也就愈明显。教师评价素养就是在每一个具体问题的解决中获得提升的，对教师评价内生力的唤醒是教师专业发展动力的重要来源，也是教师走向自觉存在、持续发展的开端。

The Teacher Assessment Literacy Cultivation Project in Kansas, US: Composition, Characteristics and Enlightenment

YANG Ting

(School of Education, Shanghai Normal University, Shanghai, 200234)

Abstract: As the mainstream paradigm of educational evaluation in recent years, “Assessment for learning” can play its value-oriented role effectively, depending on whether the practitioners have the corresponding assessment literacy. Under the guidance of federal government policies and the positive response of academic research, the research on teacher assessment literacy has been initiated earlier in the field of education in the United States with the literacy cultivation program established in Kansas being most representative. The value orientation, ALP online learning, and FIS linear part of classroom assessment respectively responded to the three questions of “why to assess, what to assess and how to assess”, and the entire process demonstrates the orientation of cultivation project, systematicness, and timeliness. Therefore, China can seek for improvement path from the implementation of the evaluation concept, the exploration of the consistent training system and the construction of the long-term communication mechanism.

Key words: assessment, teacher assessment literacy, cultivation system, Kansas

① American Federation of Teachers, National Council on Measurement in Education, & National Education Association: *Standards for Teacher Competence in Educational Assessment of Students*. Lincoln, NE: Buros Center for Testing, 1990, p. 6.

信息时代学生阅读素养的特征与优化

——基于中国与新加坡 PISA 2018 阅读测评的比较

黄盼盼，黄　伟

(南京师范大学 教育科学学院，江苏 南京 210097)

摘 要：信息时代如何优化学生阅读素养，已成为国际教育的热点问题。PISA 2018 测评结果显示，与新加坡相比，中国四省市阅读优异学生在阅读兴趣、理解与记忆策略认知方面优势突出，但在阅读评价与反思能力、自我阅读能力感知和阅读元认知等方面存在不足；中国四省市语文教师在教学兴趣、课堂纪律、学生阅读兴趣激活等方面具有优势，但在教学效率、教学反馈、培养学生数字阅读技能等方面尚有提升空间。教师应该加强学生阅读评价与反思能力的培养；关注学生阅读自我概念，提升学生阅读元认知；完善教师教学反馈，重视数字阅读任务。

关键词：信息时代；阅读素养；PISA 2018；阅读教学；中国；新加坡

一、引言

阅读是一项"人类最平常而又最显赫卓著的活动"。[①] 然而，人类大脑对文字的阅读解码潜能却需要后天学习与训练的激活。[②] 青少年时期是学生阅读素养(reading literacy)习得的至关重要的阶段，信息时代如何提升学生阅读能力、优化学生阅读素养是各国教育极为关注的议题。由经济合作与发展组织(Organisation for Economic Cooperation and Development，缩写 OECD)于 2018 年开展的国际学生评估项目(Programme for International Student Assessment，缩写 PISA)以阅读为主测试科目，对 79 个国家(地区)的约 60 万学生进行了测评，同时进行了与其学习相关情况的调查。由于认识到信息技术的发展深刻改变着人们的生活与阅读方式，PISA 2018 阅读素养测评框架将传统阅读技能与数字阅读技能进行结合，在大多数国家(地区)以电脑测评形式展开，测试情境模拟文本的使用场景，如网络"论坛"阅读、多源文本阅读等，旨在唤起教育对数字阅读技能的重视。PISA 2018 根据学生的阅读成绩划分出 8 级阅读能力等级(reading proficiency levels)，分别为 1c、1b、1a、2、3、4、5、6 级。阅读成绩为第 5 级和第 6 级的学生被认为是阅读优异学生(top performers in reading)，这些学生能够理解篇幅较长的文本，分析抽象或陌生的概念，并且能基于文中较为隐晦的线索，区别文本陈述的事实和观点。阅读优异学生比例是衡量一个

作者简介：黄盼盼，南京师范大学教育科学学院博士研究生，主要从事课程与教学论研究；黄伟，南京师范大学教育科学学院教授，博士生导师，博士，主要从事课程与教学论研究。

① 卿家康：《阅读与阅读艺术》，知识出版社 1991 年版，第 1 页。

② 费希尔：《阅读的历史》，李瑞林等译，商务印书馆 2009 年版，第 268 页。

国家或地区人才库质量的重要指标。① PISA 2018 测评结果显示：中国北京、上海、江苏和浙江四省市学生阅读平均成绩位列第一，新加坡虽然分数略低，但不存在显著性差异②；而新加坡阅读优异学生比例最高，超过 25%，中国四省市阅读优异学生比例约为 22%，排名第二。③ 这也是所有参评国家（地区）中阅读优异学生占比超过 20% 仅有的两个国家（地区）。然而，PISA 研究的意义远超排名，其丰富的调查数据具有多向度的教育研究价值。④ 在同一尺度下，比较世界各国（地区）学生学业表现等方面的情况，透视各国（地区）教育的特点与不足，从而为其教育发展提供改进的方向，这是 PISA 测评的重要目的之一。因此，本研究着眼于比较中国四省市与新加坡阅读优异学生在阅读能力（reading competence）、阅读兴趣（enjoyment of reading）、阅读自我概念（self-concept of reading）、阅读元认知（metacognition）、语文学习等方面的数据，由此探究信息时代下我国四省市学生阅读素养的特征，反思基础教育在学生阅读素养培养方面的优势与不足，从而改进阅读教学的方向，优化学生的阅读素养。

二、研究方法

本研究的数据主要源自 PISA 数据探索器（PISA Data Explorer）。PISA 数据探索器不仅储存了 PISA7 个评估周期内 100 多个国家（地区）的 240 多万个学生测评数据，而且亦可计算各种统计数据，如平均值、标准偏差、标准误差等，并能对不同组的统计数据差异进行显著性检验，所有统计数据的计算都考虑了抽样和评估设计。⑤ 同时，研究亦援引了 PISA 2018 测评报告相关结果进行分析。

本研究样本为 PISA 2018 中国四省市和新加坡阅读优异学生的阅读测评与调查的相关数据。经过 PISA 严格抽样，中国四省市参与测评的学生共计 12058 名，对四省市 15 岁学生的覆盖率约为 81. 2%，测评结果显示：其中阅读能力为第 5 级的学生约占 17. 5%，第 6 级的学生约占 4. 2%；新加坡参与测评的学生共计 6676 名，对新加坡 15 岁学生的覆盖率约为 95. 3%，其中阅读能力为第 5 级的学生约占 18. 5%，第 6 级的学生约占 7. 3%。

本研究借助 PISA 数据探索器，从 PISA 2018 公开的测评数据中，选择中国四省市和新加坡阅读能力等级为第 5 级与第 6 级学生的阅读素养相关指标的均值进行比较分析，其中包括代表学生阅读能力的三项阅读过程子项成绩——信息定位（locating information）、理解（understanding）、评价与反思（evaluating and reflecting），两项阅读文本来源子项成绩——单源（single source）文本和多源（multiple source）文本阅读成绩，代表学生阅读兴趣、阅读自我概念、阅读元认知等因素的指数，以及代表学校语文学习时间、课堂纪律氛围、教师教学手段等因素的数值，并借助 PISA 数据探索器对数值差异进行显著性检验。

三、研究结果

1. 阅读能力方面的比较结果

PISA 2018 将阅读素养定义为一种理解、使用、评价、反思文本的能力和乐于阅读的习惯，它能促使人们达成目标、积累知识、开发潜能和参与社会生活。⑥ PISA 在公布各个国家（地区）的学生平均阅读综合成绩的同时，也公布了两个维度的学生具体阅读表现：第一个维度是根据阅读认知过程，阅读能力主

① OECD: *PISA 2018 Results (Volume I): What Students Know and Can Do*, Paris: PISA, OECD Publishing, 2019, p. 136.

② OECD: *PISA 2018 Results (Volume I): What Students Know and Can Do*, Paris: PISA, OECD Publishing, 2019, p. 56.

③ OECD: *PISA 2018 Results (Volume I): What Students Know and Can Do*, Paris: PISA, OECD Publishing, 2019, p. 93.

④ 陆璟：《PISA 研究的意义远超排名》，《教育发展研究》2019 年第 22 期，第 3 页。

⑤ OECD: *PISA 2018 Technical Report*, 载经合组织 PISA 项目官网：http://www. oecd. org/pisa/data/pisa2018technicalreport/，最后登录日期：2020 年 9 月 18 日。

⑥ OECD: *PISA 2018 Assessment and Analytical Framework*, Paris: PISA, OECD Publishing, 2019, p. 28.

要表现为信息定位、理解、评价与反思能力;第二个维度是根据阅读文本的来源,阅读能力主要表现为单源文本阅读与多源文本阅读能力。比较中国四省市和新加坡阅读优异学生的阅读能力具体方面,可以更加细致地分析学生阅读素养上的差异。对比结果如表1所示。

表1 中国四省市与新加坡阅读优异学生阅读能力方面的比较结果

比较项目	第5级				第6级			
	中国四省市	新加坡	均分差	P值	中国四省市	新加坡	均分差	P值
综合分数	656	657	-1	0.2066	726	734	-8	0.0133
信息定位	643	643	0	0.8983	694	690	4	0.469
理解	649	648	1	0.7155	697	702	-5	0.3855
评价与反思	657	667	-10	0.009	706	726	-20	0.0054
单源文本阅读	645	654	-9	0.0092	694	708	-14	0.0126
多源文本阅读	651	652	-1	0.6709	699	707	-8	0.2508

第一,新加坡阅读能力最佳的学生群体平均综合阅读成绩高于中国四省市,新加坡阅读优异学生评价与反思能力明显高于中国四省市,信息定位与理解能力差异并不明显。

在阅读综合成绩上,阅读能力为第5级的新加坡学生平均成绩比中国四省市高1分,但显著性检验P值为0.2066,大于0.05,差异无统计学意义;新加坡阅读能力为第6级的学生平均成绩比中国四省市高8分,且P值为0.0133,小于0.05,差异有统计学意义,即中国四省市阅读能力最出众的学生平均阅读成绩明显低于新加坡阅读能力最佳的学生。中国四省市与新加坡阅读优异学生在信息定位和阅读理解方面,平均成绩虽有差异,但经显著性验证,P值均大于0.05,差异并不存在统计学意义;中国四省市阅读优异学生阅读评价与反思平均成绩低于新加坡,在阅读能力为第5级的学生中,均分差为10分,在阅读能力为第6级的学生中,均分差为20分,P值均小于0.05,差异存在统计学意义,可见,阅读评价与反思是中国四省市阅读优异学生的弱项。

第二,中国四省市阅读优异学生单源文本阅读能力低于新加坡,多源文本阅读能力差异并不明显。

PISA 2018阅读测评依据文本的来源是否单一,可以分为单源文本阅读和多源文本阅读。单源文本主要是指阅读任务中的文本有相对明确的作者(一个或一组)、具体的写作时间或出版日期、参考标题等信息;多源文本,是指阅读任务中的文本篇数较多,且文本的作者并不相同,甚至文本类型也不一样,观点或有对立。多源文本阅读更考查学生在互联网时代对目标信息的检索能力、概括推断能力和处理文本冲突的能力。在PISA 2018阅读测评任务中,单源文本阅读占65%,多源文本阅读占35%。①在单源文本阅读能力上,中国四省市阅读能力第5级、第6级学生的平均成绩分别比新加坡低9分、14分,显著性检验P值均小于0.05,差异存在统计学意义;在多源文本阅读能力上,中国四省市优异学生平均阅读成绩虽然略低于新加坡,但是P值均大于0.05,差异无统计学意义。也就是说,与新加坡相比,中国四省市阅读优异学生在单源文本阅读上依然有提升的空间。

2. 阅读情感与阅读元认知方面的比较结果

学生的阅读情感和元认知,影响阅读能力的提升。学生将阅读当作一种爱好还是不得不做的事,体现了学生的阅读兴趣;学生将阅读当作一件容易的事还是犯难的事,体现了学生对自我阅读能力的感知;学生是否能准确思考与适当调控阅读策略,体现了学生是否具备阅读元认知的习惯。许多研究显示,阅读兴趣、阅读能力感知的激励和阅读元认知都有助于提升阅读能力。②阅读分数并不能明确显示学生阅读情感与阅读元认知的表现,PISA 2018通过问卷以学生自评的形式对此进行了调查。因此,要

① OECD: *PISA 2018 Results (Volume I): What Students Know and Can Do*, Paris: PISA, OECD Publishing, 2019, p. 35.

② OECD: *PISA 2018 Assessment and Analytical Framework*, Paris: PISA, OECD Publishing, 2019, p. 51-52.

全面了解中国四省市与新加坡优异学生的阅读素养的异同，有必要对学生的阅读兴趣、阅读自我概念与阅读元认知进行比较。对比结果如表 2 所示。

表 2 中国四省市与新加坡阅读优异学生阅读情感与阅读元认知的比较结果

比较项目	第 5 级				第 6 级			
	中国四省市	新加坡	均值差	P 值	中国四省市	新加坡	均值差	P 值
阅读兴趣	1.28	0.62	0.66	0	1.48	0.95	0.53	0
阅读能力感知	0.21	0.25	−0.04	0.415	0.40	0.57	−0.17	0.0357
阅读困难感知	−0.06	−0.02	−0.04	0.4369	−0.23	0.24	0.01	0.9237
元认知：理解与记忆	0.50	0.28	0.22	0	0.64	0.37	0.27	0.0003
元认知：总结	0.26	0.50	−0.24	0	0.42	0.71	−0.29	0
元认知：评估可信度	0.57	0.72	−0.15	0.0007	0.77	0.89	−0.12	0.0393

第一，与新加坡相比，中国四省市阅读优异学生阅读兴趣更高，每天因兴趣而阅读半个小时以上的学生比例更大。

中国四省市阅读能力为第 5 级和第 6 级的学生平均阅读兴趣指数分别为 1. 28、1. 48，比新加坡学生分别高 0. 66、0. 53，P 值均小于 0. 05，差异具有统计学意义；在中国四省市第 5 级和第 6 级阅读能力的学生中，均约有 2/3 的学生每天因兴趣而阅读 30 分钟以上，而新加坡阅读优异学生中每日因兴趣阅读 30 分钟以上的学生比例只略微过半。① PISA 2018 结果亦显示，中国四省市学生平均阅读兴趣指数为 0. 97，在参与测评国家(地区)中排名第一。这也说明中国四省市学生阅读兴趣较为浓厚。

第二，中国四省市阅读能力最佳的学生群体对自我阅读能力的感知低于新加坡，对自我阅读困难的感知相差不大，阅读自我概念有待提高。

阅读自我概念是学生对阅读能力的自我知觉和评价。自我概念与学习动机、学习行为和对未来成就的期望密切相关。PISA 2018 对学生阅读自我概念的调查，从学生自我阅读能力感知和阅读困难感知两个方面展开。结果显示，中国四省市阅读能力为第 6 级的学生平均阅读能力感知指数明显低于新加坡，且差异存在统计学意义(P 值小于 0. 05)。具体而言，中国四省市第 5 级和第 6 级学生中不认为自己善于阅读的学生均约占 1/5；不认为自己能了解深奥的文章内容的学生均约占 1/3。在学生对自我阅读困难的感知方面，中国四省市与新加坡第 5 级和第 6 级学生平均阅读困难感知指数的差异无统计学意义。然而，中国四省市和新加坡阅读优异学生阅读自我概念与其他参与测评国家(地区)的优异学生相比，较为消极。中国四省市阅读能力为第 5 级和第 6 级的学生阅读能力感知排名分别为倒数第五和倒数第四，阅读困难感知则排名前列。这说明，中国四省市学生阅读自我概念有待优化。

第三，在阅读元认知方面，与新加坡相比，中国四省市阅读优异学生对阅读理解与记忆策略认知较好，而对阅读总结和信息可信度评估的策略认知较弱。

PISA 2018 主要从三个方面调查学生的阅读元认知，一是调查学生对阅读理解与记忆的策略认知，二是调查学生对阅读总结的策略认知，三是调查学生对评估网络信息质量与来源可信度的策略认知。在阅读能力为第 5 级和第 6 级的学生中，中国四省市学生平均阅读理解与记忆策略认知指数比新加坡分别高 0. 22、0. 27，平均阅读总结策略认知指数比新加坡分别低 0. 24、0. 29，平均评估信息可信度策略认知指数比新加坡低 0. 15、0. 12，显著性检验 P 值均小于 0. 05，差异具有统计学意义。这说明与新加坡相比，中国四省市阅读优异学生具有阅读理解与记忆策略认知上的优势，但在总结和评估信息可信度策略认知方面尚有提升空间。

① 数据源于 PISA 数据探索器，见于经合组织 PISA 项目官网，网址入口：Data – PISA (OECD. org)。后文引用的相关数值亦源于此，不再赘述。

3. 学校教学方面的比较结果

课堂教学是学校教育的核心环节,也是提升学生阅读能力、阅读情感和阅读元认知的重要方式。PISA 2018 通过学生问卷亦调查了语文教师教学等相关情况,结果显示,大多数国家(地区)中,教师的教学热情、激活学生阅读兴趣手段的运用与学生的阅读兴趣呈正相关。①现将中国四省市与新加坡阅读优异学生感知到的学校教学特点进行比较,以分析阅读素养培养方面的差异。对比结果如表 3、表 4 所示。

表 3 中国四省市与新加坡阅读优异学生所在语文课堂相关因素的比较结果

比较项目	第5级				第6级			
	中国四省市	新加坡	均值差	P值	中国四省市	新加坡	均值差	P值
课堂纪律	1.04	0.32	0.72	0	1.21	0.58	0.63	0
教学兴趣	0.47	0.34	0.13	0.0136	0.67	0.40	0.27	0.0018
阅读兴趣激活	0.77	0.29	0.48	0	0.99	0.43	0.56	0
适应性教学	0.48	0.38	0.10	0.0745	0.62	0.40	0.22	0.0186
学习反馈	0.32	0.48	−0.16	0.0026	0.40	0.47	−0.07	0.3459
周时长(min)	270	226	44	0	244	219	25	0.0146

表 4 中国四省市与新加坡学校阅读教学内容设置的比较结果

比较项目		第5级				第6级			
		中国四省市	新加坡	均值差	P值	中国四省市	新加坡	均值差	P值
主观信息辨别		53%	90%	−37%	0	50%	94%	−44%	0
真假信息辨别		69%	93%	−24%	0	67%	94%	−27%	0
小说类	多次	56%	37%	19%	0	61%	38%	23%	0
	0次	13%	15%	−2%	0.3906	9%	15%	−6%	0.0178
含图解的文章	多次	46%	61%	−15%	0	52%	65%	−13%	0.0015
	0次	19%	6%	13%	0	17%	5%	12%	0.0002
含表格的文章	多次	44%	63%	−19%	0	48%	69%	−21%	0
	0次	20%	5%	15%	0	18%	4%	14%	0
含超链接的数字读物	多次	15%	36%	−21%	0	15%	47%	−32%	0
	0次	52%	17%	35%	0	52%	10%	42%	0

第一,与新加坡相比,中国四省市阅读优异学生所在的语文课堂教学纪律更好,教师教学兴趣更高,教师更频繁地采取多样的教学手段,教师根据学生需求调整教学的特点更为明显。

中国四省市阅读能力为第 5 级和第 6 级的学生,感受到的课堂纪律生成的指数比新加坡分别高 0.72、0.63;感受到的教师教学兴趣生成的指数比新加坡分别高 0.13、0.27;感受到的语文教师阅读兴趣激活指数比新加坡分别高 0.48、0.56,且这几组数值差异的显著性检验 P 值均小于 0.05,差异具有统计学意义。而在语文教师根据学生特点调整教学方面,中国四省市阅读能力为第 5 级和第 6 级的学生所感知到的教师行为生成的适应性教学指数比新加坡分别高 0.10、0.22,其中,阅读能力为第 6 级的学生

① OECD: *PISA 2018 Results (Volume Ⅲ): What School Life Means for Students' Lives*, Paris: PISA, OECD Publishing, 2019, p. 104.

感受到的教师适应性教学指数差异具有统计学意义(P 值小于 0.05)。

第二，与新加坡相比，中国四省市阅读优异学生每周语文学习时间更长，学习效率较低，阅读能力为第 5 级的学生感受到的语文教师对学生的学习反馈较弱。

中国四省市阅读能力在第 5 级和第 6 级的学生，每周语文学习平均时长分别为 270 分钟、244 分钟，比新加坡分别高 44 分钟、25 分钟，且 P 值均小于 0.05，差异具有统计学意义。又已知中国四省市阅读优异学生的平均综合阅读分数低于新加坡，由此可推测中国四省市阅读优异学生平均阅读学习效率低于新加坡；在教师对学生的学习反馈频率方面，中国四省市阅读能力为第 5 级和第 6 级的学生感受到的教师反馈指数分别比新加坡低 0.16、0.07，阅读能力为第 5 级的学生感知到的教师教学反馈差异具有统计学意义(P 值小于 0.05)。

第三，与新加坡相比，中国四省市阅读优异学生所在学校，较少指导学生如何判断网上信息的可信性与主观性，学校中学生阅读小说类文本的任务较多，阅读含有超链接的数字读物、含有图解或地图的文章、含有表格或图表的文章的任务较少。

如表 4 所示，当学生被问及从小学一年级至今，学校是否指导过辨别网上信息真假时，在中国四省市阅读能力为第 5 级和第 6 级的学生中，分别有约一半的学生学过如何觉察信息存在主观或偏见，分别有约 2/3 的学生学过如何辨别网上信息是否可信。而在新加坡阅读能力为第 5 级和第 6 级的学生里，几乎每一级中都有超过 90% 的学生接受过这样的指导。中国四省市和新加坡阅读优异学生中接受辨别网上信息教育的比例差异较大，显著性检验 P 值均为 0，差异具有统计学意义。

当学生被问及在过去一个月内学校布置的任务中四种文本类型(小说类、含图解的文章、含表格的文章、含超链接的文章)的阅读频次时，中国四省市阅读优异学生中多次被布置阅读小说类文本任务的比例最大，两级学生比例均超过半数，多次被布置阅读含有超链接的数字读物的比例最小，两级学生比例均不足 1/5。甚至每一级中都有超过一半的学生认为，过去一个月学校从未布置过阅读含有超链接的数字读物的任务，而这一比例在新加坡阅读优异学生中不足 20%。曾多次执行阅读含有图解或表格的文章任务的中国四省市阅读优异学生比例也低于新加坡，从未执行过这类阅读任务的学生比例则远高于新加坡。图文结合与数字阅读形式在信息时代越发普遍，因此，与新加坡的对比可进一步促使我国阅读教学仔细思考与调整阅读任务的文本类型设置。

四、研究讨论

1. 结论与分析

中国四省市阅读优异学生占比在 PISA 2018 测评国家(地区)中排名第二，这表明中国四省市的拔尖人才数量储备较好。对比新加坡阅读优异学生，中国四省市学生阅读素养特征及其培养方式的优势与不足，如下所示：

第一，在阅读能力方面，中国四省市阅读优异学生的信息定位、阅读理解与多元文本阅读能力与新加坡旗鼓相当，但在阅读评价与反思能力、单源文本阅读能力上，中国四省市阅读优异学生依然有提升空间。综而观之，单源文本阅读能力的不足主要由阅读评价与反思成绩的劣势导致。阅读评价与反思能力要求学生基于对文本字面意义的理解，反思文章的内容与形式，批判性地评价文本的质量和可信度，觉察并处理文本间观点的对立与冲突。此能力在信息呈爆炸式发展的时代背景下愈发重要。评价与反思能力的不足不仅有碍于学生对信息的选择、对知识的理解，更不利于学生发展创造性思维。

第二，在阅读情感与元认知方面，与新加坡相比，中国四省市阅读优异学生阅读兴趣较高，对阅读理解与记忆策略的认知较好，但阅读能力自我感知略低，阅读总结与评估信息可信度的策略认知较弱。阅读能力感知的不足容易动摇学生的阅读自信，导致学生对具有挑战性的阅读任务望而却步，抑制学生阅读潜能的进一步拓展；而阅读总结和评估信息元认知的不足表现为学生难以选择合适的策略进行阅读，这将影响学生对阅读材料的分析、概括与运用的效率。

第三,在学校教学方面,与新加坡相比,中国四省市阅读优异学生感知到的语文课堂纪律更好,教师教学热情更高,能经常采取激活学生阅读兴趣的教学策略,适应性教学策略频率略高,但是学生每周语文学习时间较长,教师给予学生的学习反馈频率略低。学校较少指导学生如何辨别网络信息的可信度,较少布置学生阅读含有超链接的数字文本和含有图表的文章。教师对学生阅读的评价与反馈是教学过程的重要一环,反馈频次过低,内容不恰当,这既影响学生学习效率,又容易导致学生对自我阅读优势与不足的认识不清,阻碍其阅读学习的积极性与能力的提升;另外,提升教师阅读任务的数字性应当作为优质阅读教学的发展方向。教师若不能意识到信息时代阅读媒介的重大变革,则其教学就难以满足社会对学生掌握一定的数字阅读技能的要求。

2. 启示与建议

通过与新加坡的比较,我们在明确与巩固学生阅读素养优势表现的同时,更应注重从以下方面强化弱项:

(1)加强阅读评价与反思能力的培养

在信息繁杂的时代背景下,阅读评价与反思能力影响学生对所读内容的思考深度,决定学生对信息优劣的辨识与取舍,进而影响学生知识图式的构建与优化。阅读评价与反思能力的培养需要从阅读态度、知识、策略三个方面整体考虑。首先,在阅读态度上,教师要培养学生"平视"文本,而非"仰视"文本的姿态,培养学生乐于质疑的习惯和敢于评价的勇气。其次,在阅读知识上,教师要为学生提供阅读评价与反思的基础知识,这既包括基础的文本知识,如教学修辞的基本类型与作用,可以帮助学生评价文本表达的精准性;亦包括专门的评价与反思技巧知识,如教学"事实"与"观点"的基本概念与区别,以帮助学生辨别文章中的客观信息与作者观点,从而分析作者的态度,提升对文本可信度的辨识。最后,在阅读评价与反思策略的培养上,教师要注重教学方法并指导学生反复练习。如从文本的文体特点切入,发掘文本的评价路线;通过比较同主题的不同文本,评价文本的异同与优劣;通过追问文本观点的依据,反思文本观点的合理性等。教师在教学阅读评价与反思时,应当陈述思维的过程,让学生了解评价的依据、过程与结果,达到示范的效果,并鼓励学生时常练习,且学会根据不同的阅读任务选择合适的策略,从而促进学生阅读评价与反思能力的发展。

(2)关注学生阅读自我概念,提升阅读元认知

一方面,学生积极的阅读自我概念有利于调动积极情绪以面对与处理阅读任务,亦有利于阅读理解的深入。[①] 学生阅读自我概念通常是在自我的阅读体验与他人的阅读评价中逐渐形成的。因此,语文教师的阅读教学与评价往往会对学生阅读自我概念的形成与发展产生重要影响。教师应通过提升学生阅读成就感、对自我阅读能力的认同感,引导学生逐渐形成更为积极的阅读自我概念。首先,教师应考虑阅读任务的难易匹配度,让学生在阅读中既能感受到挑战,又能体会到完成任务时的愉悦,提升学生自我阅读能力的认同感。其次,教师应该帮助学生对阅读表现进行正确的归因,借助心理学家韦纳(B. Weiner)的归因理论[②],教师可以引导学生在阅读进步时,将其归结为稳定性因素,如自己阅读能力使然,则可加深学生对自我能力的认可,强化阅读成就期望;在阅读表现不佳时,将其归结为可控的不稳定因素,如努力程度不够,以此让学生相信可以通过努力提升阅读表现。

另一方面,教师要格外注重培养学生对自我阅读过程的元认知,让学生能明确阅读任务,思考选择何种阅读策略能更有效地达成阅读任务,并有意识地监测与调控阅读过程,这些共同决定着学生的阅读

① Tami. Katzir, Nonie K. Lesaux, Young-Suk. Kim, "The Role of Reading Self-concept and Home Literacy Practices in Fourth Grade Reading Comprehension", *Reading and Writing*, Vol. 22, Issue. 3(2009), pp. 261-276.

② 伯纳德·韦纳:《动机和情绪的归因理论》,林钟敏译,福建教育出版社1989年版,第130页。

效率。[①] 阅读自我概念与元认知的发展将鼓舞与帮助学生直面信息浪潮，胜任具有挑战性的阅读任务。

（3）改善教师教学反馈，重视数字阅读任务

为提升信息时代背景下学生的阅读素养，学校还应注意教学方式和阅读任务设置的优化。在教学方式上，教师应该着重完善对学生阅读学习的评价反馈。教师既要巧妙地使用教学语言鼓励学生阅读，表扬学生阅读优势，增进学生阅读自信，又要在学生阅读表现不佳时，采用适当的方式让其认识到自己的不足之处，并提示改善方法，促其发展。在阅读任务设置上，阅读教学要注意到信息时代阅读媒介的深刻变革，注重增强数字阅读的任务，培养学生基础的数字阅读技能。为此，首先，教师要正确认知数字阅读，认识到数字阅读并不必然导致浅阅读[②]，阅读效果取决于读者自身的思维目的与思维深度等多方面的因素。其次，教师应该告知学生数字阅读的基本特点，教给学生搜索、选择与辨别有效信息的方法，如选择更为可靠的搜索引擎以提高效率，明确检索目标以避免受无关信息的干扰，注意信息的来源以判断信息可信度等。最后，教师应该合理设置数字阅读任务，适度丰富阅读材料的种类，为学生选择高质量的数字阅读资源，让学生通过阅读练习逐步熟练掌握数字阅读技能。

The Characteristics and Optimization of Students' Reading Literacy in the Information Age

— A Comparison of PISA 2018 Reading Results between China and Singapore

HUANG Panpan, HUANG Wei

(School of Education Science, Nanjing Normal University, Nanjing Jiangsu, 210097)

Abstract: In the information age, how to optimize students' reading competence has become a hot issue in international education. PISA 2018 results showed that compared with the students from Singapore, the top students in B-S-J-Z(China) demonstrated outstanding advantages in reading interests, and the cognition of understanding and memory strategies, but they showed shortcomings in their competence in reading evaluation and reflection, in the perception of their own reading ability and in their reading metacognition. In B-S-J-Z(China), Chinese teachers showed advantages in teaching interests, classroom discipline and stimulation of students' reading interests while there is still room for improvement of teaching efficiency, teaching feedback and teaching digital reading. This research suggests that teachers should develop students' competence in reading evaluation and reflection, pay attention to their reading self-concept, improve their reading metacognition, improve teachers' teaching feedback and emphasize digital reading activities.

Key words: information age, reading literacy, PISA 2018, reading teaching, China, Singapore

① Susan Chambers. Cantrell, Janice F. Almasi, Janis C. Carter, "The Impact of a Strategy-based Intervention on the Comprehension and Strategy Use of Struggling Adolescent Readers", *Journal of Educational Psychology*, Vol. 102, no. 2(2010), pp. 257-280.

② 张冰，张敏：《数字阅读必然会导致浅阅读吗？——基于眼动追踪技术的数字阅读与纸质阅读对比实证分析》，《新闻传播》2013年第1期，第52-53页。

编者按：本栏目从"师生沟通"的视角出发，刊登了三位中学教师撰写的教育叙事类文章。中小学教师如何在学术研究中准确而又深刻地表达自己的实践性知识，成为长期困扰教育研究者的问题。以教育叙事研究这一方法为切入口，真诚朴实的文字不仅生动诠释教育智慧和教育实践，也在记录着教师专业发展的足迹。教师带着实践中的真实困惑，对相关理论进行剖析，并借助真实典型案例，最终形成"叙述—诠释—深挖—反思—创生"的新思路。

"迈克尔六问"在师生沟通中的设计与应用

潘尹凡

（上海市世界外国语中学，上海 200233）

摘　要：基于大量心理学经典案例提出的迈克尔六问沟通模式，在公司管理、心理咨询等领域取得了显著且长期的效果。这种沟通模式同样可以借鉴到教育场景中。教师将传统六问设计为引导学生改变自我的问题，结合具体的青春期学生案例加以运用，以期探索迈克尔六问在教育领域的可行性与可研究性。

关键词：青春期；师生沟通；"迈克尔六问"

高中生正值青春期，他们在成长的过程中会经历各种各样的烦恼，如来自学业的压力，长辈的期望以及同辈的相处问题。情感的起伏会让一个满脸笑容的学生，第二天就变得沉默阴郁，这让不少教师也为之不解，心存担忧。而育人的责任要求教师走进学生的内心，从平等的角度帮助他们走出困难，建立正确的人生价值观，顺利走过青春期的坎坷道路。为此，我们不断地寻求各种沟通方法，以期更有效地与学生沟通，找到问题源头，及时疏导他们的心理困惑，助力他们平稳地度过青春期。

一、理论的提出

"迈克尔六问"是由耶鲁大学心理学专家迈克尔·潘塔隆博士基于"动机访谈"，总结分析了大量心理学经典案例后提出的。全球百强的商务企业如GE、百时美施贵宝、拜耳等，在员工入职期间都会对新人和新部门领导安排类似的培训，以让他们面对客户时，能在短时间内说服他们。"迈克尔六问"是实用心理学领域著名的标准提问体系，虽然只有六个提问，但能让被问者意识到做出某一行为的内在动机。一个经典的案例是：

作者迈克尔博士应邀为一家公司的各部门主管培训如何使用"迈克尔六问"和部下沟通。起初，主管们都懒散地坐在培训室，对台上的迈克尔博士毫不在意，认为一名大学教师不可能教自己如何管理员工。博士注意到了这一点，首先承认大部分人内心是抵触参加培训的，于是提问："为什么你们会坐在这里？""因为我别无选择。""因为我的上司让我来听听，我不想让我自己看起来缺少合作精神。"

作者简介：潘尹凡，上海市世界外国语中学二级教师，硕士，主要从事国际课程与教育技术研究。

博士继续追问："你有多想来听我的培训呢？选择一个数字，1 表示完全不想，10 表示很想。"有的主管很不屑地回答："大概是 3 到 4 吧。"其他人也随之附和。

"请问，为什么没有选择更小的数字呢？"博士继续问。大伙显然愣了一下，面面相觑，安静了一会儿后，开始思考："我带领团队有自成一套的体系，我觉得很好，但……还是有个别的成员不能按要求完成工作，我偶尔也对此很头疼，嗯……也许参加这培训能找到一些沟通思路吧？"周围的总管们也点头表示有类似情况，小声抱怨自己成员不配合工作等问题。

博士趁势问道："想象一下，如果各位找到了和员工有效沟通的方法，会发生什么好的事情？""这样我就不用费时间去一次次约谈他们，可以有更多时间做其他事情啊！"一位主管回答。

"有更多时间做其他事，为什么这个结果对各位很重要呢？""那当然了！如果能剩下这些时间，我就能更高效率地完成工作，早点下班陪孩子，和孩子们玩了。"另一位女士说："早回去就能和我丈夫共进晚餐了，我们很久没有两人共处的时间了。"

博士点头表示同意，最后问了一个问题："如果各位愿意，接下来的时间，打算做什么？"主管们大部分已经没有一开始的猜测和不屑，眼神也大多聚焦在了博士身上。"我们应该可以从培训这里学到有用的技巧吧，您就开始吧！"之后的培训非常顺利，并且主管们也都开始尝试着使用"迈克尔六问"进行管理，整个公司的实际效率也逐渐提升。

短短一段对话，台下就有了根本转变，这与人类的认知冲突有密切关系。社会心理学家利昂·费斯廷格在 1957 年撰写的《认知失调论》中提出：当人对自己的认知存在两个互相冲突、不协调的面，人类会努力让自我认知和实际行为完美吻合，例如放弃或改变一个认知，迁就另一个认知，以达到统一。[①] 其普遍性决定了"迈克尔六问"可以拓展并应用到人际交往领域。

如在上述的提问"为什么没有选择更小的数字"中，主管们会去下意识地维护自己的答案是不可动摇的，即便这个数字是随意一说，而这一举动则是在让对方自己主动去挖掘动机。这一效果远比"为什么你不听我的培训"要有效得多。

凝练来看，"迈克尔六问"的一般提问纲要如下[②]：

1. 你为什么想做这件事？

2. 你有多想这么做？——从 1-10 选择一个数字，1 代表一点也不想，10 为很想。

3. 你为什么没有选择更小的数？

4. 设想一下，如果你做到了，会发生什么好的结果？

5. 对你来说，这些好的结果为什么非常重要？

6. 接下来你会做什么，如果你想做的话？

进一步说，"迈克尔六问"的特点是：科学，简短，效果持久，适用在各种领域。在面对大量学生群体的学校，我们教师是否也能以"迈克尔六问"为沟通工具，实现高效的师生沟通呢？笔者结合一个真实的案例，以"迈克尔六问"为基础，做了有效的探索：案例中的主人公曾经是一位阳光活泼的少年，在解决他的问题时，让笔者逐渐认识到学习心理学提问技巧的重要性与可行性。

二、未运用"迈克尔六问"之前的沟通僵局

当时已经是高二下学期，学习的压力一轮接着一轮，学生每天也都是在学校、教育机构、家之间辗转。在临近期末时，笔者从作业反馈中逐渐发现 M 同学的学习情况有明显的下滑。在和班主任了解情况后，笔者才知道他和班中一位女生 C 同学存在情感问题，并且近期影响逐渐明显，各科的成绩都受到了影响。虽然他们在同一班级中，但之前笔者的确没有注意到他们的情感问题。实际上，很多学生习惯于将自己的内心隐藏起来，这就需要教师从日常的课堂细节中挖掘并了解具体的情况。

① 迟毓凯：《学生管理的心理学智慧（第二版）》，华东师范大学出版社 2016 年版，第 82 页。

② 迈克尔·潘塔隆：《6 个问题竟能说服各种人》，江苏文艺出版社 2012 年版，第 3 页。

为了不让事态往消极方面发展,笔者打算和M同学好好聊一聊。笔者将面谈时间选在阳光明媚的上午,希望当时的环境能让他更容易敞开心扉。

笔者先聊了其他话题之后,顺势向他发问:"你觉得最近学习状态如何?有什么问题可以和我说吗?"这时,他的眼神似乎有一种躲闪,犹豫了一会儿后,冷静地回答:"没有什么问题……老师讲的都懂。"他的语气坚定,仿佛把话堵死了。师生之间很难再把对话继续进行下去,但笔者还想再坚持一下,因为这次机会以后可能很难再有了。笔者继续发问:"最近我发觉你的作业相比之前有些退步,上课不专心的情况也比之前多了。"听到这样的话语,他的眼神变得不自然,在眼前的地面和花草间游离。笔者继续说:"这两天也和你的班主任了解了一下情况,最近是不是和C有什么问题?"……无言的10秒,既尴尬又着急,而他的眼神依旧飘忽,显得很不自然。"嗯……稍微有一点吧,我没事的,我会处理好的,老师不用担心,作业我会认真做的。"师生之间有道无比坚实的厚墙挡在中间。最后,笔者没能达成希望的效果。

之后一段时间,他的作业反馈有了些许改善,本以为他确实独立解开了症结,逐步在恢复,但事情远远没有那么简单。直到那天M同学的妈妈来到学校,在和班主任了解完情况后,笔者与她进行了面谈。担心成绩和升学的家长心急如焚,话语间逐渐显露出了一丝哭腔,笔者才意识到问题的严重性。如此真实地体会到当前处境下家长的无奈与无助,笔者感到有责任把这个原本阳光开朗的少年找回来。

三、基于"迈克尔六问"的沟通设计

为了打破沟通僵局,笔者开始尝试结合"迈克尔六问"的普适结构设计问题。

问题1:你为什么最近把作业认真完成了呢?

笔者近期发现M同学的作业有一点进步,可以借此鼓励他的认真,肯定他积极的态度。即便他的回复还是典型的服从式,但教师要尽可能地让他的思维走向正面的方向,借此,可以进一步强化他的自主权,借此引导下一个问题。

问题2:你有多希望保持这个状态?用1到10来量化,1表示非常不希望,10表示非常希望。

通常的回答是"我也很想""想要"等模糊描述,学生自己也没有深思过其程度如何。针对这个问题,学生自己打分量化,可以更明确地使其挖掘自己内心的想法。同时,提问前有鼓励表扬这一积极情感的铺垫,在认知的协调下,学生自然会避免回答1。

问题3:为什么没有选更小的数呢?

此问是核心,通常作为教师或家长都会以不平等的角度"质问"学生:为什么不选更高的数字,表示能做得更好?但效果往往适得其反,会催生青春期学生萌发叛逆心理,导致交流隔阂更加严重。所以反其道而行之,引导学生自己思考选择这一数值的原因,再次引导他强化自主权,更进一步挖掘自己的内心。根据费斯廷格的理论,人不会轻易地改变刚才给出的答案,即便无理由,也会尽可能去寻找支撑自己答案的理由。

问题4:假想一下,如果你成功保持这个状态,会有什么好的结果?

通常,学生听到的都是来自长辈的劝诫,例如"不学习就没有好学校,好工作。再玩游戏,你成绩就会很差"。心理学认为,对未来的负面发散会让学生情绪变得阴郁消沉。面对中学生的一些看似很大的错误时,要避免正面冲突。[①] 长期沉浸在冲突环境下,即便是成年人也很难维持积极的心态,又何况是未成年的学生?因此在提问中直接指向正面积极的想象,引导学生在脑内描绘成功之后的画面,更能促进其挖掘正面行为的动机。

问题5:为什么这个结果对你而言很重要?

抓住了学生对美好的想象后,就能进一步挖掘他说出这个画面的理由。在这里M同学内心也担心这样下去会影响未来:担心成绩不如意,担心高三心力交瘁……而引导他说出了重要性后,其自身便更有可能对刚才的话负责:承认它的重要性,而不是再逃避或叛逆。罗森塔尔效应表明,

① 贾丽湞:《目注心营:我做班主任的这十年》,上海科技教育出版社2016年版,第122页。

人基于对某种情景的知觉而形成的期望,会让这种情景更有可能发生,而这正是学生对自身的预期。

教育心理学认为:学生对个体价值的认识和对目标的认识,是决定其对成功的预期以及对任务重要性认识的因素之一。①教师在日常面对学生时,适当增强对学生当前能力的客观评价和鼓励,更加能强化对预期的信心与自我效能。

问题6:如果你愿意的话,接下来你想怎么做?

最后一个问题提出的时候,M同学的心应该已经打开了很多,情绪也应该会更加放松,借此和他讨论青春期男女交往的问题,便自然会顺利很多。不过仍然需要再次引导,让学生自己说出可能的行动,而不是从大人的口中说出方案。当然,改变现状是人必须面对的困难,因此,“如果你愿意的话”将再次强调M的自主权,他有权利不回答或继续思考。“一个自我期待良好,有自尊心的人,面对自己的错误必然心生痛苦,而这种痛苦才是改变的起始。”在这一放松的环境下,一般人也都会至少给出一两种当前可行的解决措施。

四、基于“迈克尔六问”的实践运用

第二天课上,笔者借机表扬了他作业的进步,并且让他回答作业中重点问题的解题思路,虽然部分需要教师的提示,但他还是不错地完成了解释。在表扬的效果下,他课后答应了笔者再次面谈的要求。

放学后下起了小雨,淅淅沥沥地打在地面,天空逐渐阴沉,往常操场上即便冒雨也要打球的学生们也少了很多。师生二人就在雨棚下边走边聊:

笔者先开了个头:“上次面谈完,你说会自己处理,本来我不是很相信,但现在看来你的确做到了,很厉害。”他有点不好意思地点了点头,笔者不动声色地转到问题1:“换成其他人可能真的做不到,你为什么想把作业认真完成呢?”他似乎对这个问题没有很理解,笔者又重复了一遍。他思考了一阵,如实回答:“因为我想不认真完成的话,老师你可能还会再找我。”

他给的答案很明显并不是出于自己的内驱力,而是作为学生担心老师的责问,但可喜的是,他能逐渐直面问题。笔者继续问问题2:“但你的确做得很好,你希望保持这个状态吗?”他肯定地点了点头,笔者追问:“那你有多想继续保持这个状态?用1到10来量化一下,1表示非常不想,10表示非常想。”他犹豫了一会儿,可能是担心说10太过夸张,回答了8。

笔者抛出了问题3:“你选了8啊,那为什么没有选更小的数呢?”他明显没有想到问题会往下问,而不是问:为什么不选更高的数?他悠悠地说:“因为我确实很喜欢这个状态,有一种之前解出问题后的成就感。”

笔者肯定了他的回答,并追问问题4:“那我们就假想一下吧,如果你成功保持了这个劲头,会有什么好的结果?”他嘟着嘴,走了两步,回答道:“这样我其他的成绩就能慢慢恢复到7分了,然后……回去就能有更多时间休息……爸妈也能允许我偶尔玩玩游戏放松,之后我到了高三应该也会没那么大的压力了。”从他的回答中,可以听出他逐渐把外部原因转变为了内在原因,并且心境也逐渐明朗,回答前的犹豫时间也慢慢缩短。另外,M同学慢慢从“能休息”到“爸妈可能允许偶尔打游戏”转变到“高三会轻松”这一学习动机,也恰好踩到了问题5的触发点。

“那为什么高三压力小了,可以有更多时间休息对你而言那么重要?”他回答:“因为之前看高三的学长学姐都很累,一边做文书一边还要注重课程,每天都很晚睡甚至熬夜,我本来休息时间就很少了,到高三可能就要崩溃了,我现在也很担心这个问题。”笔者欣喜地发现了突破口,正是因为和C同学的情感问题,导致课余时间大部分被占据。笔者以此为契机,让他自己说出了和C同学的事情,这也是第一次听他说出整个事件的来龙去脉。

说出了埋藏在心中的感受后,他表示轻松了不少。笔者和他继续聊了关于青春期男女交往的界限,异性之间产生好感是很自然的,学会爱也是

① 杰克·斯诺曼,里克·麦考恩:《教学中的心理学》,庞维国等译,华东师范大学出版社2019年版,第526页。

很重要的。笔者用自己遇到的故事作为案例,逐渐让他放下了心结。笔者问出了问题6:“如果你愿意的话,接下来你想怎么做?”他深吸一口气,答道:“我想我能放下了,不再纠缠在里面。”虽然天还下着雨,但笔者觉得他的心已经晴朗了。

如今,迈入高三大门的他已经恢复了往日的活力和阳光开朗的状态,能直面并妥善处理青春期的情感问题。

五、反思与总结

反思当时的场景,笔者事先并不知道M同学会对问题做出怎样的回答。即便在此之前笔者假设过他会给出的所有可能的答案,但仍需要根据实际情况,自然引导到下一个问题。

在实施六问前,为了强调他的自主权,笔者采用了NLP(神经语言程序学)中的“先跟”策略①,从他的小进步入手,表扬并认可他,让他同意能在空旷的操场上聊天,减小了压力。之后再抛出问题。同时,在他回答后,笔者会有意识地重复或肯定他的表述,这也让他潜意识里认同教师是一个愿意倾听,且和自己有相同想法的人,这些沟通前的铺垫和沟通中的小细节非常有助于开展之后的提问。心育的前提是先放下教师的身段,用平等、开放的心境和学生对话。回想第一次面谈的碰壁的原因,笔者仍是以任课教师的身份在提问,这让他很不自在,当然不可能打开心扉。在第二次约谈前,笔者征得了他的同意,同时借用了心理学中“一致性回答”的趋向,让他“自愿”同意再谈一次。约谈中,即便环境阴沉,但合理的提问让他放下了防备,用自身内在的渴望去驱动回答。

当然,依然会有出乎意料的情况发生。根据认知协调理论,减少认知失调的方法还有其他选择:增加新的认知,改变认知的相对重要性。例如,学生会找借口:“是人都会犯错,我犯的这个错误很小……”,当遇到这类情况时,教师需要架设更长的铺垫,比如表扬学生长期不犯错误的持续性等。

青春期学生的心理极其复杂,没有任何人能真正理解他们的想法,教师只能尝试着使用心理学中被普遍认可的方法去不断接近、理解他们。随着时代的变化,每一代学子在不同社会、家庭、同伴影响下,心理变化是完全不同的,因此也只有让他们自己说出问题,自己说出正面期待,用最强的动机去靠近期望的未来,才能达到有效沟通的目的。而新时代的教师需要摆脱经验型教师身份,借助心理学和沟通学理论,通过有效的沟通,帮助学生正视自己内心,健康平稳地度过人生的关键时期。

The Design and Application of Michael's 6 Questions in Teacher-student Communication

PAN Yinfan

(Shanghai World Foreign Language Academy, Shanghai, 200233)

Abstract: Michael's six-question communication model, based on an enormous number of classic psychological cases, has had significant and long-term effects in such fields as corporate management and psychological counseling. This communication model can also be applied to educational scenarios. The author of this research has redesigned the questions which can help students change themselves and integrated specific cases of adolescent students into the model for use in order to explore the feasibility and researchability of Michael's six questions in education.

Key words: adolescence, teacher-student communication, Michael's six questions

① 迟毓凯:《学生管理的心理学智慧(第二版)》,华东师范大学出版社2016年版,第31页。

《现代基础教育研究》
第44卷，2021年12月 (Research on Modern Basic Education) Vol.44, Dec. 2021

基于非暴力沟通要素的师生对话艺术

任　洁

（上海市世界外国语中学，上海 200233）

摘　要：非暴力沟通要素表现在四个方面：以客观、深入的观察，合理表达感受，通过平等的对话方式来重视每个人的需要，通过合理的请求来帮助他人。借助这四大要素在师生沟通中的应用，能加深教师对每位学生关于归属、爱和尊重的需要的理解。

关键词：高中；非暴力沟通；学生管理

一、研究缘起

高中学生在生理上基本已经处于成熟状态，但是他们同时又恰逢青春期，情感充沛，也特别敏感，情绪反应比较强烈。有的学生由于生理和心理上成熟度的不对等在高中阶段形成了明显的冲突，常常表现为在独立与依赖、勇敢与胆怯之间摇摆不定，他们渴望被关注，又喜欢彰显个性。在这些复杂的情感冲突下，学生开始出现一些行为问题。对此，学校教育责无旁贷，需要使学生更好地融入群体和社会中去，同时帮助学生在成长过程中面对与化解这些冲突，帮助学生建立独立且健全的人格。在纷繁复杂的学生问题中，教师积极与学生沟通，及时了解学生的想法和需要，是有效管理学生的一个重要途径。

二、非暴力沟通理论的概念与要素

在生活中，暴力沟通时有发生。那种不恰当的指责、嘲讽、否定甚至沉默，以及随口而出的评价和结论常常形成语言暴力，造成情感和精神上的创伤。这种沟通不仅无效，而且影响人们的情绪和生活。为了解决语言暴力带来的一系列沟通问题，美国著名的心理学家马歇尔•卢森堡博士在20世纪60年代提出著名的非暴力沟通理论(Nonviolent Communication)。[①]非暴力沟通的目的是通过建立联系使我们能够理解并看重彼此的需要，然后一起寻求方法满足双方的需要。该理论提出的背景主要是为当时美国联邦政府资助的学校项目提供纠纷调解和人际交流培训技巧训练，后来逐渐发展成具有启发性和影响力的和谐语言的原则和方法。[②]目前，非暴力沟通被广泛应用于家庭、学校、医院、职场等情境中，有效缓解了家庭矛盾、师生关系等，也被视为心理治疗的一种科学性手段。

非暴力沟通以观察、感受、需要和请求四要素为基础，构建语言交流的桥梁。第一要素：观察。观察需要在特定的时间和情景下得出，并强调不可以将观察的结果和评论混为一谈，可以观察后有评论，但是避免绝对化的评论。第二要素：感受。感受包括体会感受和表达感受。体会感受需

作者简介：任洁，上海市世界外国语中学一级教师，硕士，主要从事教育管理与学生心理健康研究。

① 马歇尔•卢森堡：《非暴力沟通》，阮胤华译，华夏出版社2016年版，第2页。

② 杜冰南：《非暴力沟通的三重境界：一种平和而有效的沟通方式》，《课程教育研究》2016年第16期，第192页。

要建立在沟通双方情感联结的基础上,能够有同理心。而表达感受则需要建立在清晰地说出观察结果后,同时,表达感受需要与想法、评判和观点区分开。第三要素:需要。非暴力沟通解释了感受与需要的关系:感受来源于我们内心深层次的需要,要在表达感受的时候也表达清楚自己的需要。第四要素:请求。提出请求要在尊重对方情感并兼顾对方需要的基础上才可以实现。在提出请求时,要用具体详细的语言表达,才能更好地实现请求。①

由上可知,非暴力沟通架构起一个真诚、友善、平等的有效沟通模式,在沟通中要避免指责、说教,鼓励沟通双方真实表达自己和关切倾听他人。作为分管学校德育工作的教师,笔者将在下文中结合实际工作案例,探讨如何借助非暴力沟通模式与学生进行有效沟通。

三、非暴力沟通的案例回顾

1. 问题的产生

X学生一直在违反校园常规上非常“出名”,翻窗、测验作弊、打架。班主任和年级组长已经做了多次沟通,该有的年级警告和处分也一个没落下。然而,效果依旧不明显。某一次期中考试,年级组长一脸无奈地来到了学生处,给笔者看了一个视频。在视频里笔者看到了这个熟悉的身影从学校校门翻了出去,过了两分钟又翻了回来。因为考试还没有全部结束,我们只能按兵不动。

在等待考试结束的这些时间里,笔者从班主任、年级组长处又获取了一些信息,着重了解了X学生在家里的情况。X学生父母长时间忙自己的生意,平时疏于关注和教育X。家里主要靠司机、保姆维持孩子的基本生活需要。然而,一旦孩子在学校里有学习成绩不好或者班主任反映在校不良表现时,父亲的做法是直接“揍一顿”。

2. 非暴力沟通的实施过程

考试结束以后,X穿着他那双引人注目的鞋子“晃”到了学生处,进门就说:“任老师,我知道我错了,而且我都爬回来,这次可不可以算了?”他努力营造出无所谓的样子,却无法掩饰语气中的紧张。笔者站起来转身走向他的第一句话是“哟,X,你的鞋子不错,是2019年的走秀款吧”。“呀,老师,你怎么知道?!”X忽然绽开了笑容,语调也轻松了起来。看似非常随意平常的对话开头之后,笔者把他带到了学生处旁边的小会议室。在聊天式的谈话过程中,笔者捕获到了很多有意义的信息。比如,他最喜欢文学,他觉得自己也擅长语文,他喜欢写一些文章,有时候会做一些视频,也愿意和他的语文老师分享;又比如他总是觉得自己有振兴家族的使命与责任,但是总觉得自己努力了也没有看到什么结果。在聊天过程中,可以明显感受到,他的确是个语言表达能力很不错的学生,非常健谈。谈到喜欢的事情时,他的眼神中散发着光芒,但谈到父母给他学业上的压力,他的眼神会一下子躲闪开,不愿直视笔者。他也主动坦白,其实每次违反校规的时候,他内心都很后悔,但是做的时候也没有多想,脑子一片空白。

笔者明确告诉他,这次爬墙是要严肃处理的,他虽然有些许无奈,但没有任何抗拒。“所谓的严肃处理,首先,必须要在之前的处分期上延长时间。这个延长的观察期,是你对自我约束界限感的形成与建立。其次,你可以用自己真实的学习能力来换取缩减处分期的机会。”再接着,对话进行得更加顺利。笔者让他自己预设一个分数,只要可以努力达到自己设立的目标,就可以申请提前撤销处分。

3. 非暴力沟通的效果

这次关于“违反常规与处分”的谈话就这样愉快地结束后,笔者又和年级组长及班主任再次做了沟通,希望他们要时时跟进,想办法去看见、去发现X的任何一点进步。这次沟通的效果是意料之中的:曾经几乎每周都去年级组长那里刷一下“存在感”的X,自从这次“爬墙事件”后,几乎没有违反常规的行为。班主任和年级组长也反映他学习上明显有了动力。最终一个学期的总评分也提高了5分,几乎到了班级前段。从那以后,笔者每次在楼道里遇见他,他也好像从来不记得自己受处分的事情,也没有要求提前撤销处分。

虽然X还有复杂的家庭问题以及其他一些难以矫正的行为问题,但这次的处理方式是一个

① 詹婕:《新形势下非暴力沟通在学生工作中的运用》,《新校园:上旬刊》2017年第6期,第163-164页。

依靠非暴力沟通方法解决的典型案例。作者通过总结这次案例为解决同类学生问题提供了一个行之有效的沟通方案。

四、非暴力沟通成功的经验启示

1. 以观察事实、用心倾听的方式来开启对话

在日常学生管理中，难免会遇到对规矩和界限意识淡薄的学生。但是，教师在与学生谈话时，要尽量客观去了解看到的事件和结果，不带有任何道德评判①，这才能真正开启非暴力沟通的第一要素——观察。如果那天看见他的第一句是“X，你怎么想到去爬墙的”，这样的谈话无疑就对立了学生和教师之间的关系，后续谈话也很难推进。教师以这双引人注目的“鞋”作为开启谈话的切入口，也是给自己情绪缓冲的机会。学生反复犯错却依旧高调行事的背后一定有成因，因势利导，教师将学生行为释放的信号作为非暴力沟通的契机。

在X来学生处之前，通过向年级组长和班主任对这个学生他的家庭情况综合了解，也让沟通更基于事实。比如教师了解到X的父母对孩子缺少陪伴和关心，以及父亲简单粗暴的教育方式。这些客观信息对教师精准分析学生问题的成因起到了重要的作用。

倾听是开启对话的基础。在了解基本信息后，教师没有直接下出结论和带有情绪，而是用耐心聆听的方式获取更多信息。比如，X同学其实是非常想要取得好成绩，也想要得到周围同伴们的认可，但是他并不知道怎样的方法才是合适的。与此同时，由于父母长时间疏于管教，孩子从小也没有养成良好的学习和行为习惯，而父母对学业并不客观的要求又给了他很多的压力，但他又无法应对这些压力。这些倾诉让教师获得更加客观全面的了解：X同学本身有颗向善与向好的心，而他的情绪冲动主要来自父母与他关系的疏离，由于他在少年时候没有足够的安全感积累，所以一旦感觉被冒犯，或是因为长时间伴随他的挫败感，都会启动他的攻击性自我保护机制。这也就是为什么当他和同伴相处时，一旦感觉“被挑衅”“被无视”时，他总是容易情绪失控。

2. 以表达感受、觉察需求来深入对话

在面对复杂的学生行为问题时，教师受传统教学理念的制约，常常以权威者身份自居，也好为人师，习惯性批评他人②，所以教师在践行与学生进行基于非暴力沟通的第二因素——感受时，应该以构建平等的师生关系为基础，既要把学生看作成一个平等、独立的个体，又要诚实地表达自己。比如，面对案例中的学生再一次违反学校要求时，如果一味追问“你为什么不听老师的话”“你的处分又要升格了”，这样带有一定的暴力色彩的言语，就没有办法使对话平等深入下去。教师在对事实客观了解、观察的基础上，需要向学生如实表达自己的感受，如“我是渴望了解你的”“我很想知道你成长中的故事”，这样的对话沟通方式可以营造安全感，保障非暴力沟通有效开展。

由于这个学生的问题是反复出现的，所以寻找问题的症结和关键点就更为重要。教师依旧要通过非暴力沟通技巧进一步打开对话，即以继续观察来加深感受。教师不再以自己的主观意愿来代替学生的现实存在。学生和教师之间可以构建同理连接，教师在对话中逐渐明白学生内心感受是什么，症结在哪里。

3. 听取他人的需要给予理解，了解自己的需要给予反馈

非暴力沟通的目的是实现有效沟通，建立良好关系，但是对于这类反复违反常规、违反校纪校规行为的校园事件，教师也不能回避合理的惩戒。因为高中是学生走向社会的重要过渡阶段，惩戒的目的依旧是教育学生。教师明确了自己内心的需要，同时，通过与学生深入的对话，学生也坦诚了自己的想法，他在语文学科上的学习态度、面对父母对于自己学习成绩时的压力，其实清晰地表达了自己的需求：他希望被认可、被关注。在谈到学习压力时学生闪躲的眼神也显露出他缺乏自信。因此，基于彼此需求清晰的基础上，教师开始找到解决问题的症结：帮助学生通过树立自信心来建立安全感。

① 何剑骅，房利：《非暴力沟通技术在高校辅导员谈心谈话工作中的应用》，《铜陵学院学报》2019年第3期，第66–69页。

② 李秀玲：《如何和学生进行有效的非暴力沟通》，《中学课程辅导（教师通讯）》2020年第15期，第127–128页。

4. 以提出请求而非简单命令来实现沟通目的

在非暴力沟通技巧中,“提出请求”的方式的确可以找到更加积极的解决办法。结合之前的沟通基础,教师逐渐找到了第三要素“需要”:要帮助这位学生建立内心的安全感,只有学生自己真正建立安全感,他才可以逐渐减少行为叛逆,杜绝行为冲动的发生。教师在基于充分认识“需求”的基础上提出了请求,在这个案例中,教师最具有智慧的做法是,通过请求让学生深刻感受到“被看见”,被他人认可了自己的价值。教师最后请求学生“展现出真实的学习能力”,而不是以达到几分作为要求,这样做,一方面想让X通过成绩一步步提升来慢慢增加自己内心的安全感,另一方面又避免了因为达不到某一个具体分数,会丧失自信心,回到原来的状态中去。这种请求的做法既尊重了学生的情感,又兼顾了学生的需要。

在面对这个学生的问题时,教师希望X内心向好与向善的本质可以被更多人看到,更可以成为他自己获得内心安全感的来源,所以教师又将沟通的结果和相关教师再次做了请求,希望他们想办法去发现X的任何一点进步。这个做法也是一种“请求”的反馈,能够更好地了解学生在沟通后的感受、想法。

任何学生问题的出现一定有其复杂的成因,师生交流时,核心不是要去解决问题,而是理解学生话语、行为背后内心深层次的需要,留给学生继续自我探索、自我认知的空间。在这样的理念下,教师才能不下定义或者不带判断,同时恰当表达自己的感受,并且进一步提出自己的请求。

非暴力沟通技巧在多年的应用实践后被广泛使用,笔者也以一个复杂的案例进行实践并且收到了明显的沟通效果。以客观、深入的观察;基于自我连接的体会感受后合理表达的感受;通过平等的对话方式来重视每个人的需要;通过合理的请求来帮助他人,而非改变他人以迎合自己。①通过这四大要素在此次师生沟通中的应用,教师加深了对“每位学生都有归属、爱和尊重的需要”的理解。②

Artistic Communication Between Teachers and Students Based on the Theory of Nonviolent Communication

REN Jie

(Shanghai World Foreign Language Academy, Shanghai, 200233)

Abstract: The elements of Nonviolent Communication are reflected in four aspects: objective and in-depth observations, reasonable expression based on self-connected experience, attention paid to everyone's needs through equal dialogues, and help for others through reasonable requests. With the application of these four elements in teachers-student communication, teachers can have a deeper understanding of each student's needs for belonging, love and respect.

Key words: senior high school, Nonviolent Communication, student management

① 詹婕:《新形势下非暴力沟通在学生工作中的运用》,《新校园:上旬刊》2017年第6期,第163-164页。

② 何剑骅,房利:《非暴力沟通技术在高校辅导员谈心谈话工作中的应用》,《铜陵学院学报》2019年第3期,第66-69页。

与青春期学生共情式沟通的个案探究

欧阳谢璐

(上海市龙苑中学,上海 200237)

摘 要: 在与青春期学生沟通过程中,教师需要以共情为媒介进行有效沟通。在实际工作中针对青少年心理发展的特点,以共情式沟通为教育载体,在相互理解中建立交往理性,在真实生活中提高共情能力,在商谈原则中提升沟通有效性,以期在师生之间建立起信任关系。

关键词: 青春期学生;情绪问题;共情;沟通;师生关系

一、研究缘起:青春期的共情式沟通

共情,又称为"通情""移情""同理心"等。其涵义是指能设身处地从他人的角度去体会并理解他人的情绪、需要和意图的一种人格特质。① 共情在教育中的重要意义在于:教育者能设身处地地理解学生,从而能更准确地掌握有关信息;学生感到自己被悦纳、被理解,从而会感到愉快、满足,这对师生关系会有积极的影响;促进学生的自我表达、自我探索,从而达到更多的自我了解和师生双方更深入的交流;对于那些迫切需要获得理解、关怀和情感倾诉的学生,共情会有明显的教育效果。

具备共情特质的教师能切身感受到学生的需要与苦恼,并能在必要时向学生提供支持与帮助,可将教师和学生的意图、观点和情感联结起来,有助于营造良好的教学环境和师生关系,提高教育的效果,促进学生的身心发展。

如果把德育过程看作一条"线",那么每一次共情沟通都是其中的一个"点",德育就是由许许多多这样的"点"聚集而成的,那么每个"点"的质量都影响着德育这条"线"的整体效果。"工欲善其事,必先利其器",我们必须重视有效沟通的力量,与学生达成共识,努力在"点"上下功夫,才能以点及面。

笔者在实际工作中针对青少年心理发展的特点,以共情式沟通为教育载体,以期在师生之间建立起信任关系。

二、个案分析:师生共情式沟通的过程与效果

笔者任教的是上海市一所普通公办初中的七年级某班,班级共有 19 位学生,其中上海学生为 4 人,外来务工子女为 15 人。上海学生当中有 2 人是随班就读的学生,外来务工子女中有一人是听障学生。19 位学生家庭背景不同,性格迥异,但普遍都缺乏自信心,对外界始终处于戒备状态。尤其是两位随班就读学生,他们都有轻度抑郁倾向。在这样的特殊学生群体中,笔者一直在关注着他们,尤其是一位夏同学。

夏同学非常害怕与他人交往,她的右手始终缩在袖管内。每一次与她交流,都是教师一个人在说,夏同学一直是低着头默默地听着。针对很多学生存在缺乏自信心,戒备心理较强,并且对班主任缺乏信任度这些问题,笔者在班级中放置了

作者简介:欧阳谢璐,上海市龙苑中学高级教师,主要从事班主任工作与德育研究。

① 宋亚杰:《共情——师生沟通的润滑剂》,《教学与管理》2010 年第 3 期,第 29 页。

一本“每日与班主任说说心里话”的本子。当时把它称为“我的贝壳”。每一次结束谈话时，笔者总会提醒她尝试着在“我的贝壳”中交流。通过笔者耐心的引导，全班19位学生在“我的贝壳”中总结自己每日所见所闻成了他们的生活习惯。

1. 关注学生情绪，寻找教育契机

美国传播学家艾伯特梅拉比曾给出一个公式：信息的全部表达＝7%语调＋38%声音＋55%肢体语言。因此，教师在和学生交流时，要多用一些学生听得明白、能够接受的语言、语气，这样才会更有效地帮助学生准确理解教师的意思，从而达到理想的沟通效果。

笔者在关注夏同学的同时，努力地寻找合适的教育契机。终于在一次全班大扫除的时候，笔者抓住了一个契机——表扬夏同学的劳动品质。当时大家都对她非常敬佩，她即刻感受到了大家对她的认可和友善，终于露出久违的笑容。

她的笑容就意味着她愿意接受他人的赞许，也表明她可以有情绪表达。情绪是每个人必需的，教师要学会利用好学生的情绪显现。情绪的反应往往比语言更可靠，更能帮助教师了解学生的真实信息。因此，要打开一个孩子的心门就是应该耐心地等待，寻找契机与她共情。每次与夏同学共情式的沟通，让教师和她的距离在不知不觉中拉近。

学生的情绪会在一颦一笑中表露无遗，其中的细微差别需要教师敏感地捕捉，以此洞察学生的内心活动。在劳动中，夏同学为了把书橱擦干净，非常卖力地撸起两个袖管，这时笔者突然看到她的右手——一只布满术后疤痕的右手。笔者顿时了解到这个孩子很不容易，这只右手背后肯定有隐情。

2. 开展积极沟通，提升共情能力

人的行为本能意识就是要保护自己，因此，经常会通过一些表象来掩饰自己的真实内心。如果想要让教育有的放矢，教师一定要学会“透过现象看本质”，通过学生呈现的一些外在特征，来触摸学生的内心世界，这样才能做到对症下药。当时，笔者一边握着她的手一边说：“能不能跟我说说右手的故事？”夏同学当时有点受宠若惊，但她强忍着眼泪离开了。在那天之后，她在“我的贝壳”中说道：由于一生下来自己的右手就是长了六个手指，需要进行切除与整形手术。她经历了一次又一次的修复手术，其中的痛苦难以想象。夏同学在那一周，几乎每天在“我的贝壳”中写她手指的故事。就这样，夏同学的心门在被慢慢打开，每次与她的眼神交汇中，笔者感受到她开始信任教师，她愿意走出阴影，走向集体。所以，作为班主任，首先要通过共情式的沟通方式帮助学生去除他们心中的阴霾，其次再引导、激励学生发现内在的“我”，引导他们意识到自己的优势，意识到自己并不是十全十美的，鼓起勇气，正视自己的缺点。如果学生没有接受自己，就很容易让自己陷入情绪化的状态，所以教师要鼓励学生全面、客观地认识自己、接受自己。

3. 发挥同伴作用，传播爱的力量

青春期是孩子成长的重要阶段。在这个阶段，孩子想更多地了解世界，想快快长大，希望得到成人或同伴的尊重和认可，不想让别人再把自己当成孩子来看待。在班主任的不断鼓励下，她终于愿意与同学们分享她曾经久久不能释怀的心结。通过每次与她的共情式沟通，笔者感受到她终于可以勇敢地正视自己那难以释怀的痛点。在某一次班会课上，夏同学在全班同学面前讲了自己的故事，全班学生听完之后都沉默了，甚至有学生默默地流着泪，说明夏同学的故事已经触碰到每位学生的心灵深处。

自从那天班会课后，好多学生都在“我的贝壳”中谈到夏同学。与此同时，他们都觉得自己之前从未真真切切地感受到自己很幸福。他们甚至自省道：自己今后不该有那么多的抱怨。教师在学生的每一本“我的贝壳”中留言道：既然觉得自己很幸福，不妨把爱传递出去。于是，“发现身边之美”班级活动就这样如火如荼地展开了。师生之间的沟通变得更加容易与坦诚，这就是共情式的沟通所带来的学生变化。当每位学生都想把爱传递给对方时，对方会很快感受到。看着夏同学的笑容，看着班级每位学生的那种友爱、包容，让笔者更加深信：共情式沟通是可以传播的。

三、反思：共情有效化解青春期学生情绪冲突

共情能够让教师更加准确地理解学生所处的环境以及学生与他人的情感关系。对这些刚刚进

入青春期的青少年，教师和家长要善于观察他们的一举一动甚至微妙反应，要不断地调整与他们的关系，进行共情式沟通。

1. 在相互理解中建立交往理性

师生交往理性意味着人的主体性，无论是“传道授业解惑”的教师，还是“求知若渴”的学生，他们都是活生生的个体，交往中不能抹杀任何一方的主体性。交往关系不仅强调的是师生准确地表达想法和倾听意见，更强调师生间彼此理解、相互尊重与和谐共进。①教师自觉或不自觉的共情式沟通方式，无形之中会大大激发学生情绪上的积极性，直至打开他们的心门。教育的艺术不在于传授本身，而在于激励、唤醒、鼓舞。教师用鼓励与赏识的语言来与学生共情，尤其重要。因此，师生交往关系应坚守交往精神，确保交往理性的长存，让师生间的交流和互动变得更加融洽与自然。

2. 在真实生活中提高共情能力

当今，在师生沟通的过程中，更多的是科学化、程序化、规训化的教育。沟通内容侧重学习和考试，涉及学生的兴趣、理想和信念的内容较少，脱离生活的交往内容对学生学习成绩的提高不会产生有效的影响，甚至会对学生的生活能力产生消极影响。通向青春期孩子的心灵的捷径是：走进学生的真实世界，让学生信任你，愿意向你倾诉。因此，教师要充分认识学生群体中的特殊学生，并根据其特殊性采取相应措施，给他们以切实的帮助，帮他们走出误区。师生之间共情式沟通是一种让教师与学生保持情感平衡的有效方法，能够提升彼此的共情能力。

3. 在商谈原则中提升沟通有效性

“商谈原则”扎根于生活世界，是由人们的理性论辩所达成的共识以及理解的交互性支撑着的方法论原则。② 共情式沟通一定要遵循商谈原则去尊重学生原有的生活经验。在夏同学的案例中，教师其实一直在使用真诚、真实的言语，它能拓展师生交往的空间，规约师生交往的动机，削减无效沟通给师生交往关系带来的消极影响，促使师生关系共存与共长，最终实现人自由、自觉活动的愿景。

只要真正把学生放在心上，孩子的内心世界便会自然敞开，这就是共情式的沟通带给教师的教育力量。回顾20多年来的班主任工作，笔者所接触的学生形形色色，如何因人施教，开展智慧教育，有针对性地对每位学生进行引导和共情式的沟通，是摆在班主任面前的一个看似简单却仍需不断探索的教育命题。

A Case Study of Empathic Communication with Adolescent Students

OUYANG Xielu

(Shanghai Longyuan Middle school, Shanghai, 200237)

Abstract: In the process of communicating with adolescent students, teachers need to communicate effectively with empathy as the medium. According to the characteristics of teenagers' psychological development, in practical work, we should take empathic communication as the educational carrier, build rationality in mutual understanding, improve empathy ability in real life, and improve the effectiveness of communication in negotiation principles, so as to strive to build trust between teachers and students.

Key words: adolescent students, emotional problems, empathy, communicate, teacher-student relationship

① 陈亮，党晶：《中小学师生交往关系的失真与重塑》，《课程·教材·教法》2018年第6期，第121页。

② 王凤才：《哈贝马斯交往行为理论述评》，《理论学刊》2003年第5期，第38-41页。

走向大观念导向的 STEM 课程设计

邵朝友

(温州大学 教育学院,浙江 温州 325035)

摘　要: 文献研究显示,大观念是种高阶的统整性知识,集中体现课程特质的思想或看法,有助于促进学习迁移与设计连续聚焦一致的课程,能解决当前 STEM 课程设计中学习肤浅化的问题。大观念至 STEM 课程要素的转化主要体现在它向目标、学习、评价的转化。在目标方面,需要明确课程主题,确定大观念,明晰大观念与学习目标的关系,规范叙写学习目标;在学习方面,需要设计真实问题情境,强调各门学科知识的应用并凸显工程设计与技术应用,结合适当的学习方法;在评价方面,需要重点考虑评价类型、设计原则、评价工具。

关键词: 课程设计;课程整合;STEM;大观念

一、引言

STEM 是当前国际课程发展的一个热词,主要是回应一个关键问题,即在知识经济背景下需要怎样的教育目标以提高全球竞争力。在很大程度上,这样的教育目标试图培养学生高阶综合的科技素养,STEM 课程的初衷就是作为课程整合的形态来落实这一目标。为落实这样的课程目标,作为课程整合体现的 STEM 课程内在地要求统整性的学习。然而,实际的课程整合情况并不如意,远远不能实现原先的意图。研究显示,在 STEM 教学中,技术与工程内容只是非常粗略地并入相关数学与科学的课程标准;尽管工程与科学、技术似乎天然地具有融合趋势,但实际上数学、科学、技术、工程还是各自为政。①

为解决课程统整问题,人们试图加强 STEM 课程的整合力度,尤其是把这种整合体现于课程设计。为此,一些研究探讨了不同课程整合的类型与水平。有研究指出,STEM 课程存有四种整合水平:学科独立形态,即四门学科的概念和技能孤立地被学生习得;多学科形态,即用一个共同主题来习得四门学科的概念与和技能;跨学科形态,即学生学习紧密关联的两门或以上学科的概念和技能;超学科形态,即学生通过真实问题或项目学习两门或以上学科的知识与技能。② 四种课程整合水平为设计统整性 STEM 课程提供了视角,进一步促成了跨学科与超学科形态的 STEM 课程。

基金项目: 本文系全国教育科学"十三五"规划国家一般课题"共同形成性评价的理论与技术研究"(项目编号:BHA190153)的研究成果。

作者简介: 邵朝友,温州大学教育学院副教授,博士,主要从事课程评价与课程方案设计研究。

① Vasquez J. A., Sneider C. & Comer M. STEM Lesson Essentials: Integrating Science, Technology, Engineering, and Mathematics, *Heinemann*, 2013, pp. 38-48.

② Vasquez J. A., Sneider C. & Comer M. STEM Lesson Essentials: Integrating Science, Technology, Engineering, and Mathematics, *Heinemann*, 2013, pp. 38-48.

近年来，为了促进深度学习，国际上许多研究纷纷以大观念/大概念（big ideas）为抓手，深化 STEM 课程的统整力度。然而，STEM 课程设计为何引入大观念？大观念又如何转化为 STEM 课程要素？这两个根本而重要的问题并未得到深入的探讨。就此，围绕这两个问题，本文将“STEM”“Big Ideas”作为关键词或主题词进行检索，截至 2020 年 8 月 16 日检索了 SAGE、JSTOR、Springer Link、ProQuest、ERIC、Google Scholar、CNKI 等数据库。收集到论文与书籍后，阅读标题、关键词和摘要，删除有关 STEM 教师教育、STEM 政策与改革等文献，进而泛读余下的文献，确定了 29 份主要文献，最后基于这些英文文献与事先确定的 4 份中文文献展开相关探讨。

二、STEM 课程设计为何引入大观念：基于已有研究的价值分析

1. 何谓大观念

60 多年前，布鲁纳（J. S. Bruner）发动了学科结构运动，该运动假定“任何学科都拥有一个基本结构”。所谓学科结构，就是学科概念形成相互关联的有意义整体，课程教学的关键在于掌握这些学科概念。例如，“交换、分配、结合”是代数的三个基本要素，可以围绕这些核心概念开展课程设计，在不同的年段重现这些概念。这些概念有助于设计连续聚焦一致的课程，因为一旦学生掌握了它们，可把它们应用于诸多情境。[①] 1964 年，在课程设计中，菲尼克斯（P. Phenix）曾提出“代表性概念”的重要性。他指出，如果可用这些概念代表一门学科，那么理解它们意味着获得整门学科知识；如果按照某些模式组织一门学科知识，那么理解这些模式，可使得符合学科设计的特定要素变得清晰。[②] 显然，这些代表性概念能聚焦于核心概念的学习，促进深度学习的发生，极大地减轻学习负担。在知识爆炸时代，我们需要这种“少即是多”的课程设计思路，更需要让学生掌握一些如大观念这样更为根本的知识。

1998 年，埃里克森（H. L. Erickson）明确指出大观念是一种抽象概括，是深层次、可迁移的观念；表述了概念之间的关系；具有概括性、抽象性、永恒性、普遍性的特征。[③] 2010 年，哈伦（W. Harlen）等人编著了具有广泛影响的《科学教育的原则与大概念》，书中提出 14 项科学教育的大概念（即大观念）。该书指出，大观念乃相对概念，要成为一个大观念，需要满足如下条件：能普遍地被运用；能通过不同内容展开，可根据兴趣、意愿、关联度来选择内容；可运用于新情境，使得学习者更好地理解他们一生中可能会遇到的事件和情况。[④]

大观念可以存在于某一门学科，也可超越学科。在 STEM 教育中，大观念意指把四门学科的理解连贯成整体的关键观念或思想。[⑤] 这样的观念对于我们理解跨越多个领域的 STEM 教育甚为重要，因为它指出了 STEM 课程的统整性特征。在 STEM 教育中，按整合程度看，大观念可划分为学科大观念（within-discipline big ideas）、跨学科大观念（cross-discipline big ideas）、超学科大观念（encompassing big ideas）。学科大观念是指某门学科的大观念，包括相对宏观的课程开发与微观的单元或主题教学的层面，当它在其他学科背景中应用时，能扩展学科知识于其他领域的问题[⑥]，提升学生概念性理解、兴趣与动机，促进知识迁移。跨学科大观念（如变量、推理与论证）是联结两门及以上学科共有的内容或思想，

---

① Bruner J. S., *The Process of Education*, Harvard University Press, 1960, pp. 7-8.

② Phenix P., *Realms of Meaning*, McGraw-Hill, 1964, p. 232.

③ H. 林恩·艾里克森：《概念为本的课程与教学》，兰英译，中国轻工业出版社 2003 年版，第 65 页。

④ Harlen W. (Ed.)., *Principles and Big Ideas of Science Education*, Association of Science Teachers, 2010, pp. 20-28.

⑤ Harlen W. (Ed.)., *Principles and Big Ideas of Science Education*, Association of Science Teachers, 2010, pp. 20-28.

⑥ Silk E. M., Higashi R., Shoop R. & Schunn C. D., “Designing Technology Activities that Teach Mathematics”, *The Technology Teacher*, Vol. 69, no. 4 (2010), pp. 21-27.

它为教育者实施STEM课程设计提供有意义的概念框架①,指出不同学科之间的相关性并提升教学的质量。② 超学科大观念是建立于两门或以上学科诸多大观念之上的,为学生提供重要的研究问题,促进学生联结不同学科,理解不同学科背景下它所体现出的差异,还能促进学生对学习问题开展多层次的深度调查。③

由此可见,在范围上,大观念主要指适用于较大范围的思想/看法/概念/观念,不仅可用于传统学科课程,也可用于STEM课程;在类型上,大观念划分为学科大观念、跨学科大观念、超学科大观念;在性质上,大观念具有一般概念所具有的概括性、抽象性、普遍性、永恒性;在地位上,大观念居于课程中心,集中体现课程特质的概念或观念、思想或看法;在功能上,大观念使得课程设计更为连续聚焦一致,促进学习迁移的发生。④

2. 大观念对于STEM课程设计的价值

大观念内在地对课程设计提出整合诉求,能加深学习的深度。大观念包含丰富的课程内容,能汇聚许多碎片化知识,理解与应用大观念构成了课程主要目标。这对学生学习提出一个要求,即进行知识的综合应用,而不是识记大量的信息。反映在教学设计上,这要求教师统整地设计大问题、大任务,以便形成相应统整性学习目标。因此,大观念内在地要求课程进行整合设计,学生理解与应用大观念意味着学习目标的落实,深度学习的发生。

大观念对学习具有重大的促进作用,已得到广泛的研究支持。许多源于建构主义的教学方法都非常重视大观念的作用,其中一个原则是教师围绕大观念而不是碎片化信息设计教学⑤,这往往先让学生了解学习内容的整体,然后再帮助他们理解学习内容的各个部分。学习发展理论在认识论层面也支持大观念与STEM教育融合,有关数学学习的研究提供了相关的证据。例如,一些数学教育研究强调数学的结构化,认为大观念处于数学中心位置,是数学思想组织者。大观念在学生数学学习发展旅途上扮演着关键角色,它不仅与数学结构深度关联,而且体现于学习者所建立起的数学推理、逻辑、关系之中。⑥ 此外,哈伦认为,为了理解STEM的本质和课程,需要培养学生用大观念进行思考的思维习惯和思考方式。⑦ 科学具有不同的面向,不仅要求学生理解科学活动,还要理解引发如此活动的思想或观念。大观念就是这样的思想或观念,它们在课程中发挥纲领性作用,如技术与工程教育中需要重点落实系统思维,支持团队工作等大观念。

大观念能消除课程知识的广度与深度之间的矛盾,为此提供可行的抓手。一直以来,课程覆盖面和课程深度之间存有紧张关系⑧,人们发现,在课程实施时间不变的情况下,如果覆盖面太广,就会削弱课程的深度,而课程深度加深,则会窄化课程的覆盖面。应该说,这种矛盾源于一种传统的线性、孤立的课程实施方式,当教师面临这样问题时,他们往往首先考虑如何使用有限的宝贵时间,而不是考虑如何换种方式来思考。就此问题,大观念成为许多教育者的选择,哈伦⑨建议建构STEM课程目标来走出困境,

① Krajcik J., Codere S., Dahsah C., Bayer R. & Mun K., "Planning Instruction to Meet the Intent of the Next Generation Science Standards", *Journal of Science Teacher Education*, Vol. 25, no. 2 (2014), pp. 157-175.

② Krajcik J., Codere S., Dahsah C., Bayer R. & Mun K., "Planning Instruction to Meet the Intent of the Next Generation Science Standards", *Journal of Science Teacher Education*, Vol. 25, no. 2 (2014), pp. 157-175.

③ Mayes R. & Myers J., *Quantitative Reasoning in the Context of Energy and Environment: Modeling Problems in the Real World*, Sense Publishers, 2014, p. 55.

④ 邵朝友,崔允漷:《指向核心素养的教学方案设计:大观念的视角》,《全球教育展望》2017年第6期,第11-19页。引用时把大观念从学科范畴扩宽至跨学科或超学科范畴。

⑤ Brooks M. G. & Brooks J. G., "The Courage to be Constructivist", *The Constructivist Classroom*, Vol. 57, no. 3(1999), pp. 18-24.

⑥ Schifter D. & Fosnot C. T., *Reconstructing Mathematics Education*, Teachers College Press, 1993, p. 35.

⑦ Harlen W. (Ed.)., *Principles and Big Ideas of Science Education*, Association of Science Teachers, 2010, pp. 20-28.

⑧ Harlen W. (Ed.)., *Principles and Big Ideas of Science Education*, Association of Science Teachers, 2010, pp. 20-28.

⑨ Harlen W. (Ed.)., *Principles and Big Ideas of Science Education*, Association of Science Teachers, 2010, pp. 20-28.

这种目标不是以割裂的知识、过程和技能出现，而是代之以关键思想(key ideas)的发展进程，后者有助于学生了解在校期间及毕业以后与自己生活相关的事件和现象。这里的关键思想就是大观念，它不仅能保证一定的课程覆盖面，也能加强课程学习深度。

三、大观念如何转化为STEM课程元素：方法路径

那么，在操作层面大观念如何转化为STEM课程元素？具体地说，该问题需要回答如何基于大观念确定课程的学习目标、设计课程的学习活动、设计课程的学习评价。

1. 基于大观念确定学习目标

从大观念至学习目标的转化需要首先明确课程主题。课程主题除了要促进学生参与课程，还应把所确定的STEM大观念与真实世界的挑战相结合，与学生的生活和兴趣相关，整合时应尽量包含两个或以上学科。例如，主题“多地形救援车辆的设计”[①] 就体现了上述内涵。

在课程主题指导下，要明确大观念。许多STEM课程大观念可以直接取自STEM课程文件、框架、学科标准、教科书。通过查阅相关文本可找到不同学科大观念例如速度和转矩(科学)、比率(数学)，工程设计过程和利弊权衡(技术/工程)。[②] 个别课程标准还能提供跨学科或超学科大观念，如从美国《下一代科学课程标准》(Next Generation Science Standards，NGSS)可找到跨学科大观念“系统与系统模型”。但课程设计者未必都能成功获取相关大观念，因此除了平时养成收集大观念的习惯以备将来之用，课程设计者还需要自己确定大观念。例如，即面对几条课程标准或若干学科概念，可通过归纳方式寻找大观念。为便于评价设计与开展后续学习，设计者必须关注与大观念相关联的三种类型知识：第一类是大观念所包含的组成知识，第二类是与大观念相关的后续知识[③]，第三类是与此大观念相关的先备知识。一旦选择了大观念，其组成知识必须得以确定。对于教师来说，不仅要知道所教的大观念需要学生具备哪些前提性知识与理解，还要知道大观念与学生将来学习的哪些主题或知识相关。

明确大观念后，进而需要明晰大观念与学习目标的关系。大观念往往是一个概念、思想或观念，学生并非仅记住或背诵它的含义，而是要理解与应用它，否则大观念就失去根本价值。因此，理解与应用大观念成为STEM学习目标。要获得这样的学习目标，必须先分析各类大观念之间的关系。图1显示，

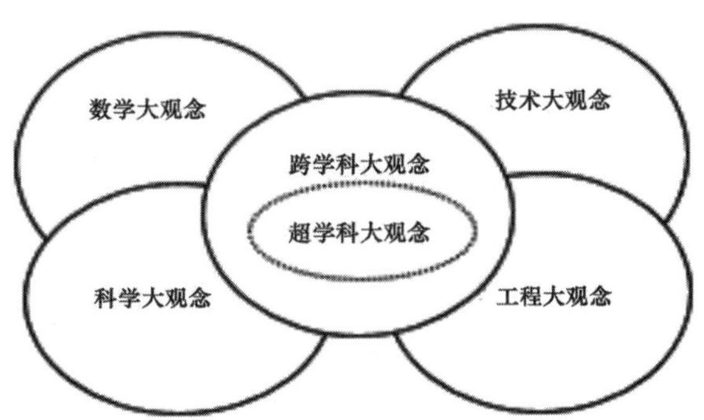

图1 各类大观念之间的关系

① Chalmers C.，Carter M.，Cooper T. & Nason R.，“Implementing ‘Big Ideas’ to Advance the Teaching and Learning of Science，Technology，Engineering，and Mathematics (STEM)”，*International Journal of Science & Mathematics Education*，Vol. 15，no. 1 (2017)，pp. 25–43.

② Chalmers C.，Carter M.，Cooper T. & Nason R.，“Implementing ‘Big Ideas’ to Advance the Teaching and Learning of Science，Technology，Engineering，and Mathematics (STEM)”，*International Journal of Science & Mathematics Education*，Vol. 15，no. 1 (2017)，pp. 25–43.

③ Ball D. L.，Thames M. H. & Phelps G.，“Content Knowledge for Teaching：What Makes It Special?”，*Journal of Teacher Education*，Vol. 59，no. 5 (2008)，pp. 390–407.

学科的边界不断模糊,人们往往用学科大观念来统摄学科、跨学科大观念统整学科、超学科大观念统整跨学科。

最后,规范撰写学习目标。这些学习目标需要体现问题解决、革新与创造、沟通、批判性思考、元认知、合作、自我管理、可整合的学科素养。在具体撰写时,可采取总分方式来呈现,即呈现理解与应用跨学科或超学科大观念的陈述后,再呈现出相关理解与应用学科大观念的陈述,前者可作为总目标,后者可作为分目标,视为习得前者的知识基础。或者采取简要的若干条陈述来描述学习目标。续写课程目标时,需要体现 STEM 学习目标所包括的知识、技能、情意,注重 STEM 学习目标的统整性,避免出现碎片化学习目标。

2. *基于大观念设计学习活动*

学习目标的确定为学习活动设计提供了指南与依据,检索到的相关文献并未具体论述如何围绕大观念的学习要求研制学习活动,而是提出研制学习活动的三个诉求。

一是设计真实问题情境。STEM 教学大多要求学生通过问题解决展开,都要求学生通过回答情境问题来建构知识。在学期或单元层面所设计的大问题通常参考了大观念,实质是大观念的问题化表达,而问题的解决意味着大观念学习要求的落实,即学习目标的实现。不同层面的大问题对应着学科、跨学科、超学科层面的大观念,它们构成了问题链。这些不同类型的问题将出现在 STEM 课程教学的准备阶段、探究阶段与总结阶段,每个阶段有不同的教学要求。例如,围绕主题“多地形救援车辆的设计”①,教师在预备阶段向学生介绍课程主题,帮助学生熟悉本课程的挑战与/任务等背景,这往往需要向学生提供对应学科、跨学科或超学科大观念的统领性问题。在探究阶段,学生需要就对应学科大观念的问题,或对应跨学科和超学科大观念的问题展开探索。在该阶段前期教师需要持续地向学生强调每个大观念,让学生把各个大观念联系起来。在该阶段后期,教师要求学生关注大观念在不同情境中功能的相似与差异,如跨学科大观念比率可应用于化学混合物(科学)、比例尺图(技术/工程)、斜坡和几何形状(数学),学生需要探索比率在科学、技术、工程和数学中的相似性和差异性;在总结阶段,其主要目标在于完成探究活动,促进学生进一步运用所学大观念进行思考,提出与后续学习相关的大观念。

二是强调各门学科知识的应用,凸显工程设计与技术的作用。大观念引领的问题驱动教学要求学生被赋予应用科学、技术、工程和数学的机会,反映 STEM 课程多学科和跨学科的性质与关系:科学知识来自探究,它促进工程的设计;技术来自科学与工程,渗透于人类社会各个领域;工程运用了科学、数学概念和技术工具,可视为人类创造的结果性产品,也可视为解决问题的过程;数学知识是科学、工程与技术的必要基础。② 在四门学科中,一些研究者认为,工程设计可作为 STEM 课程学习的催化剂,因为它能把四门学科整合在一个平台上。而适切地应用技术也能更好地整合四门学科,促进教与学。当前的一大现实是,教师和学生所得到的技术支持并不充分,需要给予应有的重视。

三是结合适当的学习方法。问题的展开就是学习活动的展开,由于问题来自大观念,因此学习活动实质是大观念的进一步具体化实践。许多文献③④ 提倡学习活动开展:基于探究的学习方法,项目学习方法,基于 STEM 模式的学习,运用工程远离创造产品或解决问题,通过工程开展学习,应用建模、远程学习等技术手段,采纳手工、思维与合作的方式开展学习,使用真实的学习活动。基于学期和单元层面

① Chalmers C., Carter M., Cooper T. & Nason R., “Implementing ‘Big Ideas’ to Advance the Teaching and Learning of Science, Technology, Engineering, and Mathematics (STEM)”, *International Journal of Science & Mathematics Education*, Vol. 15, no. 1 (2017), pp. 25-43.

② Honey M., Pearson G. & Schweingruber H. (Eds.), *STEM Integration in K-12 Education: Status, Prospects, and an Agenda for Research (Vol. 500)*, National Academies Press, 2014, pp. 20-31.

③ Honey M., Pearson G. & Schweingruber H. (Eds.), *STEM Integration in K-12 Education: Status, Prospects, and an Agenda for Research (Vol. 500)*, National Academies Press, 2014, pp. 20-31.

④ Chalmers C., Carter M., Cooper T. & Nason R., “Implementing ‘Big Ideas’ to Advance the Teaching and Learning of Science, Technology, Engineering, and Mathematics (STEM)”, *International Journal of Science & Mathematics Education*, Vol. 15, no. 1 (2017), pp. 25-43.

的大问题，这些学习活动推动了课程教学，学习活动之间形成一个有机整体。在学习活动中，学生成为学习主体，运用各种资源和方法，主动承担起学习责任。学生之间是相互配合、合作对话的学习共同体关系。教师则充分发挥指导者的作用，关注学生的想法，为他们学习提供反馈与建议，引导他们深入思考。可以看出，这些实践都秉持建构主义的学习理论立场。

3. 基于大观念设计评价活动

在STEM课程中，学习目标是评价的指向，评价要兼顾总结性评价与形成性评价。评价类型、设计原则、评价工具是现有文献的重点考察对象。

在评价类型上，其选择主要取决于学习目标。STEM课程中大观念的学习要求总体代表了学习目标。一些反复出现的大观念（如模式/规律、机理与解释、尺度、比例和数量、系统与系统模型、物质与能量、结构与功能）往往被进一步明确出相关学习要求。针对这些复杂的学习目标，STEM课程评价大量采取表现性评价。这需要设计情境性任务和评价标准，它们为学生互评与自评等丰富的评价活动提供可能。[①] 除了表现性评价，评价也可以包括观察与提问等，它们各有利弊，需要结合实际情况加以利用。

在设计原则上，学习评价需要遵循以下原则：有目的地整合不同学科内容；问题为中心的学习；基于探究的学习；基于技术或工程设计的学习；合作学习。[②] 这些原则实质与学习目标是匹配的，试图让学生在真实情境中展开促进深度探究的评价。同时，这些原则也体现了整合评价活动与学习活动的诉求，从而更有效地发挥评价促进学习的功能。

在评价工具上，STEM课程设计运用多种评价工具来完成上述事项，常见的有：给定项目/任务中的学生作品（如档案袋、工程设计笔记）；展示学生的设想、设计方法和过程、解决问题的工具（如演示、报告，海报、视频）；学生对STEM概念和过程理解的表征（如概念图、流程图）；识别学生理解STEM概念与过程的工具（如访谈、反思性论文）。关于这三方面内容，表1提供了案例说明。

表1 项目“自制滤水器”的评价设计（节选）[③]

评价任务:如何运用有限的资源制作一个简单而廉宜的滤水器?		
学科	大观念及评价目标	评价方式
工程	大观念:循环设计 评价目标:能够用设计图清晰表达设计，以符合工程设计循环方式改进设计	小组完成工作纸 小组完成工作纸+小组展示
科学	科学概念部分 大观念:科学概念可解释生活器具是如何工作的 评价目标:解释滤水器改进的原理，总结滤水器更好净水效果的设计，结合科学原理评价滤水器的设计 科学探究部分(略)	个人完成工作纸

① Butler D., McLoughlin E., O'Leary M., Kaya S., Brown M. & Costello E., *Towards the ATS STEM Conceptual Framework*, Dublin City University, 2020.

② Butler D., McLoughlin E., O'Leary M., Kaya S., Brown M. & Costello E., *Towards the ATS STEM Conceptual Framework*, Dublin City University, 2020.

③ 苏咏梅，李伟展：《小学常识科推行STEM教育的课程规划、教学法及评估模式工作坊（2016/17）——第三部分》，香港教育大学，2016年。

四、结语

大观念体现了学科或课程最为根本的内涵,也是课程设计的重要视角,它能解决当前STEM课程中学习肤浅化的问题。设计大观念导向的STEM课程需要方法与技术,把大观念转化为课程元素。因此,对于设计者而言,不仅需要理解大观念、STEM课程、课程设计、课程统整等基本概念,还需要整体把握这些基本概念,进而掌握将大观念转化STEM课程要素的技术。所有这些都对设计者提出了挑战,促使他们开展理论学习与实践探索。

A Study on STEM Curriculum Design with Big Ideas

SHAO Chaoyou

(College of Education, Wenzhou University, Wenzhou Zhejiang, 325035)

Abstract: The literature review shows that the big idea is a kind of high-level integrated knowledge, which focuses on the thoughts or views that reflect the characteristics of the curriculum, contributes to learning transfer and designing the curricula with sequential focus, and can help solve the current problem of superficial learning in STEM curriculum design. The transformation of big ideas to STEM curriculum elements is mainly reflected in the transformation to goals, learning, and assessment. In terms of goals, it is necessary to clarify the theme of the curriculum, define big ideas, clarify the relationship between big ideas and learning goals, and standardize the description of learning goals; in terms of learning, it is necessary to design real problem situations, emphasize the use of knowledge of various subjects, and highlight engineering design and technology application combined with appropriate learning methods; in terms of assessment, it is necessary to focus on assessment types, design principles, and assessment tools.

Key words: curriculum design, curriculum integration, STEM, big ideas

一贯制学校国家课程校本化的统整实施

潘 艳,陆如萍

(上海市实验学校,上海 200125)

摘 要:基于国家课程方案要求和学校前期课程建设的基础,上海市实验学校在实施层面形成了由核心课程、学养课程、特需课程三类课程组成的课程体系。学校通过课程目标、课程结构、课程实施三方面进行课程统整实践,全面探索一贯制学校国家课程校本化的创新实施。

关键词:课程统整;一贯制学校;校本化实施

《普通高中课程方案》(2020修订版)提出新三类课程(必修课程、选择性必修课程、选修课程),国家课程的统整给学校课程实施提出了要求,并且指明了方向。对于一贯制学校而言,如何落实国家课程,需要对现有课程进行新一轮统整。基于国家课程方案要求和学校前期课程建设,上海市实验学校在实施层面形成了由核心课程、学养课程、特需课程三类课程组成的课程体系。在实施过程中,通过课程目标、课程结构、课程实施三方面进行课程统整实践,全面探索一贯制学校国家课程校本化的创新实施。

一、课程统整的内涵

"统整"一词在我国多被译为"整合""综合化""使整体化"。① 课程统整是基于一定的逻辑,使原本分化的课程要素形成有机整体或把未分化的经验、知识形态纳入学校课程的持续性行动。② 课程统整是一个动态的发展过程,涵盖课程开发与实施的全过程,包括课程内容、课程目标、课程实施方式、课程评价等要素。按照统整范围,课程统整包括学科内统整、跨学科统整、超学科统整(如主题课程、项目课程、活动课程等)。学校课程统整规划即学校根据国家课程统整方案的基本要求,结合学校的培养目标、发展任务及课程资源特点,构建适合本校发展的课程统整规划方案的过程。

基金项目:本文系上海市教委教研室2019年项目"上海市提升中小学(幼儿园)课程领导力行动研究(第三轮)"(项目编号:KC02JC06201901)、上海市教育规划办公室2019年上海市教育科研一般项目"中小学生创新潜能识别及培育的实践研究"(项目编号:C19021)的阶段性研究成果。

作者简介:潘艳,上海市实验学校中学二级教师,硕士,主要从事课程开发与管理研究;陆如萍,上海市实验学校中学高级教师,硕士,主要从事课程开发与管理研究。

① 张凤莲,李桢:《基于统整理念的学校课程构建》,《教育科学》2019年第1期,第39-42页。

② 刘登珲:《课程统整的概念谱系与行动框架》,《全球教育展望》2020年第1期,第38-53页。

二、学校课程统整的背景与意义

2020年教育部颁布《普通高中课程方案》,提出新三类课程。其中,必修课程由国家根据学生全面发展需要设置,所有学生必须全部修习。选择性必修课程由国家根据学生个性发展和升学考试需要设置。选修课程是学校根据学生的多样化需求,当地社会、经济、文化发展的需要,学科课程标准的建议以及学校办学特色等开发设置,学生自主选择修习。① 根据2019年颁布的《关于新时代推进普通高中育人方式改革的指导意见》,2022年前全国将全面实施新课程、使用新教材,完善学校课程管理,深化课堂教学改革,优化教学管理。②

在此背景下,各地开始着手落实国家整体方案。上海市于2021年颁布的《关于本市新时代推进普通高中育人方式改革的实施意见》明确:到2022年全面落实"立德树人"根本任务,形成完善的"五育"全面培养体系。全面实施普通高中新课程新教材,加强课程建设与课程管理。学校要认真制订学校课程实施规划,加强学校特色课程建设,满足学生个性发展、特长发展和全面发展的需要。③

在国家和地方课程统整的大背景下,基于培养适应未来社会发展的人才和落实相关政策的需要,学校课程统整迫在眉睫。针对现有学校课程结构中存在分科多、活动课程松散等问题,统整设计学科课程、跨学科课程、综合实践活动课程,已经成为课程与教学改革的大趋势。④

上海市实验学校直属于上海市教委,是一所集教育、教学、科研为一体的市实验性示范性学校。建校30多年来,学校一直采用中小学十年一贯(小学4年,初中3年,高中3年)弹性学制,始终沿着"充分开发学生智慧潜能,充分尊重学生个性特长"的方向,在学制、课程、教材、教师专业发展等方面进行探索与改革,全面开展课程规划与实施。对于一贯制学校而言,落实国家课程需要对现有课程进行新一轮统整。"一贯"是指育人的"一以贯之",强调全程关注基础教育阶段学生的全面整体发展。学校实施十年一贯弹性学制,学程比普通学制缩短两年,使得学校在课程目标、课程结构、课程实施上都需要进行统整。

三、学校课程统整的实践模式

学校课程规划是连接国家与学科课程统整的桥梁,不仅是国家方案实施的载体,而且对科目层面的课程统整起统筹、规约作用。因此,构建科学、规范的学校课程统整方案是国家课程校本化实施的前提。基于国家课程方案和上海市实验学校前期个性化教学方式的探索基础,学校目前形成了由"核心课程""学养课程""特需课程"三类课程组成的特色课程体系。对照国家课程标准,学校从课程目标、课程结构以及课程实施三个方面进行了统整,推进国家课程在学校层面的创造性实施。

1. 课程目标统整

学校办学理念是课程构建的目标,课程理论是课程构建的基础。根据学校办学理念和课程理论基础,学校统整了课程目标,制定了整体课程的指导思想,如下所示:

学校以"立德树人"为根本任务,以"发掘潜能、尊重个性"为办学理念,以"培养创新拔尖人才"为育人目标,以"多元智能理论"为课程理论基础,以"多元评价"为课程评价方式。其中,核心课程培育学生核心素养;学养课程发展学生多元智能,培育学生创新素养;特需课程凸显学生优势潜能,培养拔尖创新

① 中华人民共和国教育部:《普通高中课程方案(2017年版2020年修订)》,人民教育出版社2020年版,第4-5页。

② 国务院办公厅:《国务院办公厅关于新时代推进普通普高育人方式改革的指导意见》,载中华人民共和国中央人民政府官网:http://www.gov.cn/zhengce/content/2019-06/19/content_5401568.htm,最后登录日期:2021年4月1日。

③ 上海市人民政府办公厅:《关于本市新时代推进普通高中育人方式改革的实施意见》,载上海市人民政府官网:http://www.shanghai.gov.cn/nw12344/20210204/9b237e5c99be407ea8aacf13fd6fe578.html,最后登录日期:2021年5月3日。

④ 王淑娟:《中小学课程统整:涵义解析与设计策略》,《基础教育课程》2020年第21期,第10-18页。

人才。三大课程体系缺一不可,相互渗透,共同完成学生潜能开发的终极目标(见图1)。

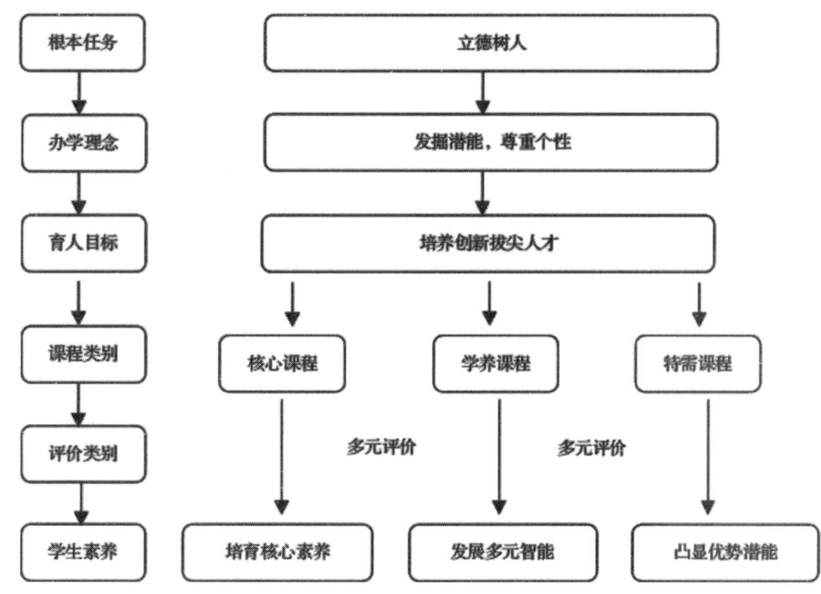

图1 学校育人体系

学校以此统领三大类各个系列课程目标的设定,在具体学科设置目标时重点突出学科育人价值。以学养课程的“人文社会(跨文化)”课程为例,该课程的课程目标是:人文社会(跨文化)课程是对人文学科必修课的延伸和补充,旨在提升学生的语言智能。课程设置强调对学生语言能力、文化意识、思维品质等综合人文素养的培养。鼓励学生依托教师引领、自主学习、小组合作等多种学习方式,认识、体验、感悟中西方文化,进行中西方思维的转换,树立多元文化意识,提升跨文化沟通能力,以达成创新拔尖人才的培育目标。

2. 课程结构统整

由于学校特殊的学制(十年一贯制)贯穿整个基础教育阶段,在课程开发实施的过程中需要考虑课程纵向衔接以及横向融合的问题。纵向衔接是指学段年级之间的衔接,横向融合是指课程内容的整合。横向与纵向共同构成课程结构,形成了完整的课程体系。

(1)学校课程架构

学校在对国家课程的校本化实施中,设立了三类课程,分别是核心课程、学养课程、特需课程(见图2)。核心课程、学养课程、特需课程共同构成了学校整体的课程体系,是国家课程的具体校本化实施,三类课程的最终目标指向培养面向未来的创新人才。

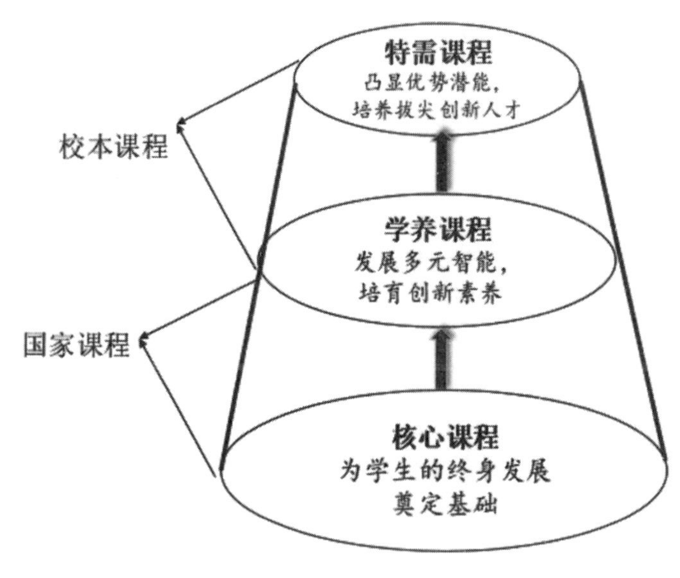

图2 学校课程体系

核心课程是对国家必修课程、部分

选择性必修课程的校本化实施,为学生的终身发展奠定基础。核心课程是课程体系中具有生成力的部分,这类课程是学校课程的主体部分,是国家学业考试要求必须学习的课程。

学养课程包括选修课程、部分选择性必修课程以及必修课程中的综合实践活动。它是对国家课程的丰富、延展和深化,是学校实践层面对学生"德智体美劳"五个方面的深层培育,是对学生核心素养的丰富和提升。在核心课程奠定学生发展基础上,学养课程进一步发展学生多元智能,培育学生创新素养。

特需课程是学校的特殊课程,是根据国家对创新拔尖人才的培养需求、学校的教学实际以及学生的特长和个性发展需求,为学生量身定制的个性化课程,其具有个性化的课程内容、教学安排以及教学环境。

(2)三类课程关系

从图3来看,核心课程是课程的基石,是学养课程和特需课程的基础。学养课程与特需课程是基于核心课程所开发的课程。三类课程相互依存,彼此相通。特需课程、学养课程形成的成功案例可以作为核心课程的教学典型,系统完善的特需课程可以将课程内容固化,设置可供学生选择的学养课程。①

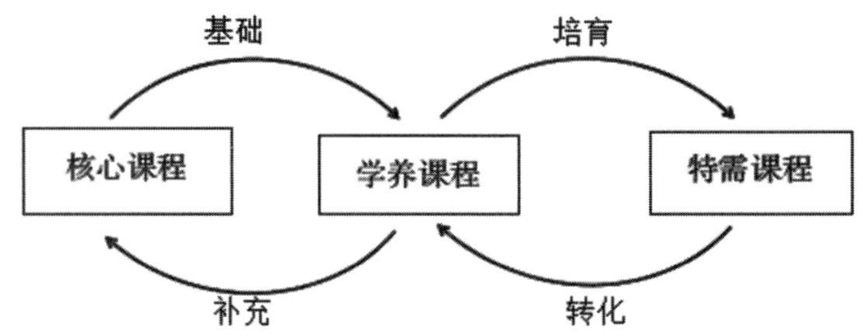

图3 学校三类课程的关系

3. 课程实施统整

(1)横向融合

上海市实验学校作为上海市课程改革的先行者,从2003年开始进行学科拓展类课程开发。经过多年实践,2010年形成了完整的10个年级10个系列的课程,这些课程统称为TFT(TEN FOR TEN)学养课程。TFT1.0(2010年)课程涵盖德育、文学艺术、科学思维、文理综合、实践考察、交流体验、体育运动、心理健康、节庆活动、社团等方面。考虑到课程的综合性和时效性,2016年学校对TFT课程进行第二轮优化,形成TFT2.0版本。

2020年,在新课程新教材和强基计划背景下,基于对课程统整优化的迫切需要,学校对学养课程进行了第三轮调整,这一轮的学养课程突出了学生数理逻辑思维的培养和科学创造能力的提升,分别有人文社会、数理逻辑、计算思维、科学创造、艺术体育、综合实践、礼仪养成、研究方法等课程系列。

跨学科融合课程最早体现在2010年TFT1.0版本课程中的STS课程(社会、技术、科学),随着STEAM(科学、技术、工程、艺术、数理)的兴起,STS课程进行了分化和统整。在2020年新版TFT课程中,科学、技术相关内容调整到"科学创造"课程,社会相关内容调整到"综合实践"活动课程。

以"科学创造"课程中的"FOLLOW ME"主题课程为例,该课程涵盖科学、技术、工程、艺术、数理等方面,设计了"跟着我去探究""跟着鲁滨孙去求生""跟着郑守仁去修三峡""跟着福尔摩斯去探案"四个板块,每个板块都包含若干个活动,每个活动侧重点不同。其他综合课程也体现了跨学科的融合,例如艺术课程中的"光影声画"融合了音乐、美术、舞蹈课程,"名家赏析"融合了音乐、美术、舞蹈课程。

(2)纵向衔接

课程结构的统整除了横向融合,还包括各学段以及学段间的纵向衔接。课程的纵向衔接针对课程

① 陈兴冶:《特需课程的构建》,上海教育出版社2019年版,第46-47页。

内容本身的衔接性和儿童身心发展的规律而设置，具体而言，包括学生思维水平的递进、学习任务的多层次性、学习方式的多样化。

以“数理逻辑”系列课程为例，对应课程内容和儿童发展规律，该课程小学阶段以兴趣培养为主，让学生在游戏活动、动手操作中发现、体验、感悟，培养学生的抽象能力和推理能力；到小学高年级逐步将数学与生活实际相结合，激发学生的问题意识；初中阶段聚焦思考问题的习惯、问题解决方式的优化等；高中阶段进一步聚焦到数学建模，实现数学的应用价值（见图4）。

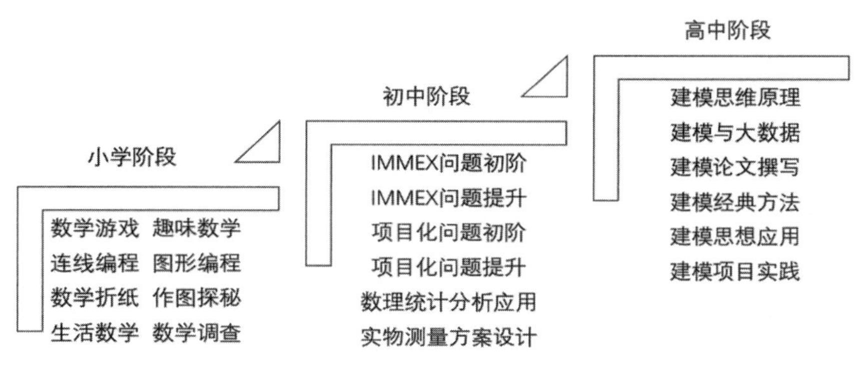

图4 “数理逻辑”系列课程

以“综合实践”活动为例，“四节”（读书节、艺术节、体育节、科技节）是学校的特色主题活动，学校全员参与，在活动设计上根据学段年龄的差异也进行了差异化的设计。以2020年读书节为例，在“读书打卡”活动中，小学阶段以亲子阅读和朗读为抓手，关注学生的阅读兴趣，在阅读中了解世界；初中阶段加入同好阅读小组，寻找阅读情趣，在阅读中认识世界；高中阶段结合必读书目进行思考和创作，探索阅读志趣，在阅读中形成自己的世界观（见图5）。

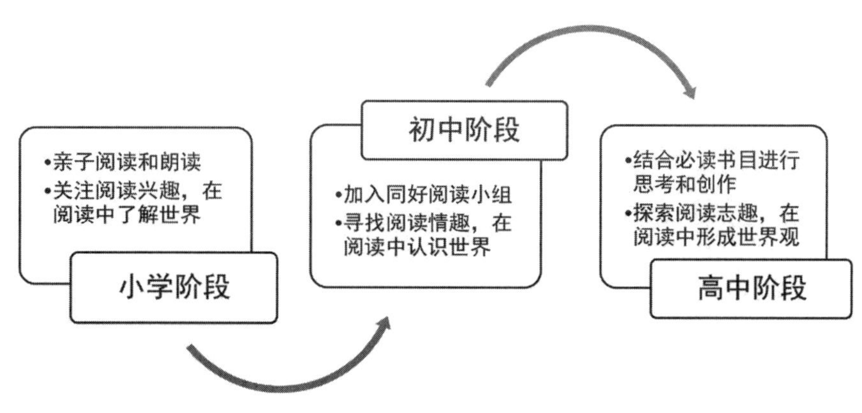

图5 “综合实践”系列课程——“读书节”活动设计

四、学校课程统整的保障体系

1. 学校组织架构领导课程实施

针对三类课程，学校在课程统整实施过程中组建课程开发管理团队，负责统一领导课程开发与实施。其中，课程领导小组负责课程开发及协调、组织；同一学科教师跨年级完成本系列课程的开发与更新，跨学科教师完成跨学科融合系列课程和研究性学习项目的开发与实施；最后是科研室和专家团队作为科研力量的保障,形成了课程开发与实施的共同体(见图6)。

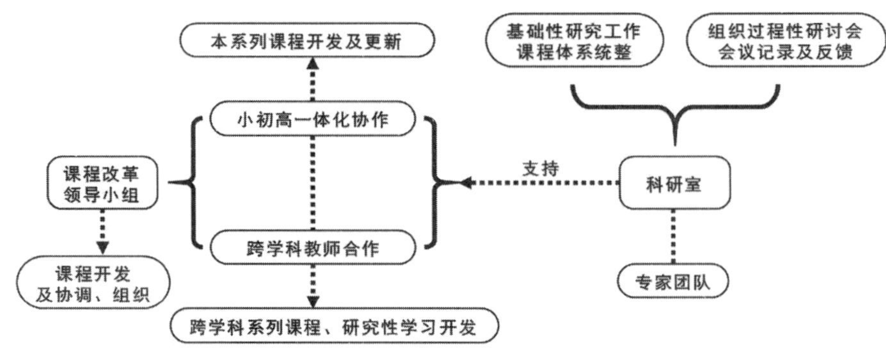

图6 学校组织架构领导课程实施

2. 教师研究助推课程实施

教师是课程开发的主体,在学校统一组织架构下,教师分梯队对课程进行开发,以同学段学科教研组和跨学段教师研修共同体两种形式开展研究,形成了横向发展与纵向发展相结合的教师专业发展团队。

(1)同学段教师的横向研究

“学科发展年”教师专业发展活动是学校促进教师专业发展的一条重要途径,该活动以学科教研组为单位,同学段教师按照同一主题对课程进行研究,教师全员参与。2002年开展至今,教师通过主题研修不断推进课程的实施,助力课程的更新与优化,在研究中实现个体专业发展和群体专业发展的统一(见表1)。

表1 2014—2019学年上海市实验学校国际部综合组“学科发展年”主题

教研组	2014学年	2015学年	2016学年	2017学年	2018学年	2019学年
国际部小学综合组	世界文化之旅之“走进德国”外国文化节的建设与思考	中华瑰宝系列文化微型课程教学初探	节气文化进校园校本课程开发与设计	以“节气”为主题的跨学科教学活动的设计与实施	跨学科整合教学的主题学习模式探究	小学综合学科混合式教学的探索和实践

(2)跨学段教师的纵向研究

在学养课程的开发过程中,不同学段、不同学科、不同学校的教师组成课程研发及实施团队,以“首席教师引领”模式,建立了集团首席教师工作室团队,引领集团校教师的专业发展,形成了跨学段教师研修共同体。以“科学与创造”课程教师团队建设为例,教师研究方式包括:其一,联合高校、研究机构、创客空间等科创实体,建立全方位集团校科创教师合作机制(集团校上实创客读书会、科创教师联盟等);其二,开展引导集团校科创教师形成教科研团队,共同完成跨校、跨学科科研课题,提升科创教师的教学研究能力。

3. 环境资源保障课程实施

教与学方式的变革需要课程支撑,学校课程的创新实施也需要时间、空间、技术的支持。

在课时安排上,学校的三类课程统一规划:核心课程全学段以必修课形式展开;学养课程全学段以选修课、拓展课、微型课、社团、活动和系列讲座等多种形式开展;特需课程主要在高中阶段实施,每周安排半天时间,学生进行自主学习。

在空间打造上，学校将办学理念、三类课程与空间环境全面融合，推进“美丽校园计划”。“美丽校园计划”旨在以学生为导向，通过整体规划、渐进实施、有机更新的模式，突破传统教学空间的框架和局限，将学习从教室之内拓展到教室以外，打造“没有墙的教室”，形成一系列“非正式学习空间”，作为教室、实验室等传统教学场所的延伸和补充，激发出校园新的活力和潜力。

在技术支持上，学校通过个性跟踪记录平台分析学生个性特长，给学生选课提供指导。同时，学校为“特需课程”搭建课程平台，学生可根据“特需”在线选择合适的导师，拟定个性化学习方案，进行过程性记录，完成特需学习。

五、愿景与展望

“课程统整”强调对学校课程内容的整体统整，上海市实验学校从育人价值统整、课程结构统整、课程实施统整三个方面对课程进行统整实践，在实施层面形成了三类课程体系，全面推动国家课程校本化实施。

对学校而言，课程统整有效破解了课程结构杂乱和低效现象，减缓学段要求的不同与学习连续性之间的矛盾，更好地发挥了育人效果。

对教师而言，课程统整研究以同学科同学段、跨学科跨学段（横向融合、纵向衔接），跨学校（人才培养统整与融合）多种研修形式展开，助推教师专业成长。

对学生而言，课程统整适度调整了知识体系，帮助学生更快地适应学段衔接，有助于基础教育阶段学生的全面整体发展，为学生创新潜能的开发奠定了基础。

The Integration Implementation of National Curriculum in Compound Schools

PAN Yan, LU Ruping

(Shanghai Experimental School, Shanghai, 200125)

Abstract: According to the requirements of the National Curriculum Scheme and the basis of the school's early-stage curriculum construction, Shanghai Experimental School has formed a curriculum system for implementation which consists of three kinds of courses: core courses, academic courses, and courses of special needs. In the specific process, the school has conducted curriculum integration practice through the following three aspects of curriculum objectives, curriculum structure, and curriculum implementation, and fully explores the innovation of school-based national curriculum in compound schools.

Key words: curriculum integration, compound schools, school-based practice

小学科学优质课论证话语分析

陈 凯[1]，黄陈钰[2]，张相学[3]

（1. 南京晓庄学院 环境科学学院，江苏 南京 211171；2. 昆山市花桥徐公桥小学 江苏 苏州 215332；
3. 南京晓庄学院 教师教育学院，江苏 南京 211171）

摘　要：针对两个主题共6节小学科学优质课视频，依据科学教师论证话语分类框架进行编码分析，发现科学优质课堂论证话语呈现如下特点：小学科学优质课教师的论证话语更加关注“鼓励学生提出主张”，但是缺少科学解释的引导；已经开始关注基于证据的教学，但是对证据的检验关注不足；对“元认知思维”和“批判性思维”的关注度缺乏。建议如下：科学课堂论证话语需要常态化的论证学习环境；应培养科学教师的论证能力；建立适宜议题教学、互动问答的课堂氛围。

关键词：小学科学优质课；课堂话语；论证；话语分析

一、问题的提出

1. 研究背景

在科学发展历程中，科学家一般需要用证据检验科学假设，以产生可信赖且被接受的结果。当科学家面对不同来源的证据时，需要通过论证来确认证据是否值得信赖，以决定是否接受这个科学观点。美国的《下一代科学教育标准》（以下简称“NGSS”）首次明确提出科学论证的教学要求，将其作为“科学与工程实践”维度的重要内容①，这也是国际科学教育研究近十年来的重要趋势。论证活动对科学学习的功效体现在诸多方面：帮助概念理解，发展科学探究能力，了解科学的知识论，促进批判思考与科学思考能力的发展。

论证从抽象的认知领域转向具体的课堂教学，需要教师与学生、学生与学生之间的表达与交流，这种表达与交流就是话语在课堂上的体现。论证的话语则是指人与人之间为了进行论证活动而产生有系统、有意义的动态互动话语历程，主要为了传达其信念或信息。在已有的教师话语研究中，大部分研究显示出教师话语在教学上的重要地位，而且师生间的话语类别呈现多元特征，不同的话语也有不同的运

基金项目：本文系国家社会科学基金“十三五”规划2018年度教育学一般课题“乡村教师的文化境域及改善研究”（项目编号：BHA180148）的研究成果。

作者简介：陈凯，南京晓庄学院环境科学学院副教授，南京师范大学教育科学学院博士研究生，主要从事科学教育与化学教师教育研究；黄陈钰，昆山市花桥徐公桥小学教师，主要从事科学课堂教学研究；张相学，南京晓庄学院教师教育学院教授，博士，主要从事课程与教学基本理论、小学教育与教师教育研究。

① 郭玉英，姚建欣，彭征：《美国〈新一代科学教育标准〉述评》，《课程·教材·教法》2013年第8期，第118-127页。

用时机。[①] 在化学课堂上，师生对话类型会根据教学目标及师生期望而呈现差异，学生的回答大致分为学生自愿回答、教师选择学生回答、小组自愿回答及教师选择小组回答四类，而教师会根据教学情况选择不同的话语类型。[②] 中学科学教师运用论证教学的交互方式，有助于教师清楚了解自己在论证教学中所呈现出来的话语表达方式，有助于提升教师的论证能力。[③] 对话和写作都是为复杂科学实践建立规范的工具，针对小学科学课堂的研究发现，学生口头论证和书面论证能力的发展呈正相关。由此建议，科学论证的教学实践应该结合对论点的口头语言表达和写作的社会认知理解，予以共同构建。[④]

国内科学论证方面的研究更多停留在国外经验评介、理论思辨和教学设计层面，关注一线课堂的科学论证话语的研究并不多见。考虑已有文献的研究对象多以中学教师为主，对小学教师的研究相对较少。小学生的科学思维发展正值启蒙阶段，如何在小学阶段发展学生的论证能力，需要加倍重视。其实，在适当的教学情境之下，教师运用恰当的论证素材，并适度补充知识，小学生也能参与论证。[⑤] 因此，探讨教师的论证话语类别，将有助于教师自身反思，也有利于他们思考日后如何运用适当的话语类别引导小学生进行论证活动。

不过在一线教学过程中，有的实践者盲目模仿却不得其道，不理解论证本质导致论证教学的异化等[⑥]，相当多的科学教师自身并不具备论证习惯和思维[⑦]。在当前阶段，科学教师的课堂主导作用对科学论证活动的效果和学生论证水平影响最大。科学论证教学的落地有赖于科学教师的成长，论证话语的传达需要本领域名师的示范以及针对优质课堂的细节的挖掘和学习。本研究试图对小学科学优质课例视频进行分析，揭示科学优质课的论证话语特征，以期给予新手教师、职前教师示范性的引导，这有助于理解和学习他们在课堂上对科学论证的观念。[⑧]

2. 概念界定

(1)论证

在教育背景下，邓普森(Sampson)和克拉克(Clark)认为，“论证”是建构主张的一种术语，体现在过程性和话语性。[⑨] 学者对论证的定义各有不同，按时间顺序的文献排列有助于我们看到随着时间推移而发生的概念变化。图尔敏(Toulmin)的“论证”主要由主张/观点(Claim)、资料(Data)、根据(Warrant)、支持(Backing)、限定条件(Qualifier)、反驳(Rebuttal)六部分组成。[⑩] 库恩(Kuhn)指出，论证是科学活动的基础，因为科学研究人员需要构建论据、评估证据、有理有据地支持假设、讨论可能的解释。[⑪] 根据德赖弗(Driver)的研究，论证可以是社会环境中特定群体内的一种社会活动，是一种通过写作、思考和说话的

① Diana F. & Steele, “Observing 4th-Grade Students as They Develop Algebraic Reasoning through Discourse”, *Childhood Education*, Vol. 76, no. 2(2000), pp. 92-96.

② Bleicher R. E., Tobin K. G. & Mcrobbie C. J., “Opportunities to Talk Science in a High School Chemistry Classroom”, *Research in Science Education*, Vol. 33, no. 3(2003), pp. 319-339.

③ Erduran S., Simon S. & Osborne J., “TAPping into Argumentation: Developments in the Application of Toulmin's Argument Pattern for Studying Science Discourse”, *Science Education*, Vol. 88, no. 6(2004), pp. 915-933.

④ Chen Y. C., Hand B. & Park S., “Examining Elementary Students' Development of Oral and Written Argumentation Practices Through Argument-Based Inquiry”, *Science & Education*, Vol. 25, no. 3-4(2016), pp. 1-44.

⑤ 林树声，黄柏鸿：《小学六年级学生在社会性科学议题教学中之论证能力研究——不同学业成就学生间之比较》，《科学教育学刊》1998 年第 2 期，第 111-133 页。

⑥ 任红艳：《科学教育中论证教学的缺失与回归》，《教育研究与实验》2018 年第 4 期，第 57-61 页。

⑦ 陈凯，林佳依，王坤：《基于科学论证视角的职前科学教师培养研究述评》，《化学教育(中英文)》2020 年第 18 期，第 63-70 页。

⑧ 陈凯，马宏佳，李丹：《基于 3C-FIAS 的优质科学课堂互动研究》，《全球教育展望》2019 年第 1 期，第 82-102 页。

⑨ Sampson V. & Clark D., “Assessment of the Ways Students Generate Arguments in Science Education: Current Perspectives and Recommendations for Future Directions”, *Science Education*, Vol. 92, no. 3(2008), pp. 447-472.

⑩ 任红艳，李广洲：《图尔敏论证模型在科学教育中的研究进展》，《外国中小学教育》2012 年第 9 期，第 28-34 页。

⑪ Kuhn, Deanna. “Science as Argument: Implications for Teaching and Learning Scientific Thinking”, *Science Education*, Vol. 77, no. 3 (1993), pp. 319-337.

个体活动。[①] 根据努斯鲍姆(Nussbaum)和本迪克森(Bendixen)的定义,建构论证旨在解决问题或回答问题并提供批判性意见。论证过程既是个人活动,也是社会活动[②]:个人产生特定的论点后,进行设计和评估;两个或更多的人针对特定主题提出不同的论点,争论这些论点的有效性并提出评估的论据。

(2)科学论证

科学论证兼具个体属性和社会属性,是一种面对科学未知问题时,基于科学证据和理由建构科学主张,同时以反驳、劝说等形式,对自己的科学主张进行辩护的实践形式。[③] 科学论证的个体属性强调,科学论证是个体整理证据和运用推理来证明自己观点的话语形式[④];而科学论证的社会属性则强调,将论证置于话语情境之中,重视课堂论证的互动性与对话性,通过提出一系列命题来证明或反驳观点,以提高他人对观点的接受程度。[⑤]

科学论证要求实践过程中不仅提出观点并显示数据是如何支持观点的,教师在论证活动中还要寻找适合学生水平的知识,组织他们基于证据进行科学推理或科学解释,引导学生反思论证的缺陷,以助于修改和完善。[⑥] 在实际教学过程中未必完全照搬图尔敏(Toulmin)的六大环节,往往简化为主张、理由和证据三个环节,即使如此,这些活动在课堂上都需要语言展开具有社会属性的互动,以话语为载体,让个体的论证思想得以显性化、序列化,以此促进群体的科学思维进步。除了口头论证,也可以用科学写作的方式承载论证话语的传播。[⑦]

3. 研究目的

本研究主要以小学科学优质课个案视频为分析对象,通过提炼教师课堂话语的特点,发现优质课教师课堂论证话语的不足。旨在为科学教师开展论证式教学提供策略指引,以及促进科学教师对论证活动中的问题进行理性反思。

4. 研究问题

(1)科学教师在优质课中有哪些课堂话语?

(2)优质课中论证话语类别与非论证话语各占多少比例?

(3)优质课堂科学论证话语具有哪些特点?

二、研究设计

1. 数据收集方法

本研究选定“水和水蒸气”和“证明地球在自转”两个模块主题,每个主题确定 3 位不同科学教师的优质课视频为研究对象,其中前者分别为 R 老师、W 老师和 S 老师,后者分别为 C 老师、F 老师和 Z 老师。将视频转录成文字,作为文本进行分析,原视频予以辅助。

---

① Driver, Rosalind, Paul Newton, and Jonathan Osborne. “Establishing the Norms of Scientific Argumentation in Classrooms”, *Science Education*, Vol. 84. 3 (2000), pp. 287-312.

② Nussbaum, E. Michael, and Lisa D. Bendixen. “Approaching and Avoiding Arguments: The Role of Epistemological Beliefs, Need for Cognition, and Extraverted Personality Traits”, *Contemporary Educational Psychology*, Vol. 28, no. 4 (2003), pp. 573-595.

③ 邓阳:《科学论证及其能力评价研究》,华中师范大学博士学位论文,2015 年,第 100-113 页。

④ Allchin D. & Zemplén G. Á., “Finding the Place of Argumentation in Science Education: Epistemics and Whole Science”, *Science Education*. Vol. 104, no. 5(2020), pp. 907-933.

⑤ Eemeren F. V. & Grootendorst R., *A Systematic Theory of Argumentation: The Pragma-dialectical Approach*, New York: Cambridge University Press, 2004, pp. 2-3.

⑥ 黄桦,魏冰:《以“论证—批判”为核心的科学素养与阅读素养的发展路径》,《教育探索》2017 年第 2 期,第 44-48 页。

⑦ 陈凯,马宏佳:《科学写作教学研究述评》,《高等理科教育》2018 年第 1 期,第 14-22 页。

2. 数据分析工具

本研究采用董泽华博士论文中的论证话语分析框架①，见表 1。

表 1 科学教师课堂话语分析框架

话语类别	分析内容	编码符号
论证话语	(1)鼓励学生提出自己的观点	MC
	(2)鼓励学生给出理由(用以科学解释)	MW
	(3)鼓励学生提供证据	JE
	(4)鼓励学生检验证据	EE
	(5)鼓励学生反思自己的论点	RA
	(6)鼓励学生对他人论点进行检验	EA
	(7)鼓励学生提出反论点	CA
	(8)鼓励学生提出反驳意见	MD
非论证话语	(1)以讲述法进行解说	P
	(2)指导或指示学生言行	D
	(3)引导学生提出问题	GQ
	(4)引导学生思考前概念	GC
	(5)引导学生回答问题	DR
	(6)鼓励学生讨论	DI
	(7)评价学生观点	EI
	(8)管理课堂秩序	CM

本研究按照以上编码工具对 6 个视频样本进行分析，编码结果一致性达到 83.78%，然后由本文第一作者和编码者进行讨论，确定最终编码以便深入分析。

三、研究结果

1. 优质课科学教师课堂师生话语比例

图 1 呈现了 6 位科学教师课堂中教师和学生的课堂话语比例。从图中可以发现，6 位教师的课堂话语都是由教师主导，并且从数量比来看，R 老师和 Z 老师几乎占据了课堂的绝对主导地位。课堂对话一

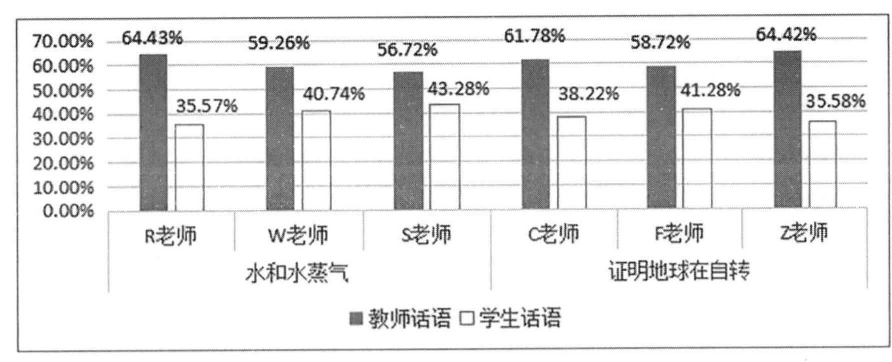

图 1 师生课堂话语比例

① 董泽华：《新手型科学教师课堂话语分析》，华东师范大学博士学位论文，2016 年，第 22-23 页。

般以师生"一问一答"形式为主,生生之间的交流只在讨论中出现。说明教师虽有意识把学生当作课堂主体,但实际上还是由教师来主导课堂。

2. 优质课科学教师课堂论证话语比例

图2、图3分别呈现了"水和水蒸气"和"证明地球在自转"两个主题优质课课堂论证话语的比例。整体来看,论证话语和非论证话语整体相差不大,没有明显规律。只有S老师课堂中的论证话语比例以绝对优势大于非论证话语。

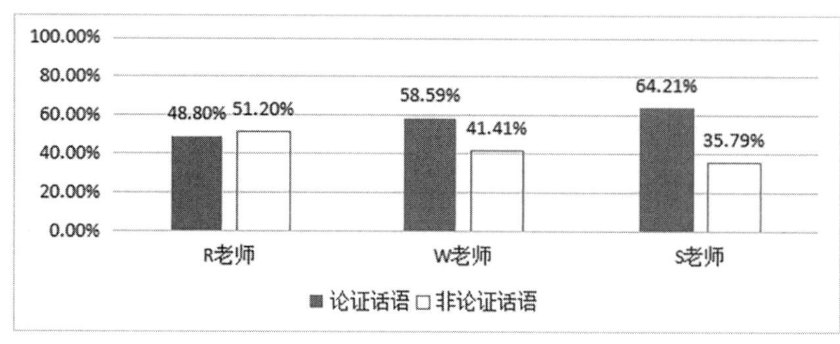

图2 "水和水蒸气"课堂论证话语比例

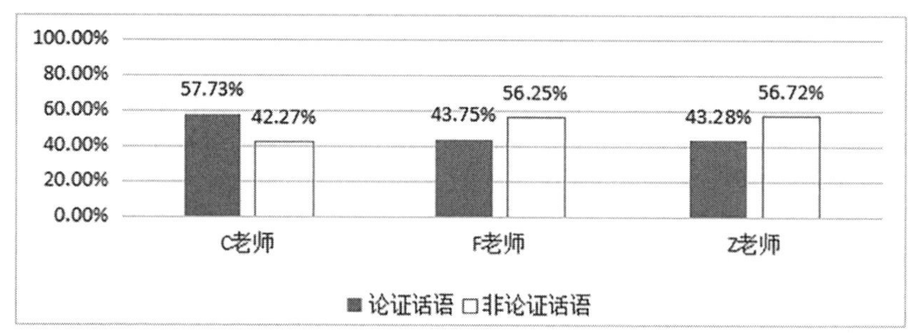

图3 "证明地球在自转"课堂论证话语比例

3. 优质课科学教师课堂话语分布

通过图4—图9可以发现,不管何种类型的课例,也不管哪位教师执教,在论证话语中均以"鼓励学生提出主张"占据最大比例。各类论证话语提出的方式相似,根据不同的教学内容,方式各有侧重。"鼓励学生提出主张"的形式大多有两种,一种是开放式问题,另一种是在限定范围选择主张;"鼓励学生提出理由"的关键词主要是"为什么""怎么解释""理由是什么"等,且一般出现在"鼓励学生提出主张"之后,也有跟在"鼓励学生提出证据"之后,解释分析证据;"鼓励学生提出证据"有三种形式:一种是让学生

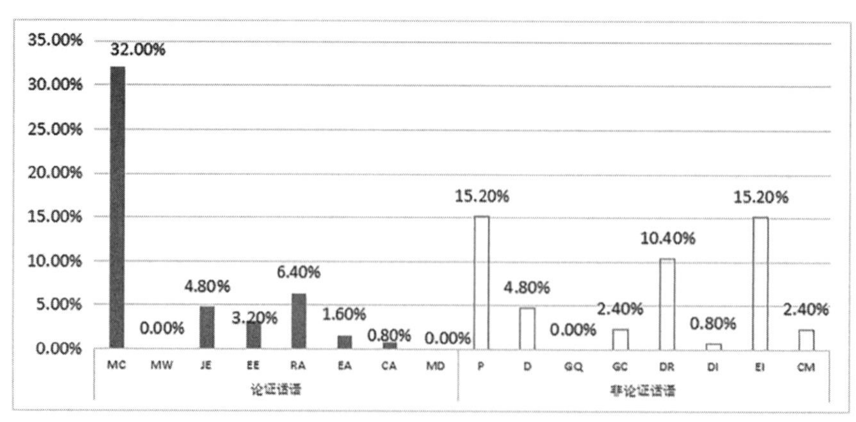

图4 R老师的课堂论证话语类别比例

提出生活实例作为证据；一种是让学生进行实验，找出实验证据；还有一种就是没有任何提示，直接让学生寻找证据；“鼓励学生检验证据”一般在学生证据出现错误时，教师会让学生自己或其他人检验证据，有时教师也会直接提供一个证据让学生检验是否正确。

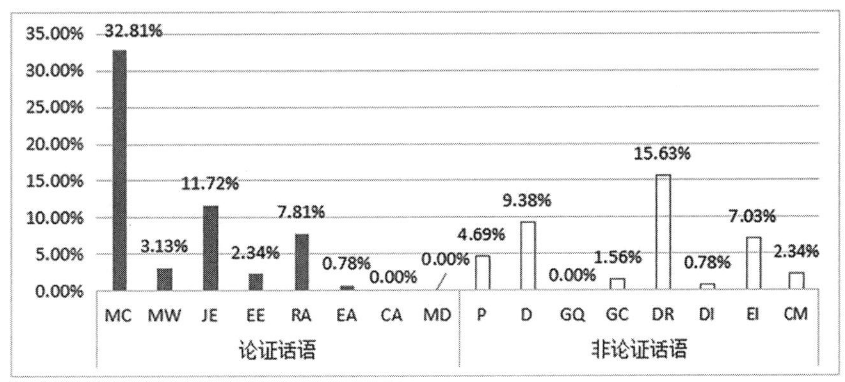

图 5 W 老师课堂话语类别比例

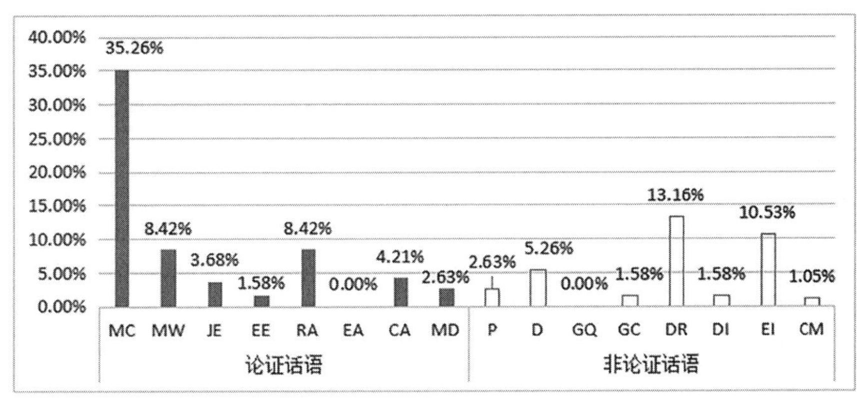

图 6 S 老师课堂话语类别比例

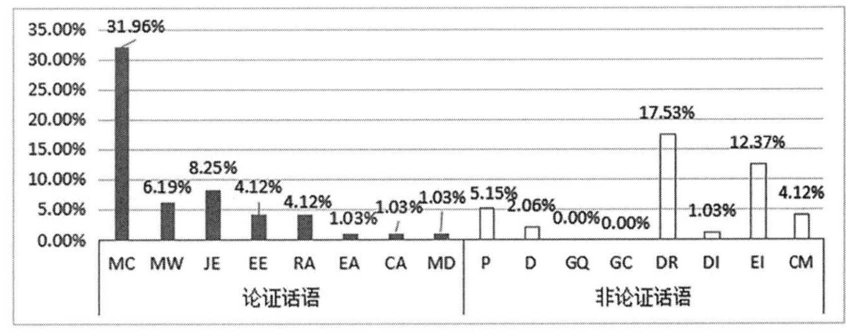

图 7 C 老师课堂话语类别比例

4. 优质课科学教师课堂论证话语特点

(1)小学科学教师更加热衷于“鼓励学生提出主张”，但是缺少科学解释的引导

“鼓励学生提出主张”是所有科学教师出现比例最高的论证话语类别。大部分个案的这类话语比例在 1/3 左右。除了开放式的鼓励，也有让学生在教师提供的主张中选择自己所认同的，或者在已经限定的小范围内提出主张(见表 3)。

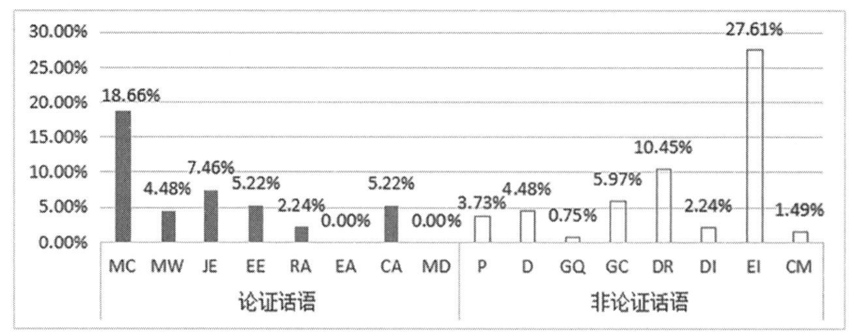

图8 F老师课堂话语类别比例

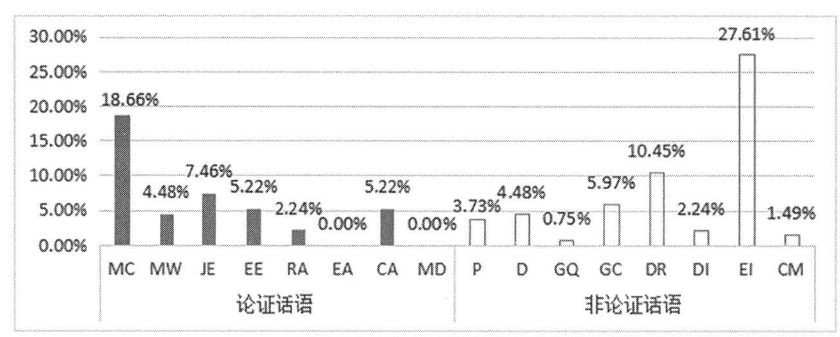

图9 Z老师课堂话语类别比例

表3 “鼓励主张”的话语范例

个案教师	“鼓励主张”的话语范例	特点评价
R老师	请看这张图,用了哪些性质呢?	关注“哪些”的提问
	周围的空气很干燥还是湿润?	提供选择性观点的提问
W老师	我们用湿的手指在玻璃片上划上一些水,过一会儿可能会出现什么现象?你说……	希望学习者预测可能现象
	过一会儿,会出现什么现象?	
S老师	你们觉得水蒸气有些特点?	关注“有什么”的提问
	很好,还有吗?你来。	对学生已有回答表达肯定,鼓励进一步的表达

在科学解释层面,关键词主要是“为什么”“怎么解释”“理由是什么”等。不过缺少深度追问,有的个案甚至没有出现该类别课堂话语(见表4)。

表4 “鼓励解释”的话语范例

个案教师	鼓励解释的话语范例	特点评价
W老师	为什么老师看不见?	鼓励学生解答教师的“疑问”
S老师	你能说出什么道理?	希望学生说出“道理”或“理由”
	还有什么理由?	
F老师	同学们觉得可能是什么原因?	
C老师	理由是什么?	

(2)小学科学教师已经开始关注基于证据的教学，但是对证据的检验关注不足

2017年小学科学新课标强调，科学探究过程中需要通过多种方法寻找证据、通过收集和分析信息获取证据。证据意识已经在我国科学教师教学实践过程中获得一定认识。从优质课课堂话语看，科学教师不同程度地关注了科学课堂的证据提供，大多要求学生以生活中的现象举例，还鼓励学生去思考有什么证据可以证明，以及如何去证明(见表5)。

表5 "鼓励提供证据"的话语范例

个案教师	鼓励提供证据的话语范例	特点评价
W老师	你观察到了什么，说说看？	提醒用感官作为获取证据的途径
	你所说的小水珠是怎么样的？	
C老师	地球在转动，你有什么办法可以证明呢？	具有一定开放性，指示寻找证据的目标
Z老师	其实在我们生活中还有很多现象能够证明地球在自转，你能来说说看吗？	用举例来佐证，对于小学生来说更加适合

不过，在学生提出错误证据时，教师除了会让学生检验思考证据是否正确外，自己也会直接提供一些证据让学生去判断是否正确，也会在学生得到不同实验结果时重新做实验加以检验(见表6)。

表6 "鼓励检验证据"的话语范例

个案教师	"鼓励检验证据"的话语范例	特点评价
R老师	来看一下说明水蒸发的例子，洗的衣服、洗的头发变干了，可以说明吗？	针对学生提供的案例，要求补充说明
S老师	是看到了水蒸气吗？	针对学生的回答予以反馈

(3)科学教师缺乏对"元认知思维"和"批判性思维"的关注度

反思是元认知思维的主要途径之一，有助于学生理解所学知识内涵，避免意义的缺失。对他人话语进行检验或反驳以及根据证据提出相反观点，带着批判性思维看待课堂所学，是深度学习的必经之路。

以"促进反思"为视角的课堂话语，在不同类型的课例主题中表现略有差异，但比例都在10%以下。W老师的处理最为独特，其一般先让所有学生提出一个观点，在进行实验观察得到证据后，再让学生反思自己原本的观点，从而建构新的观点。C老师一般通过反问或反驳式评价让学生反思自己的观点。其余两位教师都是在学生提出的观点前后矛盾或有问题的情况下，让学生反思自己的观点(见表7)。

表7 "鼓励反思观点"的话语范例

个案教师	"鼓励反思观点"的话语范例	特点评价
W老师	你为什么说白气是水蒸气呢，刚才不是说它不是了吗？	提醒学习者观点为什么要转变
C老师	还有什么可能？	希望学习者对原有情况进行补充说明

"鼓励学生对他人观点进行检验"在所有个案中十分少见，即使是偶尔的表达中，指向也比较模糊，可见大部分个案都不能明确地引导学生检验他人观点(见表8)。

表8 "鼓励检验他人观点"的话语范例

个案教师	"鼓励检验他人观点"的话语范例	特点评价
R老师	你们同意他的观点吗？	均提出对他人观点质疑的引导话语
W老师	有人说这个白气就是水蒸气，你们怎么想？	
F老师	可能吗？	

"鼓励学生提出相反论点""鼓励学生提出反驳"的话语比例就更加少见。例如R老师说:"水变干了,是这样吗?同意他的同学?不同意他的同学?"倡导学生表达是否认同他人观点。Z老师问"有没有不同的小组意见?"也是同类型的鼓励。S老师此类话语比较多,通过不断提问,鼓励学生提出相反意见。"有谁答案不一样的,谁说说?""是不是这样的?还有同学要说,你来说一说。"

除了"鼓励学生提出主张",在其他论证话语上,表现最好的是C老师,在学生提出主张后都会鼓励其提出理由,除了实验证据之外,还会让学生再去寻找其他证据证明,在学生的证据理由出现错误或指向不明时,会及时让学生检验反思,有较高的科学论证意识。

其他论证话语占比虽远远低于"鼓励学生提出主张",但其他论证话语类别都不是偶然发生的,当学生提出"意外"回答时,三位教师都不会直接否定,而是循循善诱引导学生找到正确结论,由此出现了"鼓励学生检验证据""鼓励学生提出反论点"等类别的话语。S老师科学论证质量最好,科学论证结构完整清晰,提问引导明确,甚至"鼓励学生提出反驳""鼓励学生提出相反论点",鼓励学生之间对彼此的观点进行交流反驳,学生积极主动参与课堂,这些提问十分难得出现。而其他教师的科学论证结构整体较为单薄。

5. 优质课科学教师课堂非论证话语特点

在非论证话语中,"引导学生回答问题""评价学生观点"的话语比例最大,"以讲述法进行解说""指导或指示学生言行"比例其次。

(1)科学教师已经开始减少讲授法的比例

这一类别最多的是R老师,有15.20%的话语讲授知识;最少的是S老师,只有2.63%,除了关键性的总结知识点时直接讲述,其他都是引导学生学习。这类话语除了用于总结概括知识,大多会在介绍人、事、物时运用讲授法。优质课中,个案讲授话语的降低,在一定程度上说明了科学教师有意让学生更加主动地参与课堂。

(2)科学教师更习惯于引导学生回应、评价学生观点

这一类别话语基本上都在10%以上,都会以提问的形式来进行,以达到互动效果,也会通过提问的方式来引导学生思考并解决问题。但是大多提出带有一些思考性但容易回答的问题,引导学生思考问题,推动课堂学习的进行。F老师引导学生的话语比例最多,但提出的一部分问题很简单,学生不经思考就能脱口而出。针对学生的回答,教师的评价回应也比较积极,不过缺乏具有思考深度的逻辑指引。

(3)科学教师不擅长引导学生提出问题和引导学生联系先修知识

从数据来看,即使是我国的优秀科学教师,也很少引导学生联系已学的知识,更加不擅长引导学生对一定主题提出问题。在本人的另一项小学科学优质课课堂互动研究中,也有类似的结果。

四、研究结论与建议

1. 研究结论

第一,6节优质课中科学论证元素多少存在差异。同一个主题的不同优质课教师的课堂话语中,论证话语比例有高有低,且有一定差距,说明不同教师的科学论证意识和科学论证能力有差异。所有类别话语中占比最高的都是"鼓励学生提出主张",且大多"鼓励学生反思自己的论点",引导学生得出正确主张的,不会强行灌输答案。不过,对科学解释的引导话语关注不足。他们虽然也意识到教学要基于证据,但是对证据的提供和检验指引话语比例太少。

第二,"鼓励学生对他人论点进行检验""鼓励学生提出相反观点""鼓励学生提出反驳意见"三类话语普遍很少。

第三,个案教师的非论证话语,往往局限在"引导学生回应"和"评价学生观点"的简单互动,真正能

够体现学生自主性的"引导学生提出问题"类别的话语较为缺失。

将我们研究所得到的结果，与文献中针对新手型科学教师的课堂话语研究相比，论证话语的比例略有提高。但是大多数维度的结果比如"鼓励学生提出主张""鼓励学生提出理由"的话语比例之高，"鼓励学生提出证据""鼓励学生反思自己的论点""鼓励学生提出反驳"等论证话语比例之低，都极其相似。可见，即便拥有多年教学经验的优秀科学教师，其论证话语水平仍然没有太大提升。出现以上结果的原因：一方面是与中国一直以来的学习文化氛围有关，无论是小学生还是科学教师自身，从小缺少反驳、反思、批判性思考的培养经历，自然无法建构在课堂上全面科学论证的习惯，也没有此类活动的积极性。另一方面则与我国科学教师的培育有关，我国小学科学专职教师的职前教育和在职培训起步晚、底子薄，局限于课程学习、行动学习，科学教师对国际流行的科学实践理念和实施了解单薄，对科学本质认识不足，学科视野狭隘、教学观念陈旧造成自身的科学论证能力不足。①

2. 研究建议

(1)科学课堂论证话语需要常态化的论证学习环境

我们的研究以优质课为研究对象，毕竟优质课具有比赛的目的性和特殊背景，表现出精心设计的刻意性。② 优质课所表现出来的论证话语水平已经不高了，常态课的水平可想而知。而优质课的表现也取决于常态课耳濡目染、潜移默化的积淀。

建议科学教师在平时的教学中，尝试有目的地设计使用论证的话语类别，并积极追问学生"为什么"，以及引导他们对证据进行检验和反思，鼓励他们对教师的观点或方法进行批判，以提供学生论证练习的机会。教师需要适当介绍科学论证的结构和过程，做出一定的反向观点及反驳的示范，让学生了解论证的方法。只有教师在平时每一堂课里将论证常态化、针对性强化，赋予培养论证能力的学习环境，才有助于促进学生的论证话语更为主动积极。

(2)科学教师的论证能力培养是科学课堂论证话语提升的根本

教师对如何开展高质量的课堂论证还很茫然。③ 这主要是因为个案教师对论证理念理解不深刻，才会出现一系列问题，如在教学中只能停留在"鼓励学生提出主张"的层次，对于学生所提出的观点并没有进行深入的引导探讨，更加没有积极鼓励学生进行反向思考，也没有提示他们质疑或反驳。

据文献可知，学科知识可能是影响科学教师的论证能力的重要因素，所以教师对科学领域知识的学科理解、学科视野的拓宽，是把握课堂论证教学的前提。④ 职前科学教师的学科知识课程，不论怎么强化都不过分；在职科学教师的科学知识也需要与时俱进，既需要来自外部的专家指导，也需要自发的阅读、学习和实践。"像科学家一样学习"不只是针对学生的口号，更应成为科学教师自身发展的目标。在项目化学习或研究性学习中寻找证据、分析数据，只有基于学科的体验，才能让教师的论证能力获得实在的发展。

此外，科学教师的观念会影响科学论证教学方法的选择。⑤ 教师的习惯会让他们逃避去讨论经验领域之外的问题，从而缺乏批判性反思和分析的习惯。⑥ 只有解决了这些问题，才能切实提升科学教师的论证能力。

---

① 陈凯，曹慧英：《职前科学教师的学习共同体设计初探》，《教师教育论坛》2018 年第 9 期，第 14-23 页，第 37 页。

② 陈凯，马宏佳，李丹：《基于 3C-FIAS 的优质科学课堂互动研究》，《全球教育展望》2019 年第 1 期，第 82-102 页。

③ 邵发仙，胡卫平，张晓，张艳红，首新：《课堂论证话语的序贯分析：小学生的科学推理》，《华东师范大学学报（教育科学版）》2019 年第 6 期，第 48-60 页。

④ 陈凯，林佳依，王坤：《基于科学论证视角的职前科学教师培养研究述评》，《化学教育》2020 年第 18 期，第 61-68 页。

⑤ Archila P. A.，"Are Science Teachers Prepared to Promote Argumentation? A Case Study with Pre-Service Teachers in Bogotá city"，*Asia-Pacific Forum on Science Learning and Teaching*，Vol. 15，no. 1(2014)，pp. 1-21.

⑥ Koosimile A. T. & Suping S. M. "Pre-Service Teachers' Attempts at Debating Contemporary Issues in Science Education: A Case Study from Botswana"，*International Journal of Educational Development*，Vol. 31，no. 5 (2011)，pp. 458-464.

(3)科学论证话语呼吁适合的议题教学、深度的互动问答和开放的课堂气氛

科学论证教学以适合的主题呈现时,才能激发师生的论证思维,比如具有争议的基因研究、能源问题等,没有标准答案的劣构问题才有助于学生从不同角度考虑、论证。论证过程中的互动问答若要达到启发思维的效果,首先需要教师的精心设计——适度的劣构问题有助于论证思维的深度发展,而不能只停留在"是什么""为什么"的层面。

Analysis of Argumentative Discourse in Excellent Classes in Elementary Schools

CHEN Kai[1], HUANG Chenyu[2], ZHANG Xiangxue[3]

(1. School of Environment Science , Nanjing Xiaozhuang University, Nanjing Jiangsu, 211171;
2. Kunshan Huaqiao Xu Gongqiao Primary School, Suzhou Jiangsu, 215332;
3. School of Teacher Education, Nanjing Xiaozhuang University, Nanjing Jiangsu, 211171)

Abstract: From the video of six high-quality elementary science classes with two themes and the code analysis of the classification framework of science teachers' argumentative discourse, the argumentative discourse in excellent science classes are found to show the following characteristics: it is more concerned with "encouraging students to make claims", but lacks the guidance of scientific explanation; it has begun to pay attention to evidence-based teaching, but less attention is given to test of evidence; it lacks the attention to "metacognitive thinking" and "critical thinking". To solve such problems, this paper has put forward the following suggestions: argumentative discourse in science classes needs a normalized argumentation learning environment; the argumentation ability of science teachers should be cultivated; a classroom atmosphere suitable for topic teaching and interactive questions and answer should be established.

Key words: excellent science classes in elementary schools, classroom discourse, argumentation, discourse analysis

指向文化理解与传承素养的学校特色课程建设

郑敏芳

(上海市中国中学,上海 200234)

摘 要: 基于中华优秀传统文化教育的国家战略和学校实践的现实问题,以提升学生文化理解与传承素养为导向,上海市中国中学构建起融合中华优秀传统文化教育的国家课程、凸显鲜明办学特色的"新六艺"校本课程、实现初高中一体贯通的课程体系,探索出如下课程实施策略:初高联动、学段贯通,以提升学生对传统文化认知理解力;资源共享、学科整合,以扩大学生对优秀传统文化认知半径。学校通过强化特色育人文化、特色师资队伍等保障路径,取得积极育人效应和学校发展效应。

关键词: 文化理解与传承素养;优秀传统文化教育;"新六艺"课程;特色课程实施

2018 年教育部公布的高中新课程标准表明,核心素养正在引导和促进学生学习方式和学校育人模式的根本转型,从而实质性地推动和深化我国基础教育课程改革。北京师范大学中国教育创新研究院首次提出把文化理解与传承素养纳入 21 世纪核心素养 5C 模型(审辨思维、创新素养、沟通素养、合作素养、文化理解与传承素养)中,并提出文化理解与传承素养框架中应包含文化理解、文化认同、文化践行三个要素。① 但是,如何将文化理解与传承素养教育落地以及将素养目标转化为系统化的育人体系,还缺乏实践探索和案例支撑。2017 年以来,上海市中国中学(以下简称"中国中学")开启以"文化理解与传承素养提升"为导向的课程建设改革实践,逐渐构建深度融合中华优秀传统特色文化的"新六艺"课程体系。本文基于学校课程体系构建的实践探索,提炼出经验性认识和方法,以期为其他学校的相关课程建设提供一定的参考。

一、构建"新六艺"课程体系的意义

课程建设作为一项扎根于学校土壤的实践研究,一方面,它是贯彻国家教育战略、落实核心素养的价值认同和追求的现实需要;另一方面,学校的课程设计离不开对学校现实状况的分析,这种分析是推进学校设计、优化课程建设的必然选择。

中华优秀传统文化教育作为文化理解与传承素养培养的核心内容,受到全社会越来越多的重视。2014 年 3 月教育部发布《完善中华优秀传统文化教育指导纲要》,2017 年 1 月中共中央办公厅、国务院办公厅印发《关于实施中华优秀传统文化传承发展工程的意见》,这些文件从教育战略和国家发展的角度对传承和发展中华优秀传统文化做了顶层设计,有力地推动了全社会对中华优秀传统文化教育的实

作者简介: 郑敏芳,上海市中国中学校长,中学高级教师,主要从事学校管理与课程建设研究。

① 刘妍,马晓英,刘坚,魏锐,马利红:《文化理解与传承素养:21 世纪核心素养 5C 模型之一》,《华东师范大学学报(教育科学版)》2020 年第 2 期,第 29 页。

践探索。2021年教育部颁布的《中华优秀传统文化进中小学课程教材指南》,更是为优秀传统文化进中小学课程提供了操作层面的指导。可见,构建融合优秀传统文化的学校课程已经成为学校教育发展的必经之路。

上海市中国中学是一所中华优秀传统文化教育为特色的完中,一直把中华优秀传统文化作为教育的重要内容。在开展学生文化理解与传承素养提升的行动初期,学校采用文献研究、问卷调查、访谈等方式,收集了学校传统文化课程的相关信息,经过分析,课程项目组认为学校的传统文化课程体系存在以下问题:课程目标表述不完整,偏重于学生的认知发展,忽视了学生心灵、情感的教化与审美、应用等能力培养;课程内容分布不均匀,主要集中在语文、历史、思政等人文学科,较少涉及数学、物理、生物等自然学科;课程实施方式较单一,偏重于传统的讲授、讨论、写作,课程缺乏持久生命力。这些问题制约了学生文化理解与传承素养的有效提升。

基于以上现状,从国家教育的战略要求和学校实践的现实问题出发,学校开启构建深度融合中华优秀传统文化的"新六艺"课程体系,具体目标定位为:通过特色课程的构建与实施,使中华优秀传统文化内容的育人立意更加精准鲜明,各种类型课程布局安排更加系统完整,课程内容更加科学合理,呈现方式更加生动,从而使"新六艺"课程体系在学生文化理解与传承素养提升、教师育人能力增强、学校特色品牌创建三个方面发挥更重要的作用。

二、"新六艺"课程体系的构建

1. 学生文化理解与传承素养的相关研究

文化理解与传承素养的概念虽然是近几年才提出的,但是古今中外教育不乏相关的内容描述。我国古代孔子重视传统文化教育,他主张通过对周代礼乐文明和典章制度的学习,使人们能够回到"三代"的理想社会。他以"六艺"(礼、乐、射、御、书、数)和"四教"(文、行、忠、信)教育学生,不仅为中国文化的发展奠定了基础和方向,也缔造了传统文化教育的最初典范。

2005年日本启动的教育改革中,提出要继承与发扬本国传统文化,培养在国际社会中生活的日本人。[①] 同年,欧盟发表了《终身学习核心素养:欧洲参考框架》,并提出八项核心素养,与文化理解和传承相关的素养主要集中在社交和公民素养、文化意识和表达方面,其中社交和公民素养包括对本国及欧盟的了解和认同以及多元理解,文化意识和表达包括了解本国和欧洲的文化并具有认同感,以及对文化表达的多样性理解和认同。联合国教科文组织2013年发布的核心素养指标体系包含七大学习领域,其中文化艺术领域的内涵不仅包括了解家庭、学校、社区以及国家的文化经验,还包括自我或共同体身份认同、尊重多元等内容。我国2016年发布的《中国学生发展核心素养》,以培养全面发展的人为核心,建立了包括文化基础、自主发展、社会参与三个方面、六大素养和十八个基本要点的核心素养框架。在文化基础当中,强调学生应"具有古今中外人文领域基本知识和成果的积累;能理解和掌握人文思想中所蕴含的认识方法和实践方法等"。[②]

2. 中国中学的课程框架结构

学校在教育实践中普遍存在中华优秀传统文化教育片面化(未能实现与革命传统、社会主义先进文化、现代科技文明的融合)、分割化(未能与学校课程系统融合)、碎片化(未能与学校育人实践体系融合)等问题。这些问题表现的背后,存在融合理念不足、融合策略缺失、融合实践零散等关键的共性问题,致使中华优秀传统文化教育与学校育人体系严重脱节,未能充分发挥中华优秀传统文化铸魂育人功能。

受中国传统"六艺"启发,结合新时代核心素养要求,呼应国家"德智体美劳"五育并举的教育方针以及学校目前传统文化课程体系中存在的问题,学校构建了"融合中华优秀传统文化教育的国家课程,构建具有鲜明办学特色的校本课程,实现初高中一体贯通"的课程体系(见图1)。

① 张德伟:《日本新〈教育基本法〉》,《外国教育研究》2009年第3期,第95-96页。

② 核心素养研究课题组:《中国学生发展核心素养》,《中国教育学刊》2016年第10期,第1-3页。

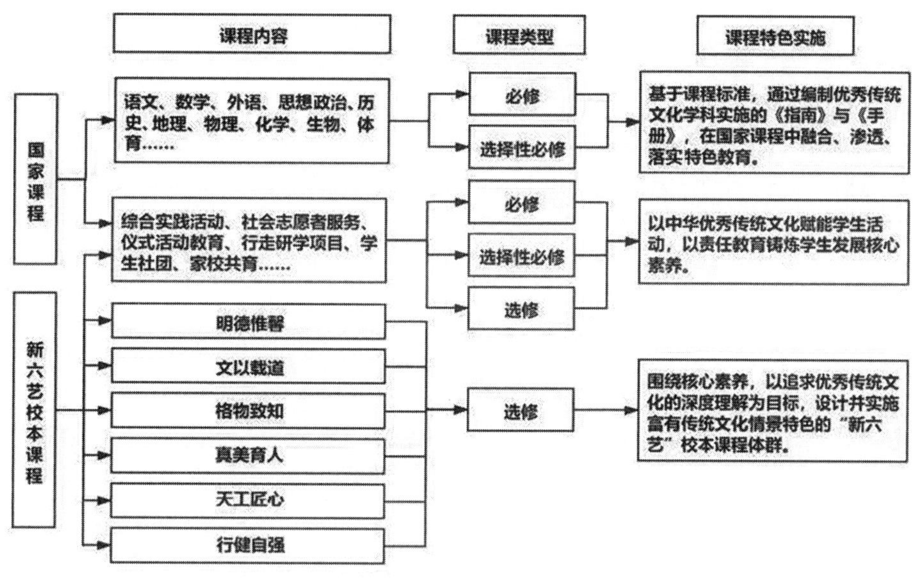

图 1 上海市中国中学课程体系

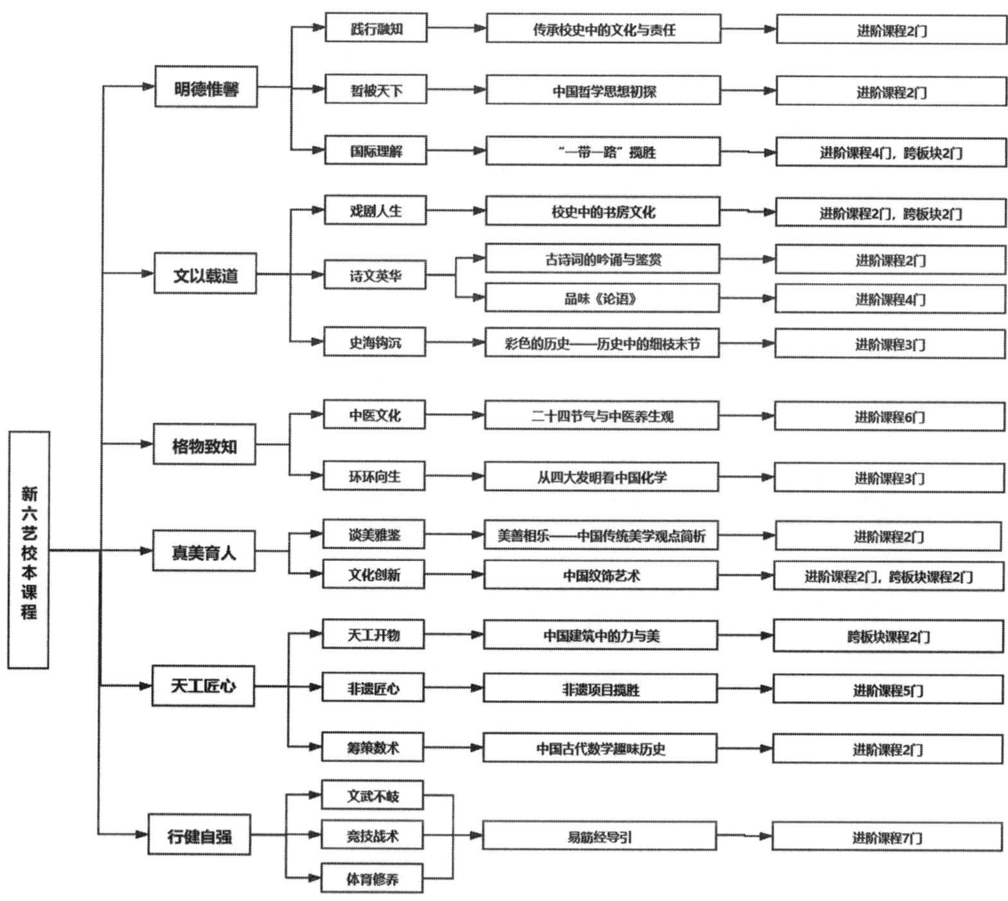

图 2 上海市中国中学“新六艺”课程体系

(1)融合中华优秀传统文化教育的国家课程

学校根据学科与中华优秀传统文化的结合度，把语文、思想政治、历史等学科作为相对显性的“核心学科”,把数学、英语、生物、物理、地理、化学、信息等学科作为相对隐性的“关联学科”。在具体学科中,又根据其与“中华优秀传统文化”的结合度,把不同教学内容相对区分为更加显性的“核心内容”和相对隐性的“关联内容”。

(2)构建具有鲜明中国中学特色的校本课程

“新六艺”校本课程包含“明德惟馨”“文以载道”“格物致知”“真美育人”“天工匠心”“行健自强”六个课程模块,与“德智体美劳”五育有机对应。各模块之间既独立发展,又兼容并包,体现了“以德为先,六艺协同”的设计理念。经过多年的发展与积累,学校的每个课程模块已经形成2—3个课程群,每个课程群约8—10门课程,共计63门特色课程(见图2)。

三、学校“新六艺”课程实施的策略与保障

课程实施是课程建设的关键环节。通过特色课程与学校特色文化研究,学校探索出两条特色课程实施的现实路径:纵向上,初高联动,学段贯通;横向上,资源共享,学科整合。

1. 学校特色课程实施策略

(1)初高联动、学段贯通,提升学生对传统文化的认知理解力

首先,学校把文化建设、德育工作、课程设置、核心素养发展、校园环境等要素进行通盘考虑、一体规划,使初高中联动,整体发展。其次,在两个学段设计中华优秀传统文化教育的重点内容,如初中阶段以增强学生对中华优秀传统文化的理解力为重点,高中阶段以增强学生对中华优秀传统文化的理性认识和实践研究为重点,并设计初高中贯通的研学衔接课程。再次,在同一学段中,有目的地实施教学计划,帮助学生由浅入深掌握部分优秀传统文化知识。

以学校的“新六艺”课程为例。“新六艺”课程的实施分为“通识课程”“进阶课程”“高校贯通课程”三个阶段(见图3):高一以“广泛接触、全面发展”为目标,学习通识课程;高二以“提升兴趣、特色发展”为目标,学习进阶课程;高三以“规划人生、终身受益”为目标,学习贯通课程。让学生经过三阶段课程的学习,将知识内化后转化为创新的能力与批判性思维的能力。

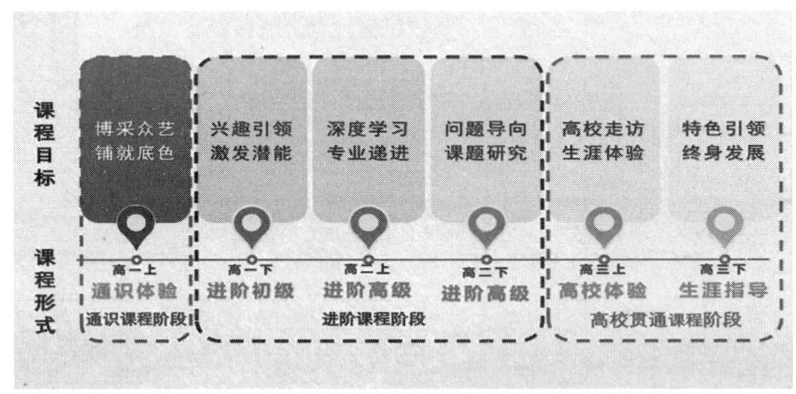

图3 “新六艺”课程实施的三个阶段

(2)资源共享、学科整合,扩大学生对优秀传统文化的认知半径

在资源共享方面,学校主动牵头实现学区内课程资源的共建共享,依托上海师范大学、上海中医药大学、上海戏剧学院等高校资源,开展中华优秀传统文化课程群的开发与建设。通过构建“U-S”(大学-学校)、“S-S”(学校-学校)、“S-F”(学校-家庭)等联动机制,形成育人大格局。近年来,40余位高校专家、国家级非遗传承人走进中国中学,已经开展了120多门中华优秀传统文化课程或讲座。学校三年中承办200多场相关活动,通过这样的方式使近万名校内外师生、家长提升对中华优秀传统文化的认知。在学科整合方面,学校做到了四个方面并举:

一是做优文史哲核心学科特色。在文史哲学科课堂教学上采用双线建构的模式,以情感体验为方

式，以理性提升为目标，做强课程标准基础下的特色教学。例如，在高一年级进行《论语》等儒家经典文本的思辨式阅读，安排学生采用“每日一通”“每日一解”“每日一悟”的方式进行辩证式解读和撰写学习感受，并通过排练课本剧延展对传统文化的认知和思辨。历史学科把《学科教学指南》中梳理出来的知识点以场景再现、人物代入、学生辩论等方式，对相关内容开展比较式学习，多角度地提炼历史经验和教训，古为今用，发展历史理解、历史价值观的学科核心素养。思政课以“行走的思政课”为载体，在龙华烈士陵园、一大会址等场馆开展现场教学，增强学生的家国情怀和政治认同。

二是做强关联学科，形成特色。关联学科以“创设情境、提炼精神”作为策略，参照《学科指南》和《教学手册》精心设计教学情境，力求在传授知识的同时，大力弘扬中华优秀传统文化，帮助学生提炼传统文化的人文和科学精神。如，学校数学教师开播空中课堂“二项式定理”一课，首先在引入课题环节介绍了中国古代的“杨辉三角”，然后与二项式定理的知识点建立联系，让学生了解我国古代数学家在研究二项式定理上的成就要比外国数学家早一千多年。在探究二项式系数性质的教学环节，进一步引导学生从特殊到一般先做出猜想，再进行严格论证，着力培养学生孜孜以求的治学态度。

三是做实综合社会实践课程。学校在军训学农、志愿服务等综合实践课程中，充分融合优秀传统文化的元素。以军训课程为例，中国中学作为全国国防特色学校，在军训中开设“国之重器：重大工程背后的传统文化”专题课程，以讲座、参观、主题绘画和“玉兔号”官方微博留言等多种方式，系统整理我国重大工程“玉兔”“墨子”“蛟龙”等名称背后的传统文化，把矢志爱国的传统文化精神核心传递给学生。

四是做细系列校园主题活动。学校以传统文化重新构建校园文化生活，让学生在校园里随时随地感受到中华优秀传统文化的魅力。以疫情期间学校的“新六艺”课程实施为例：学科整合，用易筋经、书法、中医、诗词吟诵等充满传统文化意味的“新六艺”课程，向祖国敬礼、向英雄致敬。“向伟大祖国、伟大英雄敬礼——德育课程”，“抗击疫情，有我们最美丽的声音——吟诵课程”等艺术类课程，“居家运动，提高我们的免疫力——易筋经课程”等运动类课程，“用我们的技艺，助力这场‘抗疫’——设计课程”“祝福第一线的白衣天使——书画课程”“传统中医大学问，穴位按摩助免疫——中医药课程”等，分别对应“礼、乐、射、御、书、数”所涵盖的不同能力素养，借助观察、提问、合作、探究、体验等多样化的学习方式，激发学生对中国优秀传统文化的热爱，提升民族文化理解和传承素养。

2. 学校特色课程实施保障

(1)育人文化保障

文化具有浸润式育人功能。在校园景观文化方面，2008—2013年期间，初高中整体搬迁新校区。学校以此为起点，以2017年启动特色高中建设为契机，以爱心和责任心为文化基质，从楼宇、墙廊、步道、橱窗、办公、学习、标识、绿化、景观、人文十个方面植入中华优秀传统文化元素，形成中华优秀传统文化教育的“校园十景”。同时，逐渐建立起文创实验场馆、文化实践基地、学生文化社团、文化节庆赛事以及网络文化教育、文化课题研究六大中华优秀传统文化教育平台，如校内的菁莪苑、格致轩、艺馨阁、精武馆、天工坊等。

2017年以来，中国中学聚焦中华优秀传统文化教育这条主线，建立起特色创建领导小组和五个中心，架构三年发展规划、特色高中建设项目规划等制度体系，逐渐形成完善的校园制度文化。

(2)师资队伍保障

师资队伍是实现教育教学目标的根本保证。聚焦“三高型”教师(师德高尚、师能高超、传统文化教育素养高显)培养目标，学校逐步打造了一支“群、兼、特”相结合的师资队伍。鼓励教师积极参与项目式学习、单元设计、学科统整等专题培训，共同构建学校“新六艺”课程。此外，学校还安排30余位教师拜师名家或者进入高校深造，通过“师徒式”带教和“学历提升”等方式获得成长。

学校倡导教研联动文化，以教促研，以研促教，教学和研究、教研和科研联动。在充分调研的基础上，学校确定语文、历史、生物、体育等学科作为试点，持续开展促进学生文化理解与传承素养提升的教研活动，以点带面、重点突破。近年来，学校以中华优秀传统文化教育为研究主题，先后主持和参与10

余项科研项目,并梳理学科教材中中华优秀传统文化内在知识的联系点和学科融合点,编写了《学科教学指南》和《教学手册》。

四、“新六艺”课程实施反思

文化理解与传承素养是21世纪人才必备的核心素养。优秀的民族文化对于学生形成良好的道德意识、审美取向、行为习惯等具有不可替代的作用。培养学生的文化理解与传承素养,就是为了培养具有文化使命感和社会责任感的人才。基于此认识,学校开展了学生文化理解与传承素养提升的课程建设活动。在实践中,学校探索出了两条路径:一条路径指向学生的纵向学习,另一条指向学生的横向学习。前者是高度融合传统文化教育课程的顶层设计,在不同阶段设置不同的学习目标,通过学段贯通、初高贯通,最终让学生实现传统文化认知、情感、技能与应用四个维度的学习目标;后者是传统文化教育课程的具体实施,包括课程资源的打造、课程教学的方式、课程成果的展示等,以此更好地设计和实施学生文化理解和传承素养提升的课程活动。

中华优秀传统文化“新六艺”特色课程已经彰显育人效应和学校发展效应:学生发展核心素养、学科核心素养、传统文化特色素养的融合发展态势良好;坚定文化自信,具有“中国心、世界眼、未来梦”的现代责任公民育人目标彰显;学生文史哲专业特色十分鲜明,为终身发展奠定厚实基础。2021年9月委托上海师范大学教育学院第三方团队的测量结果显示(满分5分),中国中学高中生传统文化素养总分(4.03)及基本认知(3.35)、价值体认(4.61)和传播弘扬(4.15)各维度均值都显著高于同类高中(分别为3.84、3.29、4.34、3.87)。中华优秀传统文化教育的办学特色日益鲜明,得到社会、学区、家长和教育界的广泛认同。

学校的课程建设也存在诸多不足,比如在课程实施方面,教师的文化素养和专业技能有待提升,在课堂教学的模式方面,需要建设优秀传统文化教育保障制度;在课程评价方面的探索还不够,下一步需要从过程性评价与结果性评价两个方面探索“新六艺”课程评价机制,并以此优化学生的文化理解和传承素养培养的路径和方法,让融入传统文化教育的课程体系更有生命力。

The Construction of Characteristic Curriculum Based on Cultural Understanding and Literacy Conservation

ZHENG Minfang

(Shanghai Zhong Guo High School , Shanghai, 200234)

Abstract: Based on the national strategy of Chinese excellent traditional cultural education and the practical problems in the school, and guided by the improvement of students' cultural understanding and literacy conservation, Shanghai Zhong Guo High School has established a national curriculum that integrates Chinese excellent traditional cultural education, highlights the school-based curriculum of “New Six Liberal Arts” and implemented a curriculum system that has closely connected junior and senior high school education. The school has explored the following curriculum implementation strategies: building a linkage between junior and senior high schools for better learning among different grades to enhance students' understanding of traditional culture; sharing resources and integrating subjects to expand students' cognitive radius of excellent traditional culture; and strengthening the guaranteed pathways, like characteristic educational culture and characteristic teacher team to achieve a positive education effect and school development effect.

Key words: cultural understanding and literacy conservation, excellent traditional cultural education, “new six liberal arts” courses, implementation of characteristic curriculum

高校资源在大中小学思政课一体化建设中的作用

谷松岭[1],安家兴[2]

(1. 遵义医科大学 马克思主义学院,贵州 遵义 563003;2. 贵州省遵义市教育局,贵州 遵义 563003)

摘 要: 大中小学思政课一体化建设是落实新时代中国特色社会主义教育“立德树人”根本任务的系统性工程。高校拥有的优质教学资源应主动向基础教育阶段渗透,完成与中小学在师资力量、课程建设和教育理念运用等方面的整合,推动大中小学思政课教学中的协同发展,使大中小学思政课建设获得内涵式发展。

关键词: 大中小学;思政课一体化建设;协同发展

为深入贯彻习近平总书记在学校思想政治理论课教师座谈会上的重要讲话精神,教育部在《关于加强新时代中小学思想政治理论课教师队伍建设的意见》中明确提出,要“发挥高校马克思主义学院辐射作用,主动对接中小学思政课教师队伍建设,开发专门培训项目”。① 因此,充分发挥高校在大中小学思政课一体化建设中的作用,以高校人才优势提升思政课一体化建设的人才队伍水平,夯实作为完成教育工作基础的教师整体素质,进而借助高校科研能力推动大中小学思政教师在课程建设中的工作深度,并且借鉴高校前沿教育理念推进大中小思政课一体化的教学改革,切实推进大中小学思政课一体化的建设。

一、高校师资在大中小学思政课一体化师资建设中的人才带动作用

高校应积极发挥自身优势,推动全体思政课教师形成共同的教育复合体,实现大中小学思政课师资力量共同体“以‘默认一致’为基础”②的高质量教学团队,夯实一体化教学的根基。

1. 打破大中小学思政课教师交流藩篱

思政课在教育体系中的不同学段被赋予不同的教育任务,因此,大中小学思政课教师之间交流并不多。新时代思政课一体化教学要求不同学段教师必须展开深入交流,在教研互长中不断提升自身素养,以便能高质量完成思政课教学任务。为了达成这一目标,高校应主动加强不同学段思政课教师的交流,拓宽思政课教师视野,协同组织基础教育的中小学思政课教师参加“思政教师走进高校”“高校思政课教师走进中小学”等专题研修、学习培训等活动。

不同学段的思政课教师只有保持长期的教学交流,才能够从全局角度掌握学情变化,有效解决思政课授课思路断层问题。高校推动思政课教学

基金项目: 本文系贵州省大学生思想政治理论课优秀教学科研团队项目“思想政治理论课实践教学与大学生社会实践统筹研究”(项目编号:CJT201701)的研究成果。

作者简介: 谷松岭,遵义医科大学马克思主义学院院长,教授,主要从事思想政治教育研究;安家兴,贵州省遵义市教育局副局长,主要从事大中小学思想政治教育实践研究。

① 中华人民共和国教育部等五部门:《〈关于加强新时代中小学思想政治理论课教师队伍建设的意见〉的通知》,载中华人民共和国教育部官网:http://www.moe.gov.cn/srcsite/A10/s7034/201910/t20191012_403012.html,最后登录日期:2019 年 9 月 27 日。

② 滕尼斯:《共同体与社会:纯粹社会学的基本概念》,林荣远译,商务印书馆 1999 年版,第 52 页。

资源为基础教育阶段服务,能够为基础教育阶段的思政课教学提供更丰富的理论背景知识,使各学段教师在教学过程中以更新颖的视角对知识进行讲解,真正使课堂教学生动起来,有效避免思政课教学内容成为"惰性知识"。[①]

2. 增加大中小学思政课教学的多维性

思政课教师的职业素质和学识素养,直接决定着大中小学思政课一体化的成效。从现实层面来看,教师的教学目标、工作要求、育人理念受到其求学经历、知识储备等方面的影响。大中小学思政课教师形成了各自不同的教学特点和优势,高校思政课教师有高学历、科研性强等优势,中小学思政课教师有教学方法灵活、教学规范等特点。因此,高校思政教师走进中小学课堂,能够使中小学获得结构多元化思政教育,提升中小学思政课教学内容延伸性。

基于"人则使自己的生命活动本身变成自己意志的和自己意识的对象"[②]的理解,马克思认为教育是一种转化活动的过程,其所要解决的问题是把人类积累的生产斗争经验和社会生活经验转化为受教育者个体的精神财富。不同学段教师的学习、工作经历和侧重点各不相同,教学方法、内容也会带有鲜明的阶段性色彩。因此,高校思政课教师走进中小学课堂,进行思政课教学演示,能够在确保实现教学目标的前提下,以不一样的呈现方式来有效提升学生的学习正迁移水平。如果进一步将大中小学思政课师资力量整合起来,就可以让学生从小学学段开始获得丰富多元的思政课教学内容。

因此,理顺合作教学机制,搭建合作平台,加强高校教师参与基础教育教研活动非常重要。定期开展集体备课、教学研讨、课程研究、教师实践教育等活动,能够有效建立高校资源融入大中小学思政课一体化教学活动的系统机制。高校思政课师资力量的带动作用,能切实丰富不同学段教师的结构构成,也能够进一步促进教学情境性的改变,从而改变单一学段中教师的教法定势固化现象。

3. 加强大中小学思政课教师人才梯次衔接

在大中小学思政课一体化建设中,开展不同学段教师的互动交流,目的在于整合各方面的教学手段和教育资源,以更丰富的教学内容满足各学段学生思想政治与道德素养发展的需求。

开展高校与当地中小学教师之间邻学段、跨学段的相互听课、集体备课,有助于将思政理论资源有效引入基础教育学段的思政课教学,从理论高度来对不同学段思政课授课难点进行集体攻关,为思政课教学资源共享搭建交流平台,实现全学段思政教师培养和培训一体化、理论和实践研究一体化。通过高校思政课教师资源的人才引导作用,能够有效构建大中小学思政课教学人才梯次推进的系统衔接,创立新型大中小学思政育人的教学共同体。

高校教师与中小学教师面对同一教学任务,进行任务式统筹合作,能够迅速推进大中小学思政课一体化建设,特别是基础教育阶段思政课建设的内涵式发展。依托高校与中小学联合的思政教育渠道,借助高校的专业优势,有计划、有目的地组织中小学生体验和参与创造性和服务性劳动,从而将劳动教育有效地统合在中小学思想政治教育过程中。正如马克思在《资本论》中所提出的"未来教育对所有已满一定年龄的儿童来说,就是生产劳动同智育和体育相结合,它不仅是提高社会生产的一种方法,而且是造就全面发展的人的唯一方法"[③],进一步拓宽思政课一体化育人的现实格局。

二、高校课程资源在大中小学思政课一体化课程建设中的统筹作用

高校应该主动利用自身课程建设优质资源,在大中小学思政课一体化建设中自觉承担起牵头责任。

1. 有助于课程建设目标的达成

任何课程建设都需要保持课程教育意向的连贯性,课程教学协同性的推进要基于教学创新性,否则就会产生教学理念、教学方法和教学内容陈

① 刘会超,杨锋英:《惰性知识的特性及克服》,《天中学刊》2008年第2期,第107-108页。

② 马克思:《1844年经济学哲学手稿》,刘丕坤译,人民出版社2000年版,第57页。

③ 马克思,恩格斯:《马克思恩格斯全集(第23卷)》,中共中央马克思恩格斯列宁斯大林著作编译局编译,人民出版社2001年版,第530页。

旧停滞的问题,无法推动课程教学的协同发展。因此,有效统合高校思政课教师与中小学思政课教师的授课思路,使各学段思政课教师群体协同推进课程设置目标的实现。

中国特色社会主义进入新时代之后,思政课教学需要顺应时代特征,将社会主义核心价值观育人成才作为课程目标引领。科研与教学的有机融合是达成这一目标的重要保障,高校应以课题研究为载体,建立基础教育与高等教育协同推进的教研结合机制,借助科研创新推动思政课程目标的发展。高校还可以通过推动马克思主义理论科研成果创新,为大中小学思政课一体化建设目标的完成提供坚实理论支持。同时,高校的马克思主义学科的专业教学研究成果也应该结合中小学教学实际推广应用,为基础教育阶段思政课的政治性、价值性、知识性提供参考导向。这就要求高校以多学科的科研促进思政一体化教学内容的深入,借助鲜明的思想性、多学科特色和高学历师资团队等优势,攻克思政课一体化中课程建设中的难点问题,实现思政课一体化建设目标。

2. 有利于课程内容衔接性的完善

在思政课一体化建设中尤其应该注重学段之间课程内容的衔接问题。不同学段思政课内容的衔接性欠缺,表现在大中小学教师往往存在对思政课教学内容概念进行重复解读的现象,导致高学段学生的学习兴趣下降。因此,充分发挥高校思政理论研究资源的研发指导作用,能够增强基础学段思政课教师的理论素养,使中小学思政教师能够从容应对不同学段学生所受到的外部思潮影响,实现思政课一体化教学内容的与时俱进。

大中小学思政课一体化建设,必须以课程内容推动各学段教学协同,要使课程内容有效服务于特定学段的受教育者,就需要统一整合不同学段的思政课程内容,在保持课程连贯性的基础上,避免由于授课内容简单重复而产生的低效。以往由于各学段之间存在着壁垒,造成了特定学段教师对其他学段思政课教学内容缺乏了解,也因为理论支撑的缺失造成基础教育阶段的思政课教师往往只注重讲授“是什么”的知识性内容,而忽视了“为什么”和“应如何”的创新能力培养。为了突破实际教学中各学段授课内容的这种边界感,就必须推动高校教学资源在思政课一体化建设中的统筹作用,以高校思政课教师马克思主义理论研究成果,促进思政课一体化过程教学内容的协调更新,为大中小学思政课一体化建设中课程内容的衔接性、创新性提供保障。

3. 有助于课程逻辑递进性的实现

实现思政课一体化建设中课程内容的逻辑递进,有助于消除不同学段思政课教学“只见树木、不见森林”的问题,有助于实现全程育人的目标。

马克思主义哲学强调“实践—认识—再实践—再认识”的辩证认识过程。大中小学思政课一体化建设中课程内容的逻辑递进性的生成,也必须要遵循辩证唯物主义认识论的指导,这就要求在课程建设中立足于马克思主义哲学观,对课程内容进行设计,保障以教学内容促进不同学段学生认识的飞跃。高校在这一过程中应积极发挥科研优势,主动承担以科研推动教学设计的过程,将马克思主义理论知识运用于大中小学思政课一体化的课程内容建设中,创新大中小学思政一体化课程建设的逻辑递进体系,提出既具有学术深度又具有现实关怀的课程内容设置方案。

《教育部关于整体规划大中小学德育体系的意见》中指出,应该“整体规划大中小学德育体系的科学性、政策性强,有其自身规律”。①文件中尤其强调高校学术研究团体力量对于德育体系建设的具体作用,将这一文件精神放在当今大中小学思政课一体化建设视野下,也就要求高校在新时代大中小学思政课一体化建设中发挥更多的作用。因此,高校应通过优势资源作用的发挥,与中小学一起共同努力打造出既具有体系性、理论性,又具有亲和力、感召力的教学逻辑体系内容。

三、高校前沿教学理念在大中小学思政课一体化教学改革中的引领作用

高校应该发挥前沿教学理念研究和应用的优势,将教育的前沿教育理念推广到中小学思政课一体化建设工作中去。

1. 遵循学生成长规律,设计大中小学思政课程内容

知识的获得是一个不间断的过程,不同年龄

① 中华人民共和国教育部:《教育部关于整体规划大中小学学德育体系的意见》,载中华人民共和国教育部官网:http://www. moe. gov. cn/s78/A12/s7060/201007/t20100719_179051. html,最后登录日期:2005年5月12日。

段的学生在学习能力方面具有差异性。皮亚杰(Jean Piaget)认为,儿童在7—11岁之间位于具体运算阶段,因此这一年龄段的学生虽然处于使用概念思维的认知发展期,但仍缺乏复杂的抽象能力,其思维方法依然比较简单。儿童在11岁之后便进入了形式运算阶段,其认知以抽象、假设和理论思维为特征①,因此教师在这一阶段应该帮助学生掌握一般规律和原则,引导学生发展建立假设的能力。同时,在进入青少年期之后,埃里克森(Erik H Erikson)指出,青少年还会根据自身的生活经历、文化环境等来建立统一的自我角色认同感,形成对"我是谁"这一问题的自我解答。②

依据学生成长过程中的规律变化,一体化教学必须注重从具体形象思维到逻辑抽象思维的有序转变过程,帮助学生在提升思想品德方面完成从他律到自律的转变,同时更要帮助学生构建内在自我,树立坚定的理想道德信念。这就要求教材内容设计应基于教育心理学的规律,确立不同学段的教学内容。高校应统合不同专业人才,尤其需要思政教育与心理学等专业教师的通力合作,制订行之有效的方案,使思政课程内容设置与学生成长规律相适应。

正是基于对学生成长过程的科学认识,我国《关于深化新时代学校思想政治理论课改革创新的若干意见》指出,"遵循学生认知规律设计课程内容,体现不同学段特点,研究生阶段重在开展探究性学习,本专科阶段重在开展理论性学习,高中阶段重在开展常识性学习,初中阶段重在开展体验性学习,小学阶段重在开展启蒙性学习"。③同时,上述不同学段的思政课教学方式的展开都必须与中国特色社会主义实践紧密联系在一起,这样才能保证思政课教学兼具内容的科学性和表达的鲜活性。因此,高校必须结合学生成长过程和新时代社会主义实践,推动课程内容创新,将中国特色社会主义新时代的理论成果推广到大中小学思政课堂中,通过把握住历史脉络完善思政课的引导力,对于学生在新时代背景下期待回答"我是谁"的问题,提供与时俱进的马克思主义理论视角的解读。

2. 依照认知教育学理论,组织大中小学思政课教学过程

大中小学思政课一体化建设的功能指向,在于保障这项铸魂育人工程的系统性。为了实现这一目标,就必须依照不同学段中学生认知规律的变化,统筹优化课程设置、协同教学、内容安排。这意味着教师应在教学过程中将知识的结构转化为学生内在的认知结构,实现认知教育心理学倡导的"要保证学生能在多种情境中运用所学知识"的主张。

要将思政课程知识转变为"意义学习"的具体内容④,就必须营造积极的外部客观条件和内部主观条件,从而在学生的认知结构中建立起对所学知识之间的实质性联系。这说明大中小学思政课一体化教育要想取得良好的授课效果,就必须使学生能够主动将在课堂中所学习的新知与已知进行关联,不断更新其认知结构。因此,在认知形成过程中,教师所使用的教学材料的逻辑性是非常重要的。如果教学材料缺乏逻辑意义,就会导致无法达成学习者认知结构与新知识的联系,从而使学习过程成为机械学习。

在营造"意义学习"的外部环境和资源方面,高校中思政课教学资源蕴含理论研究和实践应用两个不同层面,相对于中小学而言,高校能够统合更多的社会资源,为基础教育中的思政教师提供符合不同学段学生认识规律的教学素材库。高校多与当地博物馆、图书馆、红色文化陈列馆等具有长期密切的合作关系,高校马克思主义学院也多建有科研基地、实践基地等,对中小学思政教师来说,这些都是拓展学生在多情境状态下应用所学知识的可利用资源。同时,高校思政教师还应基于理论研究视角,将所在高校的多种资源内容予以整合、分析,制作出适合不同学段学习任务的引导性材料库,借助略高于各学段学习认知任务的概括性、引导性材料,推进其他学段思政课学习正迁移的发生。

① 罗伯特·费尔德曼:《发展心理学:人的毕生发展》,苏彦捷译,世界图书出版公司2007年版,第345-349页。

② 埃里克·H·埃里克森:《同一性:青少年与危机》,孙名之译,中央编译出版社2015年版,第62-75页。

③ 中共中央办公厅 国务院办公厅:《关于深化新时代学校思想政治理论课改革创新的若干意见》,载中国政府网:http://www.gov.cn/zhengce/2019-08/14/content_5421252.htm. 最后登录日期:2019年8月15日。

④ 冯克诚:《认知发现学习理论与论著选读》,人民武警出版社2011年版,第42-55页。

3. 依据学习动机激发理论,营造大中小学思政课良好学习氛围

动机是学习的最关键因素之一,“心理学家将动机定义为激发、引导和在一段内保持行为的内部过程”。①马斯洛在需求层次理论中具体划分了“缺失需要”和“成长需要”两种,其中,“成长需要”囊括“求知与理解的需要”“审美的需要”“自我实现的需要”三个递进性部分②,而学习动机正是学生满足其成长需求的驱动力。在学习动机的激发过程中,俄国心理学家维果斯基提出了社会文化理论,他指出儿童思维的发展是通过与能力更高的成年人的交流而实现的,因此其学习动机的激发也需要熟练教师的具体指导,尤其“在孩子最近发展区内,这样的互动最有效”。③

具体到大中小学思政课一体化建设中,就要求思政教师应针对不同学段学生的自我成长需求有不同的侧重,采取差异性原则激发其学习动机。小学思政课教学应重点培养启蒙学生的道德感情,初中思政课教学应重点打造学生思想道德基础,高中思政课教学应重点锻造学生的政治素养,大学思政课教学应重点增强学生的使命担当意识。

同时,还应注意到学习是一个受教育者与教师合作的过程,成人通过有意识地调节自己的行为,能够给予儿童解决问题所需要的信心和参考,儿童正是借由成人帮助才能了解其所处的社会及相关文化。因此,思政课教师对学生建立正确的世界观、人生观、价值观起着重要的作用。高校思政课教师深入中小学课堂教学、集中宣讲,各学段的学生共同进行社会实践活动等方式,能够有效发挥高校思政课教师理论素养在教学实践中的示范性应用,多层面激发不同学段学生的学习动机。

Research on the Role of Universities Resources in the Integrated Construction of Ideological and Political Courses in Universities, Middle Schools and Primary Schools

GU Songling[1], AN Jiaxing[2]

(1. School of Marxism, Zunyi Medical University, Zunyi Guizhou, 563003; 2. Zunyi Education Bureau, Zunyi Guizhou, 563003)

Abstract: The integration of ideological and political courses in universities, middle schools and primary schools is a systematic project to carry out the fundamental task of moral education of Socialism with Chinese Characteristics in the new era. The high-quality teaching resources in universities should actively penetrate into the stage of basic education, and have a complete resource integration to improve the quality of teachers, curriculum construction and better application of educational ideas in middle schools and primary schools. Therefore, such practice can promote the collaborative development of ideological and political course teaching in universities, middle schools and primary schools, thus helping the course construction achieve connotative development.

Key words: universities, middle schools and primary schools, the integrated construction of ideological and political courses, collaborative development

① 罗伯特·斯莱文:《教育心理学理论与实践》,吕红梅,姚梅林译,人民邮电出版社 2017 年版,第 273 页。

② 亚伯拉罕·马斯洛:《马斯洛人本哲学》,成明编译,九州出版社 2003 年版,第 13-24 页。

③ Dennis Coon / John O. Mitterer:《心理学导论——思想与行为的认识之路》,郑钢译,中国轻工业出版社 2007 年版,第 121-122 页。

初中议论文单元教学设计的实践与探索

俞 翔

(上海市上宝中学,上海 201101)

摘 要: 议论文教学一直是中学语文教学的重点。由于议论文本身的文体特点、中学生思维特征等原因,学生对于议论文的理解相对来说难度较大。文章围绕单元教学设计,立足单元视角,注重整体设计;注重单篇个性,构建有效教学;注重教读课文示范性等方面阐释破解当前教学困境的路径,旨在探索一种有效的学习经历,引领学生由课内向课外延伸,由教读到自读提升。

关键词: 单元教学设计;议论文教学;有效教学;教读课文

《上海市初中语文学科教学基本要求》指出,"议论文是以议论为主要表达方式的文体"①,其基本特点在于说理分析。议论文作为初中、高中语文学习的重点,需要学生在初中准确把握文章的论点,了解论证过程,明确各种论证方法的作用等,为高中阶段的议论文学习夯实基础。

议论文具有说理性强、逻辑缜密、语言严谨等特点。初中议论文主要集中在九年级,对于初中生而言,学习议论文原本就有一定的难度,加之九年级又要面临中考的升学压力等,这些因素促使议论文教学一直是初中语文教学的难点。那么,怎样能够突破这一难题呢?从教学角度而言,合理、有效的教学设计是适当的切入点。

单元教学设计以单元教学为出发点,秉承整体性、相关性、有序性、科学性原则,将议论文单元立足于单元整体设计,通过教读课文的重点教读,可以有效帮助学生梳理议论文的学习路径,再学以致用,完成本单元其他自读课文学习,起到举一反三的作用,同时这也有助于学生构建较为完整的议论文知识体系,提升学生的语文素养。笔者结合平时的教学实践,以九年级上册第五单元教读课文《中国人失掉自信力了吗》为例,对此予以实践探究。

一、立足单元视角,明确教学目标

《初中语文单元教学设计指南》(以下简称《指南》)指出,课程实施者需要"立足单元视角,聚焦单元目标,结合学情,重新设定单元教学设计各要素的功能"。② 据此,笔者从以下两个方面进行架构:

作者简介: 俞翔,上海市上宝中学一级教师,主要从事初中语文教学研究。

① 上海市教育委员会教学研究室:《上海市初中语文学科教学基本要求》,上海教育出版社 2017 年版,第 9 页。

② 上海市教育委员会教学研究室:《初中语文单元教学设计指南》,上海教育出版社 2018 年版,第 2 页。

1. 提炼单元主题内容,明确议论文知识结构

九年级上册第五单元选编了《中国人失掉自信力了吗》《怀疑与学问》《谈创造性思维》《创造宣言》四篇议论文,前两篇是教读课文,后两篇是自读课文。教材中单元导读部分评价这些文章:“或针砭时弊,阐释公理正义;或谈论学术,探讨创造的意义,都闪烁着思想的光芒。”

《中国人失掉自信力了吗》是一篇驳论文,鲁迅先生针对当时有人散布“中国人已经失掉自信力”的论调,层层反驳,用事实证明“我们有并不失掉自信力的中国人在”,最后得出结论:“自信力的有无,状元宰相的文章是不足为据的,要自己看地底下。”语言犀利,富有讽刺性,论证严密。《怀疑与学问》论述了怀疑与学问的关系,指明治学必须要有怀疑精神,语言严谨,逻辑缜密。《谈创造性思维》以事物的正确答案不止一个开始,逐层论述创造性思维的重要性以及其所需的几个关键因素,最后指出只要具备这些要素,“任何人都拥有创造力”。《创造宣言》一文,作者在批驳了种种错误的观点之后,用大量的事例得出“处处是创造之地,天天是创造之时,人人是创造之人”的观点。

细读这些文章,可以发现它们都紧扣论题,合理论证,注重思辨,同时它们之间相互关联,各有侧重。第一篇课文侧重于辨别与质疑;第二篇课文进一步延伸,侧重质疑的重要性;第三篇课文在前两篇文章的基础上侧重谈创造力思维;最后一篇则强调创造无处不在。由此可见,在编排课文次序时,编者用“单元的主题”这条主线贯穿其中,引领学生学会质疑,学会探究,进一步提升他们的思辨能力,培养他们要有创新的意识。

综上所述,这一单元的主题内容侧重培养学生学会思辨性思考。单元教学内容应侧重于能联系时代背景,理解文章的中心论点;理解材料和论点的联系,体会其中的内在逻辑;理解论证方法在论证过程的作用。

2. 立足学情,确定单元教学目标的起点

统编版语文教材在九年级之前也有涉及议论文的篇目,如七上《纪念白求恩大夫》、七下《最苦与最乐》、八下《应有格物致知精神》等。但以单元形式出现则是在九上第二单元,这些课文基本都有涉及议论文的相关知识,如九上第二单元,这一单元目标是让学生“了解议论性文章的基本特点,把握作者的观点,区分观点与材料,还有理清论证思路,学习论证的方法”等。通过这些课文的学习,学生基本能掌握议论文的基础知识,如区分论点与论据,梳理文章的论证过程,识别论证方法等,而这些也正是学生学习第五单元的基石。

作为九年级的学生,他们已经具备相应的理性思维与逻辑能力,同时通过两年的学习,他们也掌握了议论文相关的知识。但这单元的四篇文章由于当时的社会背景对学生来说较为陌生,文章的思想性也很强,注重说理分析,对于学生来说理解有一定的难度。

基于以上对单元主题、学情的分析,笔者初步确定了本单元的教学目标的起点,具体计划见表 1。

表 1 单元教学目标

	单元教学目标	学习水平
主要目标	能联系时代背景，把握作者的观点，理解文章的中心论点	B理解
	能掌握几种常见的论证方法的作用，把握观点与材料的联系，梳理文章的论证思路	B理解
次要目标	感受不同作者的语言风格，体会议论文严谨、准确、具有逻辑力量的语言特点	B理解
	培养学生实事求是，敢于质疑的科学精神，学会思辨	B理解
	能依据所学议论文相关知识，学会表达、学会论证	C应用
	运用清晰、合理的论证思路来阐释自己的观点	D综合

二、关注单篇个性,建构有效教学

在明确单元内课文共性的基础上,也应当关注单篇课文的个性。以《中国人失掉自信了吗》为例,它是第五单元的第一篇讲读课文,写于1934年,当时正值民族危急之际,一些政客和文人却到处散布失败情绪,散布"中华民族失去了自信力"等论调。针对这种种论调,鲁迅先生义愤难平,抱病写下了这篇著名的驳论文。学生对当时的社会背景缺乏了解,而鲁迅先生语言的犀利、艰涩等特点也会让他们读起来有些吃力。

《追求理解力的教学设计》一书指明:"在逆向设计的第三阶段,我们必须思考几个关键问题,如果学生要有效地开展学习并获得预期结果,他们需要哪些知识和技能?哪些活动可以使学生获得所需要的知识和技能?"①而作为一篇议论文单元的教读课文,议论文的相关知识点如材料与观点的关系、论证过程等,这也是议论文教学的重点,教师应当教授学生什么?学生对于这篇文章涉及的哪些议论文知识尚不清楚?对于文章有哪些疑问?他们的起点在哪里?这些都是教师必须思考的。为此,笔者从以下几方面构建了本节课的教学设计:

1. 搭建支架,明确学生的理解起点

上课前先让学生充分预习这篇课文,预习笔记大致侧重于四个部分:第一是查阅这篇课文的写作背景;第二是划分文章的层次,以思维导图的形式显现出来,大致理清文章的思路与结构;第三是在文章中找出四个语句进行赏析,初步体会这篇文章的语言特点;第四是让学生质疑,问题不要多,精选两三个即可。具体见表2。

表2《中国人失掉自信力了吗》预习内容

预习内容	设计意图	学生活动
文学常识 1.本文选自《__________》。请查阅相关资料，说出这本文集名字的由来。 2.写作背景	回顾旧知，熟悉当时的时代背景和写作背景	查阅相关写作背景
梳理文章思路，在空格处填写合适的内容 论点：__①__ 第1-2段：提出对方论据__②__和论点：中国人失掉了自信力 第3-5段：作者依据对方的论据，推导出：失去的是__③__这一结论 第6-8段：明确自己的观点和依据__④__ 第9段：得出自己的结论：__⑤__	1.回顾议论文基本常识 2.理清作者的写作思路	①________ ②________ ③________ ④________ ⑤________
读下面的文字，完成练习 我们从古以来，就有埋头苦干的人，有拼命硬干的人，有为民请命的人，有舍身求法的人，……虽是等于为帝王将相作家谱的所谓"正史"，也往往掩不住他们的光耀，这就是中国的脊梁。 1."中国的脊梁"这个比喻好在哪里？模仿这个语段的句式，用排比和比喻这两种修辞手法写一段话 2.文中提到四种"中国的脊梁"，你知道历史上哪些人物具有这样的品行？课外查找资料，搜集这四种相关的人物事迹	鲁迅先生的文字比较晦涩，通过品读、练习，进一步提升对文章的整体理解	1.________ ________ 2.________ ________

① 格兰特·威金斯,杰伊·麦克泰格:《追求理解力的教学设计》,华东师范大学出版社2017年版,第19页。

（续表）

预习内容	设计意图	学生活动
质疑 质疑1：____________________ 质疑2：____________________	以学生的理解作为起点，合理进行教学设计	

查阅学生作业情况之后发现，学生对议论文的基础知识掌握得比较理想，基本能把握文章的观点，梳理文章的论证思路。但也提出了许多质疑，主要集中在以下几点：

①为什么文章要花大篇幅写“中国人失掉他信力”和“正发展着自欺力”？
②为什么要强调“状元宰相的文章不足为据”？
③作者既然认为对方的观点是错误的，又为什么要说这些都是事实呢？
④国民党书报机关为什么要删去文中加点的词语？
⑤为什么那些“前仆后继”战斗的中国人却不为人所知道？
⑥第8段中，那一类人们为什么“总在被摧残，被抹杀，消灭于黑暗中”？

从这些问题可以发现学生的理解还存在以下问题：一是学生对文章第3—5段作用的理解停留在概念上，对文字背后蕴含的内在逻辑、作者情感等尚不够清楚；二是对部分语句、词语，学生并不能理解。三是对鲁迅先生停留在一般性的认识上，对其思想的深刻性、可贵性缺乏认识。

基于学生的学情和单元教学计划，笔者将本节课的教学目标确定为：联系时代背景，准确把握作者的观点；了解驳论文特点，梳理文章的论证思路；品味本文尖锐、犀利、富有战斗性与讽刺性的语言特点。

2. 明确一条主线，理解文章的论证思路

明确本节课的教学目标之后，从哪一角度切入会更加合理？人们常道：“题目是文章的眼睛”，“题好一半文”。议论文的标题几乎都与文章的论点或论题有关，理解了标题，基本上就能把握整篇文章的基本内容。基于此，笔者尝试从《中国人失掉自信力了吗》这一题目进行突破。以下是教学片段：

师：从句式上看，文章标题是什么句式？

生齐答：疑问句。

师：既然是疑问句，依据文章，这个问题的答案应该有几个？

生1：有两个，一种答案是中国人失掉自信力，另一种则是中国人没有失去自信力。

师：这两种答案在文中的具体依据是什么？

生2：中国人失掉自信力这一观点出现在第二段，它的依据在文中第一段；而中国人没有失掉自信力这一观点出现在文中的第六段，即“我们有并不失掉自信力的中国人在”。它的依据在第7、8两段。这两段列举了中国无论在历史上，还是在当下都有具有那些自信力的“中国脊梁”论证了这一观点。

师：这篇文章写出了作者明确反对对方的观点，并提出了自己鲜明的观点并加以论证，这种文体我们称之为驳论文。如果按照刚刚这位同学所说的，这篇文章没有3-5段，作为一篇驳论文也成立，那这三段能否删去呢？

生：不能。

师；那我们一起思考一下，为什么这三段不能删呢？它的作用究竟是什么？

通过这样的提问和比较,让学生更加明确这三段的作用:第三段针对第一段中提出的“总自夸‘地大物博’”以及“只希望国联”,直接驳斥他们失掉的不是自信力,而是他信力;第四段针对第一段中“改为一味求神拜佛”,用极具讽刺意味的语气,他们现在“逐渐玄虚起来了”,正在发展着自欺力,从这两个角度直接指出对方论证思路的错误。通过讨论“能否删去这一比较”,学生则更清楚这篇驳论文的特点——逻辑缜密,富有讽刺。

至此,引领学生回顾本文的论证思路,鲁迅是从“论据”和“论证过程”两个角度共同驳斥了对方关于“中国人失去自信力”的观点,从而得出结论:论自信力的有无,要自己去看“地底下”,而不是那些公开的文字。从标题切入,两个问题形成一条主线,层层推进,抽丝剥茧,文章的论证过程逐步清晰地呈现在学生面前。

3. 运用多种方式,体味文字背后的态度

议论文中作者主要运用议论的方式来阐述自己观点或态度。这篇文章想要表达什么观点?文字的背后隐藏着作者哪些情感倾向?这往往因作者的语言特点而异:有的比较鲜明,文章直接表明自己的观点;有的比较晦涩,需要读者从文字背后细细揣摩。对于前者,作者的观点和情感倾向比较容易把握,而对于后者,则需要教师运用多种方式去引领学生品析、鉴赏。《中国人失掉自信力了吗》这篇文章语言概括力极强,正如钱理群先生所言:“每一个论断的背后都有无数可歌可泣的故事。但在文本里,却是隐而不言的。”[①]这对九年级的学生而言,会造成极大的阅读障碍,这就需要教师运用多种方法,调动学生的学习热情,激活学生的思维火花,引领他们逐步体味作者隐藏在文字背后的情感和态度。在这里,笔者主要运用的是比较还原的方法,让学生在比较中理解鲁迅的这种文风。比如第一段,先出示教师改写的一段话:

从公开的文字上看起来:两年以前,我们自夸着“地大物博”是事实;不久就不再自夸了,希望着国联,也是事实;现在是既不夸自己,也不信国联,改为求神拜佛,怀古伤今了——却也是事实。

通过比较阅读,学生体会到:与原句比较,改句情感上没有感染力,语言不如原文。在此基础上,再细读原文,删掉的“总”“只”“一味”等词语蕴含着作者的复杂的情感:对这类人先是以“地大物博”的自夸,而后是只将希望寄托在国联时的惊慌失措、无能,到最后却只是一味求神拜佛的这种丑陋嘴脸进行讽刺、批判,这样能更好地理解鲁迅语言的尖锐及富有战斗性的特点。

再如第七段,笔者将原文每一类人,补充具体的历史人物(字体加黑的文字为笔者所补充):

我们从古以来,就有埋头苦干的人,如李时珍、张衡;有拼命硬干的人,如岳飞、文天祥;有为民请命的人,如范仲淹、郑板桥;有舍身求法的人,如戊戌六君子……虽是等于为帝王将相作家谱的所谓“正史”,也往往掩不住他们的光耀,这就是中国的脊梁。

通过比较发现,原文的气势更加强烈,更具有感染力。此外这些人更多的是被埋没的,在“为帝王将相作家谱的正史”中没有出现的人物,文中能够在正史中出现的历史人物固然可敬,固然是中国的脊梁,但作者更想表达对那些在历史中没有留下姓名的英雄们的敬意。

通过类似的比较方式,引领学生不断地、更加直观地体会鲁迅先生文字间的复杂感情,最终理解文意:在批判、讽刺失去自信力的人的同时,赞美了那些为国抗争、自信不欺的中国人,同时唤醒更多的民众能擦亮眼睛,向中国的脊梁学习,更好地投入到为国家、为民族奋战的革命洪流之中。

① 课程教材研究所:《教师教学用书》,人民教育出版社2020年版,第237页。

当然学生可能还有一些不懂的词语、句子，为此教师留下一个教学环节，先让学生小组讨论他们尚存疑惑的问题，小组选取大家都有困惑的语句，再在班级交流。在这一过程中，追求的不是答案的唯一性，而是希望他们在思想的碰撞中学会倾听、学会思考、学会表达，最终提升自己的思辨能力。

4. 知人论文，领会文章中闪现的思想之光

统编版九上《教师教学用书》建议，学习本单元要“引导学生联系文章的时代背景和现实生活把握作者的观点”，以及“引导和鼓励学生联系生活实际理解作者的观点，获得人生的启示、精神的成长”。[①]当完成对鲁迅这篇课文形式和内容上的理解之后，引领学生回忆对鲁迅文章的印象，很多学生都表示鲁迅先生的文章晦涩、难懂，往往读很多遍还是无法真正理解作者表达的意思。

对此，笔者以《中国人失掉自信力了吗》这篇文章为例，补充作者当时的写作背景与环境，当时鲁迅居住在公共租界，写这篇文章之前的一个月，就开始发烧，肺病已相当严重。面对散布的这些失败论调，他不顾个人安危，将矛头直接指向国民党中央宣传部长戴季陶，愤然写下这篇文章。鲁迅先生在这篇文章中提到“他信力、自欺力、自信力”。在此基础上，引领学生思考：在时隔将近百年，国家和民族已经强大的今天，特别是经历了这次疫情之后，是否仍然还存在着具有他信力、自欺力或自信力的人？激发学生思考并交流疫情期间的各种人与事，然后再仔细品味“他信力”“自欺力”“自信力”这些词语，依然掷地有声，直击人的灵魂。至此，学生既理解了鲁迅先生的伟大，又锤炼了思想，精神上得到一次成长。

最后笔者布置家庭作业，要求学生以“中国人自信力永存”为题写一篇议论文，不仅是期望学生能学以致用，在写作中理解、运用驳论文的相关知识，更多地是想借此机会，提升学生的思辨能力，使他们学会思考。

三、教学反思

《指南》指出：“初中语文单元教学实施强调聚焦单元目标，创设有效的学习经历，由课内向课外延伸，由教师引导到学生自读读写的转变，即注重以教读课为载体学习相关的语文知识、读写思考的路径与方法，以自读课为载体操练，巩固教读课的所学。”[②]九上第五单元是议论文单元，依据单元教学设计和每篇课文的个性，笔者将本单元的课程类型设计分为教读教学、自读教学、写作教学三种类型。而《中国人失掉自信力了吗》作为一篇教读课文，教师在进行教学时还应当考虑好以下几点：

1. 教读教学与自读教学的关联

叶圣陶先生说：“教材无非是个例子。”[③] 教读课文在这一个单元就是一个例子，贵在示范；自读课文是操练，贵在运用、巩固。教读课文是自读课文的基础和参照。如作为教读课文，《中国人失掉自信力了吗》涉及论证方法、驳论文的特征、论证的过程等知识，这些知识在《谈创造性思维》《创造宣言》这两篇自读课文中都有所涉及；又如，这篇教读课文的思考路径是：搭建一个支架，明确学生的理解起点；明确一条主线，理清文章的论证思路；运用多种方式，体味文字背后作者的态度；知人论文，领会文章中闪现的思想之光；利用作业迁移和巩固所学，这样的思考路径与方法也为后面的两篇自读课文学习，提供了一种学习的思路。

2. 教读教学与写作教学的关联

读写是语文教学的永恒主题，是语文教学的归依，教读教学侧重于提升学生的理解能力，写作教学注重培养学生的表达能力，二者相互促进、不可分割。《中国人失掉自信力了吗》这篇文章，材料和观点的关系紧密，论证思路清晰，结构严密，是驳论文的典范。这单元写作教学的主题是：论证要合理，通过这

① 课程教材研究所：《教师教学用书》，人民教育出版社 2020 年版，第 227 页。

② 上海市教育委员会教学研究室：《初中语文单元教学设计指南》，上海教育出版社 2018 年版，第 9 页。

③ 全国中语会：《叶圣陶 吕叔湘 张志公 语文教育论文选》，开明出版社 1995 年版，第 6 页。

篇课文的学习,我们可以借鉴这篇文章的论证思路,仿写一篇类似的驳论文,这样不仅可以学以致用,巩固课堂所学,还可以进一步提升思辨能力。

3. 教读教学与学生的学习世界的关联

教读教学设计要注重整体性,不仅篇目之间、单元之间要前后关联,而且应注重语文知识和学生学习世界的关系。如《中国人失掉自信力了吗》这篇课文,笔者在布置学生预习时设计了论证方法,梳理了论证过程,注重引导学生回忆旧知,将本节课的重点放在理解材料和观点的关系以及驳论的特点上。同时将课内学习和生活相结合,逐步增进学生对社会、人生的理解。

在平时的教学中,由于每个单元特点、学生学习经历的不同,教师可以进行多种教学设计,不仅要关注单元间的关联,还要兼顾单篇课文的个性。这样可以使学生举一反三,练成议论文阅读和写作的相关技能,进而有效提升学生的语文学科核心素养。

Practice and Exploration of the Teaching Design of Argumentative Units in Junior Middle Schools

YU Xiang

(Shangbao Middle School of Shanghai, Shanghai, 201101)

Abstract: Argumentative text teaching has always been the focus in middle school Chinese teaching. Due to the stylistic characteristics of argumentative writing and the thinking modes of middle school students, it is relatively difficult for students to understand argumentative essays. This paper has centered around the teaching design from the perspective of unit, paid attention to the individuality of single article and constructed effective teaching. It has focused on the demonstration of teaching and reading texts and proposed a solution to the current teaching dilemma in order to explore an effective learning experience to guide students to extend from learning in class to more extracurricular learning and from reading with the help of the teacher to self reading.

Key words: unit teaching design, argumentative essay teaching, effective teaching, reading teaching

课堂教学社会学视角下教材插图涂鸦的价值

焦会银

（华中师范大学 教育学院，湖北 武汉 430079）

摘 要：从课堂教学社会学的视角看，学生对教材插图进行涂鸦的行为体现了学生对社会涂鸦文化的迁移、主体意识的解放和生活之“后台区域”的呈现。因此，应重新审视教材插图涂鸦行为在融合文化冲突、平衡权力制度、彰显情感逻辑、挖掘教学资源等方面的价值。具体而言，教师应树立“具身教学理念”，形成身体解放与教学规训的正和博弈；运用“现象学式的教学机智”，促进抒发本心与服务教学的融合共生；践行“低姿态的课堂管理”，推动自主调适与外在约束的优势互补。

关键词：课堂教学社会学；教材插图；涂鸦；主体意识

学生对教材插图进行涂鸦是教学中常见的一种行为，通常被视为干扰教学开展的非学习行为，但从课堂教学社会学的视角来看，并非完全如此。课堂教学社会学采用社会学相关理论观照课堂教学，在它看来，“‘课堂’首先是一个‘社会’范畴，是社会的一个组成部分，然后才是一个‘教育’范畴，是教育（特殊社会系统）的一个构成要素”。① 这一研究视角从社会学中的文化创生、角色呈现、人际交往等范畴出发，重新审视课堂教学中的人及其行为，这时，便会发现长期以来被视作干扰因素的教材插图涂鸦行为隐含着丰富、深刻的教育意蕴。

一、教材插图涂鸦的课堂教学社会学解析

1. 社会涂鸦文化的课堂迁移

社会亚文化也被称为非主流文化，它是在社会主流文化基础上派生而出的比较小众、独特的文化形态，通常表现为特殊的价值观念、身体行为等。有研究者所指出的，“涂鸦艺术作为一种具有强烈视觉冲击力的艺术表达方式，其艺术风格狂野怪诞、自由率性，这是延续了涂鸦艺术的亚文化特质”。② 当涂鸦这一充满个性和自由色彩的艺术表现方式被越来越多的人接受，并渗透到游戏、音乐、服装等生活各个层面，便会演变为一种社会亚文化。

作为社会的一个子系统，“社会性才是教学活动的根本属性”③，课堂教学不可避免地会在社会文化的影响下形成带有教学特质的课堂教学文化，其中既包括在社会主流文化下形成的规范、价值、信仰层面的课堂教学主流文化，也包括在社会亚文化影响下衍生出的传纸条、起绰号、口头禅等

基金项目：本文系中央高校基本科研业务费资助（创新资助）项目“教材插图涂鸦的教学价值及其实现”（项目编号：2020CXZZ046）的研究成果之一。

作者简介：焦会银，华中师范大学教育学院博士研究生，主要从事课程与教学论研究。

① 吴康宁：《课堂教学社会学》，南京师范大学出版社 1999 年版，第 2 页。

② 陈洁：《当代涂鸦文化的视觉语言特征》，《南通大学学报（社会科学版）》2014 年第 5 期，第 84-89 页。

③ 郭华：《教学社会性之研究》，教育科学出版社 2002 年版，第 1 页。

课堂教学亚文化。对学生群体而言,“他们不是被动的容器,他们有自己独特的亚文化,有自己一套价值规范和表意象征符号,他们总是想对课堂文化有‘发言权’”。① 因此,当涂鸦潮流在社会中备受追捧,学生就很有可能基于自己的生活、学习情境对其进行改造,例如通过网络流行语、表情包等改造教材插图,进而演变为以教材插图涂鸦为代表的课堂教学亚文化形态。一方面,这种课堂教学亚文化可能具有积极意义,例如,学期伊始学生在教材扉页的插图旁以涂鸦的方式自我激励,课前预习阶段在正文人物插图旁增加相关补充资料,等等;另一方面,也可能具有消极意义,例如曾经风靡一时的“杜甫很忙”系列涂鸦,学生将教材插图中原本忧国忧民的诗人杜甫涂鸦成佩戴墨镜、使用手机的样子,通过这种冒犯式的对抗来逃避正统教材文本的规训,满足他们张扬个性的“狂欢式”心理需求。这种对文化名人进行审美降格式涂鸦的消极文化样态,是传统教学将教材插图涂鸦视作非学习行为的重要原因。

2. 自我主体意识的课堂解放

如果说课外的教材插图涂鸦行为可以理解为学生自身审美与创新的行为表达,那么课内的教材插图涂鸦行为则很有可能起因于当前教学对学生主体意识的忽视甚至是弗莱雷(Paulo Freire)所说的“压迫”。课堂教学的职能之一就是促进学生的社会化,这决定了课堂教学不可避免地涉及价值引导,教师对教学材料的呈现也必然具有预成性。这种引导与预成是确保教学目标达成的必要条件,本无可厚非,问题在于是否适度。

弗莱雷呼吁一种“为自身解放作斗争的人的教育学”②,这种“解放”不仅体现为物质层面的身体自由,更体现为精神层面的意识自由。学生并非无意识的个体,他们有发挥自我潜能、表达自我见解的诉求,如果这些诉求难以在正式的教学过程中得到回应,他们便有可能在受挫与失意中转向缄默表达,其中就包括对教材所配插图进行涂鸦。例如,传统教学在解读统编版语文教材中的《狼》一文时,通常遵循文末的点题之句“禽兽之变诈几何哉?止增笑耳”所传达出的价值引导——褒屠夫而贬狼。大多数学生可能会赞同并接受这一价值引导,但也有少数学生可能会肯定文中两只狼所采取的“一狼径去,其一犬坐于前”“目似瞑,意暇甚”的策略与默契配合。这时,这些学生就有可能对插图中人狼对峙的故事场景进行涂鸦,通过增加旁白等方式表达自我见解。可见,教材插图涂鸦是学生在“课堂教学”这一公共空间与“作为主体的我”这一私人空间的裂缝处衍生出的一种抒发路径,学生借此探求自我主体意识的存在空间。

3. 生活之“后台区域”的课堂呈现

戈夫曼(Erving Goffman)在《日常生活中的自我呈现》中指出,“当一个人的活动呈现在他人面前时,他会努力表现性地强调活动的某些方面”,这时,他处于正式的、与外界期待相符的“前台区域”。③ 当学生处于“前台区域”时,他们通常表现出与外界期望的“学生”角色相符的课堂行为,例如,在课堂教学过程中认真思考、积极回应。但是戈夫曼也指出,表演者不可能一直置身于“前台区域”,而是会间歇性地去往“后台区域”,“在这里,表演者可以放松一下,放下道具,不说台词,甚至可以暂时忘掉自己扮演的角色”。④

课堂教学作为一种特殊的社会生活,与日常生活一样,是由“前台区域”和“后台区域”组成。当学生因教学人际关系疏远、不适应当前的教学内容或教学方式等原因丧失自我价值感,他们就很有可能通过创设一个“后台区域”来暂时忘掉自己扮演的角色,陷入课堂游离状态。教材插图就是课堂生活中“后台区域”的一种。教材插图作为教材中较为生动活泼的组成部分,比较容易吸引学生的注意力;并且相对于打闹、吃零食等容易被教师察觉的课堂行为,教材插图涂鸦具有隐蔽性,例如,学生可以伪装成做笔记的样子进行插图涂鸦。由此可见,学生的教材插图涂鸦行为是日常生活中“后台区域”的课堂呈现,学生通过该行为建构起一个能暂时释放自我的课堂空间,这种作为“后台区域”的课堂空间与“前台区域”一样,均

① 吴康宁:《课堂教学社会学》,南京师范大学出版社 1999 年版,第 142 页。
② 保罗·弗莱雷:《被压迫者教育学》,赵友华,何曙荣译,华东师范大学出版社 2001 年版,第 54 页。
③ 欧文·戈夫曼:《日常生活中的自我呈现》,冯钢译,北京大学出版社 2008 年版,第 97 页。
④ 欧文·戈夫曼:《日常生活中的自我呈现》,冯钢译,北京大学出版社 2008 年版,第 98 页。

是学生课堂生活的必要组成部分。

二、课堂教学社会学视角下的教材插图涂鸦价值澄明

1. 推动课堂教学文化的融合共生

人类学家泰勒(Tylor E. B.)认为,社会科学意义上的文化主要包括“知识、信仰、艺术、道德、法律、风俗以及作为社会成员的人所掌握和接受的任何其他的才能和习惯的复合体”。[①] 人类共同体长期积淀而成的文化观念通过“社会遗传”代代相续,这种“文化从一代传到下一代”的过程被称为“濡化”。[②] 当今时代,主流文化主导下的课堂教学无疑是最正规、最有效的濡化方式。课堂教学期待学生所扮演的课堂角色是既定课程的学习者、课堂规范的遵守者,但是,学生在进入教学场域之前就已拥有带有个体属性的“文化资源背景”,包括形态各异的家庭背景、所属阶层的文化要素,甚至是虚拟网络中的文化因子,他们也有表达自我亚文化的冲动和权利。以教材为例,教材中所包含的文本符号具有超出日常表达的概括性、抽象性,并且常常“体现了占优势地位的意识形态以及关于适当范式与边界的概念”[③],这就有可能导致学生与教材之间产生疏离感。相对于文本,教材中的插图更契合学生形象、自由的表达方式,所以学生很容易被插图吸引,并通过插图涂鸦表达自己的文化符号,这时,以“认真学习教材文本”为代表的主流文化与“教材插图涂鸦”这一亚文化之间就很有可能产生课堂教学文化冲突。

传统教学通常将课堂教学文化冲突视为教学中的一种消极因素,但在课堂教学社会学看来,“课堂文化冲突就是一种正常现象”。[④] 和谐的课堂教学文化并不是指课堂教学处于没有任何分歧的静止状态,而是指包含了诸多冲突、协商的动态平衡状态。如果教师善用教学机智,平衡得当,课堂教学中的文化冲突非但不是干扰因素,反而能够充当改进课堂教学的“调节阀”。例如,教师若能在发现学生的插图涂鸦行为时持有积极的态度,便会首先审视自身的教学内容选择、教学活动设计、课堂管理风格等是否恰当;之后,可以循循善诱,将学生带回到原有的教学节奏,也可以因势利导,结合学生当下的学习状态及时调整教学。这样,课堂教学的主流文化与亚文化之间便能通过“冲突—和谐—冲突”的循环调适达成动态平衡,增加课堂管理的弹性,构建更加丰富的课堂教学文化样态。

2. 促进课堂教学制度的权力平衡

传统的课堂教学管理制度大多沿袭“权力—身体—思想”的规训模式,其中既包括“不准……”之类的禁止权力,又包括“做……”的命令权力。这种课堂教学管理制度将学生身体的规矩、守范等同于学习的态度、效率,从穿着打扮、言谈举止到教室布置,学生的身体被规训为统一化符号。教师对学生教材插图涂鸦行为的管制就体现出一种单向度的教师独权制度,教师借此修正学生行为,并通过规章制度和评价方法来管理学生的行为,试图塑造出符合预设的学生形象。这种单向度、强制性的课堂教学制度对学生身体行为的公共意义解读优先于个人意义,学生沦为教学制度、考评的附庸,丧失了作为存在者的主体意识。

从课堂教学社会学的角度来看,教材插图涂鸦可理解为学生对传统课堂教学制度的突破与重塑。选择教材插图涂鸦的学生突破了课堂教学中业已存在的具有科学性、规范性的秩序界限,转而在自己前科学、未反思的现象学世界里诗意或肆意地重塑身体与教学的关系。学生通过教材插图涂鸦这一身体行为,重新确证了自我意识与身处当下空间的自由存在状态。此时,他们不再处于制度化、规训化的教学空间,而是处在一个“现象空间和现象时间中的、生存论意义上的现象世界或被知觉世界。”[⑤]

3. 彰显课堂教学中的情感逻辑

在认识论的发展过程中历来存在着“重理性、轻情感”的传统,正如休谟所指出的,“在哲学中,甚至在日常生活中,最常见的事情就是谈论理性

① 爱德华·泰勒:《原始文化:神话、哲学、宗教、语言、艺术和习俗发展之研究》,连树生译,广西师范大学出版社 2005 年版,第 1 页。

② W·A·哈维兰:《当代人类学》,王铭铭译,上海人民出版社 1987 年版,第 247 页。

③ 麦克·F·D·扬:《知识与控制:教育社会学新探》,谢维和,佳旭东译,华东师范大学出版社 2002 年版,第 137 页。

④ 吴康宁:《课堂教学社会学》,南京师范大学出版社 1999 年版,第 130 页。

⑤ 刘胜利:《从对象身体到现象身体——〈知觉现象学〉的身体概念初探》,《哲学研究》2010 年第 5 期,第 75-82 页。

和情感的斗争,就是重视理性”。[①] 针对这一偏颇认知,休谟以经验主义哲学立场建构了基于情感逻辑的道德哲学体系。作为一种超越客观必然性的逻辑方式,情感逻辑从情感出发,并以个体体验为标准进行判断。情感逻辑的必要性不仅体现在形而上的哲学研究中,也体现在社会、生活的各个层面,尤其是课堂教学,更应彰显以情育人的情感逻辑。育人之“育”,不是教,更不同于管,它带有一种情感、涵化的意蕴,很多时候严苛的教学规训并不能达成育人目标,反而“课堂教学过程中一个不经意的一颦一笑或许就会改变一切”。[②]

教材插图涂鸦是一种基于情感逻辑的课堂表达方式,学生对教材插图进行涂鸦的过程可理解为他们对教学生命性、生活性、生成性的一种向往。教材插图涂鸦所具有的游戏特质贯通了学生的生活与情感,使他们在求知的过程中亦得到生命的滋养与成长,将学生的生活体验融入学科学习中,并为学生提供自主探究、创意生成的空间。除此之外,教材插图涂鸦还可视作学生基于情感抒发所展开的生命叙事,输出个体经验和主观感受,借此营造出一种专属自我的课堂话语与精神空间。于学生而言,教材中的插图或许比文本、公式、概念,更能唤醒他们的生命、情感体验,成为他们求学生涯中的一种情感印记。

4. *确保课堂教学资源的充分利用*

课堂教学与社会之间不可避免地存在制度资源、文化资源等方面的输入与输出,形成一种“资源互换关系”。制度、文化层面的资源可以理解为作用于课堂教学的“外部资源”,构成保障课堂教学开展可能性的客观基础;黑板、桌椅、教材等则可以理解为课堂教学的“内部资源”,构成课堂教学具体实施的物质基础。教材历来被视为传承文化和引领价值的重要载体,是课堂教学中重要的内部资源,其中所包含的插图与注释、附录、课后练习一样都是教材中重要的助读系统。以统编版语文教材为例,七年级语文教材中的插图数量有110幅,小学一年级的语文教材中的插图数量更是高达255幅。教材编写者精心选编了如此数量的插图,其用意绝不只是将其作为教材中的装饰、点缀。但是,有调查显示,插图的助读功能在以往教材的使用中并未得到充分发挥。[③] 这就导致插图这一教学资源处于被忽视甚至被无视的状态。

中小学生学习兴趣的激发以及知识、文化理念的习得在很大程度上还有赖于直观的形象思维。教学插图涂鸦是对教材文本的直观化、形象化补充,能增强知识的表现力和可读性,将教材插图从价值失语状态中唤醒。例如,统编版中学语文教材中的《河中石兽》一文多次提及老河兵、讲学家、寺僧三者之间的对话,文本中却没有关于三者外貌、形态的文字描写;该文所配插图则形神兼备地体现了三者的外貌、形态,例如老河兵舒展自信的面部表情,讲学家以扇遮面的肢体动作……这正好弥补了教材文本缺少人物形象描写这一空白,这时,教师就可把该文所配插图作为一种补充人物具体形象的教学资源加以利用。

三、教材插图涂鸦教学价值的实现路径

1. *树立“具身教学理念”,形成身体解放与教学规训的正和博弈*

肇始于20世纪哲学领域的“身体转向”使得“身体”成为学理研究的新起点,其中,梅洛—庞蒂(Merleau-Ponty)的“身体—主体”概念表明身体并不与知性、心灵对立,身体是肉身化的心灵或知觉的主体,“让知性与肉体的混合服从于纯粹知性,这是很荒谬的”。[④] 受其影响,当代教育研究也呈现出一种“身体转向”的趋势,具身认知理论认为,“认知、思维、记忆、学习、情感和态度等是身体作用于环境的活动塑造出来的”[⑤],即学生在教育教学中的身体不是等待规训的躯体、肉体,而是学生自我的一种具体化。当学生的身体被禁锢于教室之中,精神却借由教材插图涂鸦逃离教学现场时,就提醒教师需要转变传统教学理念,树立辩证地审视身体解放与教学规训的“具身教学理念”。

教材插图涂鸦是一种非正式的、带有解放意味的身体行为。“涂鸦过程中的创作者在没有理性

① 休谟:《人性论》,关文运译,商务印书馆1980年版,第451页。

② 内尔·诺丁斯:《学会关心——教育的另一种模式》,于天龙译,教育科学出版社2003年版,第15页。

③ 卢杨:《初中语文教科书的形象助读系统——关于插图功能及其利用探讨》,《北京教育学院学报》2000年第12期,第56-61页。

④ 梅洛-庞蒂:《眼与心——梅洛-庞蒂现象学美学文集》,刘韵涵译,中国社会科学出版社1992年版,第148页。

⑤ 叶浩生:《身体与学习:具身认知及其对传统教育观的挑战》,《教育研究》2015年第4期,第104-114页。

遮蔽的情况下，从事着潜在的、意识流式的生命叙事活动”①，学生通过涂鸦这种身体行为挣脱教学理性符号的框架，展开自我生命的主体意识叙事。从这个角度来看，教材插图涂鸦可理解为学生对自我潜在意识情感的即时表达、本真抒发。它往往产生于学生对隐性或显性刺激的应激性反应，如学生对教师某种教学方式难以适应或对某一知识点突发奇想。这种应激性反应导致学生的教材插图涂鸦行为与教师的教学预设之间往往存在一定程度的偏移；但从另一个角度来看，也正是这种应激性反应才使得这些涂鸦作品表现学生的个体情感和主观感受，让课堂焕发出生命的活力。因此，教师在对学生的教材插图涂鸦行为进行疏导时，不应一味遵循固化的判断尺度“凭经验办事”“依规则处理”，更不应将其片面化地解读为对教学规则的冒犯，而应树立“具身教学理念”，意识到学生的身体行为与他们的认知、情感之间的紧密关系，重新审视学生插图涂鸦行为背后的意识结构。例如，教师要避免居高临下的道德批判，以更加多元、包容的视角去审视学生的教材插图涂鸦行为，在允许他们通过插图涂鸦表达思想的同时，引导他们提升涂鸦的审美与艺术品质。

2. 运用“现象学式的教学机智”，促进抒发本心与服务教学的融合共生

从符号学的角度来看，主流文化与亚文化在课堂教学场域中分别对应两种不同的教学符号——笔记与涂鸦。笔记代表学生对主流文化的自觉遵守甚至积极维护，与课堂教学的价值引导呈现正向耦合状态；插图涂鸦则是亚文化的表现方式之一，学生在本该关注听讲的上课时间通过教材插图涂鸦建构起另一个课堂空间，体现出学生的随意和反叛。这两种符号表达方式在传统课堂教学中的地位截然不同，“涂鸦课本的学生经常担心被发现和被处罚。精致的课本笔记则被视为热爱学习的标志，广受教师的提倡和鼓励”。② 这种截然不同的态度反映出教师通常更注重课堂符号的“服务教学”价值，这样，便会将教材插图涂鸦视为“干扰教学”的符号形式予以简单制止。进行教材插图涂鸦的学生在课堂教学中往往处于自我营造的“后台区域”，对此，教师应以“现象学式的教学机智”灵活应对。

“现象学式的教学机智”提倡教师关注学生独特性、当下的生命体验，在此基础上开展平等对话式的教学活动，寻求师生主体性的交互空间，借此达成教材插图涂鸦行为在抒发学生本心与服务教学之间的融合共生。具体可借鉴以下两种思路：第一，教师下移教学视角，主动关照教材插图这一教学资源，将学生自发、散漫的涂鸦行为转变为教师引导下的教学活动。例如，语文教师可通过“涂鸦笔记化”来引导学生，巧妙地将教材插图涂鸦转变为帮助学生理解文本的突破口。第二，在课堂教学中预留更多的表达空间，除了常见的文本笔记，也要允许甚至鼓励学生采用更加个性化、多样化的方式记录笔记，促进“笔记涂鸦化”。例如，统编版语文教材中的《燕子》一文用“剪刀似的尾巴”“俊俏轻快的翅膀”来描写燕子的外形，用“青的草，绿的叶，各色鲜艳的花”来描写春天，这时，教师就可以引导学生将课堂笔记涂鸦化，鼓励学生通过勾描、补色等方式对教材插图进行涂鸦，以更加直观、趣味的方式呈现燕子的外形、春天的色彩。

3. 践行“低姿态的课堂管理”，推动自主调适与外在约束的优势互补

传统的课堂管理往往表现为通过统一化的管理方案形成整齐、可控的课堂秩序。在这种秩序化的课堂管理下，学习不再是愉悦求知的探究性活动，而变成机械顺应秩序的隶属性活动。严苛的纪律管理制度只会愈发激起学生的逆反心理，要么直接导致教学冲突，例如师生人际交往陷入危机；要么学生采取更为隐蔽的行为方式进行间接对抗，例如插图涂鸦。其实，真正有教育意义的纪律与学生的自我表达并非二元对立，“有教育意义的纪律来自人内心的自我”。③ 换言之，来自学生的积极自由的实现，即“意识到自己是一个有思想、有意志、主动的存在”，进而“成为某人自己的主人的自由”。④

因此，教师不应“一刀切”地禁止学生所有的教材插图涂鸦行为，而应在课堂管理中预留一定

① 熊和平，王鑫：《涂鸦与笔记：课本中的两种符号系统》，《中国教育学刊》2019 年第 9 期，第 81-85 页。

② 熊和平，王鑫：《涂鸦与笔记：课本中的两种符号系统》，《中国教育学刊》2019 年第 9 期，第 81-85 页。

③ 马克斯·范梅南：《教学机智——教育智慧的意蕴》，李树英译，教育科学出版社 2002 年版，第 263 页。

④ 伊赛亚·伯林：《自由论》，胡传胜译，译林出版社 2003 年版，第 200 页。

的弹性空间,适当地采用波里奇所提出的"低姿态的课堂管理"(low-profile classroom management)① 策略。"低姿态的课堂管理"并不是说教师应纵容学生涂鸦,而是面对那些不牵涉情绪混乱或人格问题的涂鸦行为,教师应采用较低姿态予以理解、引导。"当教师感受到真诚的呼唤去关注——去理解儿童的话语,去欣赏儿童的涂鸦——教师就会发现他们自己在想象地、最终是伦理地回应这些儿童。"② 例如,前文提到的《河中石兽》一文的插图就可通过教师"低姿态的课堂管理"策略成为教学导入的宝贵资源。当学生被该文生动、醒目的插图所吸引时,教师很难通过强制性的外力约束学生本心,此时,便可因势利导,让学生猜一猜插图中的这三个漫画形象分别对应文本中的哪个人物,巧妙地将学生对插图的关注点引回到教学轨迹中;接着,教师还可引导学生找出文中对老河兵、讲学家、寺僧三者的语言描写,将这些语言描写以气泡、文本框等涂鸦形式标注在插图中相应的人物旁边。这种灵活的课堂管理策略既能帮助学生借助具象化的插图形成对文本的初步认知,又能补充文本所缺失的人物形象信息,还能提高学生品读文本的兴趣,从而建构一种将知识的逻辑性和涂鸦的想象性结合起来的课堂形态。

值得注意的是,"低姿态的课堂管理"并不代表教师对所有的教材插图涂鸦行为都持应允态度。教材插图涂鸦是学生自我感受的一种抒发,但课堂教学不可沦为发泄感性情绪的场所,而必然要兼顾教育性。具体而言,教师对学生教材插图涂鸦行为的辨别可参照"学生的行为是否只对自己产生问题""持续时间的长短"两个标准。如果学生的教材插图涂鸦行为只限于本人,并且是短暂性、偶发性行为,不会影响课堂教学的整体进度,也不会干扰其他学生,教师可适当为其创设一定的施展平台,例如,通过举办涂鸦主题黑板报、组建涂鸦文化社团等方式,将学生的涂鸦热情转变为一种积极的班级艺术文化。如果学生的教材插图涂鸦行为出现以下情况,教师就有必要及时予以教学疏导:一是学生的教材插图涂鸦行为持续时间过长,过于频繁;二是学生的涂鸦内容触及伦理底线,如对历史英雄、文人志士进行恶搞式涂鸦。此时,教师应及时干预,正面教育,让学生对涂鸦的底线与原则产生清晰的认知,明白应区别对待教材插图涂鸦与网络文化。

Value of Graffiti on Textbook Illustrations Based on Sociology of Classroom Teaching

JIAO Huiyin

(College of Education, Central China Normal University, Wuhan Hubei, 430079)

Abstract: From the perspective of the sociology of classroom teaching, the students' behavior of graffiti on textbook illustrations reflects their migration of social graffiti culture, liberation of subjective consciousness and presentation of "backstage area" of life. Therefore, teachers should re-examine the value of illustration graffiti in its integration into such aspects as solving cultural conflicts, balancing power system, highlighting emotional logic, and mining teaching resources. Specifically, teachers should set up "embodied teaching concept" and form a positive sum game between body liberation and teaching discipline; apply "phenomenological teaching tact" to promote the integration and symbiosis of expressing oneself and serving teaching; and practice "low-profile classroom management" and promote the complementary advantages of self-adjustment and external constraints.

Key words: sociology of classroom teaching, textbook illustration, graffiti, subject consciousness

① G. D. Borich, *Effective Teaching Method: Research-Based Practice*, New York: Pearson Education, 2007, pp. 201-203.

② 玛克辛·格林:《释放想象:教育、艺术与社会变革》,郭芳译,北京师范大学出版社2017年版,第58页。

小学数学课堂合作学习的问题与对策

丁懿琼

（上海市世界外国语小学，上海 200233）

摘　要： 合作学习追求课堂上的自主、合作、探究，利于学生学习能力和综合素养的培养。然而，小学数学课堂在合作学习方面存在教师定位不准确、小组分类不合理、问题设计不恰当、缺少监督与引导等问题。针对这些问题，教师可以采取以下策略：明确教师定位，承担多重角色；合理分配小组，促进学生参与；巧妙设计问题，激发学生思考；过程监督引导，形成良好交流；过程多元评价，激发创新思维。

关键词： 小学数学；课堂合作；合作学习

数学是一门逻辑性、严谨性非常强的学科，小学是教育的基础阶段，小学数学教学有助于发展学生的思维能力，为学生的终身发展奠定基础。越来越多的数学教师开始积极将强调自主、合作、探究的课堂合作学习引入数学课堂教学中。

一、小学数学课堂合作学习的意义

关于合作学习的概念众说纷纭，概括地说，合作学习指学生为了完成共同的任务，有明确的责任分工的互助性学习。笔者认为，基于小学数学课堂教学，小学生数学合作学习可以定义为：以小组为主要活动形式，在尊重学生数学学习特点与规律的基础上，教师通过创设良好的学习氛围、支持学生互动交流、改变传统评价方式等促进学生情感智力发展，提升学生数学学习能力，培养学生综合数学素养的一种学习方式。

第一，合作学习将传统的个体间的竞争改为“组内合作”和“组际竞争”，增强了学生的合作能力和人际交往能力，也培养了合作精神和集体荣誉感。师生间的交流方式也变得更为丰富，由传统的单向交流变为双向乃至多向交流。多层次的交流可以增强学生的主动性、参与性和互助性。根据建构主义学习理论，由于小组内的学生有自己的经验、知识和文化背景，合作学习在这个基础上进行建构，会出现不同角度阐述的见解、对知识的侧重点不一，因此，合作学习能够实现学生的优势互补，相互启发，从而促进每一位学生的知识建构。

第二，合作学习能够促进学生的自主学习和深度学习。合作学习要求学生自己根据学习需求，确定小组学习项目，围绕项目在课堂内外主动学习，分工完成项目的具体任务，并一起体验过程、碰撞思想、接纳意见，最终在课堂上进行成果汇报与展示，进而享受学习的快乐。显然，学生在合作学习中体会到自主学习的价值，从而使学习更具深度、更有新意、更显实效。

第三，合作学习对于小学数学课堂的教学更具有不可替代的作用，因为数学是逻辑性、严谨性较强的学科，尤其在碰到难题的情况下，仅靠教师讲解，学生很难学懂，即使会解题了，思路也是单

作者简介： 丁懿琼，上海市世界外国语小学高级教师，主要从事小学数学教学研究。

一的,更没法厘清题目背后的规律。合作学习则能培养学生举一反三的思维,培养多角度、辩证解题的思维逻辑,在讨论中加深知识的记忆,使学生的学习效果最大化。

二、小学数学课堂合作学习存在的问题

1. 教师定位不准确

合作学习的效果如何,教师起到了关键性的作用。而很多教师将合作学习误解为是学生自由讨论的教学方式,往往把自己置身事外,作为一个旁观者。合作学习前,教师对整个合作学习过程没有做好充分的评估和准备。比如,对学生认知水平、兴趣爱好、学习能力、成绩档次、性格等差异并没有充分了解,无法正确指导分组设置;对教学目标、教学环境没有做深入细致的分析和评估,不知道哪些难点值得学生讨论。教师对自我定位不正确,没有提前规划好,合作学习效率将事倍功半。

合作学习时,教师作为一个旁观者参与合作学习的教学过程,缺少与学生及时沟通,导致学生不能理解合作学习的意义,不知道本堂课合作学习的任务目标,不清楚具体的学习要求。如果学生学习主动性不够,再加上缺少教师的指导,就会影响到他们的参与度和参与效果。

2. 小组分类不合理

小组合作学习与传统教师主导"填鸭式"教学方式不同,是将儿童心理学的合作原理纳入现代教学模式中,强调对问题具有不同认知程度的儿童在一起讨论交流后能相互促进各自的认知发展,目的是让小组的每一个成员通过对问题或者知识点的讨论,都能有所收获。合作学习小组的分组设置原则,就是不同认知度的学生在一起,认知具有多元性。因此,同一组内既不能全是同等层次的学生,也不能是差异太大的学生。然而在实际教学活动中,教师没有真正认识到小组分类的重要性。有的教师直接根据学生座位就近分配,或者为了体现合作学习小组的自由性,让学生自由选择并建立讨论小组。这种随意分类容易导致学生形成群体效应,比如成绩好的成了一组,成绩一般的成了一组,没有整体权衡学生兴趣爱好、学习能力、性格、性别等差异,无法实现小组分组设计的目的,因此,合作学习的效果不突出、不显著,甚至适得其反。

3. 问题设计不恰当

小组合作学习问题的选择要从学生的角度出发,只有学生遇到自己认为难懂、难以独自解答的题目或者解决的方法产生分歧的时候,他们才会想着要合作与讨论。但由于每位学生的综合素质不一样,所以他们对难题的认识也不一样。因此,选择什么样的问题,直接决定学生的参与兴趣,也决定合作学习的效率。一方面,很多教师将任一问题或者知识点都转换成小组学习讨论的问题,让学生讨论学习。但是事实上,学生自己就可以利用已有知识独立判断出问题的答案,直接可以在课堂上自己回答的问题,是不适合作为小组合作学习讨论的问题。另一方面,教师一味地追求难度,认为有难度的数学题目易于讨论,而小组合作学习的初衷是相互交流讨论,而不是少数学生有能力参与讨论的"高冷"问题。因此教师需要精心选择合适的讨论题目,难度能够略高于小组成员的平均认知水平,可以让小组成员全程参与,并能够激发学生讨论的兴趣。

4. 缺乏监督与引导

教师的监督与引导主要是因为对于小学生而言,他们的心智模式还没有成熟,如果没有适当的约束条件,那么在小组学习讨论过程中,很容易自由发挥,难以聚焦问题。[①] 然而在实践过程中,往往是教师先抛出问题,就直接进行课堂合作学习。在整个讨论过程中,那些表现欲望强的学生会以自我为中心,不愿意静下心来倾听他人的言论,只想得到别人的关注与认可,各自都急于表达自己的思想。此外,小组合作学习中只有成绩优秀者高谈阔论,却少有普通学生发表见解。久而久之,沉默的学生成了大多数,这样很容易产生惰性思维。所以,需要教师全程做好监督与引导,组织小组内部进行角色分工,保证每位学生在小组合作学习过程中都能参与其中。

5. 合作学习评价不到位

在小组合作学习进行学习和汇报交流时,教师的评价往往不到位,没有全面、科学、辩证地进

① 史晓芳:《试论小学语文教学中的小组合作学习模式》,《课程教育研究:学法教法研究》2016年第6期,第115页。

行评价，又或者没有给予积极的鼓励和及时的评价。小学生在心理上处于重要的塑造期，这个时期的学生特别想获得他人的关注和认可，因此教师要多正面鼓励、积极引导，帮助他们进行健康的心理素质培养和塑造。① 对于表现不尽如人意的小组，教师没有发现其积极、正面的闪光点，过于重视惩戒，打击他们的积极性。有些教师采取的评价形式过于单一、陈旧，只是简单、过场式的点评，没有抓住主要矛盾，也更没有满足学生的需求。这种评价没有真正起到鼓励、鞭策的作用，教师只是为了完成评价任务。

另外，评价形式不丰富还包括评价主体只有教师，没有小组内学生互评、小组外学生评价和学生的自我评价。这样的评价不及时、不全面，无法真正唤醒学生的灵感，激发学生的学习兴趣。而且教师在对小组评价时，往往注重对集体的奖惩，却忽略了个体。其实在一个团队里，最重要的就是个人对集体的贡献和作用。在每一次的课堂合作学习中，个人对团队的贡献是变化的，由于每位学生的文化背景不一样，看待问题的视角也就不一样，对于成绩优秀者，教师对团队的评价，学生的带入感强，会认为是对自己的评价；但是对于普通学生，他们既没有积极参与讨论，又由于个体的自卑，所以教师对团队的评价，他们不会有任何的带入感，削弱了合作学习的评价作用。

三、小学数学课堂合作学习的策略

1. 明确教师定位，承担多重角色

在合作学习中，教师角色定位要清晰，作为承担策划、组织、参与、评价、反思的重要角色，教师要意识到自身肩负的责任和重担，找准定位，科学、合理地推行合作学习教学。② 教师的角色主要是：

(1)策划者。教师要根据教学任务，科学地设计小组合作学习的次数和时间。比方说在“平面图形面积计算”的知识点中，设计小组合作学习的次数为 1 次，可以在“长方体面积计算”和“三角形面积计算”之后，让学生自行讨论推算出“梯形的面积计算公式”出来，学习合作讨论的时间 20 分钟为限。

(2)组织者。尽管教师在合作学习中不是主导地位，已经从传统的传授式教学转变成以学生自主学习为主，但并不意味着可以采取放任型管理方式。在小组人员分配、课题讨论、讨论的节奏以及讨论点评等关键环节，教师仍然起到举足轻重的作用，针对每个合作学习讨论过程，教师都要精心设计，最后才能避免合作学习讨论流于形式，充分发挥学生自我学习的作用，达到有效学习的目标。

(3)引导者。教师同时还担任导师角色。在合作学习中，教师需要引导每个小组成员大胆表达自己的观点，陈述理由。在教师的引导下，每位学生都有机会参与到合作中，使讨论更加深入下去，小组的交流和参与就会更加充分、全面。

(4)合作者。教师还是一个合作者：不指挥，而是在时间控制、学生参与程度方面进行调控；不干涉，而是有效地去配合学生或者是给予建设性的意见。在整个过程中，教师就是友好的合作者，在学生需要的时候，点拨他们自我学习、探索，让学生自我发现，激发他们对数学的学习兴趣。

2. 合理分配小组，促进学生参与

合作学习的目的在于克服传统教学的弊端，让每一个参与者都有所收获。为此，教师要科学、合理地组建合作学习小组。首先，将班内学生按组间同质、组内异质的原则进行合作学习小组的分配。每组 3—6 人较为合适。其次，帮助小组明确组长、纪律员、记录员和汇报员的角色。每位学生都要各尽其责，组长、纪律员、记录员和汇报员等角色分工由小组内部自行讨论决定。然后角色轮流担任，这一次担任组长的人下一次可以担任纪律员，轮换承担任务，可以更全面地锻炼学生的能力，也给普通学生表现的机会，使他们从沉默的低头者成为积极的讨论者，有效提高合作的参与度。

3. 巧妙设计问题，激发学生思考

教师设计的问题既要接近学生的“最近发展区”，具备一定的难度，还要有值得讨论的意义。问题要兼顾到兴趣层面，要精心挑选那些能够激发学生兴趣的问题，增强学生的期待感。比如，在学“平面图形的面积”中，遇到梯形的面积公式推

① 多杰措：《浅论小学语文自主合作学习方式》，《读与写》2017 年第 21 期，第 36-40 页。

② 班积芬：《试论小学语文教学中的合作学习能力的培养》，《中外交流》2017 年第 13 期，第 181 页。

导,也可以组织学生进行小组合作学习讨论,通过复习“长方形、正方形、平行四边形”的面积来推导梯形的面积公式。这些问题与学生的兴趣爱好相关,又锻炼了学生的逻辑思维能力,属于“跳一跳就能够得着”的难度。类似这样的题目,就便于学生进行合作学习小组讨论。

4. 过程监督引导,形成良好交流

小组交流机制的设计包括三个方面:首先,让学生懂得倾听。认真倾听既是学习、巩固知识的良好方式,也是尊重他人的表现。其次,要让学生学会表达。教师在平时要注重培养学生表达能力。这是听、说、思的综合训练,教师要有意识地引导,让学生准确、规范地陈述自己的思想和见解,又要能够从其他学生的发言中获得启发,还能运用各种辩论技巧,比如反问、答辩、摆事实讲道理等,以理服人。最后,教师还要承担“穿针引线”和监督的角色,在小组内激烈交流时,要恰到好处地引发学生思维碰撞,培养高阶思维。因此,在学生积极讨论时,教师既不能过多干预,也不能袖手旁观,要做到科学、合理地“穿针引线”。

5. 过程多元评价,激发创新思维

(1)评价的方式正面性,以鼓励为主,批评为辅

教师要注重正面引导,对于表现好的集体和个人要及时评价,并给予一定的物质奖励,以提升学生对合作学习的期待感。对于表现较差的小组,也要以鼓励为主,批评为辅,在批评前先抓住好的方面进行鼓励,以免打击学生的自信心。

(2)评价的内容具体化,让学生认识到具体问题所在

评价的内容不能太笼统,也不能太陈旧,必须具体化,针对小组讨论流程、气氛、讨论的结果等提出具体性评价,让学生意识到自身的问题所在,以更好地改正问题,提升综合素质。

(3)评价的主体多元化,引导学生自评,同伴互评

评价方式不能“一刀切”,也不能“一言堂”,教师不能以时间紧为理由,随意评价,敷衍了事,这是一种极不负责任的做法。教师的评价方式要注重丰富性,鼓励学生自我评价,引导组内成员互评,这样更能让学生全面意识到自身的问题,强化互动性,使学生充分体验合作学习的乐趣和意义所在。

教师在评价时,除了关注集体,对于有突出表现或者贡献的个体也要加以重视。教师对表现优异的个体进行正面具体的评价,这样不仅能提升个体发展,提高学生自信心,能激活学生巨大的潜力,还可以提醒教师关注每一位学生的发展,善于发现个体身上的闪光点,师生之间形成良好的交流机制,促进师生关系和谐有序发展,实现教书育人的最终目的。

Problems and Countermeasures of Cooperative Learning in Primary School Mathematics Classes

DING Yiqiong

(Shanghai World Foreign Language Primary School, Shanghai, 200233)

Abstract: Cooperative learning pursues autonomy, cooperation, and inquiry in the classroom, which is conducive to the cultivation of students' learning ability and comprehensive literacy. However, in primary school mathematics classrooms, there exist such problems as inaccurate teacher positioning, unreasonable group classification, improper question design, and a lack of supervision and guidance. For these problems, teachers can adopt the following strategies: clarifying the teachers' position and undertaking multiple roles; allocating groups reasonably and promoting students' participation; designing problems ingeniously and motivating students to think; supervising and guiding the process of cooperative learning and developing effective communication; adopting diversified evaluations and stimulating innovative thinking.

Key words: primary school mathematics, cooperation in classrooms, cooperative learning

智能时代“纸屏融合式”英语阅读模式新探

刘 懿

(浙江外国语学院 应用外语学院,浙江 杭州 310023)

摘 要: 基于阅读学习理论结合智能工具构建纸屏融合式英语阅读模式,以英语阅读素养问卷和英语成绩为工具,以浙派文化英语阅读为研究对象,对所设计的纸屏融合式英语拓展阅读模式的应用效果进行验证和分析。研究表明,纸屏融合式阅读在发展学生高阶思维能力,提高双向文化交流能力,激发学生阅读兴趣上有显著作用,其可为智能时代发展学生综合阅读素养提供借鉴。

关键词: 纸屏融合;阅读模式;智能工具;本土文化

一、问题的提出

当前英语阅读教学关注线下传统阅读,缺少在线读屏指导。学生缺少准确定位信息的位置和对信息的评价及甄别的能力,存在“浅阅读”的现象①,因此不利于评价信息、解决问题等高阶思维能力的培养。在文化意识培养上,我国传统英语教学倾向于以英语国家文化为主体的单向跨文化学习,缺失用英语表达中国文化的学习,存在“中国文化失语现象”。② 针对“读屏缺少指导”“低阶思维为主”“文化单向传播”等问题,线上阅读将文本和图像、音频和视频相融合,有助于文本理解。文本具有互动性和非线性,读者更容易获取最新信息,并能培养分析评价信息的能力。③ 但有些学者认为屏幕阅读特征可能会阻碍阅读表现④,计算机化的学习环境会产生阻碍认知过程的语境线索,降低学习效率⑤,并且材料的真

基金项目: 本文系 2018 全国教育信息技术重点项目“基于结构方程模型的乡村教师网络工作坊满意度研究”(项目编号:186120023)、2018 教育部协同创新项目“中小学本土文化英语拓展阅读课程建设”(项目编号:201802263001)和浙江省教科规划课题“高中英语教师跨文化能力现状与培养的研究——以浙江省为例”(项目编号:2019SCG344)的研究成果。

作者简介: 刘懿,浙江外国语学院应用外语学院副教授,博士,主要从事英语课程与教学论研究。

① 拜庆平:《全媒体时代的阅读新趋势、新变化——基于全国国民阅读调查十余年历史数据的总结》,《传媒》2016 年第 11 期,第 13 页。

② 赵凤玲:《对文化互动中中国文化“失语”问题的反思》,《中州学刊》2009 年第 4 期,第 239 页。

③ 拜庆平:《全媒体时代的阅读新趋势、新变化——基于全国国民阅读调查十余年历史数据的总结》,《传媒》2016 年第 11 期,第 13 页。

④ Jeong, Hanho, “A Comparison of the Influence of Electronic Books and Paper Books on Reading Comprehension, Eye Fatigue, and Perception”, *The Electronic Library*, Vol. 30, no. 3(2012), p. 380.

⑤ Ackerman R , Lauterman T, “Taking Reading Comprehension Exams on Screen or on Paper? A Metacognitive Analysis of Learning Texts under Time Pressure”, *Computers in Human Behavior*, Vol. 28, no. 5(2012), p. 1816.

实和准确性有待商榷。[①]为此,依托真实准确的文本,融合线上和线下主题语境,发展学生分析评价信息的高阶思维的阅读模式为当前的需要。在智能工具的助力下形成符合时代需要的线上和线下综合阅读素养。本文尝试构建"纸屏融合式"英语阅读模式的理论框架和实施策略,以提升学生语言阅读能力、思维品质、文化品格。

二、"纸屏融合式"英语阅读模式

1."纸屏融合式阅读"概念

所谓"纸屏融合式阅读",是指在英语课程目标的引导下,读纸与读屏并重,线上与线下内容融合,低阶、高阶思维发展相融合,实现阅读与中西文化双向传播相融合,借助智能工具精准施教,促使学生获取语言知识和阅读技能,发展思维品质,培养文化品格,提升英语核心素养。

智能化"纸屏融合式阅读"借助智能系统、在线平台、智能工具,为英语阅读提供语料库辅助、学习图谱、评价数据[②],为英语阅读走向数据驱动下的"客观评析",透过数据反馈捕捉英语阅读教学规律,为展开学理分析提供可能。[③]借助智能技术融合外语教育的发展趋势,尝试寻求一条英语阅读持续创新的智能化阅读路径,以客观证据结合学理分析为依据的全息数字化融合式阅读模式,依托数字化教学系统和 AI 智能教学工具,推动更加公平有质量的英语教学。

2."纸屏融合式"英语阅读模式

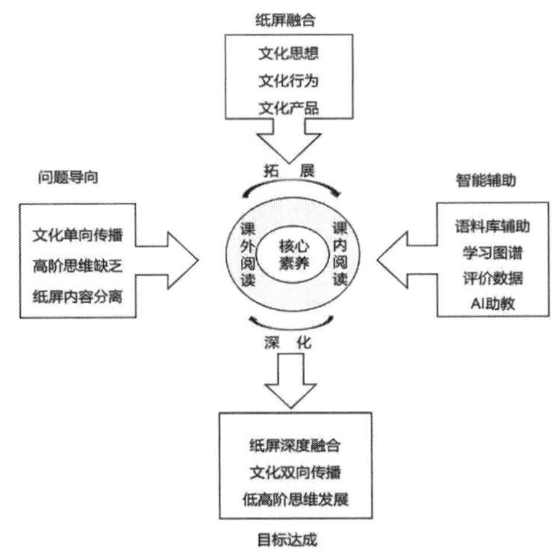

图1 "纸屏融合式"英语阅读模式

课内阅读是基于教材的课堂阅读,课外阅读是围绕教材的阅读主题的拓展阅读,两者有机融合,旨在促进学生英语学科核心素养。课外拓展部分作为课内篇章的补充,可使学生深化对主题意义的理解。在智能工具的辅助下纸屏深度融合,通过阅读培养学生文化双向传播和高阶思维能力。

3."纸屏融合式"阅读模式的特点

(1)读纸与读屏融合

以单元主题为主线,整合线上与线下内容;依据教材提供的纸质阅读主题,从文化思想、文化行为和

① Young J,"A Study of Print and Computer-based Reading to Measure and Compare Rates of Comprehension and Retention", *New Library World*, Vol. 115, no. 7-8(2014), p. 376.

② 钟绍春,钟卓,张琢:《如何构建智慧课堂》,《电化教育研究》2020年第10期,第15页。

③ 程晓堂,陈萍萍:《基于大数据的英语阅读能力培养及测评体系构想》,《外语电化教学》2019年第2期,第40页。

文化产品三个方面进行拓展。由此，通过线下读纸和线上读屏的互补与整合，突破时空限制，线上读屏拓展并加深课内线下阅读内容，实现“读纸+读屏”融合，促进学生成长。线下读纸主要体现在基于教材的课堂阅读，线上读屏是在教材的阅读主题下拓展阅读，两者有机融合旨在促进学生英语学科核心素养。线上读屏部分补充课内有关浙江本土文化知识的内容，学生不仅学习英语国家文化，而且提高本土文化的英语表达能力。依托西方文化和浙派文化拓展阅读，培养学生语言知识、阅读能力、思维品质和文化品格。智能工具辅助下拓展课程从静态转化为动态，并实现个性化教学目标。根据学生阅读素养水平诊断，设计拓展阅读材料教学，提高学生阅读素养。

（2）文化双向深度交流

线下读纸的英语阅读教学受时空的限制，但英语核心素养包含文化品格，我国传统英语教学倾向于以英语国家文化为主体的单向跨文化学习，缺失对中国文化的学习，存在“中国文化失语现象”。虽然英语学科核心素养文化品格中提出英语教学需传播中华优秀文化，并导入一些本土文化，但内容零散，教学方法趋于狭义理解和演绎。学生在学习中以记忆、理解为主，忽视对文化深层价值的挖掘和鉴别，难以形成积极的文化态度和文化自信。基于此，浙派文化英语拓展阅读课程正尝试拓展国家课程中的教材话题，均衡分布教学内容，采用多种形式系统介绍浙江传统文化，以实践为主，帮助学生系统掌握和运用本土文化进行英语释义，介绍本土文化的方法和策略，挖掘本土文化传递的积极价值取向，赢得文化自信。

（3）多阶思维并重

以往篇章处理集中于记忆、理解、运用，阅读教学中教师习惯于分析篇章中的生词和难句，缺少语篇分析，发展学生的低阶思维能力。但是“句子的意义并非由词素意义的简单相加”，篇章的结构具有表达意义，篇章中句子之间具有衔接关系。为了保持语篇的连贯，教师对语篇的分析可以超越句子的局限，帮助学生掌握语篇内的逻辑关系。在整篇阅读过程中，学生可以运用背景知识和上下文推测意义，分析篇章的语境，掌握篇章的整体结构和句子的逻辑关系，最终学会同一类型本土文化语篇的表达方法，这样的阅读过程可以使学生的分析、评价、创造等高阶思维能力得以发展。

4.“纸屏融合式”英语阅读流程

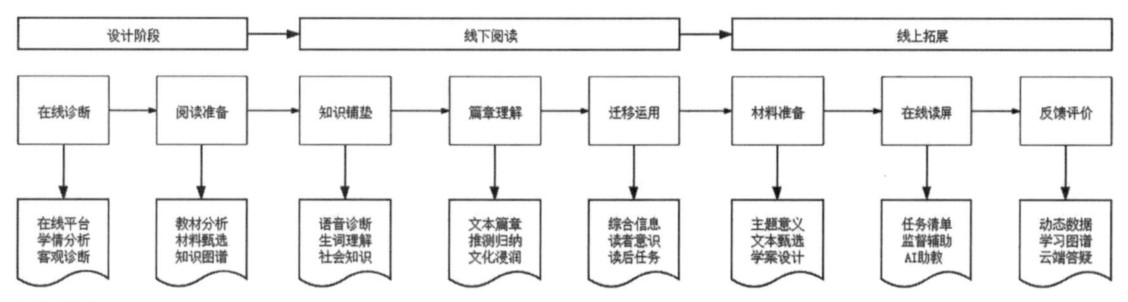

图 2 “纸屏融合式”英语阅读模式流程图

“纸屏融合式”英语阅读模式流程分为三阶段：设计阶段、线下阅读和线上拓展阶段。在设计阶段，教师根据学生在线客观诊断结果进行学情分析，基于学情甄选材料，依据学生认知能力分析阅读材料，最终形成知识图谱。在线下阅读阶段，教师提供相应的知识铺垫，如提供语境促进生词及社会背景知识的理解。基于前期铺垫，学生理解篇章，推测归纳文本主旨，分析蕴含的中西方文化价值。教师设计读后活动迁移运用语言知识和技能。在线上拓展阶段，围绕线下阅读主题，聚焦本土文化，学生展开线上拓展阅读，深化主题意义的理解。线上拓展以学生自主学习为主，教师提供任务清单和线上答疑问题，同时 AI 助教辅助监督学生在线学习行为，依托学生整体动态数据，形成学习图谱。

三、智能工具辅助下"纸屏融合式"阅读实施

依据智能技术与英语阅读的多维融合特征,"纸屏融合式"英语阅读精准施教,重构英语阅读模式,探索智能技术驱动英语阅读模式与实践路径。依据课堂和课后学生形成的数据,推进个性化、自适应的学习方式。线上设计多模态阅读材料,有利于学生理解篇章,提升阅读积极性,鼓励学生使用智能工具全方位感知、理解、运用所学知识。智能英语学习工具生成大规模的认知、行为、场景等多模态数据,提高语言学习的准确性、有效性、真实性。

1. 设计阶段依托语料库,提供适合学生的优质语言输入

英语教师课堂语言的准确性一直以来是现实中需要解决的问题。学生的语言程度差异大,本土文化的语篇有限,教师需要从原版报纸、杂志或专著中获取语篇,再根据学生程度替换语篇中的内容或创编本土文化语篇,因此确保语言的准确性是教师的一大难题。教师在阅读设计过程中,用权威的 COCA(1990—2019 Corpus of Contemporary American English,译为"美国现代英语语料库")实时更新的语料库和分析工具,将不确定的字、词、句输入平台检索,并对设计阶段使用的语言与美国本族语的语料库进行例证对比,确保教师在字、词语搭配、句型选择、语态选择等方面使用正确、地道、符合学生认知水平的语言。

借助语料库开展阅读教学设计,体现数据驱动下为学生提供真实语言材料和语境的优质语言输入。依托在线平台语料库软件工具 KWIC(key words in context,译为"语篇关键词"),在真实的语境中把握准确的词义和词语搭配,用统计的方法分析大量真实语言使用的频率和共现词频,用统计的方法分析并确定学生需要掌握的高频词,在高频词的基础上设计课堂教学的重点。如图 3 所示,结合五年级教学大纲,整篇文章去除虚词和学生已经掌握的词汇,从高频词中选取"could, said, told"作为本课的教学重点,将低频词"blossom, peach, excited"作为只需要认读理解的词汇。此外,活用语料库提供的真实语言和语境消化阅读材料中的生词和搭配,为确保教学设计的语言正确,依托语料库,查询词汇和搭配的出现频率,优选字词句。例如"What are people in Zhejiang like?"(如表 2),从词频来看,"What are people in Zhejiang like?"词频(6 次)高于"What is people in Zhejiang like?"(1 次),前者使用的场景有新闻、微博、影像和口语,范围远远广于后者,在具体场景中理解词汇和结构,因此教学中优选"What are people in Zhejiang like?"的结构。

表 2 依托语料库确保教师语言的准确性

1	2017	NEWS	New York Post	Hall of Fame and, beyond seniority and perhaps a distinctive style, **what are people like** Al Barlick and Billy Evans doing in the Hall?
2	2012	BLOG	noquarterusa.net	**What are people** in places **like** Ohio eating? Have increased their consumption of arugula?
3	2012	BLOG	mxp.blogs.cnn.com	that this " stimulus package " will help me and my family... **What are people like** me suppose to do?
4	2010	SPOK	ABC_ThisWeek	Republicans are gonna have a fabulous fall, but the question is **what are people like** Christine O' Donnell and the increased descendancy of Sarah Palin do for their chances in
5	2004	MOV	The Final Cut	upon life. Most of us get only one, if that. **What are people'** s lives **like**? Do they make any sense?
6	2003	MOV	Wolves: The Creation of an Epic	of this? When you see them together, you will know. **What are people** saying? They **like** the match. No one is angry?

（续表）

7	1995	MOV	Powder	her. Don’t tell me you’re seeing inside them again. **What are people like** on the inside? Inside most people there's a feeling of being separate

2. 阅读阶段依托智能工具，为数据形成学习群体画像

课堂管理工具例如优化大师、AI 助教能为教师提供学生数据画像成长轨迹，管理工具适时提供学生数据，帮助教师形成客观准确的评价和针对性辅助。阅读的每一篇章评价涵盖知识的记忆、理解和运用等低阶思维能力，围绕阅读任务进而考察分析、评价和创造等高阶思维能力。评价指向多维学科素养，自动生成反馈个体学生、班级、年级数据雷达图，从整体判断学生发展层级、学生不同时段发展状态，实现评价的客观准确。自动捕获数据既为教师减负增效，推动评价方式的变革，又根据学生发展情况推送个性化学习资源，开展差异化教学。

3. 拓展阶段依托语料云，精准实现教学评一体化

为提高学习效率，以评促学实现教学评一体化。将学生的读后表达作业输入以语料云为技术支撑的 iwrite 平台，利用机器评阅工具，适时反馈学生读后任务中的语言错误。随后，学生根据反馈修改完善，提高语言使用的准确性。教师根据学生普遍存在的错误，分析错误的原因，为据此定位教学重点、难点，从而实现精准施教。

四、实施成效

为考察浙派文化拓展阅读课程的实施成效，课题组借助全球阅读素养学生卷调查的机会，对该班级学生进行问卷调查。2019 年 12 月，全球阅读素养学生卷调查 H 市 Y 区课题实验班学生，抽取 12 岁学生共计 190 名，调研分为学生和教师两个模块的调查。学生模块问卷调查学生学校学习氛围、课外阅读情况、课堂参与和学习态度。教师部分问卷包括教师性格、课堂阅读氛围、教师背景信息、学校学习氛围、教学态度、课堂特点、教学策略、阅读教学时间、方法、活动、阅读材料、图书馆和网络资源、家庭作业、阅读教学准备，教师问卷需要 30 分钟完成，共计 17 大题 52 小题。

首先，对问卷数据进行筛选。筛选过程如下：删除缺失值所在记录（共 2 条）；删除性别选项为 0 的记录（共 4 条）；非零选项中出现选项为 0 的使用众数进行替换。最终得到 184 条有效问卷数据。

其次，使用 SPSS 检验问卷的信度。问卷整体的信度检验结果显示，标准化克朗巴哈系数为 0.84，说明问卷整体具有较高的稳定性和一致性，可信度较高。对各分项问题的信度进行检验，得到的标准化克朗巴哈系数基本都在 0.8 以上。这表明问卷设计的问题较为合理，稳定性和一致性较高。

1. 促进多阶思维发展

表 3 拓展阅读促进学生高阶思维能力发展

	通过阅读找到自己想要的东西	教师要我们讨论读过的材料的频率	你同意“教师鼓励我对读的内容的思考”的说法吗	自己选择英语阅读材料的频率
均值	2.14	2.03	2.37	2.4
众数	2	2	2	2
标准差	0.95	0.97	0.58	1.03

因为“不同意=0;有点不同意=1;同意=2;非常同意=3”,“通过阅读找到自己想要的东西”和“自己选择英语阅读材料的频率”两个选项众数为2,代表大部分学生认为自己能通过阅读找到自己想要的东西,且提高了主动搜索信息的频率,反映学生提高了搜索信息的能力和频度。“教师要我们讨论读过的材料的频率”,“教师鼓励我对读的内容的思考”这两个选项众数为2,结果表示教师在阅读过程中注重提高学生批判性思维。

2. 实现文化双向交流

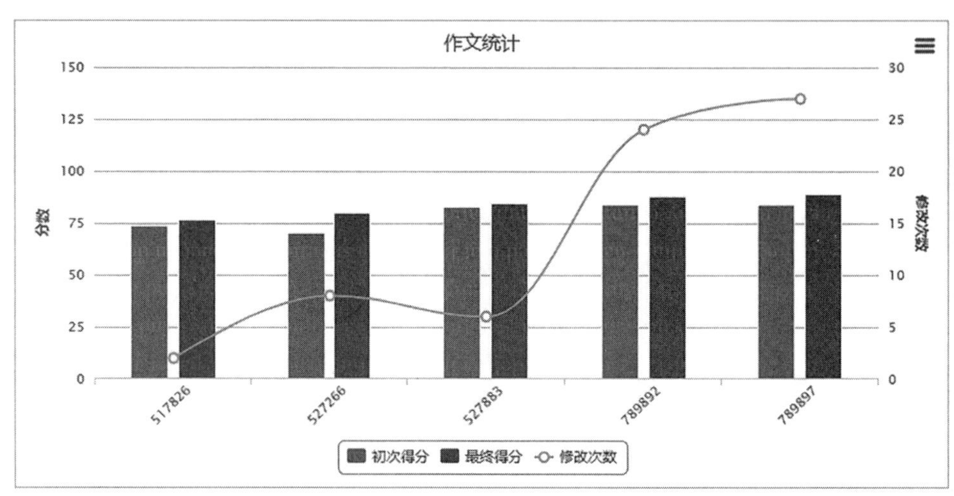

图3 拓展阅读促进双向文化交流能力提升

教师设计本土和西方文化为主题的读后写作任务:谈论中西方美食、习俗、节日、名人和名胜等话题,机器对语言的准确性、适切性和语篇衔接等要素进行评阅。平台对结果进行追踪,数据显示学生输出成绩不断上扬,学生在中西文化双向传播任务中,整体语言表达能力有所提升(见图3)。

3. 提升英语阅读兴趣

表4 拓展阅读提高学生阅读兴趣

	我想要更多的时间看英文书	借书的频率	课外愉快的英语阅读
均值	2.07	2.14	2.41
众数	2	2	2
标准差	0.89	0.95	0.95

从表4可知,“读纸+读屏”的混合式本土文化拓展阅读可提升学生的阅读兴趣,使学生在阅读中获得自信。阅读能让学生感到愉悦,学生表现出强烈的阅读英文书的愿望,并能经常借书阅读,混合式阅读可提升学生英语阅读兴趣。

智能工具辅助下的“纸屏融合式”阅读教学能拓展和加深学生对教材主题的理解,同时本土文化根植于学生生活环境又能促进二语的理解与运用。“纸屏融合式”阅读教学能提升双向文化交流的能力,同时发展多阶思维能力。但准确地道的本土文化英语语篇开发是融合式拓展阅读推广和深化的主要问题,尽管语料库能在选词、用词和造句上给予大量地道的语料支撑,但能熟练运用语料库的一线教师还不多,实际教学中符合学生认知水平的本土文化英语拓展材料还有限,因此引导一线教师运用智能工具促进学科教学任重而道远。

An Exploration into Blended English Reading Model in AI Age

LIU Yi

(Applied English School, Zhejiang International Studies University, Hangzhou Zhejiang, 310023)

Abstract: Blended Reading Model (BRE), a new model including online reading and paper reading, is based on reading theories and assisted by AI tools. This paper has adopted English reading literacy questionnaires and English scores as tools, taken English extensive reading on Zhejiang local culture as the research object, and tried to verify and analyse the application effect of BRE on English extensive reading The findings have showed that BRE has a significant impact on developing students' high-order thinking skills, improving their two-way cultural communication ability, and motivating their interest in reading. Thus, it can provide some reference for the development of students' comprehensive reading competence in AI age.

Key words: Blended Reading Model, paper and digital reading, AI tools, local culture

家校协同开展小学传统节日文化教育的实现路径

潘健智[1]，胡洁人[2]

（1. 上海市长宁区天山第一小学，上海 200051；2. 同济大学 法学院，上海 200092）

摘 要：对小学生进行传统节日教育，可以增强他们的民族文化认同感。在开展传统节日活动方面，上海市长宁区天山第一小学遵循学生的身心发展规律和道德发展水平，以系列性阶梯性活动为载体，采取家校协同策略，增强小学生对传统节日的认同感，弘扬民族文化的优秀传统。

关键词：传统文化教育；传统节日活动；家校协同

一、研究背景

中国传统节日蕴含着深刻的道德教育意蕴，可以唤起小学生爱国情怀，渗透伦理教育，树立感恩意识。① 中央宣传部、中央文明办、教育部、民政部、文化部五部委出台《关于运用传统节日弘扬民族文化的优秀传统的意见》，上海市教育委员会出台的《关于在本市大中小学广泛开展传统节日教育的通知》等相关文件，充分体现了从中央到地方对我国传统节日文化的重视。然而，随着我国社会发生的深刻变革，社会生活日益多元，中小学生的交往和情感表达方式发生了很大变化。不少中小学生对西方节日耳熟能详，而对中国传统节日却不甚了解。如何让小学生深刻认知和体验我国的传统节日，提升其爱国精神和民族情感，是值得研究的重要问题。

二、问题的提出

传统节日比较抽象，因此需要载体来具体呈现。它可以有传说和故事，比如中秋节有嫦娥奔月、吴刚伐桂，端午节有屈原投江；它可以有活动和仪式，如歌舞、百戏、赛龙舟，踏青、插艾、插茱萸等，包括体育、文学、舞蹈、医药等各个方面。② 这些仪式的意义在于通过仪式化过程将现代与传统相勾连，传承特定的价值观念与行为规范，在现代与传统的联系中确立民族国家（共同体）的合法性，维护社会的稳

基金项目：本文系 2019 年度上海市长宁区教育局“家校协同开展小学生中华传统节日活动的设计和实践研究”（项目编号：E14）的研究成果。

作者简介：潘健智，上海市长宁区天山第一小学高级教师，主要从事德育与传统文化教育研究；胡洁人，同济大学法学院副教授，博士，主要从事法理学与法律社会学研究。

① 蒋红斌：《中国传统节日的小学道德教育意蕴及实现路径》，《湖南第一师范学院学报》2016 年第 4 期，第 5–8 页。

② 冯骥才：《传统节日，我们共同的日子》，《民俗研究》2015 年第 1 期，第 60–61 页。

定。[①] 当然，只有对各种节日载体有了充分的了解，才可能对节日文化有深刻的领会与体悟。[②]

当前的小学传统节日教育存在诸多问题，如对传统节日的教育资源开发利用不够，教材对传统节日的描绘大都还停留在比较久远的年代，脱离现实生活；教学方法单一古板，活动不丰富，形式不新颖，忽视了学生的认知水平；缺少传统节日教育环境的创设，其中家长和社区的资源开发不足。小学生对传统节日的起源、传说和习俗了解得不够全面和深入[③]，对于端午节、清明节等重要传统节日，则了解更少。[④] 传统节日文化面临诸多挑战，如传统节日文化内涵逐渐流失，传统节日活动商业化严重，受消费主义、现代快捷交流方式、"洋节日"和转型期精神迷失的冲击与影响，媒体对传统节日的文化内涵挖掘与宣传不够。[⑤] 现有关于家校协作开展小学生传统节日活动的研究，大部分集中在学前教育阶段，中小学学段受到的关注度不够。同时，对传统节日研究的现有成果，更多关注其价值和意义，而忽略实践创新方面的探索。

针对以上现状及问题，本研究基于对上海市长宁区天山第一小学关于中华传统节日活动的教学设计和实践经验，提出家校协同开展小学传统教育的机制和实施路径。

三、家校协同开展传统节日文化教育的可行性

家校协同是指教师与家长/社区共同承担学生成长的责任，包括当好家长、相互交流、志愿服务、在家学习、参与决策和与社区合作六种实践类型，是现代学校制度的组成部分。在此方面，上海市长宁区天山第一小学将中华传统文化节日的教育与家校合作联系起来，实现家长、教师和社区的三方互动紧密合作，实现五育并举，并在实施之前做好了充分的可行性分析。

首先，对中国传统文化节日活动的现状进行实地调研。课题组对 2020 年 1—9 月期间学校的学生家长、教师和学生开展深度访谈，基于此，设计学生喜欢的传统节日活动形式的调研问卷，开展调查。基于数据，对节日活动形式的现状、影响因素、认同情况及符合其阶段身心发展活动的特点等进行分析，为接下来系列化的活动设计提供实证资料。

其次，遵循学生身心发展特点，对中国传统文化节日活动进行系列化活动设计。本研究以春节、元宵节、清明节、端午节、中秋节和重阳节这六个最具代表性的重要节日为载体，进行系列化活动设计。同一个节日的活动设计体现序列性和阶梯性，因此在设计活动时根据学生的身心特点，有选择性地开展不同形式的活动。

再次，家校协同开展中国传统文化节日活动系列化活动的实践研究。让学生通过主动参加各种实践活动，体验传统节日的文化精髓，必将进一步加深对传统节日文化的了解，增强美好的情感体验。[⑥] 根据家庭成员的身份不同，开展相应的节日实践活动，达到全家总动员，且家长也不会觉得增加负担，充分利用信息化技术，构建家长在各类节日活动中深度参与的有效形式。

最后，开展对中国传统文化节日系列化活动的策略研究。创新中国传统节日活动的实施策略，以活动为载体，精心设计内涵丰富、形式多样的课外实践活动，吸引学生、家长广泛参与，让学生、家长在体验中受到传统文化的感染和熏陶。

因此，以节日为切入点，设计系列活动，将学校和家庭融入进来，同时尽可能涉及社区或社会的相关

① 王霄冰，邱国珍：《传统的复兴与发明》，知识产权出版社 2011 年版。

② 仲富兰：《尴尬的传统节日》，《中国社会科学院院报》2004 年第 2 期，第 24 页。

③ 王颖：《首都小学生传统节日文化认识现状及对策》，《北京青年政治学院学报》2009 年第 3 期，第 30-33 页。

④ 俞华珍：《基于传统节日文化培养小学生阅读能力的思考——"看""诵""用""品"四步法》，《基础教育研究》2015 年第 3 期，第 39-41 页。

⑤ 黄玲丽：《我国传统节日面临的时代挑战及当代价值重塑》，《信阳师范学院学报（哲学社会科学版）》2017 年第 5 期，第 100-103 页。

⑥ 毛高仙：《唤起中小学生对传统节日的文化记忆》，《教学与管理》2009 年第 13 期，第 16-17 页。

活动。在实践的过程中,对出现的新情况、新问题随时反馈,修改补充,以保证课题研究的可操作性。

四、家校协同开展传统节日文化活动的实践内容

传统节日教育重在扎根,对小学生进行传统节日教育,可以增强他们的民族文化认同。①在开展传统节日活动时,教师和策划者要遵循学生的身心发展规律和道德发展水平,特别是应适应学生的审美情趣、接受能力和心理特点的方式,得到家长的积极配合和支持,不断创造新鲜多样的节庆活动方式,以丰富多彩的形式彰显民族文化的优秀传统。以活动为载体,多种途径搜集资料,吸引学生和家长广泛参与,增强对传统节日的认同,营造浓郁的节日氛围,弘扬民族文化的优秀传统,具有十分重要的意义。②在设计活动时要根据学生的身心特点体现阶梯性,有选择性地开展不同形式的活动。表1展示的是一至五年级的中国传统节日文化系列活动。同样一个节日,针对不同的年级开展不一样的活动,学生对节日内容的理解也是由浅入深、层层递进的过程。

表1 中国传统节日文化系列化活动设计表

时间阶段	节日名	活动项目名称	一年级	二年级	三年级	四年级	五年级
第1季	春节	欢欢喜喜过春节 团圆心系逆行者	唱儿歌 说习俗 小小贺卡送祝福	发微信 录视频 画年夜饭菜单	剪窗花 配菜单 接福纳祥迎新年	写春联 贴福字 许下心愿寄新年	忙忙碌碌迎新春 团团圆圆年夜饭
第2季	元宵节	喜气洋洋闹元宵 共筑抗疫“同心圆”	猜灯谜 踩高跷 元宵游戏多有趣	手工莲花灯送祝福 祈福祝平安	家家户户吃汤圆 和和美美暖人心	红包花灯过元宵 足不出户也欢乐	开动脑筋做课件 寓教于乐享成果
第3季	清明节	铭记历史 感恩当下 期许未来	吃青团 踢足球 别样清明也欢乐	倡导绿色祭扫 云赏千红万紫	忙趁东风放纸鸢 期盼疫情快驱散	读清明佳句 赏文字之美	勤思考 勤动手 巧做PPT
第4季	端午节	浓情端午 “粽”情欢乐	巧动手 折粽子 祈求安康过端阳	品粽子 念童谣 传统记忆植心中	挂丝线 做香囊 感恩长辈表心意	折纸船 赛龙舟 纪念屈原永牢记	粽叶香 香满堂 幸福生活万年长
第5季	中秋节	月华清辉中秋日 怀古寄情度佳节	新一小蚂蚁 别样中秋节	大手牵小手 共度传统节	巧手制月饼 喜迎团圆节	朵朵桂花香 赏花好时节	寄给月亮姐姐的一封信
第6季	重阳节	秋风送 重阳至 感恩情 尽孝心	道一声祝福	喂一口糕点	送一份礼物	读一篇诗歌	写一份承诺

春节作为我国最重要的传统节日,在中国人的心中具有举足轻重的地位。2020年春节及元宵节因为突发的新冠疫情而变得非常特殊。由于大家都尽量减少出门,避免聚会,因此学校组织学生在家开展

① 陆惠忠:《传统节日教育重在扎根、立魂》,《中小学德育》2011年第5期,第78-80页。

② 郭淑华:《如何培养小学生学习传统节日文化的兴趣》,《教育教学论坛》2013年第44期,第111-112页。

了特别的春节和元宵节的活动。以该校二年级学生为例，他们在班主任的倡议下，改用发微信、录视频的方式给亲朋好友拜年祝福。新冠疫情让元宵节的赏花灯、猜灯谜活动都被迫取消，教师结合元宵节特有的习俗与学校"知勤俭"的"蚂蚁"文化理念，让学生就地取材，用红包做灯笼，用彩纸折出漂亮的莲花灯，寓意阖家团圆，为中国祈福。通过花灯制作，学生既体验了元宵节的传统习俗，又锻炼了动手能力，更重要的是把学校"知勤俭、会合作"的优良传统真正融入自己的日常生活之中。此外，天一小学的"小蚂蚁"把春节收到的红包中的压岁钱取出，并在红包的背面写上一句句稚嫩但情深意切的祝福话语，亲手挂在花灯上，以此向所有防控新冠肺炎的工作者致敬。生动直观的道德教育，让学生更能深切理解、感受和体验中华优秀传统文化的韵味和魅力，更好地将其内化于心、外化于行。①

通过以家校协同机制实施小学生中华传统节日活动教育的路径研究，发现其实现的关键在于必须先让广大家长认识传统节日对孩子健康成长的重要意义。家长愿意参与到传统节日文化教育当中，创设良好的家庭教育氛围，才可能充分利用节日等有效途径，配合好学校共同开展传统文化教育，使学生的传统文化素养得以提升。

The Realization Path of Family-school Partnerships in Traditional Festival Cultural Education in Primary Schools

PAN Jianzhi[1], HU Jieren[2]

（1. Tianshan No. 1 Primary School of Changning District, Shanghai, 200051;
2. School of Law, Tongji University, Shanghai, 200092）

Abstract: Traditional festival education for primary school students can enhance their national cultural identity. When carrying out traditional festival activities, Tianshan No. 1 Primary School of Changning District follows the principles of students' physical, mental and moral development levels, takes a series of stepped activities as the carrier, and adopts the strategy of family-school partnerships to enhance students' recognition of traditional festivals and carry forward the excellent national cultural traditions.

Key words: traditional cultural education, traditional festival activities, family-school partnerships

① 何双梅，韩媛媛：《中小学实施中华优秀传统文化教育的路径与机制》，《教育探索》2019 年第 6 期，第 42—44 页。

联赛机制下学校排球专项课教学策略探究

陆兴海,冯尚欣

(上海市大同中学,上海 200011)

摘 要: 在排球专项课程的实践探索中,应树立"立德树人""以体育人"的教学理念;细化和重构教学内容,加强对学生运动技能的培养,为学生养成终身运动的习惯奠定基础;并做好组织管理和师资队伍建设等方面的保障工作,促进体育专项课程教学的改革与实施。

关键词: 排球;专项课;阳光体育联赛;中学体育

学校体育是实现"立德树人"根本任务、提升学生综合素质的基础性工程,是加快推进教育现代化、建设教育强国和体育强国的重要工作。2006年以来,以大联赛的方式推进体育活动的深入开展是上海市学校体育工作的一项重要工程。① 以区县联动进行联合开展活动的方式,要求学生根据自身条件自由选择项目(应不少于4项)进行练习和参与比赛,具有项目的可选择性、体育运动的以赛驱动性、与体育达标进行挂钩衔接等特点。②③ 2012年,为贯彻落实《中共中央国务院关于加强青少年体育增强青少年体质的意见》及《中共上海市委上海市人民政府关于切实提高青少年学生身心健康水平实施学生健康促进工程的通知》,上海市教委启动了体育专项化课程改革首批试点工作④,对学校体育课的教学方式与内容进行了试验点的探索。

一、上海市黄浦区中学女子排球比赛队伍基本情况

为了获得丰富、客观、准确的第一手资料,了解目前大联赛背景下中学体育工作开展的情况,笔者对参加2019年上海市黄浦区阳光体育女子排球比赛的8名带队教师进行访谈。

据了解,参加2019年黄浦区阳光体育大联赛女子排球比赛的队伍共有四支,分别是格致中学、大同中学、卢湾高级中学和市八中学。表1显示四支球队的人员构成情况,格致中学和卢湾高级中学由市排球二线队员组成,大同中学和市八中学是由排球专项班学生组队。表2和表3表明,大部分学校排球队指导教师是排球专项教师,也有个别教师在大学期间辅修过排球专项,指导教师的学历均为本科及以

作者简介: 陆兴海,上海市大同中学高级教师,主要从事体育教学研究;冯尚欣:上海市大同中学一级教师,硕士,主要从事体育教学研究。

① 陈华,刘兵,黄孙巍:《上海市阳光体育大联赛实施效果及其影响因素评析》,《山东体育学院学报》2013年第3期,第103-108页。

② 王德炜:《阳光体育教程》,高等教育出版社2010年版,第15-19页。

③ 陈华,刘兵,黄孙巍:《上海市阳光体育大联赛实施效果及其影响因素评析》,《山东体育学院学报》2013年第3期,第103-108页。

④ 田来,董翠香,王立新,薛成博:《上海市高中体育专项化课程改革成效、问题及推进策略》,《体育教学》2019年第10期,第53-55页。

上。由此可见，黄浦区参赛学校的教练员队伍基本素质较高，排球专项能力较为突出。从长远来看，高素质的教师队伍有利于排球项目在高中学段的持续发展。

表 1 各参赛队队员构成统计表

学校名称	参赛队员构成情况		备注
	排球专项班学生	二线排球队员（专业）	
格致中学		√	
大同中学	√		
卢湾中学	√	√	
市八中学	√		

表 2 各参赛队教练员专项情况统计表

学校名称	专项特长	备注
格致中学	排球	
大同中学	排球	
卢湾中学	排球	
市八中学	田径	辅修排球

表 3 各参赛队指导教师学历情况统计表

学校名称	学历	备注
格致中学	本科	2名指导教师
大同中学	研究生	2名指导教师
卢湾中学	本科	2名指导教师
市八中学	研究生	2名指导教师

1. 参赛队伍技战术水平分析

表 4 各参赛队运用排球技术统计表

学校名称	排球基本技术					备注
	发球	垫球	传球	扣球	拦网	
格致中学	√	√	√	√	√	
大同中学	√	√	√	√		
卢湾中学	√	√	√	√	√	
市八中学	√	√				

表5 各参赛队运用排球进攻战术统计表

学校名称	排球进攻战术			备注
	插上	中一二	其他	
格致中学	√			
大同中学			√	
卢湾中学	√			
市八中学			√	

如表4、表5所示,在2019年区级大联赛中,各参赛队伍均以“传、垫、扣、发、拦”技术为主,其中,格致中学和卢湾高级中学女排队伍技术全面且战术水平较高(采用“插上”进攻战术),这主要与其队伍由排球二线运动员组成有关。另外,大同中学和市八中学的学生以“发、传、垫球”技术为主,因此他们的比赛中很少出现扣球技术。在之后的排球专项课中应注意到这一问题,补充完整的参赛成员,保证整体参赛队伍的技术与战术水平。

2. 参赛队伍主要得分手段分析

表6、表7显示,比赛中各参赛学校得失分的手段主要集中在“发、垫、传球”技术方面。经过访谈带队教师得知,专项班的学生大都存在技术不稳定的缺陷,尤其表现在发球和垫球的技术环节。原因在于,体育专项课的形式是采取走班制的分层教学模式,这种模式的优点是能够充分利用资源,同时开展多种多样的、可供选择的课程,调动学生参与选修课程的兴趣和热情,但是也存在着因中学阶段升学压力大、走班选课的课程质量难以监控和评估、缺乏班集体的整体氛围导致队员配合默契度不够等消极因素。在比赛中,如市八中学的发球成功率较低,一传的稳定性不够,导致关键球把握不住,严重影响队员的比赛士气。因此,在以普通专项班为主的队伍比赛中,只有优化组织管理以及课程教学的内容和方式,才能优化发球和垫球技术的基本功训练,一定程度上增加赢得比赛的概率。

表6 各学校主要得分手段排序统计表

学校名称	传球	发球	扣球	拦网	垫球	备注
格致中学	4	1	2	5	3	
大同中学	3	1	4		2	没有拦网
卢湾中学	4	1	2	5	3	
市八中学		1			2	没有传、扣、拦网技术

表7 各学校主要失分手段排序一览表

学校名称	传球	发球	扣球	拦网	垫球	备注
格致中学	4	1	2	5	3	
大同中学	3	1	4		2	没有拦网
卢湾中学	4	1	2	5	3	
市八中学		1			2	没有传、扣、拦网技术

从参赛队伍技战术水平和得分手段分析来看,仍然存在不少亟待解决的问题,如有的参赛队伍扣球技术存在明显不足;从得分手段的分析来看,专项班的学生在发球和垫球的技术环节表现薄弱。总体来看,参赛学生队伍对排球运动技能的掌握还不够扎实,存在技术不稳定的缺陷,这也对中学排球体育教

学提出了新的要求。

二、排球专项课教学中存在的问题

通过访谈发现黄浦区排球专项课中还存在一些问题，罗列如下：

1. 多练少赛或不赛，忽略“常赛”

据了解，在排球专项课教学中，教师更多地关注学生单个技术的学练及掌握情况，即运动能力的提升，忽略了技术在比赛中的运用及学生健康行为和体育品德的培养。随着学生排球专项课学习的不断深入，排球技术的不断提升，会逐渐不满足于单项技术的学练，迫切需要一个技术交流和展示的平台，显然这种“多练少赛或者不赛”的课堂不利于学生排球专项技术和比赛能力的提升，久而久之，学生会对排球专项课失去兴趣。

2. 多讲少练或练不得法，忽略“勤练”

在教学中，有部分排球教师抓不住技术教学的重点和难点，出现“多讲少练”或者“讲解不到位”的情况，从而导致学生课上技术练习时间不足或者技术不标准、练习质量差的现象。另外，还有一部分教师在教学中忽略学生个性化的技术需求、兴趣及关键技术的强化，采用填鸭式式教学。与教育部强调的体育教学要做到“教会、勤练、常赛”的要求不相符，长此以往，从这种排球专项课堂中走出的学生参加比赛时会出现基本功差、比赛能力弱的情况。

3. 教学业务能力不足，落实“教会”方法待创新

据了解，目前黄浦区排球专项课教学中，教师过分关注单项技术的教授和练习，教法上也多采用传统教授方式，在信息技术的运用、家校共育方面还存在不足。造成这种现状的原因有两个：(1)学生的排球基础较差，导致专项课中只能从基本技术抓起。正如市八中学排球教师所言，选择排球专项的学生中，有超过一半的学生在初中阶段没有学习过排球或者仅仅学习了对墙垫球；(2)教师的业务能力参差不齐，教龄0—3年的青年教师居多，教学经验不足。在日常教学中，虽然他们有较好的排球专项能力，但是往往只关注学生单个技术的掌握情况，从而忽略了技术的整体训练和实践运用。

三、联赛视角下排球专项课教学策略探析

“教会、勤练、常赛”是新时代学校体育面临的重点工作，也是摆在全体体育教师面前的一项新任务和新课题。中学体育教师是中学体育教学的执行者，应在“教会”“勤练”和“常赛”上下足功夫，提升学校排球专项课教育教学质量，促进体育教学健康发展，推进体育学科育人的实效。

1. 以学科育人为导向，“常赛”驱动排球运动

体育专项化教学改革在“健康第一”和“立德树人”思想的指引下，全面贯彻“为了学生的终身和全面发展”的核心理念。[①] 因此，体育教学的改革目标是为了学生的发展，尤其是学生在掌握体育技能的基础上养成体育运动的意识、态度以及价值观。而且，体育教学应了解学生的学情，以学定教，尊重学生的主体地位，通过学科教学促进育人目标的实现，而不仅仅局限于技能的训练。如中学生思维和体能较为活跃，精力旺盛，喜爱运动，但是心理还处于向成熟发展的阶段，存在逆反心理，性格特征较为明显。因此，应丰富体育教学的方式和方法，增加体育课程的多样性和选择性，为学生参与体育运动的内驱力提供理念上的支持和条件上的保障。除此之外，还可以将体育专项课与体育达标测试等挂钩，以通过系统性的评价体系来驱动学生参与体育活动的内在动力。

① 薛成博：《上海市“高中体育专项化”教学改革成效、问题及推行策略研究》，华东师范大学硕士学位论文，2016年，第35页。

随着上海市高中体育专项课程改革的不断深入,学生技术、战术水平和组织协调能力得以提高,越来越多的学生不满足于校内的体育专项课,他们迫切需要一个更好的展示交流技术的平台。因此,应建立校内竞赛、校际联赛、选拔性竞赛为一体的大中小学体育竞赛体系[①],打造品牌赛事,构建"教—赛—练—赛"平台。如阳光体育大联赛可以说是上海学校体育的推进器,不仅能够满足不同学校学生之间的技术交流,而且是对学生排球运动技能掌握程度和排球专项课教学成果的实战性检验和评估。通过分析比赛结果,反思体育教学中的不足,能够为进一步提升教师教学成效提供参考。此外,还可以丰富校本特色的排球比赛、运动会等形式,在原有基础上加强赛事的宣传、优化赛事的机制、完善赛事的育人功能,开展班班排球赛、年级排球赛、师生排球友谊赛和校际间排球交流赛等系列赛事。这些赛事在树立学校品牌的同时,整合体育专项赛事的资源,逐渐强化体育强身、健体、锻炼意志的作用。

2. *以专项课内容为抓手,"勤练"排球基本功*

体育教学中除了应注重培养学生的体育意识和态度之外,运动技能培养也起着基础性的作用。应逐步提高运动水平,为学生养成终身体育锻炼的习惯奠定基础。[②]逐步完善"健康知识+基本运动技能+专项运动技能"的学校体育教学模式。[③]在排球专项课中,则应结合现存的问题进行技术上的突破,加强对排球技术训练薄弱环节的教学与练习。具体如下:

(1)加强发球技术练习

根据排球专项课教学大纲的要求,高中阶段排球专项班的学生应掌握下手发球和正面上手发球技术。排球专项班女生的上肢力量普遍偏弱,因此,从备战区级校际联赛的角度来讲,我们要在加强下手发球技术的学习和强化的同时,也要加强女生上肢力量的练习。

(2)加强垫球和传球技术练习

垫球的基本功尤为重要,垫球的稳定性将决定球队一传的成功率,甚至可以决定球队的直接得分。其次是传球技术,在本次比赛中,格致中学女子排球队在组织一攻时,多次采用传球技术,其二传的传球基本功非常突出,多次利用传球组织强攻和快攻。因此,在排球专项课教学时,应侧重垫球和传球技术的训练,尤其是对学生垫传球技术的规范性要进一步强化。

(3)加强扣球技术练习

扣球是一项速度快、力量大、线路变化丰富的技术,也是排球比赛中最重要的得分手段之一。对于大部分女生来说,存在手臂力量小、弹跳力差的"先天"缺陷,所以在扣球训练中要加强对女生上肢、腰腹及爆发力方面的训练。

3. *以师资建设为保障,创新有效"教会"方法*

无论是阳光联赛的赛事准备与指导,还是体育专项课教学,都离不开专业的师资力量。因此,应加强体育教师研修,培养骨干教师队伍,优化体育教学方式,提升体育教学的实效性。具体教学方法如下:

(1)推进体育专项课结构化教学

所谓的"体育结构化教学"就是呈现学生所学运动项目的知识技能的联系,且这种联系是必然的、客观的,既有内在的也有表象的。教师在专项课中进行单一技术的教学时,一定要注意结合学生的技术基础,让学生在比赛或实践中进行结构化运用。如在进行正面扣球教学时,教师应该结合学生所学垫球、传球的基础上,设计"垫、传、扣"技术组合练习,给学生建立扣球技术在实践中运用的完整动作概念。

---

① 中共中央办公厅,国务院办公厅:《关于全面加强和改进新时代学校体育工作的意见》,载中华人民共和国中央人民政府官网:http://www.gov.cn/zhengce/2020-10/15/content_5551609.htm,最后登录日期:2020年10月15日。

② 国务院办公厅:《国务院办公厅关于强化学校体育促进学生身心健康全面发展的意见(国办发[2016]27号)》,载中华人民共和国中央人民政府官网:http://www.gov.cn/zhengce/content/2016-05/06/content_5070778.htm,最后登录日期:2016年4月21日。

③ 中共中央办公厅,国务院办公厅:《关于全面加强和改进新时代学校体育工作的意见》,载中华人民共和国中央人民政府官网:http://www.gov.cn/zhengce/2020-10/15/content_5551609.htm,最后登录日期:2020年10月15日。

(2)注重体育技能的精讲多练

教师在排球专项课教学的过程中,要注意少讲、精讲,尤其是在单个技术的教学中,如传球、垫球教学中,更要注意精讲。教师在课中用精练的语言和清晰、直观、优美的动作示范,让学生快速在头脑中形成直观、完整的动作概念,然后组织学生进行反复强化练习。教师要参与学生的练习过程,或指导,或纠错,这样将有利于学生快速形成技术动作的动力定型。

(3)发挥家校共育或同伴互助的作用,促进一体化教学

中学体育课时有限,中学生仅靠课堂练习提升排球运动的技能水平较为困难,因此需要在课外时间勤加练习。体育教师可以布置排球体育家庭作业,要求家长和学生或学生之间共同完成。这样的家庭作业积极带动家长参与进来,调动家长的力量,协同校内排球运动技能的学习。例如,安排家长和学生共同完成半小时的排球亲子运动,用拍摄小视频的形式记录并上传分享给班级同学。除了家长,学生还可以与同伴协助完成。家校的联动或课外的同伴互助,不仅可以帮助学生实现“勤练”的目的,提升学生的排球运动技能,养成良好的体育锻炼习惯。同时,也有利于促进家校良好沟通,提高家长对孩子体质健康提升以及体育运动技能发展的重视程度。

(4)信息化教学助力排球基本技能学习

在中学体育教学中,信息化教学因其即时性、可视性等特征,能够有效调动学生的学习兴趣。在排球专项课的教学中,教师可充分利用常规教学与信息化教学手段相结合的方式,帮助学生逐渐理解和掌握排球基本技能。在教师讲解与示范的基础上,充分依靠多媒体、图片、动画和视频等优势,全面地展示和解释排球的基本技术环节。例如,在学习排球的垫球、传球等技术时,慢放完整的视频,可以清楚地看到同伴传球的刹那,接应队员的动作是否能够精准匹配。借用动画、视频等现代信息技术,将排球技术动作的要领和运动的轨迹更为直观明了地展现出来,突出重点,帮助学生在头脑中形成正确的动作定型,提升排球专项课的教学效果。

Research on the Teaching Strategy of School Volleyball Special Course under the League Mechanism

LU Xinghai, FENG Shangxin

(Shanghai Datong High School, Shanghai, 200011)

Abstract: In the practice and exploration of volleyball specific courses, we should establish the teaching concept of moral education and physical education, refine and reconstruct the teaching content, strengthen the cultivation of students' sports skills, and lay the foundation for students to develop the habit of lifelong sports. Moreover, we should guarantee the organization and management as well as the construction of teaching staff, so as to promote the reform and implementation of the teaching of specific physical education courses.

Key words: volleyball, specific courses, Sunshine Sports League, physical education in middle schools

图书在版编目（CIP）数据

现代基础教育研究. 第44卷 / 何云峰主编. — 上海：上海教育出版社，2021.12
ISBN 978-7-5720-1296-9

Ⅰ. ①现… Ⅱ. ①何… Ⅲ. ①基础教育 – 研究 – 中国 Ⅳ. ①G639.2

中国版本图书馆CIP数据核字(2021)第272911号

执行编辑　孙　珏　王中男　张雪梅
责任编辑　戴燕玲

现代基础教育研究　第44卷
何云峰　主编

出版发行　上海教育出版社有限公司
官　　网　www.seph.com.cn
地　　址　上海市闵行区号景路159弄C座
邮　　编　201101
印　　刷　上海昌鑫龙印务有限公司
开　　本　889 × 1194　1/16　印张 15　插页 3
字　　数　440 千字
版　　次　2021年12月第1版
印　　次　2021年12月第1次印刷
书　　号　ISBN 978-7-5720-1296-9/G · 1016
定　　价　50.00 元

如发现质量问题，读者可向本社调换　电话：021-64373213

《热血——解放上海外围碉堡攻坚战》布面油画 193×174cm 2021年

张忆周

设计者：张忆周，上海师范大学美术学院副教授。

该作品以主观安排画面、写实塑造的手法还原了为解放上海进行的漕宝路七号桥外围碉堡攻坚战。主体人物在灰白硝烟和爆炸的浓黑烈焰衬托下具有很强的向心力，人物表现生动而结实，笔触有力洗练。作品讴歌千千万万的无名英雄为了革命信念和新中国的奠基浴血奋战，树立历史的丰碑。

《手可摘星辰》 雕塑 青铜 70cm×45cm×670cm 2014年

李储会

作者：李储会，上海师范大学美术学院讲师。

作品创意来源于当代、自由、时尚的概念，形式简洁却饶有趣味，具象中带有夸张的成分，具有意象雕塑的韵味。作品体现了人性对自由的追求，每个人都向往自由、无拘无束的生活，鸟儿在空中自由飞，地上的人“灵魂出窍”，无拘无束地伸手和自由飞的鸟儿接触，从而达到和鸟儿对话的可能，更进一步说是人和自由对话的象征。用雕塑作品创造一种自由模式，即让观众从内心深处领会到自由的属性。

立德树人　勇攀高峰

——上海市民办上宝中学体育教学特色介绍

桥牌队荣获全国冠军

上海市民办上宝中学（以下简称“上宝中学”）是办学质量一流的民办初中。学校的办学目标是：促进学生在人品道德、身心素质、学业成就、个性特长诸方面同求卓越。为了实现这一目标，体育教学起到了关键性的作用。

★树立“健康的孩子，国家的未来”的理念

学校把学生的体质健康管理作为体育工作“立德树人”的核心，以日常教学为主要抓手，着力保障学生体质健康，培养学生良好的运动习惯，倡导学生形成科学的运动方式和“终身体育”的运动观念。丰富的体育教学活动实现了“使学生体魄强健、精神坚韧”的育人目标。

★营造有利于促进学生全面健康发展的校园体育文化氛围

校健美操队荣获全国啦啦操联赛一等奖

学校严格落实国家和上海市的体育与健康课程要求，多年来一直落实每周四节体育课和一节体锻课的课时安排。校内每天一小时的运动让学生的身心得到放松。体育教师根据不同季节设计活动项目，引导学生养成坚持体育锻炼的习惯。此外，体育组还根据学生年龄的不同，设计了内容丰富的，系统性的室内课各种课型互相补充，使学生对体育的理解更为深刻。

★注重学生群体性体育活动

每年的国庆节前后，全校的广播操队列队形比赛充分展现当代中学生的精神风貌。秋季运动会、体育嘉年华、体育周、亲子体育活动等校园体育活动，既为每一位学生提供了参与其中的舞台，也为特长生提供了平台。冬季长跑、拔河比赛、体育舞蹈比赛以及师生篮球、足球对抗赛，都是深受学生喜爱的校园体育活动。

★组建专项运动队

健美操队、武术队以及桥牌队多次代表学校登上区级、市级甚至国家级的赛场，斩获优异成绩。各支队伍每周都有社团活动，学生在提高自身技能的同时，不断发现自我，乐在其中。

体育教研组教师合影

琅琅书声满校园　幽幽书香沁心脾

——上海市嘉定区迎园中学阅读教学特色简介

阅读教学公开课

上海市嘉定区迎园中学是上海市首批新优质学校，也是上海市书香校园。学校积极创设阅读氛围，培育学生阅读习惯，让阅读帮助师生建构自我，完善自我，提升气质。

★营造阅读环境

学校建立了“人文空间课程群”，布置“鲁滨逊漂流记”手绘壁画，以及丛林、山洞阅读空间；在各楼梯按人文、科学、文学分类描绘名著插画；建设“悦读”教室，校园内展示世界各国的人文知识，以及中国汉字的演变和历代诗歌的介绍。同时建设4D演讲空间和创意阅读教室，给师生营造不同的阅读环境。

★加强课程建设

学校将阅读教学纳入课程计划，每周一小时阅读时间，每周一节阅读课，每月阅读一本名著。教师在阅读课上进行 “你说我猜”“阅读摘录评比”“阅读小报评比”“读后感分享”“个人阅读专场秀”等活动，点燃学生阅读的火花，循序渐进激发阅读兴趣。通过规定篇目阅读、学生推荐书目阅读、传递式阅读等方式，让学生更放开表达自己独特的见解。

阅读一本自己喜欢的书

教师根据学生实际情况，围绕精读、自读、泛读等分类，编写了校本读物。并不断摸索探讨，创新了语文教材使用的方法。

★丰富阅读体验

学校每年开展形式多样的阅读活动，如诗苑漫步、读书小报制作比赛、课本剧表演、“翰墨书香 传承经典”硬笔书法比赛等，深受学生欢迎。

“300字团”是学校最大的学生社团，学生每天练笔300字，社团宗旨为“自愿加入，自觉写作，将语文融入生活，让写作成为一种生活方式”。学校公众微信平台每天推送一篇学生习作，得到家长和学生的喜爱。学校还以“我与民族文化有个约会”为载体，开发古诗词特色课程。古诗词擂台、古诗词猜谜、古诗词编程活动都让学生津津乐道。古诗文灯会，既是一次学生与传统文化的邂逅，也是一次别出心裁的阅读检测活动。

古诗文阅读体验活动

近五年，共有189位学生获得市、区级阅读及写作奖项。学生作品“乡愁”获得“中国好作业”称号，多名学生成为《新读写》专刊封面人物，校刊《向日葵》连续10多年获得嘉定区中小学生文学社团作品特等奖。“打造全方位阅读空间，激发学生阅读内动力——在语文阅读领域对学生内动力的培育”项目成果荣获上海市教学成果评比二等奖，入编上海课改30年案例，获评嘉定区科研成果一等奖。

金韵之声　汇美乐心

——上海市金汇实验学校艺术管乐特色简介

上海市金汇实验学校自1996年创办以来，秉承“主动发展，和美与共”办学理念，以“会思考、会创造、会合作、勇担当”为育人目标。为了更好地推进素质教育，提高中小学生的艺术修养和道德情操，2003年9月起，学校着力打造指向国际理解教育的艺术管乐特色课程，成立了金韵管乐团。

瑞士艺术家举办“春曲美韵，乐享金汇”音乐会

★聘请专业团队，提升教学质量

学校整合校内外教师资源打造管乐特色课程。学校常年特聘中国管乐学会理事、上海大学管乐团常任指挥章民老师进行合奏排练；聘请上海交响乐团、上海音乐学院的教师利用课后服务时间进行器乐专业指导。

★开展艺术交流，拓展国际视野

“艺术家面对面”是金汇校园艺术节系列活动的亮点，颇受学生的青睐。学校每年邀请中外艺术家来校指导和交流。2013年瑞士中提琴演奏家罗朗罗·莎先生初次到校开展大师班活动，迄今已有八年。其间，瑞士音乐家多次莅临进行管乐专业指导，并成立了罗朗·罗莎艺术指导交流基地。近年来，学校非常重视为管乐团学生提供外出观摩学习、交流的机会，先后观摩上海交响乐团、上海民族乐团等专业团体的高水准演出，与市、区级优秀学生乐团开展互动交流。2018年暑期，学校组织管乐学员赴瑞士、法国进行艺术交流和展演，获得高度评价。

瑞士单簧管演奏家进行大师班现场指导

★领衔美育联盟，发挥示范辐射作用

2019年3月，闵行区12所学校集结成为2019—2021年度闵行区美育特色(管乐)联盟。三年来，学校携手联盟成员校，本着“凝聚智慧，共同提高”的原则，围绕“六个一”任务清单，通过师资培训、教育交流、演出活动和资源分享形成合力，提高管乐教育教学水准，完善学生管乐团体制机制和管理模式，并提升闵行区中小学管乐艺术水准。

★参与赛事展演，打造特色品牌

学校积极在推进管乐项目普及和提高的同时，积极参与市区各项赛事和闵行区管乐展演活动，全面展现学校办学特色和学生个性风采。金韵管乐团在2019上海市优秀管乐团队展演中荣获二等奖；在闵行区学生艺术节比赛中，连续多年荣获一等奖；在2021年闵行区学生艺术单项比赛中，取得金奖2项，银奖11项，铜奖13项；并连续14年被评为闵行区艺术教育特色学校。管乐特色项目也极大丰富了金汇校园和美文化，培养和发展了中小学生审美能力和个性特长，锻炼了他们的意志品质，在实践素质教育和倡导精神文明建设方面发挥了积极作用。

金韵管乐团举办交响管乐专场音乐会

育科技之苗　创智慧校园

——上海市民办桃李园实验学校科创素养课程介绍

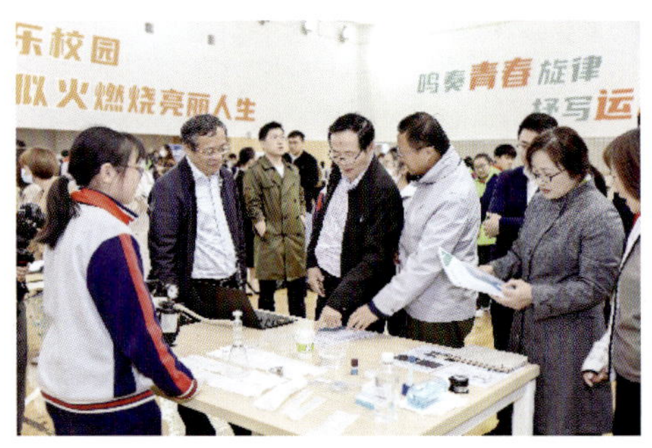

王洪伟校长在介绍青创赛市级一等奖作品

上海市民办桃李园实验学校是民办九年一贯制学校。学校以科创教育作为办学特色之一，致力于通过科创素养的培育，创建智慧校园，让每一位学生拥有一片芬芳。

★统整建构科创课程体系，优化课程体验

为顺应时代发展的需要，满足学生对于科技教育不同层次和个性化发展的需求，学校根据学生成长认知发展的规律，通过整体设计及架构，对原有核心课程、外围课程、综合实践活动课程和社团活动进行统整，进一步挖掘实施途径，丰富科创课程内容及内涵，形成校本化的科创课程体系。同时，优化课程体验性，强化跨学科学习，搭建基础知识学习与创新实践的桥梁，实现学科融合、生活融合，帮助学生体验、感悟、建构与生长知识。此外，学校充分发挥九年一贯制的优势，开设“大手牵小手，共探科学奥秘”校本拓展实践课程。

编程基础课程中智能车

★依托各级各类教育资源，丰富科创课程

学校依托知名科技公司、嘉定区青少年活动中心、嘉定区科创集散地、中科院等教育资源，打造丰富的科创社团课程，对接学生综合素质评价改革，培养学生核心素养。同时，对接各级各类高质量科创竞赛，畅通学习成果输出渠道。

如与寰钛科技合作开发编程魔盒、3D打印、钛麦昆小车、竞赛冲刺班等科创趣味课程，培养学生的跨学科思维、团队协作以及独立解决问题的能力。通过课程学习，学生在“童创未来”全国青少年人工智能创新挑战赛、全国青少年电子信息智能创新大赛中均取得优异成绩。同时，学校联合嘉定区域内的科研院所，充分利用全市各科普教育基地资源。

★打造软环境，抓学科渗透，做到科技教育“学科化”

学校重视科技教育在各学科中的有效渗透，日常教学的课程设置为培养科技创新能力打好底色。以科技辅导教师为骨干，以教研组集体备课的形式，组织教师分学科、分系列、分层次整理出学科渗透科技教育的知识点，使科技教育在各学科中具有可操作性，从而达到有机渗透。例如学校在拓展课中开设了多门科技相关课程，其中“生活中的趣味化学”“有趣的家庭小实验”让学生认识到科学源于生活、生活充满科学，“DI创新思维”“OM大挑战”有助于学生开拓思维，积极创新。

学生在搭建智能人形机器人